기독교문서선교회(Christian Literature Center: 약칭 CLC)는 1941년 영국 콜체스터에서 켄 아담스에 의해 시작되었으며 국제 본부는 미국 필라델피아에 있습니다.
국제 CLC는 59개 나라에서 180개의 본부를 두고, 약 650여 명의 선교사들이 이동 도서차량 40대를 이용하여 문서 보급에 힘쓰고 있으며 이메일 주문을 통해 130여 국으로 책을 공급하고 있습니다. 한국 CLC는 청교도적 복음주의 신학과 신앙 서적을 출판하는 문서선교기관으로서, 한 영혼이라도 구원되길 소망하면서 주님이 오시는 그날까지 최선을 다할 것입니다.

추천사

김 성 태 박사
총신대학교 신학대학원 선교학 교수

이동현 박사의 학위 논문인 "도시 선교 전략"에 관한 글이 기독교문서선교회(CLC)를 통해서 단행본으로 출간됨을 축하드립니다. 이동현 박사는 본인 자신이 두 번이나 구도심 지역과 수도권 도시 안에서 교회를 개척해 성공적으로 정착시켰고, 지금도 개척한 교회를 성장시켜 열심히 성실하게 목회하는 목사입니다. 그는 신학대학원 때부터 도시 안에서의 교회 개척에 관한 문제의식을 느끼고, 일반대학원까지 이 분야를 전문적으로 연구했습니다.

미국에서는 한국에서 정통장로교회선교사로 오랫동안 사역했던 하비 콘(한국명 간하배) 박사가 웨스트민스터신학대학원을 중심으로 도시 선교 연구센터를 세웠고, 남미 선교사 출신인 로저 그린웨이 박사와 함께 도시 선교 운동을 미국뿐 아니라 전 세계로 확산시켰습니다.

이 박사는 도시 선교에 관한 학위 논문을 쓰는 중에 도시 선교의 본산지인 미국 도시연구센터를 방문하고, 하비 콘의 후계자가 되는 마누엘 오르티즈 및 주요 지도자를 만나서 도시 선교에 관한 본인의 연구를 보다 심층화시켰습니다. 이 박사는 도시 선교의 성경적 원리를 성경 신학적 관점에서 다루고, 신학적 유형으로서 도시 선교 모델을 어떻게 정립해야 할지를 논했습니다.

또한, 도시 선교가 역사적으로 어떻게 발전되어 왔는지를 연구했습니다. 이렇듯이 도시 선교에 대한 이론적 토대를 확립한 이후에 실제적 사례로서 구도심 지역, 위성 도시, 신흥 도시, 전원 도시 안에서의 도시 교회 개척 사례를 연구하고, 도시 교회 성장 모델과 개척 전략 등을 실제적으로 논했습니다.

오늘날 도시화 현상은 세계적이고, 그중에서도 한국에서의 도시화 현상은 세계 삼분의 이 지역에서도 가장 압도적입니다. 세계 복음화를 위해서도 도시 선교는 선교의 지름길이며, 국내에서도 도시의 특성과 도시인을 이해하지 못하면 도시 교회 개척과 성장은 난관에 봉착하게 됩니다. 이런 측면에서 도시 안에서 성공적인 교회 개척과 성장을 이룬 경험을 가진 도시 교회 목회자가 탄탄한 학문적 기반을 가지고, 도시 교회 전략을 연구한 결과물을 한국 교회에 내놓는다는 것은 하나님의 은혜이요, 한국 교회의 쾌거입니다.

본 추천자는 이동현 박사의 저서를 하나님께 감사하는 마음으로 한국 교회의 목회자, 도시 교회 개척 후보자, 선교사 그리고 신학생들에게 적극 추천하는 바입니다.

도시 선교 전략

Strategy for Urban Mission
Written by Dong Hyun Lee
All rights reserved.
Korean Edition Copyright ⓒ 2014, 2022 by Christian Literature Center, Seoul, Korea.

도시 선교 전략

2014년 12월 10일 초판 발행
2022년 07월 20일 개정판 1쇄 발행

지 은 이 | 이동현

편　　집 | 박지영
디 자 인 | 박성숙
펴 낸 곳 | (사)기독교문서선교회
등　　록 | 제16-25호(1980. 1. 18.)
주　　소 | 서울특별시 서초구 방배로 68
전　　화 | 02-586-8761~3(본사) 031-942-8761(영업부)
팩　　스 | 02-523-0131(본사) 031-942-8763(영업부)
이 메 일 | clckor@gmail.com
홈페이지 | www.clcbook.com
송금계좌 | 기업은행 073-000308-04-020 (사)기독교문서선교회
일련번호 | 2022-72

ISBN 978-89-341-2459-7(93230)

이 책의 출판권은 (사)기독교문서선교회가 소유합니다.
신저작권법에 의하여 한국 내에서 보호를 받는 저작물이므로 무단 전재와 무단 복제를 금합니다.

개정판

신학박사 논문시리즈 24

도시에 복음의 깃발을 꽂아라

도시 선교 전략

이동현 지음

CLC

목 차

추천사   1

개정판을 내며   8

제1장 서론 : 도시 선교학의 현황과 필요성   11
  1. 도시 선교학의 현황   12
  2. 도시 선교의 필요성   14
  3. 주요 용어 정리   17

제2장 도시에 대한 사회 문화적 이해   21
  1. 도시 개념   21
  2. 도시화에 대한 이해   26
  3. 도시인의 세계관   36
  4. 도시의 미래 전망   49

제3장 도시 선교에 대한 성경적 이해   93
  1. 선교 용어에 대한 이해   94
  2. 구약의 선교   98
  3. 구약의 도시 선교   125
  4. 신약의 선교   137

제4장 도시 선교에 대한 역사적 이해   176
  1. 선교 역사관   178
  2. 서구 역사에 나타난 도시 선교   181
  3. 한국 역사에 나타난 도시 선교   225

제5장 다양한 도시에서의 교회 개척과 성육신적 선교 전략   244
  1. 도시 교회 개척 유형   245
  2. 도시 교회 개척의 문제점   249

    3. 도시 교회 개척을 위한 준비   256
    4. 도시 유형과 선교 전략   260
    5. 도시 선교 전략으로서 상황화된 성육신적 선교   274

제6장 결론 : 요약과 제언   322
    1. 요약   322
    2. 제언   324

참고 문헌   327

찾아보기(Index)   338

[그림, 표]

그림 2-1. 도시화 곡선   31
그림 2-2. 세계관 구성   37
그림 3-1. 성경의 선교   99
그림 5-1. P.T.M의 상호 관계   313

표 2-1. 세계관 비교   48
표 2-2. 고령화 측정 지표   56
표 2-3. 고령화 사회에서 초고령 사회까지 걸리는 시간   57
표 2-4. 연령별 종교 인구   60
표 2-5. 지역 및 종교유형별 인구(2015)   61
표 2-6. 전반적 신뢰도.   78
표 2-7. 속성별 신뢰도 (기독교 목사의 말과 행동에 믿음이 간다)   78
표 2-8. 속성별 신뢰도 (기독교인의 말과 행동에 믿음이 간다)   78
표 4-1. 교세 증가표(1905, 1907년)   233
표 5-1. 메슬로우의 욕구 이론   254

개정판을 내며

이 동 현 목사
포도나무교회 담임

　학업과 목회를 병행할 수 있도록 힘을 주시고 환경을 조성해 주신 하나님께 감사드립니다. 1998년 총신대학교 신학대학원을 졸업하고 2-3년 부교역자 사역을 계속한 후 교회 개척에 뛰어들었습니다. 개척 교회를 섬기면서 항상 학문에 대한 목마름이 있었습니다. 그래서 교회의 이해와 가족의 도움으로 다시 대학에 진학했고 10년 동안 숨가쁘게 달려와 철학 박사(Ph.D.) 학위를 받게 되었습니다.

　본서는 필자의 2012년 11월 총신대학교 일반대학원 철학 박사(Ph.D.) 학위 논문 "한국의 도시화에 따른 도시 선교, 도시 교회 개척 및 성장 전략 연구"를 2014년 『도시 선교 전략』 책으로 출간한 지 8년쯤 되어 개정판으로 출간하게 된 것입니다. 필자는 학위를 취득한 후 하나님의 은혜로 총신대학교 신학대학원에서 도시 선교를 포함한 선교학에 관한 전반적인 과목을 강의하게 되었고, 특별히 도시 선교의 중요성을 널리 보급할 수 있었습니다.

　필자가 개정판을 출간하게 된 것은 2014년 초판을 출간할 때와 지금을 비교해 보면 도시 상황이 많이 달라졌기 때문입니다. 도시의 인구를 비롯해 도시인들의 삶의 양식, 생각과 문화와 세계관 등이 많이 변했습니다. 또한, 하나님의 은혜로 초판이 많은 사랑을 받았습니다. 독자층이 목회자나 신학생들로 제한될 것으로 생각했는데 의외로 평신도들께서도 많이 읽어 주셨습니다. 독자들의 많은 사랑이 개정판을 낼 수 있도록 필자에게 용기를 주었습니다.

개정판은 초판과 비교할 때 다음과 같은 차이가 있습니다.

첫째, 독자들이 읽기에 편하게 글의 흐름이 좀 더 매끄러워졌다는 것입니다.

둘째, 장마다 조금씩 수정 보충되는 부분이 있다는 것입니다. 예를 들어, 도시 선교학의 특징상 통계변동 등을 들 수 있습니다. 그리고 그동안 필자가 강의하면서 정리한 내용을 조금씩 보충했습니다.

셋째, 초판에 있었던 '도시의 문제점' 단락을 생략했습니다. 그리고 '도시의 미래 전망'을 좀 더 깊이 있게 다루었습니다.

넷째, 필자는 '도시의 미래 전망'에서 초판에서 다루었던 내용을 생략하고 빈곤, 저출산 고령화, 탈종교화, 다문화 사회로 나누어 연구해 보충했습니다. 이 요소들은 지금도 진행되고 있기 때문이고 앞으로 변화의 속도가 더 가속화될 것으로 전망하기 때문입니다. 이런 변화에 대해 교회 지도자들은 대응책을 가지고 있어야 하고 필자 역시 나름대로 대응책을 제시했습니다.

개정판을 출간하면서 감사한 분들이 생각납니다. 박사 논문을 지도해 주시고 지금까지 저의 멘토로 학문과 목회의 귀한 가르침을 주시는 김성태 교수님께 감사드립니다.

변함없이 담임목사의 학문의 길을 자랑스럽게 생각하며 기도와 물질로 후원해 주신 포도나무교회 성도님들께 감사드립니다.

또한, 필자에게 목회 철학을 심어주신 나의 부모님께 감사를 드립니다. "진실한 목사가 되라"는 교훈을 아버지(고 이영기 장로)께서는 주셨고 저는 이 말씀에 따라 진실한 목사가 되고자 합니다. 초판을 출간할 때보다 더 여위어지신 나의 어머니(황용순 권사)께 무한 감사를 드립니다. 불효막심한 막내아들이 목사가 되고 박사가 되고 교수로 섬기는 것이 하나님의 기적 같은 은혜라고 말씀하시면서 너무 좋아하시고 하나님께 무한 감사로 사시는 어머니이십니다.

　어머니께서는 "성도들을 금싸라기처럼 여겨야 한다"라는 교훈을 주셨습니다. 성도들을 귀하게 생각하는 목회 철학을 심어주신 어머니께 감사드립니다. 본서의 핵심 주제이며 필자의 목회 철학인 성육신적 사역은 나의 부모님의 교훈에서 나온 것이라고 해도 과언이 아닐 것입니다. 항상 든든한 동역자요 보호자로 내 곁에 있는 최고의 파트너 나의 아내에게 고마운 마음을 전합니다.

　끝으로 졸저이지만 개정판 출간을 허락해 주시고 정성을 다해주신 기독교문서선교회(CLC) 박영호 목사님과 직원분들께 진심으로 감사를 드리며, 이 책을 읽는 분들에게 조금이나마 도시 선교에 관한 이해에 도움이 되길 바랍니다.

2022년 5월 2일

제1장

서론 : 도시 선교학의 현황과 필요성

    도시화 현상과 도시 성장은 하나님의 뜻이요 의지라는 것을 시편 107편을 통해서 발견할 수 있다. 즉, 하나님께서는 사막에서 배고파하고 목말라 하며 부르짖는 자신의 백성들을 동서남북에서 불러서 도시에 살게 하셨다.[1] 따라서 시편 107편은 오늘날 세계적으로 일어나고 있는 도시화 현상을 묘사하는 데 인용될 수 있는 대표적인 성경 본문이라고 말할 수 있다. 실상 우리는 역사상 도시 이주가 가장 많이 이루어지고 있는 시대에 살고 있다.[2]

---

1 "동서남북 각 지방에서부터 모으셨도다 그들이 광야 사막 길에서 방황하며 거주할 성읍을 찾지 못하고 주리고 목이 말라 그들의 영혼이 그들 안에서 피곤하였도다 이에 그들이 근심 중에 여호와께 부르짖으매 그들의 고통에서 건지시고 또 바른 길로 인도하사 거주할 성읍에 이르게 하셨도다."(시 107:3-7)

2 Raymond J. Bakke, "Urbanization and Evangelism : A Global View," in The Urban Face of Mission, edited by Manual Ortiz and Susan S. Baker (P&R Publishing Company, 2002), 29.

1. 도시 선교학의 현황

　도시 선교가 학문적으로 연구된 것은 루이스 멈포드(Lewis Mumford)의 『역사 속의 도시』라는 저서가 1930년대에 등장한 이후다. 1960년대에는 도날드 맥가브란(Donald McGavran)이 그의 저서 『교회 성장을 이해함』에서 선교학의 한 분야로서 도시 선교의 중요성을 논하고 있다.[3] 이후 미국의 신학교에서 '도시 선교'(Urban Mission)가 신학교 정규 교과목이 되었고 지금도 미국 풀러신학교(Fuller Theological Seminary), 아주사퍼시픽대학교(Azusa Pacific University), 웨스트민스터신학교(Westminster Theological Seminary) 등에서 활발하게 연구되고 있다.

　특히, 한국의 선교사로 또한 총신대학교의 교수로 오랫동안 사역한 하비 콘(Harvie Conn)이 로저 그린웨이(Roger Greenway)와 함께 도시 선교의 경험을 살려서 필라델피아 웨스트민스터신학교에 '도시 선교 연구소'를 세우기도 했다. 그는 또한 '도시 선교'라는 전문 잡지도 만들었으나 그의 소천 이후 현재는 출간되지 않고 있다.

　도시 선교의 중요한 회의가 있었다. 그것은 '세계 복음화를 위한 로잔 위원회'(the Lausanne Committee for World Evangelization)이다. 1974년 로잔 대회에서 작성된 로잔 언약은 복음주의 운동을 위한 확고한 신학적 기초를 제공했다. 그리고 후에 조직된 로잔 모임들과 연구 협의회들은 도시 선교의 필요를 강조하기 시작했다.

　1980년에 로잔 위원회가 후원한 '세계복음화협의회'(Consultation on World Evangelization: COWE)가 태국 파타야(Pattaya)에서 개최되었는데, 지구상의 6개 대륙 70개 대도시에서 도시 복음화 협의회를 개최할 것을 결의했다. 이후 대도시 전도에 대한 소회의에서 후속 프로그램이 마련되었으며 레이

3　김성태, "도시 선교 강의안" (도시 선교, 총신대학교 일반대학원, 2007년 2학기), 23.

바키(Ray Bakke)를 로잔 협력자로 임명했다. 바키는 1990년까지 세계를 다니면서 100개 도시에서 협의회를 인도함으로 도시에 관한 관심을 불러일으키는 데 크게 기여했다. 그 후에도 계속해서 도시는 관심의 초점이 되어 오고 있다.

도시를 복음화하기 위한 거룩한 비전을 갖고 도시 선교 훈련 프로그램이 전 세계 신학교와 대학에서 등장하고 있다. 나이로비국제신학교(Nairobi International School of Theology)와 북나이지리아신학교(Theological College of Northern Nigeria)는 도시 관련 과목들을 가르치고 있다. 마닐라에 있는 아시아신학교(Asian Theological Seminary)와 연합성경신학교(Alliance Biblical Seminary)는 도시 선교를 전공으로 하는 석사 과정이 있다. 웨스트민스터신학교에서는 석사 과정(Master of Arts) 및 목회학 박사(Doctor of Ministry) 과정으로 도시 선교를 전공과목으로 개설하고 있다. 미국 파사데나에 위치한 풀러신학교에서도 도시 선교 강의를 개설하고 있다.

한국의 경우에 도시 선교는 아직 미약한 수준이다. 산업 혁명을 거치면서 도시가 성장하고 도시로 사람들이 몰려드는 시대에는 교회가 세워지기만 하면 대부분 부흥을 경험했다. 그러나 도시 선교라는 말 자체는 그리 흔한 말이 아니었다. 한국의 도시화 물결이 일어나고 정병관 교수, 한화룡 교수 등 도시 선교학자에 의해서 도시 선교가 학문적으로 연구되기 시작되었다. 그러나 한국의 도시 선교는 아직도 갈 길이 멀다.

먼저 신학교의 교과목으로 도시 선교를 가르치는 학교가 많지 않다. 다른 곳은 차치하고서라도 총신대학교 신학대학원에 도시 선교 과목은 선택과목으로 수 년째 편성되어 왔다. 또한, 도서도 부족한 실정이다. 총신대학교 일반대학원(Th.M, Ph.D 과정)에서는 김성태 교수가 도시 선교의 중요성을 인식하고 다년 간 도시 선교를 연구하면서 가르치고 있다.

그리고 총신대학교 선교대학원의 정병관 교수가 계속해서 도시 선교의 중요성을 알리고 방향을 제시하기 위해 책을 집필하고 있다. 그 외에 도시 선교에 관한 도서는 대부분 번역본에 의지하는 실정이다. 시대가 변하고 전 국토가 도시화되었음에도 그 중요성에 대한 인식이 부족한 상황이고, 이것은 필자가 도시 선교에 주목하는 주요한 이유 중 하나이기도 하다.

2. 도시 선교의 필요성

현재 한국 사회뿐 아니라 세계적으로 나타나는 급격한 도시 이주와 인구 성장 그리고 전 세계적인 인구 이동으로 교회는 선교학적 도전에 직면하고 있다. 2012년 6월 23일 세계 인구는 70억 5천만 명을 돌파했으며, 2017년 12월 통계에 의하면 76억 그리고 2022년 3월 20일 기준으로 7,934,635,960명이다. 대한민국의 인구수는 51,628,117명이다(2022년 3월 기준). 수도권 인구는 26,023,283명으로 전체 인구의 50퍼센트를 넘는다. 물론 서울시의 인구는 감소하는 추세다.

그러나 서울시의 유출인구를 경기, 인천 지역이 흡수해 수도권 집중화 현상이 계속 진행되고 있다. 그러므로 도시 선교는 도시화를 염두에 두고 그 상황에 맞게 전략적으로 이루어질 필요가 있다. 이런 시대에 필자는 도시에서 선교가 이루어져야 하고 도시에서 선교가 승부가 난다는 것을 주장하면서 어떻게 하면 도시 선교의 돌파구를 찾아서 제시해 하나님의 교회를 성장시켜 선교의 사명을 감당할지를 고민하게 되었다. 이런 고민 중에 본서를 통해서 필자가 대안으로 제시하는 전략이 바로 성육신적인 도시 선교 전략이다.

인구만 보더라도 2014년 12월 30일 연합뉴스에 따르면 우리나라 인구의 92퍼센트가 도시 지역에 거주하고 있다고 보도했다. 정치, 경제 특히 문화적으로 이미 도시화는 전국적 현상으로 나타나고 있다.

필자는 도시에는 도시에 맞는 상황화된 성육신적 선교가 이루어져야 한다고 생각한다. 상황화는 타문화권[4]에서 이루어지는 것만이 아니다. 우리 주위만 둘러보아도 타문화권에서 온 수많은 사람을 만날 수 있으며 또한 도시화는 전통 문화를 바꾸어 놓고 있다.

예를 들어, 흔히들 세대 차이라고 부르는 것은 시간에 따라서 문화의 기준이 변화된 것이다. 70년대 사춘기를 보낸 중년 세대에게는 통기타 음악이 마음을 푸근하게 해주지만 현재의 10대들에게는 랩 음악이 그들의 정서에 아름답다고 느껴지는 것이다.[5] 즉, 문화는 시간의 흐름에 따라서 변한다. 이것은 같은 문화권 안에서의 또 다른 타문화라고 할 수 있다. 따라서 이 시대에 도시는 또 다른 타문화권 선교라는 안목이 필요하다.

본서는 모든 도시 사역자를 대상으로 한다. 특히 도시 개척 교회를 섬기는 도시 사역자에게 희망과 도전을 주고자 함에 강조를 두고 있다.

현재 총신대학교 신학대학원 졸업생을 비롯해 한국의 신학교에서 매년 11,000여 명 이상의 목회자가 배출되고 있고 이 중에서 80퍼센트 이상은 자의든, 타의든 간에 교회를 개척할 수밖에 없다. 신학교 교수, 선교사, 청빙 목사, 기관 목사 등을 제외하면 거의 대다수가 교회를 개척해야 한다. 제한된 면적에 수많은 신학대학원 졸업생이 개척에 뛰어들다 보니 매년 2,400여 교회가 세워지고 있다.

---

[4] 복음주의 선교학자 중에 랄프 윈터(Ralph Winter)는 선교 개념을 전도라는 용어로 사용하였는데 그는 전도의 네 단계를 논한다. '전도 0'(Evangelism 0): 교회의 내적 성장으로 회심 성장이라고도 한다. 교회의 영적 성장, 즉 교회가 영적으로 각성 되어 있고 성숙한 모습으로 성장하는 것이 이루어진다고 한다. '전도 1'(Evangelism 1): 교회의 구조적인 성장과 지교회를 세우는 민족 복음화 차원의 선교가 이루어진다고 한다. 팽창 성장, 확장 성장이라고 한다. '전도 2'(Evangelism 2): 모국 문화권을 뛰어넘어 교차 문화 상황에서 이루어지는 복음 증거의 운동으로서 유사 문화 상황 속에서 이루어진다. 이 단계부터 타문화권 선교가 이루어지는 것이다. '전도 3'(Evangelism 3): 타문화권에서 외국인에게 복음을 전하는 단계로서 완전히 이질적인 문화권에서 복음을 전하는 사역이다. 김성태, 『현대 선교학 총론』(서울: 이레서원, 2008), 114.

[5] 이현모, 『현대 선교의 이해』(대전: 침례신학대학교출판부, 2012), 194.

그러나 매년 3,000여 개의 교회가 문을 닫는다. 어림잡아 600명의 목회자가 실업자의 모습이 된다는 것이다.[6] 교회 개척 후 3년이 고비라는 말은 이제 옛말이 되었고 1년을 넘기지 못하고 교회의 문을 닫는 일이 속출하고 있다. 그렇지만 필자는 "교회는 계속 개척되어야 한다"라고 생각한다.

따라서 본서는 도시에서 사역하는 모든 사역자에게 도시화 현상 속에서 어떻게 주님의 교회를 섬길지를 함께 머리를 맞대고 생각해 보는 계기가 되기를 바라는 마음에서 출발한다. 도시의 변화에 대응하지 못하고 시대에 뒤처진 스타일로 교회와 성도를 섬기는 것이 아니라 도시와 도시의 변화, 도시인의 문화와 세계관을 잘 파악해 전략적으로 도시 선교를 수행해야 한다.

도시 사역을 함에 있어 많은 전략이 제시되어 있고 많은 프로그램이 교회별로 시행되고 있다. 물론 한편에서는 복음을 전하라는 주님의 명령에 따라 수고하는 것일 것이다. 그러나 다른 한편으로는 무분별한 성장 지상주의, 물량 공세, 성경과는 괴리감이 있는 프로그램 지상주의가 점점 심해지고 있음을 목격한다. 이런 시대에 필자는 성경적, 신학적 그리고 역사적으로 도시 선교를 학문적으로 재검토해 보아야 할 필요가 있다고 생각한다.

따라서 필자는 본서를 통해 도시화가 전국적 현상임을 증명하면서 도시에 맞는 선교를 해야 함을 주장하고, 도시화된 상황에서 도시 교회는 어떤 방향으로 전략을 펼쳐야 할지를 제시해 보고자 한다. 그러므로 본서는 도시에 대한 일반 사회 문화적 이해를 인구 통계학적 접근과 함께 시도하고 성경 신학적, 역사적 접근을 시도한다. 그리고 현상학적으로 다양한 도시의 특징과 도시 선교 전략을 소개할 것이다.

---

[6] 강장식, "차세대 중심 목회 패러다임으로 전환하라," 『총회전도정책 자료집』, 황규철 편 (서울: 대한예수교장로회출판국, 2012), 73.

3. 주요 용어 정리

본서를 읽어가면서 알아 두어야 할 용어들이 있다. 우선 필자가 구분하는 도시의 유형이다. 필자는 도시를 구도시, 신흥 도시, 위성 도시, 전원 도시로 구분했다.[7] 그 외에 도시를 이해하고자 할 때 알아 두어야 할 도시에 대한 용어들을 정리해 본다.

1) 구도시(Old City)

본서에서 필자는 신흥 도시의 반대되는 개념을 구도시라 지칭했다. 새롭게 세워지는 신흥 도시에 비해서 구도시는 오래된 건물을 비롯해 도시의 역사가 오래되었다는 것을 의미한다. 지금의 서울을 비롯해 부산, 대구, 광주 등 광역시 등의 도시 중심지, 혹은 지역적으로 이미 도시 혹은 마을이 형성된 지 오래되어 거주민들이 거주한 지가 오래되고 유동 인구가 비교적 적은 침체된 도시를 생각하면 될 것이다.

2) 신흥 도시(Boom Town)

인구 분담을 목적으로 만들어진 도시이다. 우리나라에서는 신흥 도시를 '시'로 승격시키지 않고 있으며 일반 도시에 편입시키고 있다. 예를 들어, 수도권의 일산 지구, 중동 지구, 산본 지구, 평촌 지구, 분당 지구, 판교 지구 등이다.

---

[7] 필자의 2012년 총신대학교 대학원 박사 논문에서는 도시를 구도시, 신흥 도시, 위성 도시, 기능 도시, 전원 도시로 구분했다.

3) 위성 도시(Satellite City)

위성 도시는 독자적인 행정 조직을 가지고 도시 행정을 시행하면서 중심 도시의 기능을 분담한다. 대도시의 기능을 분담해 그와 밀접한 관련을 맺으면서 발전하는 도시라는 점에서 한국의 경우 인천, 수원, 의정부, 안산, 고양, 성남, 부천, 안양, 남양주 등을 서울의 위성 도시라고 할 수 있고 부산의 위성 도시는 양산을 말할 수 있다.

4) 전원 도시(Rural City)

전원 도시의 사전적 의미는 도시 생활의 편리함과 전원생활의 신선함을 함께 누릴 수 있도록 설계된 도시이다. 흔히 공원과 녹지가 정비되고 외곽이 농경지로 둘러싸여 있는 도시를 이른다.

5) 국제도시(Cosmopolitan City)

대도시의 규모를 가지면서 도시의 지정학적 배경에 따라서 다양한 종족들과 복합 계층으로 이루어진 거대 도시를 의미한다. 즉, 여러 국가 사람의 교류가 빈번한 도시를 의미한다. 예를 들어, 한국의 송도 국제 도시가 이에 해당한다.

6) 도시화(Urbanization)

도시가 형성되고 계속 발전·확대되는 현상으로서 인구, 조직, 기술, 통신, 행정, 환경의 발달과 세분화, 전문화, 집중화가 이루어지며 도시 자체의 갱생과 구조 개편, 도시 환경의 개선을 위한 끊임없는 노력이 이루어진다.

도시화 현상은 농어촌 지역과 주민에 대한 흡입 요소(Pull Factors)들을 배가시키면서 때론 기형적 발전이 이루어져서 인구의 과도한 집중과 그에 따른 삶의 저하로 인한 빈민의 출현과 각종 범죄의 온상이 되는 사회 병리적 현상이 나타나기도 한다.

7) 상황화된 성육신적 선교(Incarnational Mission)

필자가 사용하는 상황화된 성육신적 선교는 교회 개척자가 지역에 교회를 설립할 때 지역의 특성을 파악해 그에 맞는 전략을 세워 나가는 것을 의미한다.

지역 정보 조사를 통해 지역의 상황을 먼저 파악하는 것이 중요하다. 그 후 입수한 정보를 가지고 지역의 형편, 문화, 전통 등을 모두 고려해서 선교 프로그램을 세워야 한다. 이것이 진정한 의미의 성육신적 선교 사역이라고 할 수 있다.

8) 메갈로폴리스(Megalopolis)

몇 개의 거대 도시[8]가 띠 모양으로 연속된 도시 형태를 말한다. 미국의 경우 보스톤(Boston)에서 워싱턴(Washington)에 이르는 동해안 등이다.

---

8 메트로폴리스(Metropolis)를 거대 도시 또는 백만 도시라고 한다. 메트로폴리스는 수도가 국가의 중추적 기능을 담당하는 것처럼, 국가의 경제, 문화 등 주요 기능을 담당하는 중심지이다. 메트로폴리스는 주변 지역에 영향을 미쳐서 넓은 권역을 형성하게 되는데 그 범위를 메트로폴리스 에어리어(metropolis area)라고 한다. 한편, 몇 개의 메트로폴리스가 띠 모양으로 연결되어 국제적인 기능을 발휘하게 되면 그것을 메갈로폴리스(Megalopolis)라고 한다. 메갈로폴리스라는 말은 고대 그리스의 에파메이논다스가 아르카디아 남부에 건설한 대 폴리스, 즉 메갈로폴리스에서 유래하고 있으나, 이 말을 현대적인 의미로 처음 사용한 사람은 프랑스의 지리학자 고트망(Jean Gottman)이다. 고트망은 미국 북동부의 보스톤, 뉴욕, 필라델피아, 볼티모어, 워싱턴 등 거대 도시와 이 거대 도시들을 잇는

한국의 경우는 경인(京仁)~경수(京水) 간 등 서울을 중심으로 한 수도권이 이에 해당한다. 예를 들면, 수도권 메갈로폴리스는 서울특별시-인천광역시, 서울특별시-수원시-평택시-천안시-아산시다.[9]

대도시권(metropolitan area)의 도시화 지역을 가리켜 메갈로폴리스라고 일컬었다. www.daum.net/encyclopedia.

9 이외에 근래 와서 많이 등장하는 '혁신 도시'가 있다. 혁신 도시의 사전적 의미는 행정 중심 복합 도시 사업과 연계하여 노무현 정부가 추진한 지방 균형 발전 사업으로 공공 기관 지방 이전과 산, 학, 연, 관이 서로 협력해 지역의 성장 거점 지역에 조성되는 미래형 도시다.

제2장

도시에 대한 사회 문화적 이해

도시를 이해하는 것은 도시 선교를 이해하고 도시 선교의 전략을 세우는 데 필수적이다. 도시에 대해서 모른 채 도시 선교 전략을 세운다는 것은 적의 정체를 모르고 전쟁에 투입되는 군사와 같다고 할 수 있다. 그러므로 본 장에서는 도시에 대한 일반적 이해를 개괄적으로 살펴볼 것이다.

1. 도시 개념

본 장에서는 도시를 개괄적으로 이해함에 필요한 요소들, 즉 도시 정의, 도시와 농촌의 관계, 도시화, 도시성, 도시인의 세계관 그리고 도시의 미래 전망은 무엇인지 등을 연구하고자 한다. 이 연구는 도시 선교 전략을 세우는데 뿌리를 든든히 하는 것이라고 할 수 있다.

1) 도시 정의

도시는 사회, 경제, 정치 활동의 중심으로서 수천, 수만 명 이상의 인구가 집단 거주해 가옥이 밀집되어 있고 교통로가 집중된 지역으로 정의한다.[1] 도시[2]를 이해하고자 할 때 도시학자들이 도시를 어떻게 정의하는지를 이해하는 것이 필요하다. 도시를 정의하는 데는 일반적으로 두 가지 접근이 있다. 하나는 인구통계학적 접근이고, 다른 하나는 기능적 접근이다.

루이스 워스(Louis Wirth)는 "도시는 사회적으로 이질적인 개인이 모인 비교적 크고 인구 밀도가 높고 영구적인 주거지"[3]라고 정의했다.

다른 말로 하면 도시는 밀집된 지역에 살고 있는 큰 인구를 가지고 있으며 사회 계층, 경제 전문가, 인종 그룹, 종교와 같은 다양한 기관이나 사회의 복잡한 유형을 가지고 있다는 것이다.[4]

기능적 정의는 도시가 수행할 수 있는 다양한 도시 기능이 있다는 것이다. 이것은 궁정의 위치나 정치 행정의 위치와 같은 정치적 기능을 포함한다.[5] 또한, 도시는 경제적 기능도 한다.

1　www.daum.net/encyclopedia.
2　대한민국의 행정 구역은 1개의 특별시(서울), 6개의 광역시(부산, 대구, 인천, 대전, 광주, 울산), 8개의 도(경기도, 강원도, 충청남도, 충청북도, 전라남도, 전라북도, 경상남도, 경상북도), 1개의 특별자치시(세종특별자치시), 1개의 특별자치도(제주도)로 구성되어 있다. 행정 체계는 특별시, 광역시, 시, 구, 군, 읍, 면, 동, 리 등으로 구분하는데 기준은 상주 인구수다. 예를 들어, 한 동의 인구수가 많아지면 두 개 동으로 나누고 몇 개의 동을 묶어서 구라고 부른다. 면의 인구수가 2만 명 이상이 되면 읍이 되고 읍의 인구수가 5만 명 이상이 되면 시로 승격된다. 그리고 시가 100만 명 이상이 되면 광역시로 구분한다.
3　Louis Wirth, "Urbanism as a Way of Life," Urban Life Readings in the Anthropology of City, edited by George Gmelch and Walter P. Zenner (Waveland Press, Inc, 2002), 65
4　Michael E. Smith, "The Earliest Cities," Urban Life Readings in the Anthropology of City, edited by George Gmelch and Walter P. Zenner (Waveland Press, Inc, 2002), 5.
5　Michael E. Smith, "The Earliest Cities," 5.

도시를 경제 이론의 관점에서 파악한 막스 베버(Max Weber)는 "지역 주민이 그 지방 시장에서 매일 원하는 물건을 살 수 있을 경우만 도시"[6]라고 정의했다.

도시를 행정의 관점에서 파악한 디킨슨(R.E. Dickinson)은 "도시는 지역 주민의 생활과 사회 조직을 공유하면서 자신의 거주지에서 생활하는 집약된 서비스 집단이다.

도시는 문명의 상징이며 전파자로서 몇 가지 기본적 특징을 가지는데 그중에서 가장 중요한 것이 도시는 종교, 문화, 사회 및 정치 행정적 중심지로서 사회 제도의 중심부"[7]라고 정의했다. 로빈슨(W.A. Robinson)은 "예술과 문학과 과학의 발원지로서 자유와 해방의 힘이 발생하는 원천"[8]으로 도시를 정의했다. 이와 같이 여러 가지로 도시를 정의할 수 있지만, 도시를 비도시 지역과 구별할 수 있는 객관적 기준은 인구 밀도와 규모다.

정병관은 도시를 생성시키는 네 가지 요소를 인구(Population), 조직(Organization), 환경(Environment), 기술(Technology)이라고 말한다.[9]

---

6 노충희, 『도시학 개론』(서울: 형설출판사, 1994), 2.
7 노충희, 『도시학 개론』, 3.
8 노충희, 『도시학 개론』, 5.
9 POET모델이라고 한다. 즉, 인구(Population): 도시가 생성되기 위해서는 인구 집중이 이루어져 인구의 크기나 밀도가 어느 정도 높아져야 하며 다양한 특성을 가진 인구의 분포와 구성이 이루어져야 한다.
조직(Organization): 정치적 체제, 노동의 구분, 사회적 계층, 가족, 종교적, 경제적 기관들이 출현하게 된다.
환경(Environment): 도시가 일정한 지역에 생성되기 위해서는 지형, 기후, 토양 등의 물질적, 공간적 주위 여건이 마련되어야 한다.
기술(Technology): 인구가 고도로 집중되는 도시가 생성되기 위해서는 안정된 식량 생산이 있어야 하고 이를 위해서 도시 이외의 지역에서 농업기술의 발전이 선행되어야 한다. 이렇게 해서 도시인들은 식량 생산 이외의 분야에서 다양한 기술과 발명품들과 가공품들을 만드는 창조적 활동에 적극적으로 참여하게 된다. 그 결과 도시 안에서는 언제나 새로운 기술적 혁신이 자리하게 되고, 새로운 지식들이 축적된다. 정병관, 『도시 교회 성장학』(서울: 총신대학교출판부, 2009), 22-24. 정병관, 『도전받는 현대 목회와 선교』(서울: 생명의 말씀사, 2008), 144.

2) 도시와 농촌

도시는 시, 도회지, 도읍 등의 개념과 동일하거나 유사하다.[10] 도시는 인구학적으로 일정한 인구 규모 내지 인구 밀도를 초과한 지역으로 규정한다. 또한, 영구적이고 상대적으로 크고 인구가 조밀하고 사람들이 자신들의 식량을 위해서 1차 산업에 종사하지 않고 다양한 직업의 기회가 있는 지역적 의미가 있다. 그러나 도시를 단순히 인구가 집중된 지역으로만 정의할 수는 없다. 인구 집중뿐만 아니라 제반 사회 경제적 특성이 나타나기 때문이다.[11]

도시와 대칭되는 개념은 촌락이다. 도시는 주택, 상가, 공장, 관공서, 오피스, 빌딩 등이 빼곡히 들어차 있고 많은 사람이 상대적으로 비좁은 지역에서 분주히 사는 '일하는 장소'의 인식을 갖게 한다. 이에 비해 촌락은 농가, 경지, 삼림지, 어촌 등 넓고 넉넉한 공간에 많지 않은 사람이 여유롭게 생활하는 시골의 의미를 지닌다.[12]

권용우는 이런 도시와 촌락의 관계를 도촌 분리론(urban-rural dichotomy)과 도촌 연속론(urban-rural continuum)으로 나누어 설명한다. 도촌 분리론은 도시와 촌락을 완전히 별개의 지역으로 나누어서 취락 공간을 이해하는 측면이다. 도시가 크게 발달하지 않은 지역에서는 도촌 분리론이 적용된다. 도시와 촌락이 기능적으로 명확하게 식별되기 때문이다. 그러나 도촌 연속론은 도시와 촌락이 연계되어 있어 양 지역을 연속된 취락 공간으로 이해하는 것이다.[13]

10　권용우, "도시와 도시 발달," 권용우 외 18인, 『도시의 이해』 (서울: 박영사, 2009), 3.
11　권용우, "도시와 도시 발달," 3
12　권용우, "도시와 도시 발달," 3
13　권용우, "도시와 도시 발달," 3

도시 선교학자 하비 콘(Harvie Conn)은 이것을 장소로서의 도시(The City as Place)와 과정으로서의 도시(The City as Process)로 언급한다.[14] 장소로서의 도시라는 의미는 독일의 사회학자 페르디난드 퇴니스(Ferdinand Tonnis)가 말하는 게마인샤프트(gemeinschaft)적 농촌 공동체의 생활과 같다. 즉, 도촌 분리론을 의미한다. 그러나 도촌 분리론은 도시를 농촌과 반대되는 장소로 보게 되는 반도시적 경향으로 나타나며 결과적으로 이것은 농촌에 있는 모든 것은 좋은 것이고 도시에 있는 모든 것은 나쁜 것으로 보게 되는 결점이 있다.

반면 과정으로서의 도시란 도시와 도시 외부 세계 간의 사회적 관계를 의미한다. 콘은 이를 비유적으로 "파리가 재채기를 하면 프랑스가 코를 푼다"(Paris sneezes and France blows its nose)라는 말을 사용했다. 즉, 도시와 농촌은 양극에 있는 고립된 반대의 존재가 아니라 상호 활동과 상호 작용으로 통합된 독특한 존재들이라는 의미이다.[15]

현재 도시와 농촌을 양극화시키는 전통적 이론은 점차 설득력을 잃고 있다. 전 국토가 도시 주위 지방이 되고 먼 시골 지역들이 주변 도시화가 되어 가고 있다.[16] 도시와 농촌의 차이가 전혀 없다고는 말할 수 없지만, 도시와 농촌을 정적으로 고립된 실제로 보는 것은 시대착오적 시각이다. 도시와 농촌이 사회 문화적, 정치적으로 충분히 연결되어 있음을 인정해야 한다. 그러므로 도시 선교는 지엽적 문제가 아니라 도시든 농촌이든 주님의 몸된 교회를 섬기는 모든 사역자가 진지하게 생각해야 할 선교의 방향이다.

---

14 Harvie M. Conn & Manuel Ortiz, *Urban ministry* (IVP, 2001), 158-168.
15 Conn & Ortiz, *Urban ministry*, 167.
16 Aylward Shorter, *The Church in the African City* (Maryknoll, N.Y.: Orbis, 1991), 40.

2. 도시화에 대한 이해

전 국토가 정치적, 경제적 그리고 문화적으로 도시의 영향을 받아 도시화되고 있다. 따라서 도시화의 의미와 단계 그리고 도시화의 영향을 받고 사는 도시인의 특성이 무엇인지를 아는 것은 도시 선교 전략을 세우는 데 중요한 요소가 된다.

1) 도시화의 의미

도시화는 도시가 되어가는 과정을 의미하는데 도시에 관한 지리학적 정의에서 더 구체적으로 파악할 수 있다. 즉, 지리학에서 말하는 도시이다.

첫째, 다수의 인구가 비교적 좁은 지역에 밀집해서 거주해 인구 밀도가 상당히 높다.
둘째, 농업, 임업, 수산업 등의 1차 산업 비율이 낮은 데 비해 제조업, 건설업, 상업 등의 2, 3차 도시 산업 비율이 높다.
셋째, 주변 지역에 재화와 서비스를 제공해 주는 중심지라는 것이다.[17]

사회학자들은 도시화를 도시적 생활양식의 발전과정 또는 도시성을 획득하는 과정으로 이해한다. 이때의 도시화는 사람들이 계속해서 도시로 유입되고 도시 생활에 참여하게 되는 과정과 도시의 발전에 따라 도시적 생활 방식이 강화되는 과정을 의미한다. 경제학자들은 도시화를 경제 발전과 기술의 진보 그리고 농업 경제에서 비농업 경제로 전환되는 과정으로 본다.

---

17 권용우, "도시와 도시 발달," 8.

인구학적으로 도시화는 어떤 나라의 전체 인구 중에서 몇 퍼센트가 현재 도시 지역 또는 도시와 인접한 지역에 살고 있느냐를 두고 측정한다. 전형적으로 도시화의 과정은 기술적 변화 -예를 들면, 농촌의 기계화로 인해 농촌의 인력이 많이 필요하지 않게 되는 따위-로 농촌의 인구가 도시 지역으로 이동하면서 발생하게 된다. 또는 외국으로부터의 인구 이동으로 도시화가 이루어지기도 한다.[18]

1960년대 이래로 지속하고 있는 우리나라의 공업화는 이촌 향도에 의한 대도시 인구 집중 현상을 발생시켰다. 그래서 1960년대 우리나라의 인구 흐름의 특성은 '수도권 전입 초과 타지역 전출 초과' 현상이라고 말할 수 있다.[19] 대도시 인구 집중화 현상은 1970년대 이후에 더욱 가속화, 다양화되어 서울, 부산, 대구, 광주, 대전 등지에서 대도시권화 현상이 나타나고 있다.[20] 서울-경기-인천을 잇는 수도권만 보아도 인구 비율이 50퍼센트 이상으로 인구 집중이 심각함을 알 수 있다.

도시화는 어떤 방법으로 측정하는가?
도시학자들은 흔히 네 가지 지표를 사용한다.

첫째, 인구 지표다.
국가의 전체 인구에 비해 도시에 사는 사람이 어느 정도인가를 측정하는 지표다. 예를 들어, 어떤 나라의 전체 인구수가 1천만 명이고 도시에 거주하는 인구수가 6백만 명이라면 그 나라의 도시화율은 60퍼센트로 집계되는 것이다.

---

18 정병관, 『도시 교회 성장학』, 21.
19 권용우, 손정렬, "대도시 지역과 교외 지역," 권용우외 18인, 『도시의 이해』, 230.
20 권용우, 손정렬, "대도시 지역과 교외 지역," 231.

둘째, 토지 이용 지표다.

도시화가 진행되면 도시 주변 지역에서는 비농업적 토지 용도 비율이 높아지며, 지가의 상승 현상과 일부 지역에서 투기 양상이 나타난다.

셋째, 농촌 요소의 감퇴 현상 지표다.

농촌 인구의 감소와 농업 인구의 겸업율의 증가다.

넷째, 도시 요소의 증대 지표다.

기존 도시와 도시 주변 지역에 도시 용도의 건물이 들어서 도시 환경이 조성되는 비율과 교통이 발달해서 중심 도시와 주변 도시의 연계성이 증가하는 통근자율의 변화 그리고 문화 시설이 확충되어 도시적 특성이 강화되는 양상이다.[21]

도시화가 진행되는 과정에서 인구의 증가 현상이 나타나 도시로의 집중화가 진행됨을 알 수 있다. 정병관은 도시에 인구가 집중되는 원인에 관해서 선진국과 개발도상국을 나누어서 그 원인을 분석했다. 선진국의 도시 인구 집중 원인으로는 농경지의 부족, 많은 기회, 매스컴의 영향을 요인으로 언급했다. 그리고 개발도상국의 도시 인구 집중 요인으로는 서구인의 식민 정책의 결과 높은 출산율[22], 투자의 불균형[23] 등이 있다. 그리고 개발도상국의 도시가 고용 기회를 창출하는 데에 한계를 가지고 있음에도 도시 생활이 힘들어도 농촌 생활보다는 낫다고 생각하는 사람들이 줄어들지 않고 도시로 몰려오기 때문으로 본다.[24]

---

21 권용우, "도시와 도시 발달," 9.
22 개도국의 경우 도시의 인구 성장 요인의 60퍼센트는 도시 안에 살고 있는 주민들의 높은 출산에 기인하고 있다.
23 국가 예산의 대부분이 도시 발전을 위해 쓰여짐으로 인해 도시와 농촌의 생활 격차가 너무 심화되게 되고 그로 인해서 농촌 인구를 도시로 끌어들이게 된다.
24 정병관, 『도시 교회 성장학』, 24-25.

농촌에서 사람들을 몰아내는 배출 요인(Push factors)보다 도시로 사람들을 끌어들이는 흡입 요인(Pull factors)이 더 강하다고 할 수 있다. 머레이 리이퍼(Murray H. Leiffer)는 도시 성장을 자극하는 요인 중에 농촌 생활이 매력이 없고 한심스럽다고 생각하는 사고방식을 말했다. 즉, 주택 사정이 나쁘고 소득이 형편없이 낮은 지역을 보면 대개가 창조적 지도력이 없거나 정신적 자발성이 결여된 곳들이다. 그런 곳에 사는 야망이 있고 모험심 많은 젊은이는 고독과 좌절감에 빠질 수밖에 없다. 이들은 기회만 있으면 도시로 떠나려고 한다. 그리고 리이퍼는 도시 성장을 자극하는 요인으로 도시의 매력을 말했다. 이것을 도시의 흡입력이라고 한다. 이 흡입력이 농촌의 젊은 남녀들을 대도시 생활의 황홀경에 동경을 품게 한다. 사람들은 도시의 황홀함, 빛깔, 활력, 심지어 코의 냄새까지 즐긴다. 농촌에서 안락하게 살기보다는 가난할망정 도시에서 살겠다는 사람들도 있다.[25]

도시는 인구 집중화 외에도 힘과 권력의 집중화 특성이 있다. 도시가 가지고 있는 자력은 사회적, 문화적, 경제적, 정치적 활동들을 도시의 지리적 세력 범위 내로 끌어들인다. 권력이 지배하는 곳에 도시가 있다. 도시는 자석처럼 권력을 도시로 끌어들인다. 그러므로 도시성은 권력을 집중화하고 모든 분야를 통제하고 권위를 행사하도록 만드는 경향이 있다.[26] 독일의 지리학자 크리스탈러(Christaller)는 중심지 이론을 주장했는데 중심지는 배후 지역에 대해 각종 재화와 용역을 제공하고 지역 간 교환의 편의를 도모해 주는 장소[27]라고 했다.

---

25 Murray H. Leiffer, *The Effective City Church*, 박근원 역 『도시 교회목회론』(서울: 대한기독교출판사, 1993), 25-26.
26 Harvie M. Conn & Manuel Ortiz, *Urban ministry*, 한화룡 역 『도시 목회와 선교』 (서울: CLC, 2006), 240.
27 권용우, 전경숙, "도시 규모와 중심지 이론," 권용우 외 18인, 『도시의 이해』, 138.

도시화는 도시가 주변 지역들을 얼마만큼 연결하는지에 따라서 결정된다.[28] 연결하고 집중화하는 도시의 능력은 세계가 더욱 큰 도시로 변모되고 있고 또 도시의 권력 규모와 조직 활동과 믿음과 지식이 연결망을 통해 확대되면서 더욱 두드러진 특징이 되고 있다. 연결망과 제도들이 유기적으로 조직화 되면서 사람은 자동으로 조종되는 비행기에 탄 것처럼 도시로 자연스럽게 이끌려오게 된다.[29] 현상적으로 도시 집중화는 정부, 교육, 의료보험, 정보, 여가, 거래, 산업, 복지 등이 집중되고 있음을 보아 알 수 있다.

2) 도시화의 단계

디모디 몬스마(Timothy M. Monsma)는 도시의 역동성[30]에 대해서 말한다. 즉, 도시가 성장하는 데에는 내적 성장(자연적 출산), 배출(Push)과 흡입(Pull) 요인이 있다는 것이다. 그는 배출 요인으로 특별히 농경지의 부족을 말하고 가뭄, 그리고 비싼 임대비를 언급하고, 도시 흡입 요인으로는 도시가 젊은 세대에게 매력을 준다고 말하면서 도시의 편의 시설 등을 요인으로 꼽았다.[31]

도시화의 단계를 그래프로 보면 다음과 같다. 도시화율을 그래프한 것을 도시화 곡선(urbanization curve)이라고 한다.

도시화 곡선을 보아 알 수 있듯이 도시화의 초기 단계(initial stage)에는 도시화 수준이 극히 낮을 뿐만 아니라 도시화율의 증가 속도도 아주 완만하

---

28 성경에서도 그 예를 찾아 볼 수 있다. 그리스-로마 문화의 세계적 중심지의 하나였던 에베소는 바울 당시 소아시아의 주요 항구이며 커다란 상업 도시였다. 사도 바울은 이곳 에베소에서 2년을 머물면서 복음을 전했다. 그 결과 "아시아에 사는 자는 유대인이나 헬라인이나 다 주의 말씀을 듣더라"(행 19:10).
29 Edward Krupat, *People in Cities : The Urban Environment and Its Effects* (Cambridge:Cambridge University Press, 1985), 70.
30 Roger. Greenway & Timothy M. Monsma, *Cities : Missions' New Frontier* (Baker Books, 2000), 14-16.
31 Greenway & Monsma, *Cities : Missions' New Frontier* , 16.

다. 이는 국가 경제가 주로 1차 산업에 의존하고 2, 3차 산업이 미약해 많은 인구가 농촌 지역에 거주하고 있음을 보여 준다.

그림 2-1. 도시화 곡선[32]

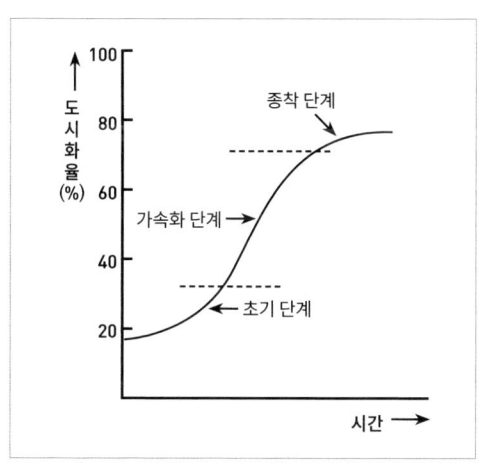

도시화의 가속화 단계(acceleration stage)에 이르면 도시화 수준이 급성장하게 되어 도시화율의 증가 속도가 가속화된다. 이는 국가 경제가 2, 3차 산업에 의존하며 인구 및 경제 활동이 공간적으로 도시라는 특정 장소에 집중되는 도시 성장의 격변기에 있음을 나타낸다. 도시화의 종착 단계(terminal stage)에 도달하면 도시화 수준이 극대치에 이르게 되어 도시화율의 증가 속도는 둔화된다. 도시화의 포화상태다. 인구가 분산되며 비도시 지역에도 지역 발전이 이루어지고 있음을 나타낸다.

즉, 역도시화(counterurbanization) 현상이다. 역도시화는 행정 경계를 넘은 인구의 교외화로 알려진 인구 전출(out-migration)을 의미한다.[33] 이런 현상

---

32 Cadwallader. M., *Urban Geography: An Analytical Approach* (Prentice-Hall, 1996), 303 ; 권용우, "도시와 도시 발달," 13 에서 재인용.
33 Tim Halll, *Urban Geography,* 유환종 외 7인 『도시 연구』 (서울: 푸른길, 2011), 72.

은 중산층이 교외 지역으로 이동하는 사회적 차원으로 나타난다. 현재 한국 사회에서 나타나는 현상이라고 할 수 있다. 대도시인 수도 서울은 도시화의 종착 단계에 이르렀다고 할 수 있으며, 서울을 중심으로 주변에 신도시라는 이름으로 새로운 도시가 세워지고 있고 서울의 인구를 분산 수용하고 있다.

3) 도시성

도시화가 이루어져 감에 따라 발생되는 것이 도시주의, 즉 도시성(Urbanism)이다. 도시주의 혹은 도시성은 도시에서의 독특한 삶의 방식이다. 도시성은 도시의 문화를 변화시키는 것, 문화의 전달자, 문화의 확대경이라고도 부를 수 있다.[34] 도시에서의 삶의 방식에 대해서 학자들의 이론을 정리해 본다.

(1) 페르디난드 퇴니스(Ferdinand Tonnis)의 게마인샤프트, 게젤샤프트

독일의 사회학자인 페르디난드 퇴니스는 두 가지 형태로 사람들의 사회생활을 날카롭게 대조했다. 하나는 게마인샤프트(Gemeinschaft)인데, 이는 공동체로 작은 시골 마을에서 찾아볼 수 있다. 사람들은 가족과 이웃과 관련된 공동의 선, 공동의 이익, 공동의 목적을 위해 일한다. 이들은 '우리'라는 의식으로 결속되어 있다. 반면 게젤샤프트(Gesellschaft)는 도시 사회다. '기계적인 집합체요 인공물'로 이루어진 도시의 생활 방식은 불화와 적대, 극심한 개인주의와 이기심을 특징으로 하고 있다.[35] 이와 같은 강조로 인해 도시를 농촌과

---

34 Raymond J. Bakke, "The urban face of mission : ministering the gospel in a diverce and changing world," edited by Manuel Ortiz and Susan S. Baker (P&R Publishing Company, 2002), 30.
35 Conn & Ortiz, *Urban ministry*, 158.

반대되는 장소로 보게 되는 반도시적 경향이 나타난다.

(2) 게오르그 지멜(Georg Simmel)

지멜의 이론은 '선택적 적응'이라고 말할 수 있다. 그는 도시인들은 그들 주위의 물질적, 사회적, 문화적 특성들에 적응해서 살아가야 하는데 혼란에 직면했을 때 개인들은 그것들에 전부 대응할 수 없게 된다는 것이다. 이때 도시인들은 어느 것은 무시하고 또 어떤 것은 선택해 살아간다는 이론이다.[36] 도시인들은 자신들에게 관련성이 없거나 덜 경쟁적인 것에 관해서는 무시하거나 최소화한다. 그러나 개인적으로 흥미가 있거나 중요하다고 생각되는 것들에 대해서는 선택적으로 관심을 갖는다.

도시인의 도시성으로서 '선택적 적응'은 선교적 측면에서 큰 우려를 낳는다. 도시인들의 선택적 적응은 자신의 기호에 따라 교회를 선택하게 된다. 그러나 그 기호라는 것이 편리함, 무책임성, 문화적 선택 등이 기준이 될 때 교회는 어려움을 겪게 된다. 도시인의 기호에 맞추기 위하여 십자가의 복음이 왜곡될 수 있기 때문이다. 그러나 선택적 적응이 도시인의 특성이라면 그에 맞는 도시 선교를 도시인에 맞추어 상황화한 전략을 세우는 것도 우리의 책임이라고 할 수 있다.

(3) 루이스 워스(Louis Wirth)

유명한 시카고학파의 사회학자 루이스 워스는 1938년 "도시는 상대적으로 크고 밀도가 높고 사회학적으로 이질적인 개인들의 영구적 정착지"라고 고전적 정의를 내렸다.[37] 또한, 인구의 증가는 사회관계의 특징을 변화시키며 인구의 크기, 밀도, 이질성, 이 세 가지 요인으로 인해서 친족 관계

---

36 정병관, 『도시 교회 성장학』, 71-73
37 Louis Wirth, "Urbanism as a Way of Life," In Urban Place and Process: Readings in the Anthropology of Cities, edited by Irwin Press and M. Estellie (New York: Macmillan, 1980), 35.

가 침식당하고 개인주의가 성장하고 경쟁심이 도시를 지배한다고 말하면서 도시인들의 도시성에 대해서 말했다.[38]

제럴드 알렌 브라운(Gerald Arlan Brown) 역시 워스와 동일한 도시성에 대해서 말했다. 즉, 도시 생활의 특징이 무규범, 피상적인 사회관계 그리고 고독이라고 설명하면서 도시의 생활은 높은 인구 밀도의 이질적 정착지에서 많은 사람이 소외와 정신적 질병을 일으킨다고 했다.[39] 그로 인해 공동체는 비인간적인 공동체에 의해 대체되고 통합적 삶은 무규범, 기준이 없는 삶으로 향한다. 개인 관계의 따뜻함은 합리적이고 비인격적 익명성으로 바뀐다.[40] 육체적 접촉은 가깝지만, 사회적 접촉은 멀어진다는 것이다.[41]

더욱이 도시인들은 더 나은 거주지를 찾아 거주지를 이동하기 때문에 집단에 대한 소속감이나 연대감이 매우 약화될 수밖에 없다. 즉, 뿌리 의식의 빈곤과 혼란으로 인해 고통을 받게 되고, 그로 인해 도시인들로 개인주의의 삶을 살게 한다.[42]

(4) 스탠리 밀그램(Stanley Milgram)

스탠리 밀그램은 도시의 크기, 인구 밀도, 이질성은 도시인들에게 심리적 짐(psychic overload)[43]을 주게 되고 그 결과 도시인들은 어떤 사회적 상황에 대해서 외면하든지 한 걸음 물러서든지 하는 태도를 취하게 된다고 하

---

38 Louis Wirth, "Urbanism as a Way of Life," Urban Life Readings in the Anthropology of City, 72.
39 Gerald Arlan Brown, "God's Communication in The City : Pentecostal Churchs in Urban Mission in Latin America" (Doctor of Philosophy, Fuller Theolocal Seminary, 2006), 18-19.
40 Conn & Ortiz, *Urban ministry*, 159.
41 Louis Wirth, "Urbanism as a Way of Life," Urban Life Readings in the Anthropology of City, 74.
42 정병관, 『도시 교회 성장학』, 72.
43 Stanley Milgram, "The Urban Experience A Psychological Analysis," Urban Life Readings in the Anthropology of City, edited by George Gmelch and Walter P. Zenner (Waveland Press, Inc, 2002), 83.

면서 자신의 경험을 이야기했다.

> 내가 처음 뉴욕에 도착했을 때 나는 악몽을 꾸는 것 같았다. 내가 Grand Central 기차역에 내리자마자 42번가에서 밀고 밀치는 군중들을 보았다. 때로는 사람들이 나를 밀치고 사과도 없었다. 정말 나를 두렵게 했던 것은 택시를 소유하기 위해 두 사람이 글자 그대로 전투를 하는 것을 보았다. 심지어 거리에 술에 취한 사람은 쳐다보지도 않고 무시되었다. 사람들은 서로에 대해서 전혀 신경 쓰지 않는 것처럼 보였다.[44]

결과적으로 도시인들은 다른 사람의 필요에 관해 관심이 없게 되고 자기에게 손해볼 일은 하지 않으려 한다.

(5) 클라우드 피셔(Claude Fisher)의 하위 문화 이론(A Subcultural Theory)

피셔는 도시의 인구 크기, 밀도, 이질성은 고립과 혼란을 유도하기보다는 서로의 다른 생활 규범과 행위에 대해 상호 영향을 주고 강화해 주는 역할을 하며 다양한 개인의 출현에 기여했다고 본다. 이로 인해 진부하지 않은 하위 문화들이 출현할 수 있게 된다는 것이다. 예를 들면, 1960년대 미국에서의 히피(hippi)의 등장을 들 수 있다.

이같은 하위 문화(subculture)는 전통적이지 않기 때문에 상위 문화(dominant culture)로부터 이단으로 규정된다. 그러나 보다 객관적 측면에서 보면, 잘 발달된 하위 문화의 존재는 사회 구조를 파괴하기보다 창조적 도시 환경을 만들어낸다고 볼 수 있다.[45] 도시주의를 긍정적 측면으로 바라보는 견해다.

44　Milgram, "The Urban Experience A Psychological Analysis" 83.
45　정병관, 『도시 교회 성장학』, 74-75.

3. 도시인의 세계관

도시화가 이루어짐에 따라 도시성(도시주의)이 발달한다. 도시의 생활 양식은 과거 부족 사회의 생활 양식이나 농경 사회의 생활 양식과는 다른 점이 많다. 복잡한 환경 속에서 도시인들은 지멜이 주장한 것처럼 선택적 적응이라는 생활 양식을 따르게 되었고 이는 도시인들로 밀그램이 지적하듯이 이웃에 관한 일에 덜 혹은 전혀 관심을 기울이지 않게 되었다. 즉, 도시화의 결과로서 개인주의라는 도시성이 발생하게 되고, 이것은 결과적으로 사회 구성원 간의 갈등을 유발하고 무관심 혹은 적대 의식, 범죄 등 다양한 사회 문제를 일으키게 된다.

도시인의 도시성을 이해하고 그들을 대상으로 복음을 전하기 위해서는 도시인의 세계관 고찰이 선행되어야 하고, 심도 있게 연구되어야 한다. 현대 도시인의 세계관을 파악하지 못한다면 복음을 전달하는 데 있어서 그 효과를 기대하기 어렵다. 왜냐하면, 선교는 근본적으로 복음을 통한 세계관 변혁이기 때문이다. 그러므로 필자는 세계관의 정의를 살펴보고 도시인의 세계관을 이해하기 위해서 부족 사회, 농경 사회의 세계관 그리고 포스트모더니즘 사회의 세계관을 비교 고찰할 것이다.

1) 세계관 정의

세계관은 임마뉴엘 칸트(Immanuel Kant)가 독일어 '벨탠샤우웅'(Weltanschauung)이라는 말로 처음 사용했다. 이 말의 기본 개념은 세상을 보는 안목, 사물에 대한 관점, 특정한 지점에 서서 우주를 바라보는 방식이다. 키에르케고르, 엥겔스, 딜타이 등은 서양 문화를 성찰할 때 한 민족의 깊고 영속적인 문화적

패턴을 가리키는 말로 세계관이란 용어를 사용하기도 했다.[46] 세계관의 뿌리는 인류학에서도 찾을 수 있다.

인류학자는 전 세계 여러 민족을 경험적으로 연구한 끝에 그들의 문화 밑바탕에 근본적으로 다른 세계관들이 깔려 있음을 발견했다. 인류학자들은 여러 문화를 더 깊이 연구하는 가운데 겉으로 드러난 언행의 아래편에 그런 말과 행위를 발생시키는 가치관과 신념이 있다는 사실을 발견하게 되었고 이런 것을 설명하는 용어로 세계관이라는 용어를 사용하게 되었다. 이현모는 문화의 구성요소를 설명하면서 문화와 세계관의 이해를 로이드 콰스트((Lloyd A. Kwast)의 동심원 이론을 들어 설명했다.[47]

그림 2-2. 세계관 구성

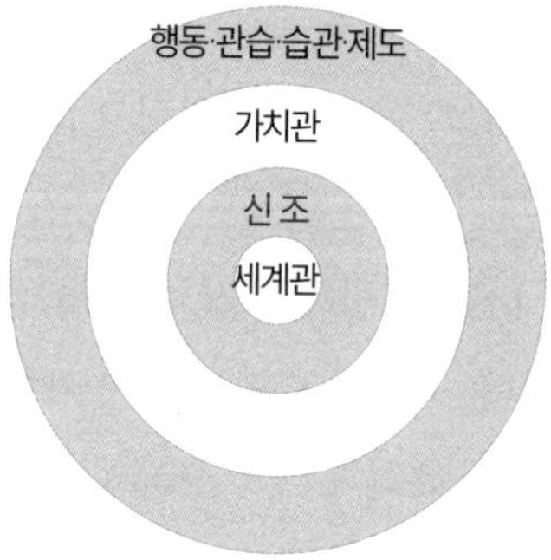

(행동·관습·습관·제도 / 가치관 / 신조 / 세계관)

문화의 가장 외부층은 행동, 관습, 습관, 제도 등으로 구성된다. 외국을 단기간 방문하고 나서 그 나라의 문화를 논하는 것은 대부분 이 외부층에 해당하는 문화이다. 어떤 음식을 먹고, 어떤 옷을 입고, 어떤 가옥에 사는

---

46 Paul Hiebert, *Transforming Worldviews,* 홍병룡 역 『21세기 선교와 세계관의 변화』(서울: 도서출판 복 있는 사람, 2010), 27-29.
47 Lloyd E. Kwast, "Understanding Culture," in Perspectives on the World Christian Movement ; A Reader eds. by Ralph D. Winter and Steven C. Hawthorne (Pasadena: William Carey Library), C3-6, 이현모, 『현대 선교의 이해』(대전: 침례신학대학교출판부, 2012), 197 에서 재인용.

가 등등이다. 이것은 문화의 껍데기에 불과하다.

타문화권에 대한 진지한 관심을 가진 사람이라면 관습과 제도와 습관이 왜 우리와 다른가라는 질문을 해보아야 한다. 문화의 외형적 모습에 차이가 있는 것은 가치관이 다르기 때문이다. 가치관이란 무엇이 선하고 악한가의 기준, 무엇이 아름답고 추한 것인가의 기준들을 의미한다. 이 기준이 달라지면 외적으로 드러나는 사람들의 태도와 관습이 달라지는 것이다.[48]

가치관에 영향을 주는 층이 있다. 그것은 신조(믿음)들로 구성되어 있다. 이것은 과학적인 지식과는 상관없는 한 문화권에서 진리라고 인정되는 것들의 집합이다. 예를 들면, 중국인들은 음력 일월이면 조상신과 다양한 신들을 섬기는 '바이바이'라는 절기를 지낸다. 이 절기에 중국인들은 엄청난 돈을 사용한다. 죽은 조상들이 구천을 헤매는데 자손들의 도리는 돈을 보내드리는 것이라고 믿는다. 그래서 종이돈을 사서 묘지에서 태워버린다. 어떤 사람은 수십만 원어치의 종이돈을 자랑스럽게 그냥 태워 없앤다. 집도 보내드리기 위해서 정교하게 만든 종이 집을 사서 태워 없앤다.[49]

우리가 볼 때는 정신 나간 행동처럼 보인다. 그러나 이는 신조, 믿음의 차이에서 기인하는 것이다. 그리스도인들이나 과학적 사고의 서구인들은 죽은 조상의 혼령이 주위를 배회하면서 우리의 생사화복과 비즈니스에 관여한다고 믿지 않는다. 그러나 중국인들은 죽은 조상의 혼이 실제로 그렇게 역할을 한다고 믿는다. 이와 같이 신조가 다르면 가치관이 달라지고 가치관이 달라지면 행동과 관습도 달라지게 된다.[50]

세계관은 문화의 가장 내부층을 구성한다.

세계관은 이 세계의 실제(real)가 무엇인가?

---

48 이현모, 『현대 선교의 이해』, 196-197.
49 이현모, 『현대 선교의 이해』, 198-199.
50 이현모, 『현대 선교의 이해』, 199-200.

이런 질문에 대한 문화권 내의 답들로 구성되어 있다.[51] 문화를 논함에 있어서 모든 문화가 특정한 세계관의 결과라는 점을 이해하는 것이 중요하다. 세계관은 문화의 뿌리이다. 역사의 방향과 목적이 세계관에 의해서 좌우된다.

선교 문화 인류학자 폴 히버트(Paul Hiebert)는 세계관이란 "한 집단이 사물의 본질과 관련해 형성하는 근본적인 인지적, 정서적, 평가적 전제들로 자기 삶을 정돈하는 데 사용하는 것"[52]이라고 정의했다. 김성태는 히버트의 입장을 받아들이며 세계관이란 본질적으로 종교적이요, 총체적인 것으로 문화의 모든 영역에 영향을 미치고 인간의 인식뿐 아니라 정서적인 면과 윤리적인 행동에도 영향을 미치는 기본적인 가치체계라고 정의했다.[53]

이런 세계관의 개념을 전제하고 부족 사회와 농경 사회를 도시 사회의 세계관과 비교해 보는 것은 도시인들을 이해하고 그들을 선교하는 전략을 수립하는 데 근저가 될 수 있다.

2) 부족 사회

인류 역사를 보면 소규모 사회가 인간 사회 조직의 기본 형태였음을 알 수 있다. 이는 사회학자들이 말하는 이른바 무리(band)와 부족(tribe)을 의미한다. 부족 사회는 몇 가지 특징이 있다.

---

51 이현모, 『현대 선교의 이해』, 200.
52 Hiebert, 『21세기 선교와 세계관의 변화』, 31.
53 김성태, 『선교와 문화』(서울: 이레서원, 2000), 76.

첫째, 부족 사회는 애니미즘 사상이 팽배하다.

죽은 사람의 영혼뿐만 아니라 자연 물체, 나무, 개천, 산, 돌, 운석 등과 같은 것에 정령들이 존재해 있다고 믿는다.[54] 즉, 초자연과 자연적인 것을 서로 구별하지 않는다. 모든 형태의 생명이 서로 연결되어 있기 때문이다. 식물과 동물이 서로 친척이요 토템이요 영적인 도우미라는 것을 경험하고 자연의 세력도 의료, 마술, 다양한 힘이 서로 균형을 이루고 있는 것으로 간주한다.[55]

또한, 세계는 주술, 마나, 온갖 종류의 의술, 자연의 세력들, 점성술 등등의 세력으로 가득 차 있다. 사람들은 이런 비인격적인 힘을 사용해서 개인적 이익을 얻으려고 주술, 점, 점성술, 자연 지식 등을 찾고 주술사, 무당, 점성술사와 같은 전문가들을 찾아가기도 한다.[56] 즉, 부족 사회는 다신교적이며 정령 숭배적인데, 자연과 초자연이 구별되지 않는 총체적인 세계관을 가지고 있다.

이 세계관은 인격적인 초자연적 존재를 믿고 있는데, 최고의 신의 개념이 있으며 수많은 귀신과 정령들과 조상신의 개념이 있다. 또한, 비인격적인 존재이지만 초자연적 능력을 가진 세력이 있는데 이름이 다양하게 불리고 있다. 최고의 신은 너무 초월적 존재이기에 인간의 삶에 별로 관여하지 않는 것으로 알려져 있고, 중간 존재로서 귀신들과 정령들과 조상신이 인간의 삶에 밀접한 관계가 있다.[57]

그러므로 부족 사회에서 조상은 중요한 존재로 간주된다. 조상들이 후손들을 보호해 주고 축복하며 돌봐준다고 여긴다. 그러나 조상들은 추도 일에 후손들이 제사를 치르는 것을 경홀히 하면 오히려 후손들을 저주한다고

---

54 배춘섭, "기독교와 조상 숭배 강의안" (신약과 선교, 총신대학교 일반대학원, 2010년 1학기), 60.
55 Hiebert, 『21세기 선교와 세계관의 변화』, 204.
56 Hiebert, 『21세기 선교와 세계관의 변화』, 204-205.
57 김성태, 『선교와 문화』, 159-160.

생각한다.[58]

둘째, 부족 사회는 인간 중심적이다.

우주는 신들, 영들, 많은 종류의 자연적 존재로 가득 차 있지만 무대 중앙을 차지하는 것은 조상들과 살아 있는 사회 구성원들과 태어나지 않은 후손들이다. 여러 부족 사회에 사는 사람은 자기를 독자적이고 자율적인 개체로 보는 것이 아니라 부모에서 자식으로 그리고 대대로 흘러 내려오는 끝없는 물줄기의 일부로 본다. 그들이 첫 조상들로부터 받은 동일한 피와 동일한 생명이 동일한 혈통, 씨족, 부족에 속한 모든 사람의 혈관을 관통하고 있다고 보는 것이다.[59]

셋째, 부족 사회는 집단 지향적이다.

부족 사회는 집단을 사회의 중요한 단위로 본다. 이 집단은 가족, 혈통, 씨족, 무리, 부족을 의미한다. 개인들은 집단 속에서 그리고 집단을 위해 존재할 뿐이다. 그러므로 자기 집단이 존재하는 한 그들은 죽지 않는다. 조상으로 기억되기 때문이다. 그들의 존재는 그 집단의 하나됨과 안녕에 묶여 있다. 개인의 필요는 집단의 필요에 종속되어 있다. 따라서 집단 결정이나 개인 결정은 집단의 기대를 반영해야 한다.[60]

김성태는 부족적 세계관을 가진 지역에서 선교를 수행할 때는 우선적으로 힘의 충돌에 익숙해 있어야 한다고 말한다. 선교사의 메시지의 내용은 저들의 세계관 속에서 바울처럼 접촉점을 찾아야 하는데(행 14, 17장), 저들이 숭배하는 대상에 관해 성경이 어떻게 말씀하고 있는지를 저들이 분명히

---

58 부족 사회에서는 조상이 되기 위한 공통적인 조건이 있다고 한다. 즉, 죽은 자, 살면서 출산하고 죽은 자, 남겨진 자에게 기억되어지는 자, 생존시 중요한 사회적 신분이었던 자, 특별한 장소와 예식으로 숭배되는 자 등이다. 배춘섭, "기독교와 조상 숭배 강의안", 12-15.
59 Hiebert, 『21세기 선교와 세계관의 변화』, 205.
60 David J. Hesselgrave, *Counseling Cross-Culturally*, 장훈태 역 『타문화 상담과 선교』(서울: 도서출판 헤본, 2004), 213.

깨닫도록 말씀을 전해야 한다. 이것은 복음의 수용성이 형성된 이후에 진리 충돌의 과정이다.

또한, 이 과정에서 돈 리차드슨(Don Richardson)이 인도네시아의 사위 부족에게서 발견한 구속적 유추(Redemptive Analogy)[61]와도 같은 하나님의 예비하심이 있는지를 살펴보아야 한다. 이런 세계관을 가진 지역에서 선교를 수행할 때의 주의해야 할 점은, 중간 영역의 세계관을 가진 사람들의 혼합주의적 경향이다. 복음의 수용성이 결코 그리스도인이 된 것이 아님을 명심하고, 반드시 진리 충돌의 과정이 있어야 하며 그리스도 안에서 진정으로 거듭나고 새로워졌다는 확신이 서기까지 세례를 주는 것을 서둘러서는 안 된다.[62]

---

[61] 구속적 유추는 '화해의 아이'(Peace Child)의 저자인 돈 리차드슨에 의해서 주장된 원리이다. 인도네시아의 오지인 이리안자야에서 사역하던 선교사인 돈 리차드슨은 가치관과 세계관이 서구와는 너무 다른 사위 부족 가운데서 많은 커뮤니케이션의 어려움을 겪었다. 이들의 가치관에서는 예수의 신실하심이라든지 충성됨 같은 것들은 존경의 대상이 아니었다. 그렇기 때문에 예수께서 그들을 사랑하셔서 자신의 생명을 내어 주면서 용서하시기 원하신다는 개념은 이들에게는 별 의미가 없는 내용이었다. 이런 와중에서 사위 부족들 간에 전쟁이 벌어지게 된다. 쌍방이 많은 희생을 본 후에 리차드슨의 중재로 인해서 두 부족이 전쟁을 그치는 의식을 치르게 된다. 이때 먼저 화해를 제안한 부족의 추장이 고통스럽지만 자신의 아기를 상대방 추장에게 넘겨준다. 이 아이는 상대방 추장의 아이가 되어서 그 마을에 살게 된다. 이 아이가 살아 있는 동안 두 마을은 전쟁을 할 수 없게 된다. 이 아이를 '화해의 아이'라고 부르는 것이다. 리차드슨은 이 화해의 아이라는 개념이 사위 부족에게 복음을 전할 수 있는 접촉점(contact point)임을 발견하게 되었다. 그는 복음을 증거했다. "이전에 하나님과 인간들은 커다란 전쟁 가운데 있었다. 많은 인간들이 죽어 갔다. 하나님께서는 이 전쟁을 더 이상 하지 않기를 원하셨다. 그래서 어느 날 하나님은 인간들에게 종전의 상징으로 자신의 하나밖에 없는 아들을 내어 주셨다. 이 아들이 예수이다. 인간들의 화해의 아이는 시간이 지나면 늙어서 죽고 전쟁이 다시 날 수 있지만 이 예수는 영원히 죽지 않는 화해의 아이이다. 이 예수를 받아들이기만 하면 하나님과 화해하고 전쟁이 그치게 된다." 이것은 사위인들의 가치관과 세계관에서 정확하게 복음의 의미를 전달한 것이다. 이로 인해서 사위 부족이 복음화되었다. Don Richardson, *Peace Child* (Glendale : Regal Books, 1974). 이현모, 『현대 선교의 이해』, 217-218에서 재인용.

[62] 김성태, 『선교와 문화』, 160-161.

3) 농경 사회

농경 사회는 집단적 성격이 부족 사회와 유사하지만, 오히려 더 강한 집단 공동체의 특성이 있다. 이 공동체는 강한 정체성을 가진 일종의 완비된 공동체다. 그 구성원들은 거기서 태어나서 자란 토박이로서, 자기 마을을 소우주적 세계로 보고, 그곳을 요람에서 무덤까지(from the cradle to the grave) 살아갈 영원한 고향으로 생각한다. 그들 대부분은 자신의 고향을 떠나 외부의 세계로 나갈 마음이 없다. 즉, 자신의 마을에 있어야만 어떻게 살아가야 하는지도 알고 안정감과 정체성을 갖게 된다고 생각하는 것이다.[63]

로버트 레드필드(Robert Redfield)는 다음과 같이 말한다.

> 무리나 촌락 또는 소도시에 사는 사람은 그 공동체에 속한 다른 구성원들 하나하나를 서로의 일부로 알고 있다. 각 사람은 그 집단 자체를 서로에게 속한 동아리로 강하게 인식한다. 각 주민이 사용하는 '우리'라는 말은 자기 무리 또는 촌락이 다른 모든 공동체로부터 분리되어 있다는 것을 가리킨다. 더군다나 멀리 동떨어진 촌락이나 무리일수록 그 구성원들에게 그 공동체는 삶의 테두리이자 작은 소우주가 된다. 어떤 활동이나 관습은 한 사람으로부터 다른 모든 이에게 이어지기 때문에 토박이에게 그 공동체는 일련의 도구와 관습이 아니라 하나로 통합된 덩어리다.[64]

따라서 이 공동체는 강한 공동의 정체감이 있다고 할 수 있다. 구성원은 모두 한마을에서 태어나 자란 토박이들로서 서로의 이야기를 훤히 알고 있고, 모두가 특정한 집안과 혈통과 마을 전체에 연결되어 있다. 이런 사람들

---

63 Hiebert, 『21세기 선교와 세계관의 변화』, 239-240.
64 Robert Redfield, *The Little Community: Peasant Society and Culture* (Chicago: University of Chicago Press, 1989), 10.

이 바로 '우리'인 것이다.

이들의 세계관은 세계가 죄와 전쟁이 가득한 것으로 이해한다. 따라서 죄로 가득한 세계에서 진리를 유지하기 위한 방편으로 집단의 규범과 집단 내 교제와 집단 일체가 강조된다. 따라서 농경 사회에서 죄란 집단의 규범을 위반한 것으로 이해한다.[65]

정병관은 농경 사회에 대한 선교 전략을 말한다.

첫째, 신뢰를 얻기 위해 거주하면서 선교 활동을 한다.
둘째, 집단적 결정을 유도한다.
셋째, 사람들에 따라 구전과 글을 동시에 사용하는 선교 방법을 사용한다.
넷째, 교회를 설립하는 데 있어서 집단의 차이를 인식하고 각기 독특한 집단 안에서 교회 설립을 해야 한다고 말한다.[66]

4) 도시 사회

도시 사회는 부족 사회나 농경 사회의 세계관과 다른 점이 많다. 도시 사회는 복잡하고 이질적인 세계 속에 살고 있는 개인들의 집합이다. 결정 세력도 집단에 의한 결정이 아닌 개인 결정에 기대한다.[67] 진리는 농경 사회보다 더 축소되어 대단히 개인적인 것으로 보고 진리를 보편적으로 심지어 집단적인 것으로 삼는 데 많이 주저한다. 따라서 도시인들의 세계관의 특징은 '개인주의'라고 말할 수 있다.

---

65 정병관,『도시 교회 성장학』, 80.
66 정병관,『도시 교회 성장학』, 78.
67 Hesselgrave,『타문화 상담과 선교』, 213.

부족 사회와 농경 사회를 지나면서 근대에 이르러 개인주의는 도시인들의 세계관으로 나타났다. 역사상 가장 큰 세계관의 변화 중 하나는 17세기에 근대 과학과 근대성(modernity)의 출현이다. 4세기에 기독교가 승리의 깃발을 올린 이후 서양의 정신은 유신론적 사상으로 점철되었다. 모든 생명과 자연은 인격적인 하나님, 곧 인간을 향해 완전한 목적을 갖고 계신 분이요, 능력이 무한하신 하나님의 감독 아래에 있다고 추호의 의심도 없이 믿었다.

하나님은 자기 자녀들을 기르시는 사랑의 아버지시고, 자기 뜻대로 세계사의 흐름을 주도하시는 분이었다. 자연도 그분의 명령에 순응하고, 그분은 일상적 삶에도 특별히 개입하는 분이었다. 그리스도인에게 인생은 하나님의 목적을 실행하는 통로였다.[68]

그러나 13세기에 이르러 성당 부속 학교들이 대학들로 대치되기 시작했고, 대학은 훗날 근대성의 기초가 된 새로운 패러다임을 가르쳤다. 즉, 체계적 조사와 체계적 추상 논리를 통한 물질 세계의 이해를 중요시했으며, 이것은 인간의 이성을 믿는 것을 의미했다. 세계는 인간이 지적으로 이해할 수 있도록 법치에 따라 움직이는 시스템으로 간주되었다. 그 결과 종교는 사적인 영역으로 밀려나고 상상의 산물로 간주되었으며, 하나님도 공적인 삶과 무관한 존재가 되었다. 철저하게 유물론적이고 무신론적인 역사 철학이 출현해 정신을 물질로 환원하고, 도덕도 물질적 진보에 의해 규정되는 사회적 구성물로 환원시켰다.[69]

이성과 자유를 이상으로 삼았던 18세기의 계몽주의는 근대성으로 발전했다. 르네 데카르트(Rene Descartes)는 문화적 편견에 물들지 않은 객관적 진리를 추구하는 데 앞장섰다. 그는 자기 존재를 포함한 모든 것을 의심하

68　Hiebert, 『21세기 선교와 세계관의 변화』, 269.
69　Hiebert, 『21세기 선교와 세계관의 변화』, 270-271.

는 일부터 시작했고 자신의 이성만이 해답을 줄 것이라고 믿었다. 이성이 옳고 참되고 선한 것을 가늠하는 궁극적 심판관이 되는 것이다. 계몽주의의 중심부에는 존재의 중심이 하나님에게서 인간과 자아로 전환되는 현상이 있다.

즉, 참된 추론과 지식의 기반으로서 비합리적인 감정이 아니라 자의식의 중요성을 강조한 것이다. 근대성은 강한 개인주의 이데올로기와 윤리 체계들을 탄생시켰다. 사실상, 개인의 자율성이란 주제가 어쩌면 근대적 세계관의 가장 중요한 주제일지도 모른다.[70]

근대를 지나 근대 후기 즉 포스트모더니티 사회에서도 개인주의가 두드러진다. 즉, 모던과 포스트모던은 이성과 인간의 감성과 의지를 주체로 할 것인가에 관한 차이지 자아에 중심을 두는 것은 같다고 할 수 있다.

포스트모던이란 말은 1930년대에 작가와 건축가들이 처음 사용하였다. 1940년대에 역사가 아놀드 토인비(Arnold Toynbee)가 새로운 현상을 설명하기 위해 그 단어를 사용하면서 세상에 널리 알려졌다. '포스트'는 … 로부터라거나, 혹은 … 의 뒤를 따른다는 의미가 있으니 모던과 포스트모던 사이에는 불연속성뿐 아니라 연속성도 있다는 말이 된다. 모던과 포스트모던 모두 사람 중심, 이성 중심사상이며 계시 의존 형태의 진리를 배격한다는 점에서 연속성을 갖는다.

포스트모던에서는 객관적 진리를 배격한다. 그러니까 객관적 진리는 존재하지 않는다는 사실이 바로 세상에 존재하는 유일한 진리라고 주장한다. 따라서 포스트모더니즘은 극단적 모더니즘이라고도 말할 수 있다. 포스트모더니즘의 세계관은 종교 다원주의, 에고이즘(egoism)등 여러 가지를 말할 수 있다.

---

70 Hiebert, 『21세기 선교와 세계관의 변화』, 317.

특히, 에고이즘 포스트모더니티는 자아 중심이 특징이다. 즉, "내가 최고야"(It's all about me)가 지배적인 세계관이다. 자기가 현실의 중심이고, 자기 결정이 최고의 가치를 갖고, 자유는 양도 불가능한 권리이며, 자기 성취가 최종 목표다. 자기 보존을 위해 행동하고 필요시에는 자기 방어를 위해 상대를 죽일 수도 있다. 우리가 존재의 중심이므로, 우리는 오늘 우리 자신을 위해 살아야 할 의무가 있다. 포스트모던 사회에서는 자기 자신보다 더 고상한 관심사가 없다고 할 수 있다.[71]

이런 에고이즘은 현대 도시인들에게서 두드러지게 나타나는 현상이다. 도시인들은 자기 성취를 강조하고 이를 위해 최선의 노력을 다하며 개인적 성취를 방해받지 않으려고 한다. 이웃과 교제를 나누는 것조차도 부수적인 것에 불과하다. 앞서 지멜, 워스, 브라운, 밀그램이 지적한 것처럼 도시에서는 개인주의가 자라나고 경쟁이 지배한다. 공동체는 비공동체로 대체되고 단순함이 정교함으로 대체된다.

또한, 도시에서는 성스러운 것이 세속화되고 일관되고 안정된 삶이 혼란과 무규범의 삶으로 바뀐다. 따스한 개인 관계들이 합리적이고 비인격적인 익명성으로 바뀐다. 이와 같이 도시인들의 세계관을 살펴보면 성경적으로 심각한 문제가 도출됨을 알 수 있다. 바로 자기가 우상이 되는 것이다. 죄에 대한 심각성도 없어지고 절대적 진리보다는 개인의 선호도에 따른 상대적 진리 개념에 대해서 수용적이 된다. 다음의 도표는 부족 사회와 농경 사회의 집단 지향적 세계관과 도시 사회의 개인주의적 세계관의 뚜렷한 차이를 보여 준다.

---

71 Hiebert, 『21세기 선교와 세계관의 변화』, 432-433.

표 2-1. 세계관 비교[72]

집단 지향적 사회	개인 지향적 사회
사람들은 대가족의 일원으로 태어나서 평생 그 안에서 생활한다.	각 사람은 자라서 스스로를 돌보고 핵가족을 구성한다.
신분은 출생과 그 집단 안에서 차지하는 위치에 따라 좌우된다.	신분은 개인의 성취에 따라 좌우된다.
어린이는 "우리"의 관점에서 생각하도록 배운다.	어린이는 "나"의 관점에서 생각하도록 배운다.
항상 조화를 유지해야 하고 맞대응을 피해야 한다.	자기 생각을 말로 표현하는 것이 정직한 사람의 특징이다.
규범의 위반은 개인과 집단의 수치심과 체면 손상을 낳는다.	규범의 위반은 죄책감과 자존심의 상실을 낳는다.
보스와 일꾼의 관계는 도덕적 가족 관계로 여겨진다. 보스는 자기 일꾼의 전반적인 안녕을 책임진다.	보스와 일꾼의 관계는 자발적인 교환과 상호 이익에 따른 계약에 의해 좌우된다.
고용과 승진은 친척 관계와 친구 관계를 고려해야 한다.	고용과 승진은 순전히 기술과 선발 규칙에 기초하여 이루어져야 한다.
관계가 업무보다 더 중요하다. 사람들을 해고하면 안 된다.	업무가 관계보다 더 중요하다. 사람들을 쉽게 해고할 수 있다.

위 도표에서 보여 주듯이 도시인의 세계관에는 개인주의가 자리 잡고 있다. 포스트모던 시대에 사는 그리스도인들의 삶의 양식에 대해서 신국원은 말하는데, 이것은 도시 선교의 전략적 측면에서도 통찰력을 제공하고 있다.

> 다종교 사회에서 바른 신앙의 실천과 소통은 반드시 공적 영역에서 모범된 삶으로 나타나야 한다. 이 일에는 확신 있는 신앙이 전제된다. 하나님의 초월적 계시에 입각한 성경적 세계관[73]의 확립이 중요한 기초이다. 형이상학적 신에 추상적 믿음이 아니라 아브라함과 다윗과 예수 그리스도로 이어지는 하나님의 역사에 관한 신앙이 기독교의 핵심이다.

---

72 Hiebert, 『21세기 선교와 세계관의 변화』, 42.
73 창조, 타락, 구속

리차드 마우(R. Mouw)의 주장대로 이런 신앙이 탁월한 시민적 덕을 통해 공공의 영역에서 증거되는 것이 필요하다. 이를 실천하기 위해서는 무엇보다 건강한 그리스도인의 공동체인 교회가 복음의 진리를 삶으로 증거해야 한다.[74]

마태복음 5:13-14에 그리스도인들은 세상에서 소금이고 빛이라고 했다. 차가운 도시의 메마른 콘크리트 숲속에서 오늘도 방향을 잃고 헤매는 수많은 도시인에게 탁월한 도덕성의 모습으로 빛이 되어주는 그리스도인들이 되는 것은 전략의 가장 기초적인 것이 될 것이다.

4. 도시의 미래 전망

미래의 도시는 지역성을 초월한다. 지역적 도시화는 이미 사라지고 있다. 도시와 농촌이라는 공간적 개념은 무의미해지거나 매우 한정된 차원에서만 그 의미를 지니고 있다. 1940년부터 본격화되기 시작한 미국의 거대 도시화는 도시를 단순히 중심 도시와 농촌으로 양분해서 분석하던 전통적 방법에서 벗어나 새로운 거대 도시 공동체 개념을 구상했다. 전 국토의 도시화는 앞으로도 진행 속도가 더 빨라질 것으로 예상한다.

그리고 도시는 다양한 변화를 겪게 될 것이다. 도시의 미래 변화를 사회학적으로 분석해 보고 교회의 대응을 간단히 살펴보고자 한다.

---

[74] 신국원, "포스트모던 시대의 교회론과 선교운동에 대한 개혁주의적 고찰," 2013년 정기 학술 심포지엄, (총신대학교 교회선교연구소, 2013년 11월 25일), 13.

1) 빈곤

도시화 현상으로 도시 인구가 증가하는 가운데 도시의 심각한 문제로 등장하는 것이 도시 빈민 문제다. 농촌 인구의 도시 이주와 함께 기술과 자본이 부족한 이들은 도시 빈민층을 형성하게 되고, 이들은 절대적 박탈감을 느끼며 살아가게 된다. 이들에 대해서 어떻게 선교할 것인가는 심각한 문제가 아닐 수 없다.

따라서 필자는 빈민 선교의 중요성을 인식하고 여기에서 빈곤의 정의와 원인 그리고 빈민에 대한 선교 전략을 제시해 보고자 한다.

(1) 빈곤의 정의

도시 빈민 선교 전문가인 비브 그릭(Viv Grigg)은 빈곤을 절대적 빈곤과 상대적 빈곤으로 설명한다.

절대적 빈곤이란 사람들이 자신들의 기본적 필요-의식주-를 채우기에 절대적으로 부족한 상태를 묘사하는 데 사용되는 용어다. 실제로 절대 빈곤 상태에 있는 많은 사람은 굶어 죽는다. 상대적 빈곤은 선진국에서 발견되며 어떤 사람의 생활 수준을 지역 사회나 국가의 다른 사람들과 비교해 측정한다. 이 상대적 빈곤을 때로는 2차적 빈곤이라고 말하기도 한다. 그것은 사람들이 사회 주변으로 밀려나 있는 정도를 평가하는 척도다. 그리고 기회와 참여를 배제당하는 것과 사회로부터 소외되는 것을 의미한다.[75]

---

[75] Viv Grigg, "Church of the Poor," In Discipling the City, 2nd ed., edited by Roger S. Greenway (Grand Rapids, Mich.: Baker. 1992), 42.

(2) 빈곤의 원인

인구가 증가하고 특히 보다 나은 삶을 꿈꾸며 수많은 인구가 도시로 모여들게 된다. 그러나 도시는 이들을 수용할만한 충분한 공간도 고용의 기회도 제공하지 못한다. 그 결과 실업의 증가, 불완전 고용상태에 처하게 된다. 이런 상황은 도시인의 빈곤으로 직결된다.

빈곤의 또 다른 원인을 불의라고 보는 학자도 있다. 불의와 억압과 억압적 구조가 빈곤을 일으킨다는 것이다.[76]

왜 도시에 가난한 사람들이 있는가?

그것은 그들이 게으르거나 교육을 받지 못했거나 자발적으로 행동하려는 자세가 결여되어 있기 때문에 그런 것이 아니다. 그것은 그들에게 권력이 없기 때문에 그런 것이다.[77]

로버트 린티컴(Robert C. Linthicum)은 "오늘날 빈곤의 상태를 제대로 이해하기 위해서는 도시에서 권력이 행사되는 방식을 이해해야 한다. 빈곤은 재화의 부재라기보다는 권력, 즉 자신의 상황을 변화시킬 수 있는 능력의 부재이다"[78]라고 말했다. 가난한 사람들은 복종하도록 강요당하는 사람들, 굴종자로 전락한 사람들, 억압당하고 침해당한 사람들이다. 빈곤의 원인이 개인에게 없는 것은 아니지만 사회 구조적, 제도적 장치에 그 원인이 있다고 할 수 있다.

(3) 빈민자의 문제

도시 빈민들은 여러 가지 문제로 신음하고 있다. 그들의 열악한 환경은 인간의 생존권과도 연결되는데 이들이 직면하고 있는 문제는 다음과 같다.

---

76 Grigg, "Church of the Poor," In Discipling the City,, 4.
77 Robert C. Linthicum, *Empowering the Poor: Community Organizing Among the City's 'Rag, Tag, and Bobtail.'* (Monrovia, Calif.: MARC, 1991), 20.
78 Linthicum, *Empowering the Poor*, 10.

첫째, 취업의 문제다.

빈민자의 취업은 불안정하다. 일용 건축 노동의 현장, 가사 도우미, 노점상, 영세 서비스업 등 열악한 환경과 고노동 저임금에 시달리고 있다.[79]

둘째, 주거 문제이다.

이농민들이 대규모로 도시로 이동한 결과, 도시 인구가 급증했지만, 그들이 거처할 보금자리는 턱없이 부족한 실정이다. 정부가 그들을 위해서 주택을 제공하더라도 많은 도시 빈민은 정부가 요구하는 수준의 임대료를 지불할 능력이 없다. 보통 도시에 새로 이주한 사람들이 버는 돈 가운데 3분의 2에서 10분의 9가 먹고 입는 데 들어간다. 그러니 자신의 집을 마련하는 데 쓸 수 있는 여분의 돈이 있을 수 없고 이 악순환에서 벗어나기가 쉽지 않다.[80]

셋째, 의료 문제다.

빈민 지대는 열악한 환경, 환경 오염, 생활에 필요한 기본 시설의 부족 등으로 질병에 취약한 지역이다. 의료 보험이 전 국민에게 실시되고 있지만, 근원적인 환경에 대한 개선이 절실하다.[81]

넷째, 자녀 교육 문제다.

이 문제는 가장 심각한 문제이다.[82] 개인주의적 경쟁이 치열한 도시 생활에서 자녀들에게 더 나은 교육의 질을 제공하지 못하는 것이 도시 빈민들의 현실이다.

(4) 빈민에 대한 선교 전략

도시 빈민에 대한 선교는 단순한 구제 차원에서 이루어져서는 안 된다. 복음서에 나타난 예수님은 하나같이 사회에서 버림받은 사람들, 즉 가난한

79　김남식, "도시 선교의 신학적 이해" 「신학지남」 통권 제265호 (2000), 29.
80　Viv Grigg, *Cry of the Urban Poor* (Monrovia : MARC, 1992), 54.
81　김남식, "도시 선교의 신학적 이해", 30.
82　김남식, "도시 선교의 신학적 이해", 30.

자들, 병든 자들, 눈먼 자들, 문둥병자들, 여자들, 어린아이들, 창녀들, 세리들을 상대하셨다. 예수님은 가난하고 억눌린 자들에 관한 관심을 가지고 그들 가운데에서 그들의 필요를 채우시며 복음을 전하셨다. 즉, 상황화된 성육신적 사역을 하셨다. 도시 빈민 선교는 예수님을 모델로 해서 실시되어야 한다. 예수님이 보여 주신 총체적 사역을 본받아 후대의 많은 사역자가 가난한 자들에 대한 사역을 수행했다.

대표적으로 13세기 아시스의 성 프란시스(st.Francis), 16세기 칼빈(John Calvin) 그리고 19세기 찰스 스펄전(Charles Haddon Spurgeon) 목사를 들 수 있다. 프란시스가 활동하던 당시 유럽은 오랜 농경 경제에서 벗어나 급속한 도시화가 이루어지고 있었다. 봉건 제도의 쇠퇴, 농지의 가치 하락으로 수많은 소작농이 도시로 몰려왔다.[83] 하지만 당시 교회는 사회를 등지고 수도원에 은둔하면서 오히려 세속화의 길로 치닫고 있었다. 이와 같은 시기에 프란시스는 수도자들에게 수도원에 거주할 것을 명하는 베네딕트 규칙을 포기하면서까지 도시 문명에 능동적으로 대처할 것을 주장했다.

그는 당시 만연하던 상업주의를 배격하고 몸소 절대 가난한 삶을 실천하면서 영적, 육체적 필요가 가장 격심한 곳들, 즉 도시들을 찾아다니면서 사역을 했다. 그는 도시의 한복판에서 문둥병자를 씻기고, 소작농들과 함께 일하고 민중에게 사변적인 신학이 아닌 죄의 가책과 용서를 구하는 참회의 설교를 했다.[84]

16세기 제네바시의 목사 칼빈은 빈민 사역에 있어서 탁월한 모범을 보여 준다. 그 당시 제네바시는 프랑스를 위시한 유럽의 각국에서 개신교의 박해를 피해 온 피난민들 때문에 실업과 물가 상승 등 여러 가지 사회 문제에 직면해 있었다. 프랑스에서 수많은 위그노 교도가 박해를 피해 떼를 지

---

83 Kenneth S. Latourette, *A History of the Expansion of Christianity*, vol. II, *Thousand Years of Uncertainty* (New York : Harper and Row, 1938), 431.
84 한화룡, 『도시 선교』(서울: IVP, 1993), 96

어 이주하면서 제네바시에 인구 집중화 현상이 일어났다. 또 엎친 데 덮친 격으로 16세기 동안 역병이 유럽의 도시들을 휩쓸었다. 이와 같은 상황에 직면한 칼빈은 교회가 사람의 영혼은 물론 육체에도 관심을 가져야 한다고 주장하면서 학교와 병원과 공장을 세웠다. 그는 사회 각 분야에 지도력을 제공하기 위해 대학을 세웠다.

또 칼빈은 가난한 자와 노인과 과부와 고아들을 돌보는 병원을 설립했을 뿐 아니라, 특별히 역병에 걸린 사람들을 위해 시외에 격리된 병원을 설립하기도 했다. 그는 가난한 자들이 일할 수 있는 직물 제조 공장들을 설립하기도 했다. 또 그는 이자율을 규제하고 가난한 자들에게는 무이자로 융자해 줄 것을 주장했다. 그러나 무엇보다도 칼빈은 도시의 목사로서 하나님 말씀을 선포하는 것을 자신의 가장 중요한 책임으로 여겼다. 그는 회심을 요청하거나 그리스도인들을 권면하고 올바른 삶으로 인도하면서 항상 하나님 말씀을 그 중심에 놓았다. 성경과 제네바시의 삶에 정통한 그는 언제나 하나님 말씀을 회중의 삶에 실제적으로 적용하려고 노력했다.[85]

영국이 낳은 위대한 신학자요 설교자인 스펄전은 중산층 목사임에도 가난한 자들에게 특별한 관심을 기울였다. 1860년 당시 인구 300만 명으로 세계 최대 도시였던 런던은 그중 3분의 1 정도가 가난한 자였다. 스펄전은 이들에게 관심을 기울였다. 즉, 목사대학(the Pastors' College)을 설립해서 수많은 교역자를 양성했고, 종교 서적 보급회를 만들어 가가호호 방문하면서 성경책을 비롯한 문서들을 배부했다. 병약자들을 돌보며 예배를 인도하고 상담도 했다. 또한, 고아원과 양로원을 지어 1,500명이 넘는 어린이를 돌보고 예순 살이 넘은 가난한 과부들을 기거하도록 했다.[86]

---

85 한화룡, 『도시 선교』, 88.
86 한화룡, 『도시 선교』, 96-97.

예수님, 프란시스, 칼빈, 스펄전 이들에게서 발견할 수 있는 도시 빈민 사역의 핵심은 총체적 사역이어야 하며, 빈민의 상황과 필요에 맞는 성육신적 접근이 이루어져야 한다는 것이다.

총체적 사역은 실제 필요(real need)와 기본 필요(felt need)가 함께 하는 사역이다. 가난한 사람들의 기본 필요는 종종 물리적인 것 예를 들면 음식, 주거, 교통, 의약품 등이다. 하지만 더 깊은 곳에 있는 실제 필요는 자신을 하나님의 피조물로 소중히 여기는 것, 하나님이 바라시는 존엄성을 되찾는 것, 그리스도 안에서 변화된 삶에 대한 소망을 발견하는 것 등과 관련이 있다. 현대 교회의 사역들이 기본 필요만 다루는 경우가 있는데 그것은 변화된 삶으로 이끌지 못한다.[87] 우리의 사역은 가난한 자들에 대한(to) 가난한 자들 가운데(among)에서 행해져야 한다.[88] 가장 중요한 것은 영적 문제로서 실제 필요를 해결하는 것이다.

2) 저출산 고령화

(1) 현황

세계 인구는 2022년 3월 20일 기준으로 7,934,635,960명이다. 대한민국의 인구수는 51,628,117명이다(2022년 3월 기준). 수도권 인구는 26,023,283명으로 전체 인구의 50퍼센트를 넘는다. 그러나 저출산의 계속되는 영향으로 미래의 전체 인구는 감소될 것으로 전망된다. 인구 감소는 출산율 저하가 가장 큰 원인이다. 2017년 출생아 수가 35만 7,700명으로 40만 명대가 무너졌다. 그리고 2020년에는 27만 명, 2021년에는 263,174명으로 최저를 기록했다. 물론 코로나 팬데믹으로 인해 결혼이나 출산을 미루면서 자연히

---

87 Conn & Ortiz, *Urban Ministry*, 291.
88 Conn & Ortiz, *Urban Ministry*, 335.

출산율이 떨어진 영향이 있다고 할 수 있다. 그러나 전 세계적으로 보았을 때 한국의 출산율은 심각하다.

2018년 기준 OECD 주요 회원국 출산율 중에 한국이 가장 낮은 것으로 나타났다. 2021년 12월 통계청이 발표한 "장래 인구 추계" 보고서에 따르면 현 추세가 유지될 경우 2070년 한국의 총인구는 3,766만 명 수준일 것으로 예상된다고 전망했다. 그리고 이중 절반은 65세 이상 고령 인구일 것으로 보고되었다.[89] 출산율 저하는 교회의 주일 학교 현장에서도 현상학적으로 나타나고 있다. 교회의 어린이 수가 줄어들고 있으며 어린이 수의 감소는 머지않아 장년부의 출석률 감소로 귀결될 것이다. 가족 구성원이 부모와 자녀 1-2명 정도가 평균화될 것이고, 핵가족화는 가족 중심적, 자기 중심적 양상을 띠게 될 것이다.

반면 '백세 시대'라는 말이 나올 정도로 고령화 문제가 사회적 이슈가 되었다. 고령화는 전체 인구에서 65세 인구 비율이 높아지는 현상을 말한다. 국제연합(UN)이 정한 고령화 측정 지표는 다음과 같다.

표 2-2. 고령화 측정 지표

고령화 사회(aging society)	65세 인구 7퍼센트
고령 사회(aged society)	65세 인구 14퍼센트
초고령 사회(super-aged society)	65세 인구 20퍼센트

우리나라는 2017년 11월 기준으로 65세 인구가 14.2퍼센트가 되어서 공식적으로 고령 사회로 진입했다. 그리고 2018년 11월에 14.8퍼센트로 0.6퍼센트 증가했다. 가장 최근의 고령 비율을 살펴보면 고령화의 속도가 예상보다 빠르다는 것을 알 수 있다. 2021년 10월 17.0퍼센트, 11월 17.1퍼

89　http://www.kostat.go.kr (통계청).

센트, 12월 17.1퍼센트, 2022년 1월 17.2퍼센트, 2월 17.3퍼센트로 집계되었다. 이 고령화 속도가 유지된다면 2026년에는 초고령 사회로 진입한다는 것을 짐작할 수 있다.

더 심각한 것은 우리나라가 고령화 사회에서 고령 사회로 진입하는 데 걸린 시간이 17년밖에 안 걸렸다는 것이다. 일본이 24년이 걸렸으니 7년이 더 빠른 셈이다. 참고로 한국의 고령화 속도를 주요국들과 비교한 자료가 있어 소개해 보면 우리나라의 고령화 속도가 얼마나 빠른지를 발견할 수 있다.

표 2-3. 고령화 사회에서 초고령 사회까지 걸리는 시간[90]

국가	고령화사회	고령사회	초고령사회	고령화사회~초고령화사회 소요기간(년)
프랑스	1864년	1979년	2018년	154
미국	1942년	2015년	2036년	94
독일	1932년	1972년	2009년	77
일본	1970년	1994년	2006년	36
한국	2000년	2017년	2026년	26

고령화의 원인은 평균 수명의 증가다. 최근의 발표에 따르면 한국인 평균 수명은 82.7년이다. 그야말로 건강 관리를 잘하면 백세 시대라고 하는 말이 과언이 아니다.

(2) 선교 전략

저출산 문제를 사회에만 맡겨둘 수 없는 상황에 직면해 있다. 저출산은 결혼 건수가 줄었다는 것이 원인이다. 2021년 결혼 건수는 192,507건이었다. 해마다 결혼 건수 줄어들고 있다. 평균 초혼 연령도 남자 33.35세, 여자

---

[90] http://blog.naver.com/PostView.nhn?blogId=lkokvse78&logNo=221526615012

31.08세이다. 교회는 결혼에 관한 성경적 시각을 교회 청년들에게 가르치고 더 나아가 교회에서 결혼 세미나 등을 개최해 결혼을 장려하는 것 역시 방법이 될 수 있다.

또한, 양육에 대한 도움을 실질적으로 주는 것도 교회가 해야 할 중요한 역할이라고 말할 수 있다. 형편이 허락된다면 결혼 장려금을 정해서 주는 것도 방법이 될 수 있다. 그리고 사회적으로 한 부모 한 가정을 실질적으로 돕는 것도 교회가 나서서 해야 할 일이다.

고령 사회는 교회적으로 보면 교회 구성원이 달라짐을 의미한다. 머지않아 노인들이 교회의 다수를 차지하게 될 것이라는 말이다. 그러므로 이제 실버 목회를 준비해야 한다. 노인들의 다양한 사회 경험을 인정하며 다양한 섬김의 기회를 제공해 주어야 한다.

예를 들어, 현재 필자가 섬기고 있는 교회에서는 '사랑의 쌀 전달 프로젝트'라는 이름으로 독거노인들을 대상으로 매 주일 쌀과 반찬을 전달하는 사역을 하고 있다. 이 사역을 장로님과 노인들이 담당하고 있다. 같은 세대, 같은 어려운 시절을 살아온 분들이 평일에도 가끔 만나서 식사하고 대화를 나누고 있다. 실버 세대가 실버 세대를 케어하는 일이라고 할 수 있다.

또 다양한 경험을 가진 분들이니 주일 학교 부서장이나 건강이 좋으신 분들은 주차 요원으로 섬김의 기회를 주는 것이 좋다. 또 목사의 심방에 동행하는 것도 좋은 아이디어다. 이렇게 함으로 그들의 외로움, 고독을 해결해 줄 수 있고, 그들 스스로가 사회에서 필요 없는 존재라는 인식에서 탈피할 수 있게 하는 효과를 만들 수 있다.

시대가 변하고 사람들이 변하고 교회 안에 기존 신자들의 교회에 관한 생각, 목회자에 관한 생각도 변했다. 목회의 환경도 변했다. 이런 시대에 주님의 몸된 교회를 섬기는 목회자가 변화를 읽고 대비하는 것은 필수적이다. 과거 지향적 목회 즉 구시대적 사고방식의 제왕적 목회는 이제 설 자리가 없다. 철저하게 자신을 비우고 성도들의 삶의 자리로 내려가야 한다.

3) 탈종교화[91]

우리가 사는 이 시대에 종교적으로 가장 큰 특징 중 하나는 탈종교화 현상이다. 산업화 사회에서 전통 종교와 상관없이 사는 탈종교인들의 숫자가 급증하고 있다. 말하자면 탈종교가 현재 가장 급성장하는 종교 현상이라고 말할 수 있다. 탈종교인들은 교회에 '안 나가'는 소위 '가나안' 신자들을 말한다. 가나안 신자란 교회는 '안 나가'지만 여전히 '신자'라는 것이다. 즉, 공동체적 교회 생활은 포기하지만, 개인적으로 신자로서의 정체성을 가지고 있다고 말하는 사람들이다. 그들은 "나는 교회에 다니지 않지만, 예수를 믿는다"라고 말한다.[92]

이 말에서 그들이 '탈종교화', '탈교회화'를 선택했지만 '탈그리스도교화'로 나아가고 있지는 않다는 것을 발견할 수 있다. 이런 점에서 볼 때 가나안 신자들을 다시 교회로 돌아오게 할 수 있다는 소망을 발견하게 된다. 이런 소망을 갖고 필자는 작금의 탈종교화 현상을 통계적으로 검토하고, 그 원인을 세속화, 다원화, 사유화 세 가지로 살펴보고자 한다. 그리고 그에 대한 교회의 대응으로 교회의 정체성 회복과 교회의 신뢰성 회복을 대안으로 제시하고자 한다.

(1) 현황

2015년 통계청 인구 주택 총조사 표본집계 결과 종교를 가지고 있는 인구는 2,155만 4,000명으로 전체 인구의 43.9퍼센트를 차지했는데, 이는 2005년 52.9퍼센트에서 9퍼센트나 감소한 수치다. 반면 종교가 없는 인구

---

[91] 탈종교화는 필자가 2021년 김성태 교수 은퇴논총에 발표한 "탈종교화와 교회의 대응"을 요약한 것이다.
[92] cafe.daum.net/youmawon/Bkpi/526 탈종교시대, 그리스도교의 탈-향 운동.

는 2005년 47.1퍼센트에서 2015년에는 56.1퍼센트로 증가했다.[93] 10년 사이에 9퍼센트나 되는 인구가 종교를 포기한 것이다. 즉, '종교 없음'에 체크한 사람이 급증하고 있음을 보여 준다. 2015년 기준 종교 현상을 도표로 정리하면 다음과 같다.

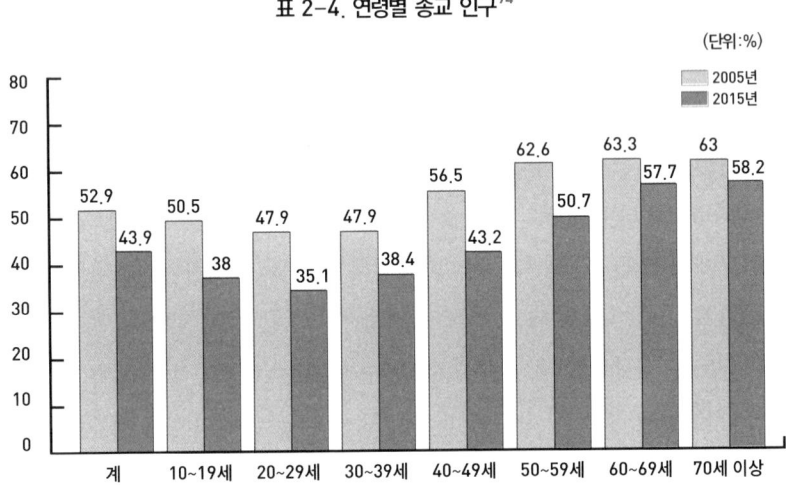

표 2-4. 연령별 종교 인구[94]

표 2-4에서 보여 주고 있듯이 나이가 적을수록 종교가 없는 비율이 높다. 종교가 없는 인구 비율이 가장 높은 연령대는 20대로 64.9퍼센트다. 다음으로 10대, 30대 순이었다. 10대부터 30대까지 종교가 없는 비율이 63퍼센트에 달한다.

---

93 http://blog.naver.com/youngmaijang/221683583548 "탈교회화와 인구감소에 따른 교회의 미래."

94 http://blog.naver.com/youngmaijang/221683583548

표 2-5. 지역 및 종교유형별 인구(2015)[95]   (단위:%)

시도	종교 있음				종교 없음
	불교	개신교	천주교	기타	
계	15.5	19.7	7.9	0.8	56.1
서울특별시	10.8	24.2	10.7	0.7	53.6
부산광역시	28.5	12.1	5.4	0.8	53.1
대구광역시	23.8	12.0	7.7	0.7	56.8
인천광역시	8.8	23.1	9.5	0.7	57.9
광주광역시	9.5	20.0	8.6	0.8	61.1
대전광역시	14.0	21.8	7.4	0.7	54.5
울산광역시	29.8	10.8	4.2	0.7	54.5
세종특별자치시	13.8	19.9	7.9	0.6	57.8
경기도	10.7	23.0	9.0	0.7	56.7
강원도	16.4	17.5	6.7	0.7	58.7
충청북도	16.4	15.8	7.4	0.5	60.0
충청남도	13.8	20.7	6.2	0.6	58.7
전라북도	8.6	26.9	7.5	2.0	55.0
전라남도	10.9	23.2	5.6	1.0	59.3
경상북도	25.3	13.3	5.2	0.8	55.4
경상남도	29.4	10.5	4.2	0.8	55.1
제주특별자치도	23.4	10.0	7.9	0.7	58.0

주)특별 조사구 제외   <출처: 통계청>

표 2-5에서 보듯이 광주광역시가 종교가 없는 비율이 61.1퍼센트로 가장 높았다. 이어 충청북도 60.0퍼센트, 전라남도 59.3퍼센트, 강원도 58.7퍼센트, 충청남도 58.7퍼센트, 제주특별자치도 58.0퍼센트, 인천광역시 57.9퍼센트, 세종특별자치시 57.8퍼센트, 경기도 56.7퍼센트, 대전광역시 56.2퍼센트 등이 전체 평균 56.1퍼센트에 비해 종교가 없는 비율이 높았다.

여기서 주목해야 할 것이 종교 없음을 선택한 사람들이 아무 데도 가지 않는다는 것이다. 개신교에서 다른 종파로의 이동은 전혀 없다. 오히려 전

---
[95] http://blog.naver.com/youngmaijang/221683583548

체적으로 볼 때 종교를 갖는 것을 포기하는 일이 벌어지고 있을 뿐이다. 종교적 정체성을 갖지 못한 이들은 신앙에 관해 유익이냐 무익이냐를 선택하라고 한다면 무익을 선호한다고 말한다.[96]

이들이 누구인가?

그들은 자신들이 다만 종교 단체의 울타리 밖에 존재할 뿐 스스로를 종교적이라고 생각하는 사람들이다. 이들은 어떤 종교적인 기관에 속하기를 원하지 않는 사람들이다. 그러나 그들은 여전히 하나님을 믿고 있으며, 이들 중 대부분은 매일 기도하고 있다. 그들은 스스로를 영적이라고 생각하거나 적어도 영성에 관해 열린 마음을 가지고 있다고 생각한다. 이 사람들은 신에 대한 거절이 아니라 특정 종교에 대한 거절이라고 말한다.[97]

(2) 원인

그럼 이런 탈종교화의 원인은 무엇인가?

피터 버거(Peter Berger)는 현대 세계가 세 가지 심각하고 빠르게 움직이는 문화적 조류에 의해서 형성되고 있다면서 그 세 가지 조류를 세속화, 다원화, 사유화라고 말했다.[98] 즉, 이 세 가지가 퍼펙트 스톰(the perfect storm)[99]을 이루어 탈종교화 현상을 만들어 냈다고 볼 수 있다.

---

[96] James Emery White, *The Rise of the Nones*, 김일우 역『종교없음』(서울: 도서출판 베가북스, 2014), 31.
[97] White,『종교없음』, 31-41
[98] Peter Berger, *The Sacred Canopy:Elements of a Sociological Theory of Religion* (Garden City, NY: Anchor/Doubleday, 1969), 107-127
[99] 1991년 10월, 온갖 악천후의 요소들이 합쳐져서 유사 이래 가장 강력한 폭풍이 발생했다. 그 폭풍은 매사추세츠 주 글로스터항 인근을 강타했다. 허리케인, 오대호로부터 흘러들어온 에너지, 그리고 뉴잉글랜드를 휩쓴 기상 전선이라는 세 개의 폭풍이 하나로 뭉쳐진 것이었다. 이것을 가리켜 미국 기상청은 '퍼펙트 스톰'이라고 불렀다. 그때 이후로 여러 개의 동력들이 하나로 뭉쳐 압도적인 영향력을 만들어 낼 때 그것을 일컬어 '퍼펙트 스톰'이라고 부르기 시작했다.

① 세속화

현대 문화는 과거 문화에서 종교를 제외시켜 버렸기 때문에 사람들은 의미를 발견하지 못하고 무의미의 피곤한 방황을 하게 된다. 이런 현상을 문화의 세속화라고 한다. 볼프하르트 판넨베르그(Wolfhart Pannenberg)는 이런 문화의 세속화가 절대적 기반을 상실했기 때문에 장기적으로 사회 질서의 정당성 상실, 전통적 윤리와 법의식의 붕괴 그리고 인간 관계에서 헌신의 의미 상실을 가져와 인간 공동체의 존속을 근본적으로 위협하게 된다고 분석하기도 하였다.[100]

세속적(secular)이라는 단어는 라틴어 새굴룸(saeculum)에서 유래한 것으로 '현시대'를 의미한다. 즉, 이 단어는 이 세계에 속한 것에 최고의 가치를 부여한다는 의미이다. 세속화란 어떤 일이 세속적으로 변해가는 과정을 의미한다. 그리고 여러 가지 것을 세속적으로 만드는 것은 바로 문화적 조류이다.[101] 피터 버거는 세속화를 "사회와 문화의 여러 부문이 종교 기관과 상징의 지배에서 벗어나는 과정"으로 정의한다.[102] 이런 과정의 결과로 교회는 보다 광범위한 사회 질서 속에서 사상과 삶을 만들어 주는 형성자로서의 영향력을 상실하고 또한 기독교는 지배적 세계관으로서의 위상을 상실하고 있다.[103]

즉, 세속화는 세상을 본받는 것, 교회가 세상을 닮아가는 현상이다. 이 시대의 세계관, 가치관, 이데올로기, 유행하는 풍조에 휩쓸려 본래의 기독교 정신을 잃어버린 영적 타락에 빠진 상태다. 원리적으로 볼 때 인간과 사회의 세속화는 아담의 타락으로 시작하여 21세기에 와서 그 최첨단을 향해 질주하고 있다. 세속화는 본질적으로 창조주 하나님을 거부하고, 하나님을

---

[100] Wolfhart Pannenberg, *Christianity in Secularized World* (London: SCM Press, 1988), 33-38.
[101] White, 『종교없음』, 76.
[102] Berger, *The Sacred Canopy:Elements of a Sociological Theory of Religion*, 107.
[103] White, 『종교없음』, 77.

반역한 인간을 만물의 척도로 삼는다. 세속적인 현대 사회에서 하나님의 지식과 진리를 모든 것에 관한 절대적 기준과 준거로 삼는 성경적인 인식론과 세계관은 더 이상 아무런 의미가 없을 뿐만 아니라, 부적합한 것으로 거부된다. 더욱이 현대 사회는 포스트모더니즘의 영향으로 모두가 공유할 수 있는 객관적이고 공적인 진리는 더 이상 존재하지 않는다.[104]

이런 시대에 사람들은 오직 예수 그리스도를 구원의 유일한 이름으로 주장하는 것을 거부한다. 그들은 하나님에 대한 믿음을 잃어버리지는 않았을지 모르나, 종교를 잃어버리고 있다. 무신론자로 돌아서지는 않았을지 몰라도, 신앙이 개인적으로 호감이 가지만 문화적으로는 비현실적이라는 생각을 기꺼이 받아들이고 있다. 이것이 바로 세속화의 과정이며, 이로 인해 많은 사람이 교회를 떠나고 있다.

② 다원화

다원화 사회에서는 개인적 취향과 목적에 맞는 종교를 택하고 누구의 간섭과 통제가 아닌 자신의 필요에 따라 신앙생활을 하게 된다. 신 중심의 삶에서 인간 중심의 삶으로 급격한 전환이 이루어지고 있는 시대에, 다양성 속의 일치라는 미명하에 하나님은 상대적 신으로 전락하고 있다. 다원화란 우리의 사적인 영역을 위해, 특히 세계관과 신앙의 차원에서 고려해야 할 선택 사항들의 숫자가 폭발적으로 증가하는 과정이다.[105]

종교에 얽매이지 않는 이들은 수많은 진리가 주변에 널려 있다고 믿는 것이다. 세상에는 단 하나의 진리만이 존재하는 것이 아니라, 다수의 진리가 존재한다는 것이다. 즉, 전 세계 모든 종교가 지닌 하나님에 관한 모든 개념은 산을 오르는 여러 가지 길과 같고, 따라서 전 세계 모든 종교 속에 등장하는

---

104 유상섭, "세속사회에서 보여줄 제자(신자)의 영성" 「신학지남」 통권 제304호 (2010): 96.
105 Os Guinness, *The Gravedigger File: Papers on the Subversion of the Modern Church* (Dowers Grove, IL: InterVarsity, 1983), 93.

하나님의 이름은 각기 다르지만 결국 동일한 하나님을 지칭하는 것이라는 것이다. 신학자 랭던 킬키(Langdon Gilkey)는 "언제나 종교는 많이 존재해 왔다"라고 말하면서, 다만 예전에 비해 지금이 다른 점은 "종교의 다양성뿐만 아니라 어느 종교나 대개 동등하다는 느낌을 갖게 하는 새로운 인식"이라고 했다.[106] 즉, 다원주의는 모든 종교가 근본 하나이며, 종교의 우월성을 논할 필요 없이 모든 종교가 상대적으로 구원이 가능하다는 이론이다.

전통적으로 기독교는 신성한 지위와 위치를 누려왔으나 다원화 상황에서는 수많은 종교 중의 하나로 인식되며, 기독교 구원의 절대성을 주장하기보다 혼합의 형태로 다원주의로 빠질 가능성이 증대되고 있다. 즉, 보완성의 원리에 따라 한 종교의 진리보다 여러 종교의 종합 진리가 좋다는 이론이 대두되고 있다.

신국원은 근래 문제가 되고 있는 세속화 신학, 사신 신학 그리고 포스트모던 다원주의 신학은 기독교의 근간을 흔들어 놓을 수 있는 매우 위험한 혼합주의적 시도라고 말한다.[107] 김성태는 다원주의 위험성을 경고하며 다원주의가 복음적 진영에서도 일어나고 있음을 경계한다. 즉, 타종교 안에서 제한된 보편 구원설의 이론을 주장하는 사람들이 적지 않게 존재하고 있다고 경계하며, 복음주의 진영에서 주장하고 있는 다원주의 모델을 소개하고 있다.[108]

---

106 Langdon Gilkey, *Through the Tempest: Theological Voyages in a Pluralistic Culture* (Minneapolis: Fortress, 1991), 21.
107 신국원, 『신국원의 문화이야기』 (서울: 한국기독학생회출판부 2008), 105-106.
108 김성태, "다원적 종교 사회 안에서 타종교에 대한 개혁주의 선교 신학의 확립과 선교 방법 연구" 「신학지남」 통권 제317호 (2013): 363-385.

첫째, 전통적 보편주의다.

이 모델은 하나님께서 한 사람도 멸망하지 않기를 원하는 그런 보편적 사랑을 가졌기에 모든 사람이 궁극적으로 영생을 획득하게 될 것이라는 것이다.

둘째, 삼위일체적 보편주의다.

이 모델은 복음의 거시 공동체 안에 타종교인들을 포함하고, 삼위 하나님의 현존이 타종교인들의 영성으로 나타나고 있다는 것이다. 이 모델은 다시 신 중심적 보편주의,[109] 그리스도 중심적 보편주의,[110] 성령 신학적 보편주의[111]로 나누어진다.

셋째, 복음주의적 제한 보편주의다.

이 이론은 타종교 안에서 하나님을 진지하게 찾는 진리의 영적 구도자들을 하나님은 외면하시지 않고, 어떤 방편이든지 궁극적으로 그들을 구원의 길로 인도하신다는 것이다. 즉, 전통적인 복음주의 신학과 신앙을 가지고 있으나, 일반 계시 영역 안에서 비록 제한되어 있더라도 하나님의 존재를 알고, 구원받을 수 있는 가능성을 열어 놓는 것이다.[112]

---

[109] 타종교의 교리 체계가 실상 비교하면 비슷한 것은 존재의 기반이 되는 하나님의 자기 계시가 타종교의 종교적 상징 체계를 통해서 나타났기 때문이다. 김성태, "다원적 종교 사회 안에서 타종교에 대한 개혁주의 선교 신학의 확립과 선교 방법 연구" 369.

[110] 하나님은 그리스도 안에서 모든 사람을 선택하셨고, 십자가의 대속적 죽음으로 모든 사람의 죄를 씻었고, 모든 사람을 하나님과 화목하게 했다는 이론이다. 칼 라너는 '익명의 그리스도인'이라는 말을 했다. 즉 자신이 기독교인이라는 것을 전혀 의식하지도 못하고, 외적으로 한 번도 표명한 적이 없는 타종교인들 가운데 실상 하나님의 은총에 참여하는 그리스도를 믿는 신자가 있다는 것이다. 하나님은 비록 오류가 있더라도 저들을 구원의 길로 인도하신다는 것이다. Karl Rahner, *The Theological Investigations*(Baltimore: Helicon, 1969), 390-398.

[111] 기독교 역사 속에서뿐 아니라 일반 역사 속에서도 나타나는 소위 하나님의 선교로서 평강과 화해와 인간 해방의 역사가 타종교와 모든 인간주의적이고, 박애주의적인 기구 안에서도 동일하게 나타나는데 거기에 성령의 구속적 행위가 있다는 것이다. 김성태, "다원적 종교 사회 안에서 타종교에 대한 개혁주의 선교 신학의 확립과 선교 방법 연구" 374.

[112] 김성태, "다원적 종교 사회 안에서 타종교에 대한 개혁주의 선교 신학의 확립과 선교 방법 연구" 375-376.

넷째, 복음주의적 개방 보편주의다.

이 이론은 광범위하게 불신자들이 구원을 받을 수 있다고 전제한다. 하나님께서 불신자들을 결코 포기하시지 않을 것이라는 믿음이다. 이 이론에는 최종 선택모델,[113] 후기 현대주의 복음주의 모델,[114] 소멸 모델[115]이 있다.

종교 다원주의 이론은 결국 교회의 선교 필요성을 경감시키고, 선교하지 않아도 하나님에 의해 구원의 기회가 주어진다는 것이므로 교회 선교의 책임을 잃어버리게 만든다. 선교 무용론이 되고 만다는 것이다. 이런 종교의 다원적 가치로 인해 많은 사람이 절대 진리를 고수하는 교회를 떠나고 있다.

종교적 다양성에서 기독교적 진리를 고수하고 살아갈 수 있는 방법이 무엇일까?

타종교에 대한 관용과 존중의 자세는 분명 필요하다. 그러나 교회가 가지고 있는 구원의 절대성을 놓쳐 버린다면 우리는 그리스도의 십자가를 무의미하게 만드는 결과를 초래하고 말 것이다. 다원화는 인정하지만, 다원주의는 결단코 거부해야 한다.

---

[113] 불신자들이 죽기 전에 혼수상태 상황이나 혹은 꿈 등 신비한 체험을 통해서 하나님의 임재를 느끼게 되고 성령의 기이한 사역에 의해 구원의 기회가 주어진다는 주장이다. 김성태, "다원적 종교 사회 안에서 타종교에 대한 개혁주의 선교 신학의 확립과 선교 방법 연구" 381.

[114] 그리스도를 통한 하나님의 구속 계시가 일반 계시를 통해 불신자들에게 이해될 수 없기에, 하나님께서 종말론적 기회로서 사후에 중간 상태를 마련해 거기서 그리스도의 복음을 들을 수 있는 기회를 주신다는 것이다. 이는 로마가톨릭의 연옥 사상과 비슷하다. 김성태, "다원적 종교 사회 안에서 타종교에 대한 개혁주의 선교 신학의 확립과 선교 방법 연구" 381-382.

[115] 이 이론은 하나님의 심판이나 지옥 개념을 부정한다. 즉, 불신자가 지옥에 가서 무서운 형벌을 받게 된다는 사실을 인정하지 않는다. 존재의 단절이다. 김성태, "다원적 종교 사회 안에서 타종교에 대한 개혁주의 선교 신학의 확립과 선교 방법 연구" 384-385.

③ 사유화

맥도날드 햄버거를 패스트푸드 체인점으로 바꾼 주역인 레이 크록(Ray Kroc)은 "나는 하나님, 가족 그리고 맥도날드를 믿는다. 하지만 사무실에서는 이 순서가 거꾸로 뒤바뀐다"라고 말했다. 즉, 사유화란 삶의 공적 영역과 사적 영역 사이에 틈이 생겨나는 과정을 가리키며, 영적인 일들이 갈수록 사적인 무대 안에 놓이게 된다는 이론이다.[116] 사유화의 위험성은 기독교 신앙이 개인 취향의 문제로 전락하게 되고, 기호 내지는 의견의 영역으로 축소되고 만다는 것이다. 누구로부터 간섭을 받거나 제약을 받는 것을 거부하고 자신만의 삶의 영역과 만족을 누리려는 태도이다.

사회에서 동떨어져 교회의 공동체와 각 개인의 신앙에 좀 더 관심을 두는 형태이다. 그러나 사유화는 개인 이기주의, 집단 이기주의가 확대되는 과정이고, 타자에 관한 무관심의 모습이기도 하다. 즉, 사유화는 포스트모던의 가장 큰 특징이라 할 수 있는 개인주의적 사고와 연결된다. 신앙이 공적 담론이 되지 못하고 사유화, 개인화되다 보니 개인주의적 사고가 지배적인 세계관이 나타나게 된다. '나르시시즘(자기도취)'[117] 가치관은 전형적으로 "내가, 나를, 내 것"이라는 사고방식으로 개인의 기쁨과 성취를 모든 관심사 가운데 최우선에 둔다.[118]

역사학자 크리스토퍼 래시(Christopher Lasch)는 우리 시대를 가리켜 "나르시시즘 문화"라고 부르면서 이것을 새로운 종교라고 말한다.[119] 이런 모습을 보며 교회를 떠나는 사람들이 발생하게 된다. 믿음은 단지 개인 영역에

---

116 White, 『종교없음』, 80.
117 그리스 신화에서 나르키소스는 물에 비친 자신의 모습을 바라보다 자기 자신과 사랑에 빠져 물에 비친 자기 모습에 남은 생애를 바쳤던 인물이다. 이 이야기로부터 "나르시시즘"이란 단어가 생기게 되었다.
118 White, 『종교없음』, 132-133.
119 Christopher Lasch, *The Culture of Narcissism: American Life in an Age of Diminishing Expectations* (1979; repr., New York: W.W. Norton, 1991). White, 『종교없음』, 133에서 재인용.

국한되는 것이 아니다. 교회의 관심이 자기 안에 머물게 될 때 사회 문제와 주변의 아픔들에 대해 무관심할 뿐 아니라 세상과도 소통하지 못하는 자신들만의 왕국을 만들 가능성이 높다. 믿음을 개인적인 문제로 특히 내면의 문제로 국한시켜버릴 때 기독교의 영역은 축소될 뿐 아니라 이 땅에 하나님 나라를 세워 나가는 선교 사역을 감당하지 못하게 된다.

(3) 선교 전략

탈종교화의 원인을 세속화, 다원화, 사유화로 볼 때 이에 대한 교회의 대응은 교회의 존재 목적인 교회의 정체성을 회복하는 것이고, 갈수록 잃어버리고 있는, 어쩌면 이미 잃어버린 교회의 신뢰성을 회복하는 것이다.

① 교회의 정체성 회복

세속에서는 맛볼 수 없는 기독교의 진수와 복음의 통전성이 요청되는 시기다. 교회는 더 종교적이면서도 영적인 모습으로 돌아가야 한다. 따라서 교회의 정체성 회복은 교회론의 회복이라고 할 수 있다.

"선교"는 그리스도의 지상 명령을 위해 해외에 나가 복음을 전하는 것을 가리키는 용어로 사용되고 있다. 따라서 "선교사"란 단어도 같은 맥락으로 쓰인다. 안타깝게도 선교의 고전적 정의에 매여서 우리 코앞에 있는 필요에 대해서는 둔감해지는 결과를 낳기에 이르렀다. 매일 우리는 불신자들을 만나고, 교회를 떠나는 탈종교화, 탈교회화 현상에 직면하고 있다.

존 칼빈(John Calvin)은 선택을 받은 자들만이 속한 교회를 불가견 교회 그리고 참신자와 위선자를 다 포용하는 교회를 가견 교회로 구분한다. 그러나 우리가 금생에 머무는 한 가견 교회가 우리의 교회가 되지 않으면 안 된다고 주장했다.[120] 가견 교회에 대한 칼빈의 관심은 대단히 컸다. 가견 교

---

[120] John Calvin, *Institutes of the Christian Religion*, tran. by Henry Beveridge (Grand Rapids: Wm,

회로서의 제네바 교회를 개혁교회로 세우기 위한 그의 주요한 이론 설명은 교회를 "신자의 어머니"로 부르는 데에 있다. 그가 그렇게 부른 이유는 "생명에 이르는 길은 단지 우리가 교회에 모태에서 잉태하고 탄생해 그의 젖을 먹고 자라며 죽을 육신의 몸을 벗고 천사처럼 되기까지 그의 인도와 보호를 받는 것밖에 없기 때문"[121]이다.

그러므로 우리가 지역 교회에서 일어나고 있는 탈종교화 현상에 대응하는 방법은 어머니가 언제나 어머니로서의 위치에 있어야 자녀가 잘 자라듯이 교회는 언제나 교회로서의 정체성을 유지해야 한다는 것이다. 교회의 정체성이라 함은 교회의 속성과 표지를 지켜가야 한다는 의미다.

1536년 칼빈이 목회자로 부임한 후 제네바시는 본격적으로 개신교 신앙을 받아들이게 되었다. 하지만 아직은 그 신앙을 수용할 만한 어떤 구체적 대안이 마련되어 있는 상태는 아니었다. 사실상 제네바 교회는 그 면에 있어서 백지상태나 다름없었다.[122] 당시 제네바시 당국은 교회를 조직체로 인정하지도 않았다. 그 이유는 교회가 합법적이거나 명확하게 구축된 어떤 지위도 갖고 있지 못했기 때문이었다.[123] 교회가 처한 이와 같은 상태를 파악한 칼빈은 신속하게 일련의 조치들을 취했다.

즉, 새로운 교회 조직을 위해 "규례"(Articles), "교리문답서"(Instruction) 그리고 "신앙 고백서"(Confession)와 같은 교회 조직에 필요한 기초 문서들을 만드는 것이었다.[124] 칼빈은 혼란한 때에 이 문서들을 통해 교회의 정체성을 분명히 하고자 했던 것이다. 그럼 교회의 정체성을 분명히 보여 주고 있는 교회의

B Eerdmans Co., 1962) IV. 1. 7.
121 Calvin, *Institutes of the Christian Religion,* IV. 1. 4.
122 황성철, "칼빈 당시 제네바 교회의 정체성에 관한 연구" 「신학지남」 통권 제266호 (2001): 145.
123 Herbert D. Foster, *"Calvin's Puritan State in Geneva,"* Harvard Theological Review, 1 (1908), 402. 황성철, "칼빈 당시 제네바 교회의 정체성에 관한 연구" 145에서 재인용.
124 황성철, "칼빈 당시 제네바 교회의 정체성에 관한 연구" 145.

속성과 표지를 살펴보도록 하겠다. 이것은 탈종교화 시대에 교회의 교회다움을 보여줌으로 그들을 돌아오게 하는 하나의 선교 전략이기도 하다.

가. 교회의 속성

속성은 사전적 용어로 "사물의 특징이나 성질"[125]이다. 즉, 그 성질이나 특징이 없으면 그 사물을 생각할 수 없다는 말이다. 교회의 속성에 관한 여러 학자의 논의를 거쳐 지금 우리가 받아들이고 있는 것은 네 가지다. 즉, 통일성, 거룩성, 보편성, 사도성이다.[126]

a. 통일성

통일성은 하나의 교회, 예수 그리스도를 머리로 하고 그리스도의 몸을 이룬 하나의 교회를 고백하고 있다. 이것은 교회의 외면적, 제도적 통일이 아닌, 내면적, 영적 특성을 지닌다. 즉, 교회가 하나님의 백성이요 그리스도의 몸이요 성령의 교통으로서 "성도가 서로 교통하는 것"은 머리 되신 그리스도를 중심해 그렇게 하는 것이다. 또 그리스도와 그의 사도들이 남기신 말씀을 중심으로 한다. 그러므로 교회는 그리스도와 그의 말씀에 복종해 하나되는 것이다.[127]

b. 거룩성

교회는 그리스도의 중보적 의로움의 효능으로 하나님 앞에서 거룩한 것으로 간주된다. 교회는 거룩을 위해 힘써야 한다. 거룩의 속성을 포기한 교

---

125 다음 인터넷 어학사전.
126 교회의 속성은 A.D. 325년 니케아 신조에서 발견된다. 즉, "우리는 하나의, 거룩한, 보편적, 사도적 교회를 믿습니다"이다. 이 문구는 그대로 A.D. 381년에 니케아 신조와 합하여 니케아-콘스탄티노플 신조에 실려 우리에게 전해져 오고 있다. Philip Schaff, *The Creeds of Christendom with a History and Critical Notes,* vol, Ⅰ (1877; Grand Rapids: Baker Boos, 1983), 28-29.
127 김길성, "교회의 속성과 표지"「신학지남」통권 제300호 (2009): 64-65.

회는 교회라고 할 수 없다. 그러나 이 땅에서는 완전한 거룩에 이를 수가 없다. 칼빈은 "교회의 거룩함이란 아직 완전한 것이 아니다. 그러므로 교회는 날마다 거룩을 향해 전진한다는 의미에서 거룩하다. 그러나 아직 완전한 것은 아니다. 교회는 날마다 발전해 가는 중이지만 아직 그 거룩한 목표에 이르지 못했다"[128]고 했다.

레위기 11:45에서 "나는 너희의 하나님이 되려고 너희를 애굽 땅에서 인도하여 낸 여호와라 내가 거룩하니 너희도 거룩할지어다." 그리고 베드로전서 1:16에서도 "기록되었으되 내가 거룩하니 너희도 거룩할지어다 하셨느니라"라고 명하셨다. 그러나 완벽할 수 없는 교회의 거룩성은 하나님의 긍휼과 선택에서 시작하고, 동시에 그리스도의 완성된 구속에 기초한다. 교회의 거룩성은 머리 되신 그리스도에게 의존한다는 사실이다.

c. 보편성

완전한 보편 교회는 선택받은 자들의 총수에 해당한다. 그러나 이 무형 교회는 유형 교회와 따로 분리해서 생각할 수 없으며 그리스도는 바로 이 유형 교회를 통해 자기 백성을 아시고 자기 백성을 다스리고 계신다. 칼빈은 보편 교회를 공교회라 칭한다.[129] 그에게 있어 교회의 보편성은 가시적 교회를 지칭할 뿐 아니라 죽은 자들을 포함해 하나님의 택하신 모든 사람을 칭한다. 그러므로 교회는 세상에서 가장 비차별적 공동체이며 어떤 사람도 환영하는 차별과 배제가 없는 환대의 공동체의 모습이어야 한다.

---

128 John Calvin, *Institutes of the Christian Religion, The Library of Christian Classics*, John T. Mcneill, ed. (Philadelphia: The Westminster Press, 1960), IV. 1. 17.
129 Calvin, *Institutes of the Christian Religion, The Library of Christian Classics*, IV. 1. 2. 택한 자들 모두가 그리스도 안에서 서로 연합을 이루어 한 머리를 의지하며, 또한 한 몸으로 함께 자라나며, 한 몸의 각 지체들로서 서로 연결되고 결합되어 있는 것이다.

d. 사도성

로마가톨릭이 주로 주장하는 것처럼 지금도 사도직이 계승된다는 의미가 아니다. 사도는 예수님에게서 말씀을 직접 듣고 배운 사람들이며 이들의 주된 의무는 말씀을 들은 대로 전하고 보존하는 것이었다. 현재 사도는 없지만, 사도의 일은 계속되고 있다. 주님의 말씀에 따라 복음을 전하고 주님의 제자를 삼는 일이 사도적 일이고 사명이다. 교회는 이 사도적 일에 부름 받은 공동체이다. 사도들처럼 예수님의 말씀을 구원과 삶의 근거로 믿고 살아가는 공동체다. 그러므로 교회의 사도성은 사도적 교리의 전통 또는 사도적 말씀의 전통에서 찾아야 한다.[130] 이것이 사도적 교회의 모습이다.

오늘날 교회가 처한 현실은 상당히 어렵다. 외적으로 사회의 신뢰를 잃어버리고 있으며 내적으로는 청년들은 물론이고 많은 사람이 교회를 외면하고 있다. 이 시대에 교회의 네 가지 속성인 통일성, 거룩성, 보편성, 사도성에 근거해 교회를 다시 한번 비추어 보는 것은 교회의 정체성을 회복하고 교회를 떠나는 사람들을 교회로 돌아오게 하는 선교적 차원에서 의미 있는 일이 될 것이다.

나. 교회의 표지

종교개혁가들은 참된 교회와 거짓 교회를 구분하는 표지로 말씀, 성례, 권징을 제시했다. 종교개혁이 일어나고 500여 년이 지난 현재 한국에는 수많은 개신 교단이 난립하고 있는 상황이며, 세속화, 다원화 등의 도전에 직면하고 있다. 이런 시점에 교회는 교회의 표지에 대해서 깊이 생각해 볼 필요가 있다. 아무리 교회라는 이름을 가지고 있다 해도 이 세 가지 교회의 표지 중 하나라도 잃어버린다면 그 교회는 교회라고 할 수 없다.

---

[130] 김길성, "교회의 속성과 표지" 70-71.

a. 말씀 선포

칼빈은 "하나님의 말씀이 진지하게 전파되며 그리고 그것이 들려지는 곳과 또한 성례가 그리스도께서 정하신 그대로 시행되는 곳이라면 어느 곳이라도 하나님의 교회가 존재하는 것이며 이것은 의심할 수 없는 사실이다"라고 말했다.[131] 또 칼빈은 "말씀에 대한 순수한 봉사와 성례전 시행의 바른 의식은 충분히 보증이 되며, 우리는 이 두 가지 표징을 가지고 있는 공동체를 확실하게 교회로서 받아들일 수 있다"라고 말했다.[132]

칼빈은 순수한 복음을 말하고 있다. 종교개혁의 전통을 따르는 한국 교회에서 사라지고 있는 것이 바로 복음의 순수한 전파라고 할 수 있다. 설교자들이 복음을 순수하게 선포하지 않고 자신의 생각을 지나치게 강조하고 성도들의 귀를 즐겁게 하기 위해서 웰빙이나 힐링의 말씀만을 전하는 경우가 많다. 또 정치적 이슈를 노골적으로 말하는 설교자들도 있다.

그러나 우리 주변 사람들이 자신들의 종교를 버리고 있는 시대에 우리에게 필요한 것은 예언적인 목소리다. 칼빈은 설교를 매우 중요시했고 스스로 이를 실천에 옮긴 개혁자였다. 그는 말씀의 선포를 통해 그리스도의 은총을 전달하고, 그 말씀이 성령 안에서 결실을 맺게 한다고 생각했다.[133]

b. 성례

칼빈은 『기독교강요』 제4권 14장에서 19장까지 로마 교회의 잘못된 성례관을 비판하고 개혁파 성례관을 정리했다. 그는 개혁파 성례관에 대해 다음과 같이 정의한다.

---

[131] Calvin, *Institutes of the Christian Religion, The Library of Christian Classics*, IV. 1. 9.
[132] Calvin, *Institutes of the Christian Religion, The Library of Christian Classics*, IV. 1. 11.
[133] 김길성, "교회의 속성과 표지" 72-73.

> 성례란 주 하나님께서 우리의 약한 신앙을 북돋우어 주시고자 우리에 대한 하나님의 자비 약속을 우리의 양심에 인치신 일의 외면적 표지다. 그리고 우리 편에서는 하나님과 천사들 앞에서나 사람들 앞에서 자신의 경건을 간증하는 일이다.[134]

성례는 말씀에 근거하며 말씀을 인치며 외적으로 표상한다. 그래서 칼빈은 성례를 "거룩한 것의 가견적 표현이요, 불가견적 은혜의 가견적 표현"이라고 말했다.[135] 그러므로 교회는 성례에 참여함으로 새로운 정체성을 마음에 새기고, 새 사람으로 자라게 된다.

성찬은 예수 그리스도의 죽음을 기념하는 것과 새 언약의 복음을 형상화하며 교인들의 마음에 그 의미를 새기는 가시적 말씀이다. 그래서 칼빈은 성찬을 통한 그리스도의 임재에 대해서, 그리스도께서 영적으로 임재하신다고 주장함으로써, 로마 교회의 화체설을 정면으로 부인하고, 루터교의 공재설, 츠빙글리(Huldrych Zwingli)의 상징설에 대해서도 다른 입장을 취한다.[136]

오늘날의 교회에서 시행되고 있는 세례는 제대로 된 교리 교육 없이 형식적으로 시행되는 경우가 있으며 성찬은 1년에 두 번 정도 시행되고 있는 경우가 많다. 그 결과 교인들은 성찬의 필요성 내지는 중요성을 거의 느끼지 못하고 신앙생활을 하고 있다. 교회는 성찬 공동체로서 세속과 구별되는 새 정체성을 가져야 한다.

c. 권징

참된 교회를 구성하고 순수한 하나님의 복음을 지키기 위해서, 칼빈은 설교와 교육 그리고 권징을 중시했다. 권징은 제네바 교회의 형성에 있어

---

[134] Calvin, *Institutes of the Christian Religion*, *The Library of Christian Classics*, IV. 14. 1.
[135] Calvin, *Institutes of the Christian Religion*, *The Library of Christian Classics*, IV. 14. 1.
[136] 김길성, "교회의 속성과 표지" 74.

중요한 요소다. 엄격히 말하면 권징 그 자체로는 존재하지 않았다. 단지 복음을 전하고, 성례를 행하는 것을 실제적이고 효과적이게 하기 위해서 계획된 것이 권징이었다.[137] 칼빈이 제네바 교회 사역에 있어서 의도했던 목적은 신약 교회의 본을 따라서 잘 정비된 개혁교회를 세우는 것이었으며, 이렇게 세워진 교회를 통해서 모든 제네바 시민의 매일의 삶에 순수한 기독교 교리를 심는 것이었다.

칼빈은 모든 교인이 오직 하나님의 말씀만을 따라서 사는 사람들로서, 각자의 정체성, 즉 자신들이 누구며, 무엇을 하며, 어디로 가는지를 바르게 깨닫도록 교육하려고 힘썼다. 이런 목적을 효과적으로 달성하기 위해서 설교와 예배, 교리문답과 권징을 사용했다.[138] 칼빈 이후 개혁파 신학자들은 권징을 교회의 제3의 표지로 간주했다. 『기독교강요』 제4권 12장에 권징의 목적에 대해서 3가지로 말하고 있다.

첫째, 하나님께 모욕을 끼치며 하나님의 거룩한 교회를 사악하고 모독적인 사람들의 소굴로 만드는 것은 그리스도인이라 말할 수 없다. 교회의 거룩한 이름에 치욕의 낙인을 찍는 그런 것이 없도록 하기 위해 기독교의 이름에 사악한 불명예를 초래하는 자들을 교회의 가족으로부터 추방하지 않으면 안 된다.

둘째, 선량한 사람들을 악한 사람들과의 교제로 말미암아 타락되는 일이 없도록 하기 위함이다.

셋째, 스스로 자신의 추악함에 대해 회개하도록 하기 위함이다.[139]

---

137 T.H.L Parker, *John Calvin: A Biography*, (London: J. M. Dent &Sons. Ltd., 1975), 84.
138 황성철, "칼빈 당시 제네바 교회의 정체성에 관한 연구" 153.
139 Calvin, *Institutes of the Christian Religion, The Library of Christian Classics*,. IV. 12. 5.

그러나 오늘날 교회의 거룩성을 실제적으로 확보하는 외적 수단인 권징이 사라지거나 왜곡되어 유명무실하게 되었다.

탈종교화 현상이 심화되어 가고 있는 한국 교회는 교회의 3대 지표를 다시 생각해 보아야 한다. 우리가 어디로 가야 할지를 지시하는 지표이기 때문이다. 강단에서 순수한 복음이 선포되어야 한다. 세례를 위한 교육도 내실을 기해야 하고, 성찬도 지금보다는 더 자주 시행되어야 한다. 진리의 사수와 교회의 질서 유지를 위해서 권징에 대해서도 엄격할 필요가 있다.

② 교회의 신뢰성 회복

교회는 이 땅에 빛이요 소금이다. 그러나 소금과 빛으로서의 교회의 역할을 제대로 감당해 왔는지는 또 다른 질문이다. 교회의 신뢰성이 무너지고 있다. 세속화되어 가고 있으며, 모로 가도 서울만 가면 된다는 식의 다원주의가 팽배해져 가고 있으며, 기존 교인들은 신앙을 사유화하는 현실에서 탈종교화, 탈교회화가 심화되어 가고 있다. 교회로서의 정체성을 잃어 가고 있으며, 더 이상 교회는 믿을 수 있는 기관, 신뢰할 만한 공동체라는 이미지를 주지 못하고 있다.

한국 교회의 사회적 신뢰도에 관한 여론 조사가 있었다.

기독교윤리실천운동본부는 2020년 1월 19세 이상 성인 1,000명을 대상으로 "한국 교회의 사회적 신뢰도 여론 조사"를 실시했다.

한국 교회를 신뢰한다는 응답이 31.8퍼센트, 신뢰하지 않는다는 응답이 63.9퍼센트, 가장 신뢰하는 종교를 묻는 질문에는 가톨릭(30.0퍼센트), 불교(26.2퍼센트), 개신교(18.9퍼센트) 순이었다.

더욱 충격적인 보고는 목사와 기독교인의 말과 행동에 관한 신뢰도다.

표 2-6. 전반적 신뢰도.[140]

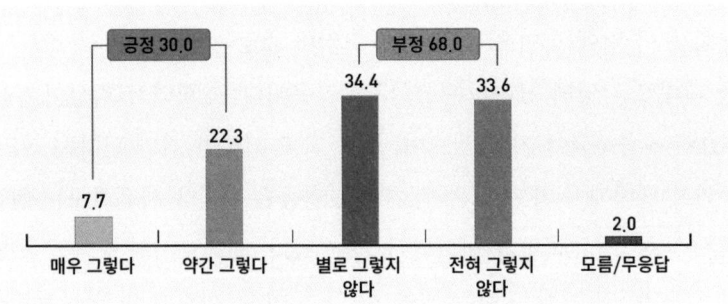

표 2-7. 속성별 신뢰도 (기독교 목사의 말과 행동에 믿음이 간다)[141]

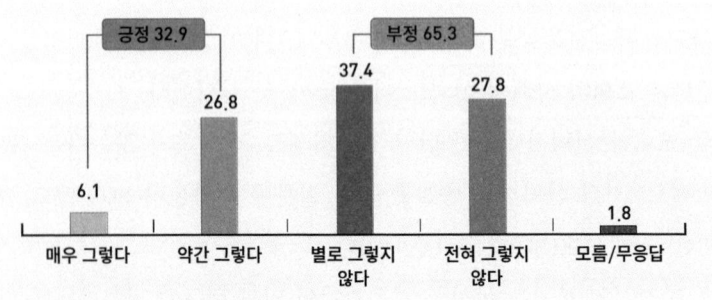

표 2-8. 속성별 신뢰도 (기독교인의 말과 행동에 믿음이 간다)[142]

---

140 "2020년 한국 교회의 사회적 신뢰도 여론 조사 결과 발표세미나" (기독교윤리실천운동, 2020년 02,07), 12.
141 "2020년 한국 교회의 사회적 신뢰도 여론 조사 결과 발표세미나" 15.
142 "2020년 한국 교회의 사회적 신뢰도 여론 조사 결과 발표세미나" 17.

그럼 한국 교회가 신뢰를 회복하기 위해서 재고해야 할 것은 무엇인가? 여론 조사 응답자들 25.9퍼센트가 '불투명한 재정 사용'이라고 했다. 그리고 '교회 지도자들의 삶'(22.8퍼센트), '타종교에 대한 태도'(19.9퍼센트)라고 응답했다.[143] 특별히 주목해 보아야 할 것은 교회 지도자의 삶이다. 교회 지도자의 삶은 교회의 재정 사용과 연결된다는 것은 누구도 부인하지 못할 것이다. 그러므로 한국 교회가 다시 신뢰를 회복하기 위해서는 목회자가 변해야 한다는 것이다. 목회자가 도덕적, 윤리적 삶에서 본이 되지 못하고 있다는 것은 전도에 악영향을 끼치게 되고, 탈종교화 현상을 심화시키는 큰 요인이라고 할 수 있다.

목회자가 신뢰를 얻기 위해 무엇을 개선해야 하는가에 대한 질문에는 윤리, 도덕성(51.5퍼센트), 물질 추구 성향(14.5퍼센트), 사회 현실 이해 및 참여(12.1퍼센트) 등이었다.[144]

이상의 여론 조사에서 보듯이 교회와 목회자의 사회적 신뢰도는 거의 바닥을 치고 있다. 신뢰도 하향은 선교적 측면에서 전도의 문을 막는 결과를 낳는다.

그리스도인들은 자신의 모습에서 혹 경건의 능력을 부인하고, 경건의 모양만 발견하는 상태는 아닌지 숙고해 보아야 한다. 경건의 능력을 부인하고, 경건의 외양만을 추구하는 일은 사도들의 인도 아래 있었던 당시 교회들 안에서도 발견되었던 신앙인의 잘못된 삶의 형태였다. 그러니 이 문제는 인류 역사의 전 시대와 전 공간을 통해 만연되어 있는 죄악의 보편적 현상이 아니라고 그 누구도 부인하지 못할 것이다. 그러기에 '너' 혹은 '그들'만의 문제가 아니라, '나' 혹은 '우리' 자신의 문제다.[145]

---

[143] "2020년 한국 교회의 사회적 신뢰도 여론 조사 결과 발표세미나" 30.
[144] "2020년 한국 교회의 사회적 신뢰도 여론 조사 결과 발표세미나" 34.
[145] 최홍석, "John Murray를 통해 본 기독교 복음 선포"「신학지남」통권 제304호 (2010): 148.

존 머레이(John Murray)는 낮은 수준의 윤리적 영적 차원의 삶에 대한 원인을 사회과학적, 심리학적, 철학적 방법으로 접근하지 않고, 성령의 영감으로 기록된 성경이란 프리즘을 통해 원인과 이유를 찾아내었다. 그가 제시한 원인은 "명백하게 인식하지 못하기 때문"이라는 것이다.

즉, "그리스도 안에서 하나님의 은혜에 의해 그들에게 속한 지위"와 "복음 안에 있는 약속에 대한 소망"을 명백하게 인식하지 못하고 있다는 것이다.[146] 신령한 의미에서의 '자기 정체성'에 대한 인식 부족과 '영적 역사의식'의 부재가 낮은 수준의 영적 윤리적 삶을 지속하게 하는 원인이다.[147] 목회자나 기독교인들이 자기의 정체성(identity)에 대한 분명한 인식과 더불어 경건의 능력을 회복할 때 잃어버린 신뢰성이 회복될 것이고, 선교의 문은 활짝 열리게 될 것이다.

요셉, 다니엘, 에스더 같은 구약성경의 인물이 세속적 환경 속에서 자신들의 소명을 수행했던 확실한 모델이 될 수 있다. 이들은 매우 세속적인 환경 속에서 공공 정책을 수행하면서도 하나님께 복종하면서 그 시스템 안에서 사역을 감당했다.

성경은 그리스도의 몸인 교회에 대해 세 가지 중요한 이해를 제공한다. 지역 교회, 전 세계에 걸쳐 존재하는 우주적 교회, 시간과 공간을 초월해 언젠가 천국에서 다 함께 모일 모든 성도의 연합체로서 존재하는 교회, 두말할 필요 없이 성경에서 가장 많이 등장하는 용례는 지역 교회다. 즉, 목적과 명령에 따라 함께 모인 신자들의 몸으로 정의되는 지역 교회 내지는 그런 교회들의 집합체가 가장 많이 언급된다. 신약성경에 나오는 모든 사역 가운데 교회의 지붕 아래 견고하게 세워지지 않은 사역은 찾아보기 어렵다.

---

146 최홍석, "John Murray를 통해 본 기독교 복음 선포" 150-151.
147 최홍석, "John Murray를 통해 본 기독교 복음 선포" 151.

칼빈은 기독교인이 불가견적 몸의 회원이 되기 위한 핑계로 유형 교회를 버리면 안 된다고 주장하며, "하나님께서는 말씀의 선포와 신자의 성화를 위해 유형 교회를 세상에 외적 방편으로 두셨다"[148] 라고 말했다. 포스트모더니즘 사회에서 종교의 세속화, 다원주의, 사유화 그리고 종교 내의 갈등과 분열 등이 탈종교화를 가속화시키고 있다. 교회가 탈종교화 현상을 막기 위해서는 사람들의 필요를 구체적으로 파악하고 충족시키려는 자세가 필요하다. 다원주의 사회에서 사람들의 필요나 욕구는 다양해졌다. 이것을 염두에 두고 과거지향적이거나 획일화된 방식을 고수해서는 안 된다.

그러나 무엇보다도 중요한 것은 문화 변화의 시대적 흐름을 분별하면서 교회의 정체성, 즉 교회의 교회다움을 지켜나가야 한다. 교회는 교회로서의 정체성을 지켜나가야 한다는 것이다. 하루가 멀다 하고 터지는 교회 문제, 목회자가 저지르는 온갖 재정 문제, 성 추문, 담임목사 세습 문제 등으로 잃어버린 신뢰성을 교회와 목회자 그리고 기독교인은 회복하기 위해 힘써야 한다. 교회는 교회다움을 제대로 세상에 보여 주지 못했다.

그 결과 각종 통계에서 개신교가 가장 낮은 신뢰도를 보이고 있으며, 교단과 교회의 세속화, 목회자에 대한 실망 등으로 인해 교회를 떠나는 이른바 '가나안' 성도가 증가하고 있다. 탈종교화 현상이 심화되고 있는 때에 목회자와 기독교인들은 신앙을 사유화할 것이 아니라 거룩한 삶을 통해 경건의 능력을 회복해 교회의 교회다움, 즉 교회의 정체성을 회복하고 잃어버린 신뢰를 회복함으로 선교적 사명을 다해야 할 것이다. 교회의 정체성과 신뢰성 회복은 선교학적 측면에서 모든 선교 사역의 근간이요, 기초라고 할 수 있다.

---

[148] Calvin, *Institutes of the Christian Religion, The Library of Christian Classics*,. IV. 1. 10.

4) 다문화 사회

다문화 사회란 여러 인종, 민족 등의 서로 다른 문화가 함께 공존하는 사회를 말한다. 한국 사회는 단일 민족이라는 것이 중시되며 외부혈통에 대한 배척성이 강했다. 현재에도 이런 배척성은 여전하다. 그러나 무조건 외부에 관한 배척만이 능사는 아니다. 1990년 이후 불어온 세계화 국제화로 인해 우리는 다양한 피부색과 외모, 그리고 언어나 억양을 가진 사람들을 우리 사회와 지역에서 쉽게 발견할 수 있다. 이런 때에 교회가 선교적 목적을 가지고 이들에 대한 선교적 전략을 세우지 않는다면 우리는 많은 사람을 놓치게 될 것이다. 실제로 지금 교회는 다문화 사회에 대한 전략을 갖추고 있지 못하다. 이에 대해 강란혜는 다음과 같이 말한다.

> 현상학적으로 다문화 가정은 빠르게 널리 확산되어 가고 있지만, 우리의 정서상으로는 이런 현상적 변화를 아직 받아들이지 못하고 있으며 우리 사회에서 다문화 가정의 안정적 정착을 위한 사회적 노력은 여전히 부족한 것이 사실이다.[149]

그러므로 교회는 다문화 출신 이주민들을 선교의 대상으로 보아야 한다는 인식 전환이 필요하다. 그리고 그들을 통해 타문화권 선교까지 지평을 넓혀 나갈 수 있다는 비전을 갖고 다문화 선교를 전략적 차원에서 실행해야 한다.

---

[149] 강란혜, "다문화 가정의 실태와 사회정책 방안 연구"『총신대 논총: 제28집』(서울:총신대학교, 2008), 309.

(1) 한국 사회의 다문화 이주민 현황

최근 다문화 가정이 늘어나고 있는데 우리 국민 중 외국인과 혼인을 하는 국제결혼이 증가하고 있다. 열 쌍 중 한 쌍은 외국인과의 혼인이며, 농촌 총각 10명 가운데 4명은 외국인 여성과 결혼하고 있다. 그리고 다문화 가정에서 많은 자녀가 태어나고 학교에 입학한다. 이는 이제 우리가 단일민족의 깃발을 내릴 때가 되었고 다인종, 다민족 시대, 다문화 사회로 성큼 다가와 있음을 보여 주는 것이다.[150]

역사적으로 볼 때 외국인은 한국에 언제나 있었다. 그러나 외국인의 유입이 한국 사회에서 눈에 뜨이게 증가한 것은 1980년대 후반부터 외국인 노동자들과 제3국에 거주하던 재외한국인들이 입국하면서 시작되었다.

1986년 아시안 게임과 1988년 서울 올림픽은 전 세계에 한국이 잘 사는 나라로 알려지게 하는 계기가 되었고 코리안 드림을 꿈꾸는 많은 외국인의 입국이 시작되었다. 1987년 노동자 대투쟁으로 인한 노임단가의 급격한 상승과 함께 수출 경기의 호조는 한국의 인력난을 일으켰다. 그로 인해 우리 사회는 3D 업종에 취업을 기피하는 현상이 만연하고 영세한 제조업체의 생산 현장은 대부분이 외국인 노동자가 자리를 채우게 되었다.[151] 1990년대 이후 우리나라는 국제화, 세계화의 구호 아래 국내 자본 시장과 노동 시장을 개방하였다. 이런 정책 변화로 국내에 들어오는 외국인 노동자의 수가 증가하게 되었다.

또한, 국제결혼이 성행하므로 외국의 여성 결혼 이민자의 수가 증가하게 되었다. 국내적으로는 농촌의 젊은 여성들이 양질의 교육 기회 및 취업 기회를 찾아 도시로 인구 이동함에 따라 농촌의 청년들이 배우자를 찾는데 어려움을 겪게 되고 이런 사정과 맞물려서 상대적으로 빈곤한 국가의 여성

---

150 김해성, "다문화 사회의 도래와 이주민 선교", (바른교회 아카데미, 제16회 바른교회 아카데미 연구위원회 세미나, 2014), 124.
151 김해성, "다문화 사회의 도래와 이주민 선교", 125.

들이 경제 상황과 생활 환경 등이 비교적 여유로운 국가로 이동해 더 나은 삶의 질을 찾는 국제결혼이 증가했다. 더 이상 우리 사회에서 다른 문화를 가진 사람을 만나는 것은 어려운 일이 아니다.

2021년 12월 말 현재 체류 외국인은 1,956,781명으로 집계되었다. 국적별 외국인은 중국 42.9퍼센트(840,193명), 베트남 10.7퍼센트(208,740명), 태국 8.8퍼센트(171,800명), 미국 7.2퍼센트(140,672명), 우즈베키스탄 3.4퍼센트(66,677명) 등의 순으로 나타났다.[152]

이주민의 대부분은 수도권에 집중되어 있다. 이주민의 거주지는 경기도, 서울, 경남, 인천과 충남 순으로 나타났다. 특별히 수도권 지역 가운데 안산과 서울 영등포구, 수원과 화성, 시흥, 부천은 외국인 인구수가 3만여 명 이상으로 나타났다. 이는 전국토에 이주민들이 퍼져있다는 증거가 된다. 또한, 다문화 이주민들의 수가 급격히 증가하고 있음을 알 수 있으며 국적도 다양함을 알 수 있다.

그러나 많은 수 그리고 다양한 국적의 다문화 이주민이 한국에 정착하면서 많은 어려움을 겪고 있다.

그들이 경험하는 어려움은 무엇인가?

한국에 코리안 드림의 부푼 꿈을 안고 찾아왔던지, 혹은 사랑하는 사람을 찾아왔던지, 혹은 원하지 않으나 경제적인 이유로 한국을 찾아왔던지 그들은 한국에 정착하는 동안 많은 어려움과 갈등을 경험하게 된다. 예를 들어, 차별과 인권 유린 등을 말할 수 있다. 이로 인해서 한국에서 불법체류자가 되기도 하고 범죄자가 되기도 한다. 그리고 한국에 대한 악감정을 가지고 자신의 고향으로 돌아가기도 한다. 이제 교회는 다문화 사회 속에서 이들에 대한 선교를 전략적으로 고민할 때가 되었다.

---

152 "출입국 외국인 정책 통계월보, 2021년 12월호.

(2) 선교 전략

한국은 단일 민족이라는 자긍심이 강하고 오랫동안 민족의 혈통을 중요시해왔다. 하지만 시대가 급변하고 세계화의 바람이 불어오면서 이런 민족적 자긍심에도 변화가 필요하게 되었다. 현 시대는 인종과 민족 그리고 문화의 담장이 허물어지고 있다. 세계화의 흐름을 역행할 수 없다. 이런 때에 다문화 사회, 다문화에 대한 인식의 변화가 요청되며 선교적 자세를 가지고 이들에게 다가가야 한다.

① 성육신적 자세

예수님께서 인간의 형상을 입으시고 이 땅에 오심을 가리켜 성육신이라고 한다. 완전하신 하나님께서 불완전한 인간을 구원하시기 위해 인간의 몸을 입고 오신 사건이다. 빌립보서 2:6-8에 "그는 근본 하나님의 본체시나 하나님과 동등됨을 취할 것으로 여기지 아니하시고 오히려 자기를 비워 종의 형체를 가지사 사람들과 같이 되셨고"라고 했다. 영광의 자리를 포기하시고 인간의 문화 속에 성육신하신 것이다.

따라서 성육신의 개념은 이주민 선교의 토대가 된다. 즉, 이주민 선교 사역은 이웃들과 함께하며(with), 이웃들 속에서(in), 이웃들을 위해(for) 존재하는 성육신의 삶을 통해서 이루어진다.[153] 다문화 사역을 하고자 할 때는 그들에게 찾아가는 자세가 필수적이다.

② 다름에 대한 인정

교회가 있는 곳이 어디든 이제는 다문화 이주민들을 만날 수 있다. 그리고 그들은 우리의 선교의 대상이며 더 나아가 선교의 일꾼이 될 수 있다.

---

[153] 구성모, "한국 교회의 이주민 선교 실태와 미래 방향", 『다문화 선교』(서울: CLC, 2015), 327.

이런 선교적 접근을 위해 필요한 것은 문화에 대한 이해다. 문화의 다름을 인정하는 것이다. 문화를 중립적으로 보는 기능주의의 견해와는 다르다.[154]

이주민의 문화를 이해하는 것과 이주민의 종교를 용인하는 것은 구별되어야 한다. 문화 존중과 종교 다원주의는 반드시 구별되어야 한다.[155] 문화의 다양성에 대한 이해가 필요하다는 것이다. 다문화 이주민에 대한 자세에 대해 세 가지 사회 통합 유형이 있다.

첫째, 동화주의(Assimilation Theory)다.

이 유형은 주류 사회 문화에 소수 집단의 문화가 흡수되어 하나의 문화를 형성하는 형태를 의미한다.[156] 즉, 이주민의 고유한 문화를 버리고 거주하는 국가의 문화에 완전히 동화되어 거주국의 완전한 구성원이 되는 것을 의미한다.[157]

둘째, 용광로 이론(Melting Pot Theory)이다.

이 이론은 통합적 동화 모델,[158] 문화 다원주의[159] 이론이라고도 부른다. 이 이론은 사회의 주류 문화를 중심으로 여러 이주민의 문화가 녹아 들어가 새로운 문화를 창출하는 형태이다. 즉, 다양한 문화가 주류 문화라는 용광로에 들어가 용해되어 새로운 독특한 문화를 만들어내는 것이다. 예를

---

154 문화 기능주의 이론은 문화의 역할이 그 문화 속에 살고 있는 사람들에게 어느 정도 최적의 삶의 조건을 산출한다는 전제를 내포하고 있다. 따라서 문화에 대해서 낙관적이며 토착 문화의 중요성을 강조하고 문화의 상대적 가치를 주장함으로써 다원적 문화의 길을 열어 놓는다. 김성태, 『선교와 문화』, 57-58.
155 양현표, "개혁주의 신학에서 바라본 21세기 한국의 이주민 전도 전략"「신학지남」통권 제333호,(2017): 217.
156 조석주, 박지영, 『다문화 사회 정착을 위한 지방자치단체의 이주민 정책 개선 방안』(서울: 한국지방 행정 연구원, 2012), 10. 양현표, "개혁주의 신학에서 바라본 21세기 한국의 이주민 전도 전략" 203에서 재인용.
157 양현표, "개혁주의 신학에서 바라본 21세기 한국의 이주민 전도 전략", 203-204.
158 신상록, 구성모, "이주민 집중 지역의 이주민 센터를 통한 목회 전략", 『다문화 선교』(서울: CLC, 2015), 151.
159 양현표, "개혁주의 신학에서 바라본 21세기 한국의 이주민 전도 전략", 204.

들어, 미국은 이주민의 나라로서 세계 각지에서 모여든 각종 언어와 문화 그리고 인종이 모여 있다. 그러나 그들은 애국심 하나를 중심으로 해서 사회가 통합되어 있다. '성조기에 대한 충성심'이란 용광로에 모든 문화가 녹아들어서 미국만의 독특한 문화를 창조해 내는 것이다.[160]

셋째, 다문화주의 이론(Salad Bowl Theory)이다.

다문화주의는 여러 문화가 한 사회에 섞이는 형태이다. 즉, "각 문화의 독자성을 인정하고 평등한 견지에서 각 문화의 가치, 철학, 사회적 그리고 정치성 등을 인정하는 것"이다.[161] 이 이론은 호주, 뉴질랜드, 캐나다의 이주민에 관한 정책인데 캐나다의 경우 정부의 정책은 영어를 사용하는 사람들이 정체성으로 동화될 것을 더 이상 요구하지 않고 오히려 문화적 차이를 수용하고 민족 집단의 권리를 증진시킨다.[162] 자신의 고유 문화를 그대로 유지하면서 주류 문화와 공존한다는 면에서 매력이 있는 이론이라고 할 수 있다. 이제 김해성의 말대로 단일 민족의 깃발을 내리고[163] 이주민과 공존하는 법을 배우고 이주민에 대한 자세를 다시 생각해야 한다. 다름을 인정하고 서로 간의 차이를 존중하는 우리의 자세와 사회적 인식을 만들어 가야 한다.

③ 지역의 다문화 실태조사

다문화 사회 속에 존재하고 있는 교회가 다문화 층의 사람들을 대상으로 선교하고자 한다면 지역의 다문화에 대한 정보와 이해가 선행되어야 한다. 즉, 다문화 이주민의 수, 출신 국가, 직업 층 등 그들의 생활 형편에 대한 조사다. 이와 같은 실태조사가 이루어진 후에야 그들의 필요가 무엇인

---

160 양현표, "개혁주의 신학에서 바라본 21세기 한국의 이주민 전도 전략", 205.
161 장성진, "혼돈속에 있는 이주민 선교에 대한 선교학적 진단" 「신학사상」 2 (2010, 6): 213.
    양현표, "개혁주의 신학에서 바라본 21세기 한국의 이주민 전도 전략", 205에서 재인용.
162 신상록, 구성모, "이주민 집중지역의 이주민 센터를 통한 목회 전략", 152.
163 김해성, "다문화 사회의 도래와 이주민 선교", 124.

지 파악할 수 있다.

④ 필요를 채우는 사역

다문화 이주민들이 한국에서 생활하는 데 필요한 기본적인 것들에 관해 추상적인 이론만 내세울 것이 아니라 실제적 도움을 주자는 것이다.

가. 언어 교육

선교사가 타문화권에 가서 가장 스트레스를 받는 것은 언어다. 언어 충격이 해소되면 반 이상의 선교를 이미 시작한 것이라고 해도 과언이 아니다. 그만큼 선교에서 언어 습득은 중요하다. 마찬가지로 타문화권에서 이주해온 사람들이 가장 스트레스를 받는 것은 언어다.

다문화 이주민들은 한국 사회와 문화에 대한 정보가 부족한 상태에서 시작하고 한국 생활에서 수많은 갈등과 난관에 부딪히고 있다. 이주민 관련 기관에서는 이주 노동자 및 결혼 이주여성을 위해 한국어 교육과 다문화 이해 교육, 사회적응 지원 서비스 등을 실시하고 있다. 그러나 학습자의 특성과 요구를 충분히 반영하지 않은 교육이 실행되고 있으며 한국어 교육을 받고자 하는 학생은 많은 데 반해 한국어 교사는 부족한 실정이다.[164]

따라서 이런 부족한 부분을 지역의 한 교회가 감당하기에는 역부족이다. 현재 교회에서 실행하고 있는 이주민 사역은 대부분 개인이나 개교회 중심이기에 영세성을 벗어나지 못하고 있다. 그러므로 몇 개의 지역 교회가 힘을 합친다든지 혹은 시찰회나 노회에 다문화 선교 센터를 세운다든지 해서 한글을 가르칠 전문 인력을 확보하고, 이에 필요한 재정 지원은 참여 교회가 함께 담당해서 다문화 이주민에게 적절한 한국어 교육이 실행되어야 한다. 교회가 언어 교육 프로그램을 제공해 준다면 그들이 복음을 접하고 그

---

164 윤승범, "다문화와 복지" 『다문화 선교』(서울: CLC, 2015), 228.

들의 동족에게 다시 복음을 전할 수 있는 기회가 되게 된다.

나. 문화 체험: 문화 체험 프로그램 제공

이것은 대사회적 봉사 차원으로 지역 교회가 연합해서 제공해야 할 것으로 생각한다. 한국보다 경제적으로 가난한 나라에서 왔다는 이유로 무조건 한국화를 강요해서는 안 된다. 그들의 문화를 인정해 주어야 하고, 한국 문화에 적응할 수 있도록 교육과 문화 체험 프로그램을 제공해 주어야 한다.

또한, 문화 학교를 통해 한국 문화에 관해 바르게 알고 잘 적응할 수 있도록 도와야 한다. 이것은 한 교회가 감당하기에는 벅찬 감이 있다. 지역 공공기관의 협조를 구한다든지 지역의 교회들이 연합해서 한국 문화를 소개하는 강좌를 연다든지 혹은 한국 문화를 배울 수 있는 전통 찾기 견학 등을 통해서 한국 문화를 익힐 수 있도록 돕는다.

다. 자녀 교육

다문화 이주민들은 한국 사회에서 편견과 따돌림으로 심리적, 정서적인 고통을 경험하며 살고 있다. 이런 고통으로 인해 이주민들과 그들의 자녀들은 정체성의 혼란을 느끼게 되고 이런 정체성 혼란은 이주민 자녀들의 성장과 발달에 악영향을 미치게 되고 그들은 낮은 자존감이나 우울 등의 감정을 겪게 된다. 또한, 부모가 맞벌이인 경우는 방과 후 자녀를 학습 지도해 줄 사람이 없고 학원을 보낸다는 것도 경제적 문제로 엄두도 못내고 있는 경우가 대부분이다. 교회는 방과 후 교실을 개설하거나 교회의 작은 도서관을 만들어 이들을 돌봐주고(care), 교육적 도움을 줄 필요가 있다.[165] 이 일을 한 교회가 감당하기 어렵다면 지역 교회가 협력해 추진할 수 있는

---

[165] 특별히 언어 문제가 시급하다고 할 수 있다. 이들이 학교에서 따돌림을 당하는 가장 큰 원인은 한국말이 서투른 외국인 어머니의 교육하에 성장하기 때문에 언어 발달이 늦어지고 의사소통에 제한을 받는다.

길을 모색해야 한다.

라. 법률 문제

이주민들이 한국 사회에서 겪는 법률 문제는 생각하는 것보다 많다. 임금체불, 산업재해, 해고 같은 노동 문제, 이혼 등 가정 문제 그리고 일반 민형사 문제나 출입국 문제 등 다양하다. 이와 같은 어려움을 겪으면서도 언어의 문제로 자신들이 당하는 불이익에 대해 제대로 대응하지 못하고 있는 실정이다. 또한, 경제적 이유로 변호사를 선임하거나 법의 도움을 받지 못하는 경우가 많다. 교회는 법률 전문가가 있는 경우 법률상담소를 개설해 이들에게 도움을 줄 수 있다. 교회 형편이 되지 않으면 이주민 지원센터를 연결해 주고 이들의 문제에 대해 함께 뛰면서 언어 또는 경제적으로 도움을 주는 것도 그들의 필요를 채워주는 사역이 된다. 또한, 교단적 차원에서 이주민 선교팀을 구성해 법률적인 도움과 법 제도 개선에 영향력을 행사하는 것도 방법이 될 수 있다.

한국의 이주민 관련법은 '산업 연수생 제도'(1993), '취업 연수생 제도', '고용허가제'(2004), '재한 외국인 처우 기본법'(2007년 5월), '다문화가족 지원법'(2008), '외국인 근로자의 고용 등에 관한 법률'(2010년 6월) 등으로 발전되어 왔다. 그러나 아직도 이주민에 대한 법적인 부분에 관한 보완이 필요하다.[166] 따라서 개교회 차원에서보다 교단적 차원에서 이주민을 위한 법 개선을 위해 힘을 쓰는 것이 필요하다.

마. 영혼 구원

이주민들이 한국에서 살아가는 데 필요한 기본적인 필요들에 교회는 민감하게 반응해 그들에게 도움을 제공해 주어야 한다.

---

[166] 양현표, "개혁주의 신학에서 바라본 21세기 한국의 이주민 전도 전략," 223.

그러나 이런 기본적 필요를 채우려고 하는 이유가 무엇인가?

단순히 구제 차원에서 한다면 교회와 사회기관이 다른 점이 무엇인가? 교회가 관심을 두어야 하는 것은 다문화 이주민들의 영혼 구원이 되어야 한다. 교회가 꼭 기억해야 할 것은 육신의 빵, 즉 치유, 구제, 봉사 등은 복음을 전하기 위한 접촉점(contact point)이자 도구일 뿐이라는 것이다. 양현표는 이주민 목회가 자칫하면 이주민들에게 당장 필요한 육신의 빵만을 제공하는 박애주의로 빠지기 쉽다고 말하면서 이것이 지금까지 한국 교회가 이주민을 대상으로 하는 목회의 주류였다고 말한다.[167]

김해성은 복음을 전하는 것의 중요성에 관해 자신의 이주 노동자 상담소에서의 경험을 이야기했다. 예전 방글라데시 사람이 손목이 절단되어 싸우다시피 해서 3천만 원을 받아 주었다고 한다. 그가 자신의 나라로 돌아가서 편지를 보냈는데 내용은 보상을 많이 받아 젊고 예쁜 여자를 하나 샀다는 내용이었다고 한다. 물론 부인과 자식이 있는데 말이다. 보상금으로 공장을 만들어 악덕 기업주가 되거나 돈으로 마약에 빠지거나 술에 취해 폐인이 된 이들도 있다는 것이다. 결국, 복음을 선포하고 말씀으로 거듭나도록 하는 것이 최선이라고 말한다.[168]

에드먼드 클라우니(Edmund P. Clowney)는 "복음의 핵심은 교회로 하여금 선교와 자비를 행하게 한다. 이 두 가지는 언제나 기독교 선교의 일부였다"[169]라고 말했다.

다문화 이주민들의 영혼 구원이 중요한 또 다른 이유는 재생산의 관점에서 의미가 있다고 할 수 있다. 한국의 전도자로 인해 복음을 영접하고 계속 양육을 받아 그들이 선교의 일꾼이 되게 하는 것이다. 현재 한국 교회는

---

167 양현표, "개혁주의 신학에서 바라본 21세기 한국의 이주민 전도 전략," 219.
168 김해성, "다문화 사회의 도래와 이주민 선교", 137.
169 Edmund P. Clowney, *Church*, 황영철 역 『교회』(서울:IVP, 2006), 182.

167개국에 22,210명의 선교사를 파송하고 있다.[170] 대한예수교장로회 총회(합동)는 2022년 3월 현재 99개국에 1,419가정 2,563명을 파송하고 있다. 그런데 한국에 들어온 이주민의 수는 199개국에서 200만 이주민이 들어와 있다. 이 수치는 선교가 선택의 문제가 아니고 교회의 필수적 사명임을 인식하면서 이들을 선교의 도구로 생각하는 세계 선교의 전략을 찾아야 할 때가 되었다는 것을 보여 준다.

현재 한국에는 이슬람권(파키스탄, 방글라데시, 인도네시아 등), 힌두권(인도, 네팔 등), 불교권(태국, 베트남, 미얀마, 스리랑카 등) 그리고 중국과 몽골, 구소련 지역의 러시아, 우즈베키스탄, 카자흐스탄 등의 국가에서 이주민이 들어와 있다.

지금 우리 곁에는 그들이 이주민으로 와 있음을 기억해야 할 필요가 있다. 이들에게 복음을 전하고 이들을 훈련시켜 선교사로 파송할 수 있다면 이는 가장 안전하고 최고의 효과를 낼 수 있는 세계 선교의 새로운 전략이 될 것이다.

---

170 "2021년 한국 선교 현황 통계조사 발표", 기독신문, 2022년 2월 24일. http://www.kidok.com

제3장

도시 선교에 대한 성경적 이해

선교는 하나님의 구원 역사이기 때문에 하나님의 사역이며 하나님의 활동이다. 그러나 이런 하나님의 선교는 하나님께서 그분의 신적 도구를 세우셔서 그분의 선교 계획과 선교 대상과 사역지를 발견하게 하시고 선교 사역을 수행하게 하신다. 이렇게 하나님 자신이 선교이듯이 하나님 말씀인 성경은 그 자체가 선교의 책이라고 말할 수 있다.

윌리암 라킨 주니어(William J. Larkin Jr)는 "선교는 하나님의 심판이나 구원 목적이 진보되도록 하나님의 뜻을 말하거나 행할 초자연적이거나 인간 중재자들을 보내는 신적 활동이다"[1]라고 말했다. 또한, 아더 글라서(Arthur Glasser)는 선교에 있어 성경적 기초의 중요성에 관해서 말하는데 그 이유는 오늘날 팽배하는 자유주의 선교 신학자들의 선교 폐지론이나 선교 재개념화를 통해 선교를 영혼 구원의 목적 대신에 사회 구원이나 인권 운동으로 대체하려는 흐름 때문이라고 주장했다.[2]

---

[1] William J. Larkin Jr., "Mission", in Evangelical Dictionary of Biblical Theology, edited by Walter A, Edwell (Grand Rapids: Baker, 1996), 534.

[2] Arthur Glasser, *Contemporary Theologies of Missions*, (Grand Rapids: Baker Book House, 1985), 30.

그러나 복음주의 교회와 선교 단체들은 빠르게 확대되고 있는 도시 세계의 도전에 자극을 받을 때 임무에 대한 긴급성으로 인해 도시 선교의 성경적, 신학적 기초를 무시하게 되는 위험성도 있음을 유념해야 한다.[3]

존 스토트(John Stott)는 1980년 태국 파타야에서 열린 '세계복음화협의회'에서 세계 복음화와 성경의 상관성에 관해서 "성경이 없는 세계 복음화란 불가능할뿐더러 생각할 수조차 없는 일이다. 세계 복음화의 책임을 부여하고 있는 것이 성경이고 선포해야 할 복음을 주고 있는 것이 성경이며, 그 복음을 선포해야 할 방법을 보여 주는 것도 성경이며 모든 믿는 자를 구원시키는 하나님의 권능을 약속해 주는 것도 성경이다"[4]라고 말했다.

선교는 성경적 토대에 충실함으로써 하나님이 원하시는 선교를 수행할 수 있음을 주장한 것이다. 따라서 필자는 구약의 선교와 도시 선교, 신약의 선교와 도시 선교에 대해서 살펴보면서 선교에 대한 성경적 기초를 든든히 세우고자 한다.

1. 선교 용어에 대한 이해

선교를 이해하기 위해서는 선교에 관한 용어 이해가 있어야 한다. 이 선교 용어에 대한 이해에 따라서 복음주의와 에큐메니칼이 갈라지기도 한다. 그러므로 먼저 선교 용어에 대한 이해가 바르게 정립되어야 한다. 여기에서는 선교에 관한 용어에 대해 성경의 증거를 제시할 것이고 혼란이 될 수 있는 선교와 전도의 의미를 간단하게 살펴볼 것이다.

---

3   Greenway & Monsma, *Cities: Missions' New Frontier*, 24.
4   이현모, 『현대 선교의 이해』, 54.

1) 선교 용어의 성경적 의미

선교라는 용어는 그 기원이 성경에서 시작되었다.[5] 대다수의 선교학자가 공통적으로 인정하는 것은 라틴어 'mitto'(보낸다)에서 유래된 것으로 이것은 요한복음 20:21[6]의 예수님의 '보낸다'의 어원인 '아포스텔로'($\alpha\pi o\sigma\tau\epsilon\lambda\lambda\omega$, 신약성경에 135회)와 마태복음 28:19[7]에 나오는 '가서'의 어원인 '펨포'($\pi\epsilon\mu\pi\omega$, 신약성경에 80회)의 뜻이 상호 결합이 되어서 선교라는 용어의 의미를 결정짓게 되었다는 것이다.

여기서 '보낸다'의 어원인 '$\alpha\pi o\sigma\tau\epsilon\lambda\lambda\omega$'는 로마 교회가 수도원 선교 기구를 통해서 타문화권의 불신 종족들에게 복음을 전하기 위해서 수도사들을 파송할 때 이 용어를 라틴어 'Missio'(보냄을 받은 자)[8]로 번역해 사용하였는데 이는 로마 교회를 유일한 사도적 교회로 보는 신학적 입장을 반영한 것이었다. 그러나 후대의 개신 교회는 사도적 교회를 로마 교회라고 보지 않고 사도적 신앙 고백과 사도들에게서 기반된 성경에 기록된 계시의 말씀을 사도적 교회의 기반으로 본다.[9] 선교사라는 용어는 13세기 수도원에서

---

5   선교학은 영어의 missiology인데, 불어의 missio logie에서부터 유래하였다. 라틴어에서 온 missio 라는 말과 헬라어 logos의 복합어 형태이다. 이는 하나님의 사역을 지칭하는 개념과 인간의 논리를 합한 것으로 하나님의 선교적 사역과 현 세상을 살고 있는 인류의 상황이 만나는 곳에서 선교학이 발생함을 의미한다. 이현모, 『현대 선교의 이해』, 17.
6   예수께서 또 이르시되 너희에게 평강이 있을지어다 아버지께서 나를 보내신 것 같이 나도 너희를 보내노라.
7   그러므로 너희는 가서 모든 민족을 제자로 삼아 아버지와 아들과 성령의 이름으로 세례를 베풀고.
8   라틴어 Missio는 삼위일체교리에서 성부에 의한 성자의 파송, 성부와 성자에 의한 성령의 파송을 나타내기 위해 사용된 표현이었다. David J. Bosch, *Transforming Mission*, 김병길, 장훈태 역 『변화하고 있는 선교』(서울: CLC, 2010), 355.
9   김성태, 『현대 선교학 총론』, 108. 사도적 교회의 본질은 크게 세 가지로 범주화할 수 있다. 그것은 원리적 본질과 방법적 본질 그리고 실천적 본질이다.
    첫째, 원리적 본질은 하나님을 사랑하고 사람을 사랑하는 것이다(마22장).
    둘째, 이 원리를 실행하기 위한 방법적 본질은 가서 제자 삼고 세례를 주고 가르쳐 지키게 하는 것이다(마28:18-19).

사용되었는데 그 의미는 세상에서 사도의 생활과 사역을 위해 보냄을 받은 자를 지칭하는 것이었다.

선교의 개념을 광의적 그리고 협의적 의미로 정의할 수도 있다. 광의적 의미란 선교의 주체로서 삼위 하나님의 주재권을 강조하면서 전 세상을 향한 하나님 백성들의 말씀과 행위로 이루어지는 복음 증거의 삶이다. 협의적 의미는 실제적 의미인데 교회의 파송을 받아 타문화권의 불신 종족들에게로 가서 복음을 선포하고 가르쳐서 하나님의 교회를 설립하고 그 교회가 그리스도 안에 장성한 분량으로 성장하게 해 선교의 책임을 다하는 교회로 세움을 통해서 하나님께 영광을 돌린다는 의미이다.[10]

이 실제적 선교 정의는 17세기 화란의 보에티우스에 의해서 이루어졌는데 그는 선교의 정의를 세 가지로 말했다. 즉, 교회가 복음을 전파함으로 이방인을 개종시킴과 교회를 설립하는 일 그리고 그로 인해 하나님께 영광을 돌리고 그의 은총을 나타내는 일이다.[11]

2) 선교와 전도의 개념

선교와 전도의 의미를 구분하는 데는 지리적인 면과 성경적, 신학적인 면이 있다. 지리적인 측면에서 보자면 서구 교회는 20세기 초엽까지 선교의 의미를 서구가 비서구 지역에 복음을 전하는 일로 해석했다. 그리고 전도는 서구 교회 내의 명목 신자나 이웃 불신자들에 대한 복음 증거 운동으

셋째, 이 방법을 선교 현장에서 실행하는 실천적인 본질은 바울의 사도적 공동체에 나타나 있다. 그것은 성령 충만한 공동체, 성육신적인 공동체, 케리그마적인 공동체, 디아코니아적인 공동체, 디다케적인 공동체, 오이코스적인 공동체, 관계 중심의 공동체 사역이다.
정경호, 『바울의 선교 신학』, (서울: CLC, 2009), 212.
10 김성태, 『현대 선교학 총론』, 109-110
11 김성태, 『현대 선교학 총론』, 110.

로 해석했다. 그런데 이런 지리적 구분이 1928년 예루살렘 국제선교협의회 대회에서 미국 측 대표로 참가한 루푸스 존스(Rufus Jones)에 의해서 문제가 제기되었고, 그에 의하면 서구의 세속주의를 일종의 인본주의적 종교로 보고 서구 지역도 선교의 대상이 되어야 한다고 주장했다.[12]

선교와 전도에 대한 성경적이고 신학적인 측면은 선교는 하나님의 주재권과 그분의 구속 의지와 그리고 구원의 대상이 되는 전 세상을 내포하는 포괄적인 의미로 사용하며 전도는 그 기원이 성경의 '유앙겔리온'(ευαγγελιον)으로서 기쁜 소식을 의미한다. 오늘날 복음주의 선교학자들은 선교와 전도를 따로 구분하지 않고 전도의 의미가 선교에 포함되는 것으로 상호 교차하여 자유롭게 사용하고 있다.[13]

복음주의 진영의 선교학자 중 랄프 윈터(Ralph Winter)는 선교 개념을 전도라는 용어로 사용해 전도의 네 단계를 논하기도 했다.[14] 그리고 데이비드 헤셀그레이브(David J. Hesselgrave)는 선교와 전도 용어를 동시에 사용해 선교 개념을 정립했다.[15] 선교의 대상은 세상, 문화, 인종, 언어 등 하나님 나라 밖에서 사는 모든 것이 선교의 대상이다. 국외에서 하는 것은 선교, 국내에

12　William Richey Hogg, *Ecumenical Foundation* (New York: Harper & Brothers, 1952), 247. 김성태, 『현대 선교학 총론』, 111-112 에서 재인용.

13　김성태, 『현대 선교학 총론』, 112.

14　본 논문 제1장 각주 4.

15　그는 '선교적 전도(Mission-Evangelism)1,2,3'으로 나눈다. '선교적 전도 1'은 같은 동족에게 복음을 전하는 것이다. '선교적 전도 2'는 유사 문화권의 사람들에게 복음 전하는 것이다. '선교적 전도 3'은 완전히 이질 문화권의 사람들에게 복음 전하는 것이다. 따라서 헤셀그레이브의 경우는 선교에 있어서 지리적인 구분은 전혀 의미가 없다는 것이다. 후대의 학자들은 헤셀그레이브의 '선교적 전도 1'의 단계를 세부적으로 나누기도 하였다. 즉, 국내 선교 1,2,3(Home-Mission 1, 2, 3)이다. '국내 선교 1'은 모국에서 동족에게 복음 전하는 상황이요, '국내 선교 2'는 모국에서 유사 문화권의 사람들에게 복음 전하는 상황이요, '국내 선교 3'은 모국에서 완전히 이질적인 문화권의 사람들에게 복음을 전하는 상황이다. 또한 외국에 있는 동족에게 복음을 전하는 상황을 구별해 '외지 선교 1'(Foreign Mission 1)이라고 한다. 이것은 디아스포라 선교사를 가리킨다. 김성태, 『현대 선교학 총론』, 114-115.

서 하는 것은 전도라는 지리적인 이원적 접근은 의미가 없다고 본다.[16] 선교와 전도는 원리적으로나 실제로 동일하다고 할 수 있다.

2. 구약의 선교

모든 신학의 출발점이 신구약 성경 말씀인 것처럼 선교에 관한 온전한 이해 역시 하나님의 말씀인 성경을 통해서 가능하다. 성경은 신구약이 전체로 하나의 통일성을 가지면서 하나님의 구속계획을 증거한다. 예수님의 대위임령(The Great Commission) 역시 갑자기 생긴 것이 아니라 구약의 가르침의 연속성에서 보아야 한다.

그러나 구약에는 선교가 없다고 주장하는 학자들도 있다. 즉, 구약의 선교론을 연구할 때 중요한 이슈는 구약에서 타문화 선교를 찾을 수 있느냐는 것이다. 이에 관해서 한(F. Hahn)과 겐시첸(Gensichen) 같은 학자는 구약에는 옛 언약의 신자들이 다른 사람들을 여호와 신앙으로 개종시키기 위해서 지리적, 종교적, 사회적인 국경을 건너도록 하나님에 의해 파송 받은 암시가 전혀 나타나지 않는다고 했다.[17] 허버트 캐인(J. Herbert Kane) 역시 구약에 나타난 하나님의 선교적 역할을 창조주, 통치자, 구속자 측면에서 포괄적으로 이해하면서 이스라엘의 선택의 의미와 구약의 선교 특징을 구심력으로만 이해하고 있다.[18]

---

16 선교(Mission)는 죄를 짓고 떠난 인간을 자신과 화목케 하시려는 하나님의 사역(the work of God)이다. 선교 사역(Missions)은 하나님의 사역 혹은 선교를 이루기 위해 헌신된 그리스도인들에 의해 동원되는 전략이나 계획들이다. mission이 신학적 개념을 지닌 용어라면 missions는 실천적 개념이다. 전도(Evangelism)는 복음을 선포하는 행위의 강조점을 둔다.
17 Bosch, 『변화하고 있는 선교』, 43.
18 J. Herbert Kane, *Christian Missions in Biblical Perspective* (Grand Rapids: Baker, 1976), 17-33.

조지 피터스(George W. Peters) 역시 구약을 구심력적 선교(centripetal mission), 신약을 원심력적 선교 (centrifugal mission)임을 주장하면서 이것을 하나의 그림으로 보여 주고 있다[19]

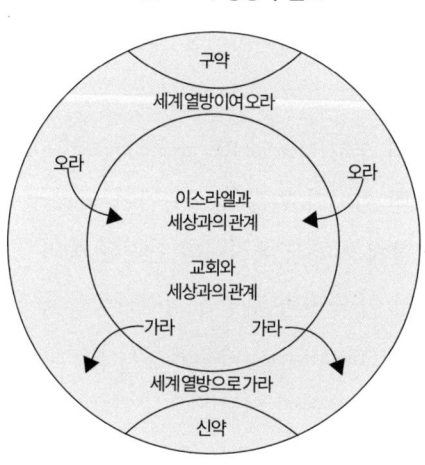

그림 3-1 . 성경의 선교

그러나 구약 선교의 특징은 이스라엘 백성들의 카다쉬(거룩)를 통한 구심력적 선교를 주로 사용하고 있으나 제한적으로 원심력적 선교도 나타남을 주시해야 한다. 즉, 아브라함이 가나안을 향해서 간 것이나, 모세가 이집트 속으로 들어간 것, 특히 요나가 니느웨로 간 것 등은 원심력적 선교의 좋은 예가 될 수 있다.

개혁주의 선교 신학자 바빙크(J. H. Bavinck)는 구약에는 외견상 선교 사상의 기초가 없는 것처럼 보이지만 구약을 자세히 연구하면 이방 나라의 장래와 전 세계에 대한 구원 계획이 하나님의 중요한 관심사임을 알 수 있다

---

19 George W. Peters, *A Biblical Theology of Missions,* 김성욱 역 『선교 성경 신학』(경기: 크리스찬출판사, 2004), 9.

고 했다.[20] 요한네스 버카일(Johannes Verkuyl)은 하나님 나라라는 관점에서 선교의 성경적 접근을 시도하면서 하나님의 주권을 철저히 인식하고 구약 성경의 선교를 다음과 같이 네 가지 선교 주제로 설명하고 있다.

첫째, 우주적 주제(Universal Motif)로서 하나님은 만유의 창조주이며 통치자로서 하나님의 주권 가운데 이스라엘을 선택하시고 그 선택은 열방을 위한 선택임을 주장한다.

둘째, 구원과 해방의 주제(Motif of Rescue and Liberation)로서 하나님은 이스라엘의 구속자이실 뿐 아니라 열방의 구원자가 되심을 알리는 것이다. 특히, 이사야서 40-55장에 기록된 메시아와 관련된 종의 노래를 근거로 하나님은 메시아를 통해서 이 구원과 해방을 성취하심을 주장한다.

셋째, 선교적인 주제(The Missionary Motif)로서 이스라엘을 선택하심은 열방을 위한 선교 도구로 사용하기 위함인데 구약에는 단지 소극적인 구심력적 선교만 있는 것이 아니라, 원심력적 선교도 있다고 했다.

넷째, 대립의 주제(Motif of Antagonism)로서 위에서 언급한 주제들이 끊임없이 도전을 받고 위협을 받지만, 하나님의 뜻은 성취되고 모든 대립의 세력들은 심판을 받게 된다는 것이다.[21]

구약에 나타난 하나님의 선교적 본질을 보편주의(universalism)와 특수주의(particularism)로 이해할 수 있다. 하나님의 보편주의란 하나님께서 이 땅의 모든 민족에게 관심을 가지고 계신다는 개념으로서 창조주 하나님은 창조 질서 전체와 긴밀한 관계를 갖고 계셔서 어떤 사람도 하나님의 관심에서 벗어나 있지 않음을 의미하는 것이다. 예를 들어, 노아의 홍수 이

---

20 J. H. Bavinck, *An Introduction to the Science of Missions* (Philadelphia: Presbyterian and Reformed Publishing Co., 1960), 11.

21 Johannes Verkuyl, *Contemporary Missiology* (Grand Rapids: Eerdmans, 1978), 89-96.

후 노아와 언약을 맺으실 때 이 언약은 '땅의 모든 생물'을 향한 것이었다(창 9:16). 바벨탑 사건에서 하나님의 관심은 '온 땅'이었으며(창 11:1), 특히 창세기 10장에 나타나는 열방들의 목록은 모든 민족이 하나님의 관심임을 보여 주고 있다.[22]

이 하나님의 보편주의가 아브라함과 이스라엘을 부르시면서 특수주의로 전환되고 있음을 알 수 있다. 구약에서 이스라엘을 선택하시고 하나님의 백성으로 삼아 주신 것은 사랑이 동인이요 이 사랑 가운데서 이스라엘은 열국을 섬기는 제사장 나라가 되었다. 그리고 하나님의 사랑은 예수 그리스도의 오심으로 절정을 이룬다.

1) 오경과 선교

모세오경은 언약 신학의 관점에서 이해하는 것이 오경의 선교를 폭넓고 체계적으로 이해할 수 있다고 본다. 이원옥은 시대에 따라 언약 안에서 통일성 있게 점진적으로 발전하는 선교 방법을 일곱 가지 패러다임으로 소개하기도 했다.[23] 필자는 오경에 나타난 선교를 증명하기 위해서 구속 언약이 지속해서 나타나는 창조 언약, 아담 언약, 노아 언약, 아브라함 언약, 모세 언약으로 나누어 각각의 언약에 나타난 선교 사상을 살펴보도록 하겠다.

---

22 이현모, 『현대 선교의 이해』, 58-59.
23 첫째, 창세기 1-11장 사이에 나타난 '하나님의 직접 선교' 패러다임.
    둘째, 창세기 12-50장 사이에 나타난 '족장들을 통한 선교' 패러다임.
    셋째, 모세 때부터 시작되는 백성의 대표인 '왕들을 통한 선교' 패러다임.
    넷째, 사무엘 때부터 시작되는 '선지자를 통한 선교' 패러다임.
    다섯째, '포로 시대 선교' 패러다임.
    여섯째, '예수님의 선교' 패러다임.
    일곱째, '제자들을 통한 선교' 패러다임.
    이원옥, "성경의 선교 패러다임", *Mission in the New Testament*, edited by William J. Larkin Jr, Joel F. Williams, 홍용표, 김성욱 역 『성경의 선교 신학』(서울:이레서원, 2001), 505-506.

(1) 창조 언약

창세기 1장부터 11장까지는 성경 전체의 서론이라고 할 수 있다. 창조의 절정은 인간 창조이다. 창조주 하나님은 사람을 자기의 형상을 따라 창조하셨다. 이 하나님의 형상은 선교의 궁극적인 목적을 나타낸다.

즉, 선교는 하나님 형상의 완전한 회복과 창조의 궁극적인 회복을 목적으로 한다는 것이다. 하나님의 형상으로 지음 받은 인간에 대한 하나님의 요구는 문화 명령(창 1:28)에 잘 나타나 있다. 인간이 타락한 후에도 여전히 하나님의 형상이라고 불리는 이유는 바로 이런 명령을 수행해야 할 본분이 타락한 인류에게 타락 이전과 같이 남아 있음을 의미한다.

존 칼빈(J. Calvin)은 그의『기독교 강요』에서 인간의 재능, 의지, 이성 등이 타락한 후 인간에게 완전히 상실된 것이 아니라 무지로 둘러싸여 있지만 남아 있다고 했다. 또한, 사회 질서 유지를 위한 제도들과 인간의 예술, 과학 능력은 성령의 일반 역사로서 하나님의 보통 은총이라고 말한다.[24]

(2) 아담 언약

인간의 타락은 선교의 절대적인 필요성을 보여 준다. 타락으로 말미암아 창조 언약은 구속 언약을 필요로 하게 되었다. 첫 구속 언약인 아담 언약은 전적으로 하나님에게서 시작된다. 하나님은 최초의 선교사로서 범죄한 인간을 찾아오셨다. 하나님은 타락한 인간을 멸하지 아니하시고 원시 복음(proto-evangelism)[25]을 통해 구속 언약을 세우셨다. 조지 피터스(George W. Peters)는 원시 복음에는 구원에 대한 다섯 가지가 포함되어 있음을 말하고 있다.

---

[24] John Calvin, *Institutes of the Christian Religion* Ⅰ, edited by John T. MacNeil (Philadelphia : Westminster Press, 1967), 51-69.
[25] "내가 너로 여자와 원수가 되게 하고 네 후손도 여자의 후손과 원수가 되게 하리니 여자의 후손은 네 머리를 상하게 할 것이요 너는 그의 발꿈치를 상하게 할 것이니라" (창 3:15).

첫째, 구원은 하나님께서 계획하신 것이다.

둘째, 구원은 원수인 사탄을 파괴한다. 그러므로 '악'은 인간과 전 세계에게 영원한 존재가 아니다. 하나님의 선하신 뜻이 반드시 승리하신다.

셋째, 구원은 전체적으로 인간에게 영향을 줄 것이다.

넷째, 구원은 유기적으로 인간과 관련된 중보자를 통해 완성될 것이다. 그는 여인의 후손으로 오신 하나님의 아들로서 참 하나님이시며 참사람이시다.

다섯째, 구원은 구세주의 고난으로 이루어지며 원수가 그의 발꿈치를 상하게 할 것이다.[26]

여자의 후손을 통한 구원의 암시는 구속 언약의 시작이다. 따라서 원시 복음은 최초의 선교사이신 하나님의 구속을 위한 최초의 선교 메시지가 된다.

(3) 노아 언약

노아 언약은 창조 언약의 회복이다. 하나님께서는 인간의 타락에도 자신의 창조 세계를 보존하신다. 이 언약은 하나님께서 세상과 맺은 언약이다. 노아 혼자나 노아와 셈만이 아니다. 그것은 야벳과 함도 포함되었다. 하나님은 '노아와 그 아들들에게' 언약을 맺었다(창 9:1). 노아의 후손으로 태어난 새 세대의 계보는 홍수 후에 하나님이 노아와 맺으신 새 언약의 결과로 형성되었다.[27]

---

26 Peters, 『선교 성경 신학』, 81-82.
27 Roger E. Hedlund, *Biblical Theology of Mission*, 송용조 역, 『성경적 선교 신학』(서울: 고려서원, 2005), 33.

이 언약에는 모든 열방이 포함된다.[28] 따라서 홍수 심판 후에 노아의 가족들을 통해서 번성하여 세운 나라들의 명단이 나타난 창세기 10장은 노아 언약의 성취가 된다. 이 명단에서 여호와 하나님은 자신이 각 족속과 방언과 민족의 하나님인 사실을 나타내셨다. 또한, 창세기 10장의 명단은 아브라함 언약과 연결될 수 있다. 창세기 12:3의 '땅의 모든 족속'은 아브라함 언약에서 축복의 대상이 누구인가를 밝혀주는 기능을 한다고 할 수 있다.

(4) 아브라함 언약

원시 복음(창 3:15)은 어두움과 절망을 헤쳐 나오는 하나의 조명이며 창세기 12장의 아브라함의 소명은 거룩하신 하나님의 구원 계획을 펼치시고 악을 정복하시려는 거룩한 대응 문화(counterculture)의 시작이다.[29] 아브라함 언약은 언약 중에서도 상당히 중요한 위치를 차지한다. 오경의 언약 신학을 아브라함 언약을 기준으로 전후로 나누어 생각할 수도 있다. 아브라함을 시작으로 '족장들의 선교'가 시작되었다. 아브라함 언약은 땅의 모든 족속이 받을 축복을 포함하고 있다. 하나님은 아브라함을 부르셔서 땅의 모든 족속이 복을 받게 하셨다. 창세기 12:1-3의 내용이 이를 증명하고 있다.

아브라함의 부름은 인간의 3가지 교만과 실패를 배경으로 시작한다.

첫째, 창세기 3장에 나오는 타락이다.

둘째, 창세기 6장에서 '하나님의 아들'이라는 신성한 칭호를 스스로 취해 그에 따른 특전들을 누리며 하나님이 정의를 위하여 세우신 국가라는 도구를 왜곡시키고 그들 자신의 정욕과 탐심을 위해 그 도구를 남용한 사건이다.

---

28 Peters, 『선교 성경 신학』, 83.
29 Peters, 『선교 성경 신학』, 87.

셋째, 창세기 11장에 나오는 바벨탑에서의 실패이다.[30]

창세기 12장 이후에는 아브라함과 언약을 세우시고 교만과 실패로 타락한 인간을 구원하시기 위한 하나님의 계획이 진행되고 있음을 보여 준다. 창세기 12:1-3에서 하나님은 아브라함을 부르시고 복을 주셨다. 그가 받은 복은 개인의 복만이 아니라 이방인에게 축복의 통로가 되는 복이었다. 아브라함 언약은 땅의 모든 족속이 받을 축복을 포함한다. 그러므로 아브라함이 받은 열방에 관한 복은 아브라함 언약의 선교적 성격과 목적을 분명히 보여 준다고 할 수 있다.

하나님께서 아브라함과 맺은 언약의 특징은 아브라함의 후손들이 이방인이 구원을 얻는 데 있어 하나님의 도구가 되는 역할과 책임을 갖는다는 것이다. 따라서 하나님께서 아브라함을 부르심은 구약에 나타난 첫 이방 선교의 명령이라고 볼 수 있다.[31] 월터 카이저(Walter Kaiser)는 아브라함과 그의 후손들이 그들의 시작 초기부터 선교사가 될 것이며 진리와 축복의 통로가 될 것이라고 말하였다.[32]

인간의 타락에도 하나님은 아브라함에게 은혜의 말씀을 다섯 번에 걸쳐 강조한다.

> 네게 복을 주리라.
> 너는 복의 근원이 될지라.
> 내가 네게 복을 주리라.

---

30 Walter Kaiser, "구약성경의 약속 중심의 선교," *Mission in the New Testament*, edited by William J. Larkin Jr, Joel F. Williams, 홍용표, 김성욱 역 『성경의 선교 신학』 (서울: 이레서원, 2001), 38.
31 김성욱, "구약 모세오경에 나타난 선교 메시지 연구,"「신학지남」통권 제289호 (2006), 207.
32 Walter Kaiser, "Israel's Missionary Call," in *Perspective on the World Christian Movement*, edited by Ralph D. Winter, Steven C. Hawthorne (Pasadena : William Carey Library, 1981), 28.

너를 축복하는 자에게 내가 복을 내리리라.
땅의 모든 족속이 너를 인하여 복을 얻을 것이니라.

이 말씀 중에서 주목할 단어는 '복을 주다' 또는 '복'이라는 말이다.[33] 하나님이 아브라함을 복 주시겠다고 하신 목적이 무엇인가? 아브라함과 그의 민족은 복의 근원이 되기 위해 복을 받기로 되어 있었다. 그러므로 하나님의 목적은 아브라함의 복이 이방인에게도 미치게 하는 것이었다.[34] 또한, 아브라함과의 언약이 영원한 언약이라는 점에 주목하는 일은 중요하다. 이 언약의 성취가 그의 아들 이삭에게서만 발견되는 것이 아니라 영원히 집행되어 갈 것이며 전 세기를 통해 믿음의 백성 모두에게 그 복이 확대될 것이다.[35] 아브라함의 영향력이 세계에 미친다는 약속이라고 할 수 있으니 실로 고귀하고 고상한 선교 교훈임이 틀림없다.

아브라함을 부르시고 그에게 복을 주심은 하나님의 백성이 되어 하나님으로부터 내려오는 복을 받음과 아울러 그 복을 세상에 전하는 봉사와 선교의 책임이 있음을 의미한다. 아브라함의 선택은 아브라함 자신만의 특권이 아니라 하나님의 구속 목적을 위한 섬김을 위한 것이며 하나님의 백성들은 특권과 함께 선교적 책임을 가진다.[36] 창세기 11장까지는 전 세계의 하나님, 즉 보편주의(universalism)가 기록되어 있다. 그러나 아브라함의 부름은 첫 선교의 명령으로서 아브라함을 통해서 이스라엘을 선택하시는 하나님은 특수주의(particularism)로 전환되어 나타난다.

---

33 Kaiser, "구약성경의 약속 중심의 선교", 38-39.
34 "이는 그리스도 예수 안에서 아브라함의 복이 이방인에게 미치게 하고 또 우리로 하여금 믿음으로 말미암아 성령의 약속을 받게 하려 함이라"(갈 3:14).
35 Thomas E. McComiskey, *The Covenants of Promise*, 김의원 역 『계약 신학과 약속』(서울: CLC, 1996), 11.
36 Roger Hedlund, *The Mission of the Church in the World: A Biblical Theology* (Grand Rapids: Baker Book House, 1991), 37.

창세기 12:1-3은 구약에서 가장 중요한 전환점을 보여 준다. 하나님께서 아브라함과 그의 자손, 이스라엘을 택하시고 부르시는 구절이다. 이 구절에서 하나님께서 아브라함을 부르시는 목적은 3절에 나타난다.

> 땅의 모든 족속이 너로 말미암아 복을 얻을 것이라(창 12:3).

하나님께서 아브라함을 선택하시고 그를 갈대아 우르에서 불러내신 목적은 그와 그의 자손을 통해서 세상의 모든 민족이 하나님께로 돌아오는 복을 누리도록 하려는 선교 목적이었다. 아브라함 언약의 선교 목적은 세 번 반복되어 나타나고[37] 그의 후손 이삭과 야곱에게도 거듭 언급되고 있다. 바울 사도 역시 아브라함 소명의 선교적 목적을 확인하고 있다.

> 또 하나님이 이방을 믿음으로 말미암아 의로 정하실 것을 성경이 미리 알고 먼저 아브라함에게 복음을 전하되 모든 이방인이 너로 말미암아 복을 받으리라 하였느니라(갈 3:8).[38]

아브라함을 선택하신 목적은 사명을 위한 것이다. 하나님은 이스라엘 민족 공동체를 선택하시고 그 자신을 이스라엘에게 현현하시고 이스라엘을 통해 열왕들에게 그 자신을 나타내신다. 하나님은 모든 족속에게 그 자신을 알리시기 위해 한 민족에게 그 자신을 계시하셨다. 이스라엘은 하나님의 선택의 뜻을 충족시켜 줄 전달 도구였던 것이다. 이에 대해서 존 바톤 페인(J. Barton Payne)은 이스라엘을 하나님의 백성으로 선택하신 이중 목적을 말한다.

---

[37] 창 12:1-3, 18:18-19, 22:15-18.
[38] 이현모, 『현대 선교의 이해』, 59-60.

첫째, 하나님을 영화롭게 하기 위함이다.

둘째, 잃은 영혼을 하나님께로 인도함과 동시에 이스라엘을 통해 메시아가 오시도록 준비하기 위한 수단으로 섬기기 위한 것이며 그러므로 이스라엘 선택의 참된 뜻은 하나님의 백성이 되는 특권과 함께 봉사와 섬김에 있다고 강조했다.[39]

또한, 칼빈은 아브라함 언약을 '구원의 언약'으로 해석하면서 구속사 속에서 하나님이 아브라함과 맺은 언약은 그리스도 안에 이루어질 든든한 구원의 언약임을 강조했다.[40]

(5) 모세 언약

모세는 구속사에서 특별한 위치를 차지한다. 그는 하나님의 언약에 있어서도 독특한 위치를 차지하였다. 로우리(H. H. Rowley)는 모세를 미디안을 떠나 포로된 이스라엘 민족에게로 나아가서 하나님을 선포한 성경에 나타나는 최초의 선교사라고 지적하기도 했다.[41] 또한, 그는 선지자의 원류이기도 하다. 사도들의 가르침이 예수님에게 뿌리를 둔 것처럼 선지자의 메시지는 모세 계시에 근거했다.[42] 모세는 하나님과 특별한 관계로 인해 존귀함을 받았다(민 12:6-8, 신 34:10-12).[43] 선지자 전통의 원류로서 모세는 누구보다 더 하나님의 영광스러운 자기 계시의 많은 부분을 보았던 사람이다.[44]

---

39   J. Barton Payne, *A Theology of the Old Testament* (Grand Rapids: Zondervan, 1973), 188.
40   John Calvin, *Commentary on the Book of Genesis* (Grand Rapids: Baker, 1975), 349.
41   이현모, 『현대 선교의 이해』, 61.
42   Willem A. VanGemeren, *Interpreting the Prophetic Word,* 김의원, 이명철 역 『예언서 연구』 (서울: 도서출판 엠마오, 1996), 44.
43   Edward J. Young, "Appendix: Extra-Biblical 'Prophecy' in the Ancient World," in My Servants the Prophets (Grand Rapids: Eerdmans, 1952), 38-55.
44   VanGemeren, 『예언서 연구』, 50.

모세는 시내 산 언약의 중보자였다. 모세 언약으로도 알려진 시내산 언약은 하나님이 거룩한 법의 재가를 통해 한 민족을 자신에게로 성별시킨 은혜와 약속의 경영이었다. 하나님은 그의 백성을 은혜로 다루셨고 그를 믿는 모든 자에게 그의 약속을 주셨고 그의 거룩한 법에 따라 살아가도록 그들을 성별하셨다. 하나님은 그의 백성과 함께하셨고 그들로 하여금 그의 특별한 통치를 받게 하셨다. 그 언약의 본질은 약속이었다.

> 세계가 다 내게 속하였나니 너희가 내 말을 잘 듣고 내 언약을 지키면 너희는 모든 민족 중에서 내 소유가 되겠고 너희가 내게 대하여 제사장 나라가 되며 거룩한 백성이 되리라 (출 19:5-6).[45]

하나님이 이스라엘을 택하신 목적은 이스라엘의 구원뿐 아니라 열국에 대하여 제사장 나라가 되게 하기 위함이다. 즉, 이스라엘은 '모든 민족 중에서 내 소유', '제사장 나라', '거룩한 백성'이 될 것이다. 이 세 가지는 모세 언약의 핵심이며 아브라함의 후손으로 언약 백성인 이스라엘의 특권과 책임을 분명하게 보여줌과 동시에 이스라엘의 정체성과 선교적 책임을 보여 주고 있다고 할 수 있다.

'내 소유'에서 소유라는 말은 히브리어 표기로 '세굴라'(Segulla)다. 이것은 귀중품 또는 부동산과는 달리 땅에 붙어 있지 않은 모든 종류와 갖고 다닐 수 있는 물건, 이를테면 보석, 주식, 채권 등을 의미한다.[46] '세굴라'는 보배로운 소유물이라는 의미로서 상위에 있는 당사자가 하위에 있는 당사자를 은혜로써 언약의 상대방으로 선정함을 나타내는 것이다. 즉, 하나님은 이스라엘을 하나님의 '세굴라'로 삼으시고 이스라엘은 하나님을 '자신의 하

---

45 VanGemeren, 『예언서 연구』, 47-48.
46 Kaiser, "구약성경의 약속 중심의 선교", 43.

나님'으로 작정하게 된 것이다. 하나님의 소유라는 말은 이스라엘이 하나님께 가장 소중한 사랑의 대상임을 나타내고 또한 그들은 열국 중에서 하나님의 소유로서 열국에 복음을 증거하는 백성임을 의미하는 것이다. 또한, 이것은 하나님과 이스라엘의 독특한 관계[47]를 보여 주고 있다.

'제사장 나라'라는 의미는 구약의 제사장 역할에서 찾을 수 있다. 제사장은 하나님의 성전에서 제사 드리는 일을 하고 백성들을 위해 중보 기도하고 백성들을 축복한다(민 6:24-26).[48] 제사장 나라가 된다는 것은 이스라엘 전체가 열방들에게 하나님의 나라를 위한 중재자적 역할을 해야 한다는 것이다.[49] 이 구절에서 신약의 유명한 만인 제사장 교리가 나오게 된다.[50] 이 표현은 하나님 백성의 제사장 사역과 선교적 소명을 보여 준다. 또한, 이스라엘은 세상을 위한 제사장 나라로 전 세계를 향한 하나님의 선교 도구이며 전 세계에 미치는 하나님의 축복의 통로가 되어야 한다는 의미가 있다.[51]

요한네스 블라우(Johannes Blauw)는 "제사장이 한 민족을 위해 세움을 받았듯이, 이스라엘은 한 민족으로서 세계를 위해 세움을 받았다"라고 말했다.[52]

'거룩한 백성'이란 말은 이스라엘 백성 자체가 거룩한 성품을 가졌다는 의미가 아니다. '거룩'은 '구별하다', '구분하다'는 뜻에서 유래한다. 즉, 이스라

---

47 Peters, 『선교 성경 신학』, 112.
48 교회에서 목사만 제사장이라는 생각은 버려야 한다. 구약 시대 때 제사장은 백성들이 가져온 제물을 가지고 백성의 죄를 대신 지고 지성소에 들어간다. 그러나 예수 그리스도께서 십자가에서 죽으심은 단번에 드린 영원한 제사가 된다. 그러므로 이제 제사장을 통해 하나님께 나아가는 것이 아니라 예수 이름으로 하나님께 나아가는 것이다. 목사와 성도의 차이는 기능상의 차이로 보아야 한다. 이때 성도는 능동적인 교회 생활을 하게 된다.
49 Peters, 『선교 성경 신학』, 112
50 "그러나 너희는 택하신 족속이요 왕 같은 제사장들이요 거룩한 나라요 그의 소유가 된 백성이니 이는 너희를 어두운 데서 불러내어 그의 기이한 빛에 들어가게 하신 이의 아름다운 덕을 선포하게 하려 하심이라"(벧전 2:9).
51 김성욱, "구약 모세오경에 나타난 선교 메시지 연구", 214.
52 Johannes Blauw, *The Missionary Nature of the Church* (New York: McGraw-Hill, 1963), 24.

엘은 세상에서 선택되었으며 구분된 나라라는 의미에서 거룩한 백성이라는 단어를 쓰게 된 것이다. 선택된 하나님의 소유로서 그리고 복음을 전파하는 제사장적 사명을 가진 이스라엘 백성을 '구별된 백성'으로 불러 주신 것이다. '거룩한 백성'으로서 이스라엘은 하나님의 뜻을 이루기 위한 삶의 목적을 지닌다.

이 말은 이 세상에서 하나님의 백성의 지위와 역할에 관한 의미를 가진다. 즉, '평범하거나 부패한 것에서 구별된', '하나님을 위해 특별히 분류된' 백성으로서 이스라엘은 열국 가운데서 선택된 백성임을 보여 주는 것이다. 또한, 거룩한 백성이라는 말에는 이스라엘 백성들이 여호와 하나님을 섬기는 예배와 봉사의 삶과 그리고 구속사 속에 있는 선교적 소명을 위해 구별된 백성이라는 의미를 담고 있다.[53]

모세가 받은 율법에서도 선교적 메시지가 등장한다. 율법은 하나님의 현현(자기 계시)의 수단이다. 이스라엘 백성이 열방 가운데서 언약의 율법을 따라서 하나님께 복종하고 살아가는 것이 하나님이 그들을 부르신 목적이다. 이스라엘이 언약의 율법에 순종하는 것은 하나님의 계시를 맡은 그들이 하나님의 계시가 없는 열방에 증거하는 방법이다. 이스라엘은 이방에 대해서 하나님 나라의 신실한 모델을 제시해야 한다.

오경의 선교를 언약적 관점에서 살펴보았다. 이스라엘은 자신의 삶 속에서 하나님을 반영할 뿐 아니라 이방에 하나님을 드러내어 세상을 섬기도록 선택되었다. 아더 글라서는 하나님의 백성으로서의 이스라엘의 선택은 하나님의 선교 목적을 위해 섬기는 존재가 되게 하기 위함이며 하나님의 구별해 택하심은 이스라엘의 선교적 역할을 보여 준다고 했다.[54]

---

53 김성욱, "구약 모세오경에 나타난 선교 메시지 연구", 215.
54 Arther Glasser, *Lectures on Old Testament Theology of Mission* (Pasadena: Fuller Theological Seminary, 1972), 5.

이스라엘은 이방 가운데 하나님을 대표하는 존재다. 선택에는 세상에 관한 섬김과 봉사라는 직무가 있다. 이스라엘은 하나님의 언약적 관계 속에서 이방을 비추는 도구였다.

2) 역사서와 선교

하나님의 구속 언약은 역사서에서도 계속 진행된다. 특히, 아브라함에게 약속하신 열방에 대한 구속 언약이 역사서에서는 몇몇 수혜자에게 두드러지게 나타나는 것을 볼 수 있다. 그들은 라합, 룻, 나아만을 들 수 있고, 특히 다윗에게서는 하나님이 아브라함과 맺으신 약속이 재현되고 있으며 솔로몬의 성전 봉헌 기도에 나타난 선교 사상은 역사서의 핵심이라고 할 수 있다.

하나님께서는 기생 출신 라합을 통해서 누구든지 하나님을 인정하고 그 통치를 순종하는 사람은 진정한 하나님의 백성이 될 수 있음을 계시해 주셨다. 다음은 이스라엘의 정탐꾼을 숨겨준 라합의 증언이다.

> 말하되 여호와께서 이 땅을 너희에게 주신 줄을 내가 아노라 우리가 너희를 심히 두려워하고 이 땅 주민들이 다 너희 앞에서 간담이 녹나니 이는 너희가 애굽에서 나올 때에 여호와께서 너희 앞에서 홍해 물을 마르게 하신 일과 너희가 요단 저쪽에 있는 아모리 사람의 두 왕 시혼과 옥에게 행한 일 곧 그들을 진멸시킨 일을 우리가 들었음이니라 우리가 듣자 곧 마음이 녹았고 너희로 말미암아 사람이 정신을 잃었나니 너희의 하나님 여호와는 위로는 하늘에서도 아래로는 땅에서도 하나님이시니라(수 2:9-11).

그녀의 신앙 고백은 "야웨는 하나님이시다"를 포함해서 메시아의 오심을 기대하는 것이었다. 이스라엘에게 땅을 주실 것을 약속하신 하나님은

메시아의 씨를 보낼 것을 약속하셨던 바로 그 하나님이셨다.[55]

다음으로 룻을 보면, 그녀는 초기 이스라엘의 위대한 왕의 증조모가 되었고 예수님의 조상이 되었다. 룻기서는 드라마에서의 장면처럼 각 장이 성경적인 일일연속극처럼 묘사되었다.[56] 과부가 된 룻은 시어머니 나오미를 따르겠다고 하면서 다음과 같이 말했다.

> 내게 어머니를 떠나며 어머니를 따르지 말고 돌아가라 강권하지 마옵소서 어머니께서 가시는 곳에 나도 가고 어머니께서 머무시는 곳에서 나도 머물겠나이다 어머니의 백성이 나의 백성이 되고 어머니의 하나님이 나의 하나님이 되시리니 어머니께서 죽으시는 곳에서 나도 죽어 거기 묻힐 것이라 만일 내가 죽는 일 외에 어머니를 떠나면 여호와께서 내게 벌을 내리시고 더 내리시기를 원하나이다(룻 1:16-17).

이방 여인 룻이 하나님의 은혜의 영역에 들어와서 계시의 진리를 체험하고 있음을 보여 준다. 하나님께서는 룻기에 나타난 룻이라는 모압 여인을 통해서 하나님의 구속이 이스라엘에만 국한된 것이 아니라는 사실을 확실하게 보여 주셨다.[57]

시리아 장군 나아만의 이야기는 이방인에게 미치는 하나님의 구속 역사에서 평신도에 의한 선교의 구약적 모델이라고 할 수 있다. 포로된 소녀의 이야기는 엘리사의 기적과 능력에 대한 것뿐 아니라 이 땅의 모든 종족을 포함하는 하나님의 계획에 대한 것을 내포하는 것이다. 치료받은 나아만은 열왕기하 5:15에서 "내가 이제 이스라엘 외에는 온 천하에 신이 없는 줄을

---

[55] David Philbek, "구약에서 하나님의 개별 이방인 은혜 수여," *Mission in the New Testament,* edited by William J. Larkin Jr, Joel F. Williams, 홍용표, 김성욱 역 『성경의 선교 신학』 (서울: 이레서원, 2001), 54-55.
[56] Ray Bakke, *A theology as big as the city* (Ivp, 1997), 56.
[57] David H. Haward, *Old Testament Historical Books,* 류근상 역 『구약 역사서 개관』 (고양: 크리스찬출판사, 2001), 170.

아나이다"라고 말했다. 이에 대해 월터 메이어 3세(Walter Maier III)는 다음과 같이 말한다.

> 시리아의 신들은 여호와보다 우수하나 나아만을 고칠 수는 없었다. 그는 이 신들에 대한 믿음을 가졌고 그 가르침을 받았던 것으로 보인다. 그러나 그는 "이 신은 거짓 신이다. 그 신들은 거짓 신들이다. 그 신들은 참 신들이 아니다. 그 신들은 사실상 존재하지 않는다"라는 것을 알았다. 그래서 이제 그는 시리아의 신들만큼 다른 나라의 신들도 확실히 의존하고 있었던 것이다. 여호와는 그를 구원했다. 여호와는 존재한다. 참으로 여호와는 온 땅의 유일하신 하나님이시다.[58]

나아만은 이스라엘의 주님이신 하나님이 구별된 사역을 통해 자신을 고치셨음을 철저히 확신했음이 분명하다.[59]

라합, 룻, 나아만의 사례는 창세기 12:1-3에 아브라함과 맺으신 열방에 대한 약속의 실현이라는 관점에서 이해하는 것이 중요하다. 이방에 대한 구속 언약의 연속성을 보여 주고 있음을 알 수 있다.

다윗에게 주어진 구속 언약 역시 놓칠 수 없는 부분이다. 다윗은 주를 위해 집을 짓고자 할 때 하나님으로부터 계시를 받았다. 그 내용은 다윗이 여호와를 위해 전을 지을 수 없고 오히려 여호와께서 그를 위해 집을 이루시리라고 말씀하신 것이었다. 다윗이 짓고자 원했던 하나님의 집은 성전이었다. 반면 하나님께서 다윗을 위해 이루실 집은 왕조였다. 그는 이 작업이 자기 자손에 의해 성취되리라는 언질을 받았다.

---

58 Philbek, "구약에서 하나님의 개별 이방인 은혜 수여", 61.
59 Philbek, "구약에서 하나님의 개별 이방인 은혜 수여", 61.

따라서 이 약속은 다윗을 좇아 나며 그가 이룩한 왕국을 통치하게 될 열왕의 혈통을 완전하게 보장하는 것이었다.[60] 다윗에게 주어진 약속을 보면 아브라함의 약속과 유사함을 발견하게 된다.

즉, 다윗은 아브라함과 마찬가지로 그의 이름이 존귀하게 되리라는 약속을 받았고(삼하 7:9, 창 12:2), 민족이 자기 땅에 정착하리라는 약속이 주어졌으며(삼하 7:10, 창 12:7), 열왕이 그로부터 태어날 것과(삼하 7:12-16, 창 17:6,16), 하나님은 이스라엘의 하나님이 되시며 그들은 그의 백성이 된다는 것이다(삼하 7:24, 창 17:7-8). 다윗과 맺으신 약속은 다윗에게만 국한된 것이 아니다. 다윗의 왕조는 인류와의 관계를 맺고 있다. 또한, 다윗의 혈통으로 오시는 메시아에 대한 예언적 선언을 우리에게 제공하고 있다.[61]

역사서에서 이방 선교에 대한 구속 언약의 핵심적인 사상은 솔로몬의 성전 봉헌 기도에서 나타난다. 솔로몬은 아버지 다윗이 이루지 못한 성전 건축을 완성했다. 솔로몬은 성전을 건축한 후 이스라엘 회중 앞에서 이렇게 기도했다.

> 주의 백성 이스라엘에 속하지 않은 이방인에게 대하여도 그들이 주의 큰 이름과 능한 손과 펴신 팔을 위하여 먼 지방에서 와서 이 성전을 향하여 기도하거든 주는 계신 곳 곧 하늘에서 들으시고 모든 이방인이 주께 부르짖는 대로 이루사 땅의 만민이 주의 이름을 알고 주의 백성 이스라엘처럼 경외하게 하시오며 또 내가 건축한 이 성전을 주의 이름으로 일컫는 줄을 알게 하옵소서(대하 6:32-33).

이 기도에 나타난 솔로몬의 성전에 대한 태도나 기능은 성전이 이스라엘에게만 허용된 것이 아니라 이방인에게도 개방될 수 있음을 암시해 준다.[62]

60　McComiskey, 『계약 신학과 약속』, 16.
61　McComiskey, 『계약 신학과 약속』, 19.
62　신현수, "「성전」개념을 중심으로 본 선교적 교회론 연구" (철학 박사학위, 총신대학교,

그레엄 골즈워디(Graeme Goldsworthy)는 솔로몬의 성전 봉헌 기도에 나타난 이방인들에 대해서 다음과 같이 말한다.

> 이방인들에 대한 약속까지도 여기에 초점이 되고 있는데, 그 까닭은 바로 이 성전에서 외국인들도 하나님께 열납됨을 허락받을 수 있기 때문이다.
> 그리고 성전은 모든 열방에게 하나님께서 이스라엘에 계시며 그분께서 계시하신 이름을 통해 그분을 만날 수 있으며 그분의 이름으로 이 성전이 일컬어지는 것임을 증거한다.[63]

조지 피터스(George W. Peters)는 "솔로몬이 그의 백성을 위해 기도하는 중에 성령에 이끌려 성전에 이방인들이 출입하게 될 것을 예견하게 되었고 그의 간구에 이방인이 포함되었는데 이는 그들에게 하나님의 임재에 들어가는 문이 열리게 하는 것이었다"[64]라고 말했다. 결국, 솔로몬은 그의 기도에서 선교적 의도를 언급한 것이다. 솔로몬은 다시 그의 백성들의 필요를 열거하면서 여호와께 간구하였다. 열왕기상 8:60에 "이에 세상 만민에게 여호와께서만 하나님이시고 그 외에는 없는 줄을 알게 하시기를 원하노라"라는 이 말씀은 성전의 선교적 의미를 보여 주는 것이라고 할 수 있으며 열방 구원에 대한 아브라함 언약을 상기시켜 주고 있다.

2010), 88.
63 Graeme Goldsworthy, *According to plan*, 김영철 역 『복음과 하나님의 계획』 (서울: 성서 유니온, 1994), 252.
64 Peters, 『선교 성경 신학』, 117.

3) 시편과 선교

시편에 나타난 선교 사상은 하나님의 영광과 주권이 세계적임을 보여 준다(시편 2, 22, 47, 67, 72, 96편 등). 조지 피터스는 시편 전체에 175회 이상 세상 열국에 대한 선교적 언급들이 나타난다고 했다.[65] 원시 복음에 나타난 구속 언약이 아브라함에게서 절정에 이르고 그 아브라함의 열방 구원에 대한 언약이 시편에 고스란히 나타나 있다고 할 수 있다. 열방에 관한 선교적 언급은 시편 이곳저곳에 나온다. 시편 2편을 살펴보면 다음과 같다. 인간의 타락과 반역(시 2:1-3), 하나님의 주권과 통치(시 2:4-6), 열방에 대한 선교(시 2:7-9)를 말하고 있다.

특히, 시편 2장 7-9은 메시아 장으로서 히브리서 1:5과 요한계시록 2:27에 인용, 요약되었으며 선교적 의미를 지니고 있다. 이어서 순종(시 2:10-12)을 요구하시는 하나님의 모습이 나타나 있다. 이제 열방은 유일한 희망의 빛을 받았다. "여호와께 피하는 모든 사람은 다 복이 있도다"(시 2:12)라고 시편 기자는 노래하고 있다. 이것은 은혜로운 초대다.[66]

시편 22:27에서도 열방에 관한 선교적 언급이 나타난다. 다윗은 "땅의 모든 끝이 여호와를 기억하고 돌아오며 모든 나라의 모든 족속이 주의 앞에 예배하리니"라고 선언한다. 이 말씀에는 하나님의 우주적 통치에 관한 인식뿐 아니라 아브라함에게 주신 언약(창 12:3)과 연결되고 선교의 대사명을 예견하는 선교적 비전이 있다.

특별히 시편 67편은 선교학자들이 주목하는 시이다. 이 67편은 창세기 12:1-3, 출애굽기 19:4-6과 함께 구약의 3대 선교 본문이기도 하다. 67편에는 주요한 특징들이 나타난다.

---

65 Peters, 『선교 성경 신학』, 116.
66 Rogre E. Hedlund, *Mission to Man in the Bible* (Madras : Evangelical Literature Service, 1985), 80.

첫째, 이 시는 민수기 6:24-26에 있는 아론의 축도에서 나온 것이다.
둘째, 시편 기자는 여호와(주님)라는 말 대신에 엘로힘(하나님)이라는 말을 사용한다. 엘로힘이라는 이름은 모든 사람, 민족, 피조물에 관한 하나님의 관계를 말할 때 사용되는 이름이다.
셋째, "주의 도를 땅 위에, 주의 구원을 모든 나라에게 알리소서"(시 67:2)라는 말씀인데 이것은 창세기 12:3과 일치한다. 하나님이 아론과 제사장들을 통해 주신 것을 모든 민족에게 적용하신 것이다.[67]

따라서 시편 67편은 모든 민족에게 복의 근원이 될 것이라는 아브라함 언약에 초점이 맞춰져 있다고 볼 수 있다. 그리고 시편 67편은 "하나님이 우리에게 복을 주시리니 땅의 모든 끝이 하나님을 경외하리로다"(시 67:7)라는 말씀으로 하나님의 보편성을 강조하며 결론을 맺고 있다.

시편에는 메시아 대망 사상 역시 담겨 있다. 대표적인 메시아 시로는 시편 72편과 110편이 있다. 72편은 메시아의 이상적 통치와 그를 섬기기 위해서 열방이 그에게로 나아올 것을 보여 준다. 솔로몬은 인간이 세운 제국을 능가하는 한 왕국을 묘사하고 있다. 그 나라는 압박과 강포가 그치며 공의와 의로움이 번창할 것이고 절대적인 의의 통치가 행해질 것이다. 이 왕은 가난한 자, 궁핍한 자, 약한 자, 도움이 필요한 자 그리고 압박받는 자를 옹호할 것이다.

시편 기자는 여기서 대망의 메시아를 묘사하고 있다. 후에 유대인들과 초대 교회는 이 시편을 메시아에 대한 묘사로 보았다. 이 시는 온 열방을 축복하고 여호와의 영광으로 온 땅에 충만하게 할 참으로 우주적인 현상으로서 땅 위에 하나님의 왕국이 궁극적으로 도래하기를 고대하고 있다.[68]

---

67 Kaiser, "구약성경의 약속 중심의 선교", 46.
68 Roger E. Hedlund, *Mission to Man in the Bible,* 송용조 역 『성경적 선교 신학』 (고려서원, 1990), 140.

시편 110편은 이방 살렘 왕이요, 지극히 높으신 하나님의 제사장이며 참되고 의로운 열방의 대표자 멜기세덱과 메시아를 연결하고 있다. 멜기세덱은 제사장이다. 그는 이교도가 아니고 아론을 계승하는 유대인 제사장보다 훨씬 먼저 세움을 받았으며 아브라함의 부름과는 별도로 부름을 받았고 오히려 아브라함에 대한 부르심보다 우월한 한 분 하나님의 제사장이었다.[69] 또한, 멜기세덱은 제사장 겸 왕이다. 이 겸직을 통해 멜기세덱은 온 인류의 왕이요, 지극히 높은 제사장이신 그리스도를 예표한다.[70]

시편에 나타난 선교를 고찰하는 가운데 발견할 수 있는 시편의 선교 사상 특징은 선교의 주체는 하나님이시고, 선교의 범위는 온 세상, 선교대상은 열방의 모든 민족 그리고 선교의 결과는 구원과 감사, 찬양과 복을 누림이라고 요약할 수 있다.

4) 선지서와 선교

선지서는 세 부류로 나눌 수 있다. 포로 전기의 선지자들(오바댜, 요나, 나훔, 요엘, 아모스, 호세아, 이사야, 미가, 스바냐, 하박국)과 포로기의 선지자들(예레미야, 에스겔, 다니엘) 그리고 포로 후기의 선지자들(학개, 스가랴, 말라기)이다. 선지자는 하나님의 대사가 되도록 뚜렷한 소명을 받은 하나님의 대언자였다. 그들의 메시지는 선지자의 특성, 당시의 상황, 백성들의 필요, 계시 내용 등에 따라 달랐다. 그리고 선지자들은 하나님의 계획에 대해 증언하도록 성령에 의해 강권되었다.

그러나 선지자들은 각각의 독특한 입장에서 말했고 하나님의 계획에 관해 그 나름의 독특한 시각을 제공했다. 선지서는 그 역사적 상황과 선지자

---

69 Hedlund, 『성경적 선교 신학』, 139.
70 Hedlund, 『성경적 선교 신학』, 139.

의 심리 상태, 배경, 백성들의 반응, 그 계시가 특별히 강조하고자 하는 초점 때문에 독특성을 지니게 되고 따라서 다양한 빛깔의 계시 모자이크를 만드는 데 공헌한다.[71]

선지자들은 비상시에 하나님의 대언자가 된다. 이런 선지자 가운데 모세는 원류에 속한다.[72] 선지자들은 제사장, 왕, 지파와 지역 지도자들(장로, 방백, 귀인들) 외에 하나님이 언약 공동체를 이끄는 데 사용한 신권 정치의 관리 계급을 형성한다. 제사장이나 왕과 같이 선지자들도 그의 왕국의 수호자로 봉사하도록 하나님에 의해 부름을 받고 선택되었다.

선지서에는 구약성경 안에서 이방인들에 대한 선교 사상이 가장 잘 소개되고 있다. 하나님의 보내심과 선지자직과의 연관성에 관한 표현이 자주 나타나는 것이 이를 증명한다. 하나님은 예레미야에게 그가 어디로 보냄을 받든지 가야 할 것을 명령하신다(렘 1:7). 그래서 예레미야는 자신의 사역 기간 내내 여호와께서 자신을 보내셨다는 것과 거짓 선지자들은 여호와께로부터 보냄 받지 않았음을 나타내야 했다.

에스겔 선지자도 "열국 사람이 나를 여호와인 줄 알리라"(겔 36:23)라는 말씀을 전하며 하나님의 선교적 목적을 보여 주고 있다.[73] 특히, 하박국 2:14은 "이는 물이 바다를 덮음같이 여호와의 영광을 인정하는 것이 세상에 가득함이니라"라는 세계 복음화의 아름다운 비전을 제시하고 있다.[74]

아모스는 이스라엘과 유다를 향한 대언이 아닌 이방 민족이었던 다메섹을 향해 대언하기도 했다. 이것은 하나님께서 그의 종들과 선지자들을 이스라엘 역사를 통해 계속적으로 보내신다는 선지서의 특징으로써 구약의 원심력적 선교를 발견할 수 있다.

---

71 VanGemeren, 『예언서 연구』, 71.
72 VanGemeren, 『예언서 연구』, 44.
73 이현모, 『현대 선교의 이해』, 66.
74 이현모, 『현대 선교의 이해』, 66.

하나님의 이방 민족을 구원하시려는 원심력적 선교의 뚜렷한 의지가 가장 잘 나타난 성경이 요나서다. 하나님께서 요나에게 니느웨로 갈 것을 명령하셨지만 요나는 불순종했고 하나님은 그를 물고기 뱃속으로 넣으시고 결국 니느웨로 보내셨다. 이방 지역으로 가지 않으려는 요나를 강제로 보내신 것은 "이 큰 성읍 니느웨에는 좌우를 분변하지 못하는 자가 십이만여 명이요 가축도 많이 있나니 내가 어찌 아끼지 아니하겠느냐 하시니라" (욘 4:11)는 말씀처럼 하나님께서 이방 민족들을 향한 사랑이 크시다는 것을 보여 주는 것이다. 요나서는 구약의 도시 선교 모델을 다루면서 자세히 살펴볼 수 있을 것이다.

특별히 선지서에서 우리의 주목을 끄는 것은 이사야의 '이방인의 빛'이라고 불리는 사상이다. 이 사상은 하나님의 열방에 대한 구속 언약의 절정을 보여 준다고 볼 수 있다. 또한, 이스라엘 백성이 '주의 종'으로서 사명을 지니고 있다는 것이 이사야 42:1-9, 49:1-13, 50:4-11, 52:13-53:12에 '종의 노래'에 나타나 있다. '주의 종'이라는 사상은 이사야서의 기본 사상 중의 하나다. 구약성경 전반에 흐르고 있는 주제가 열방에 관한 하나님의 관심인데, 이사야서에는 하나님의 관심이 '이방인의 빛' 그리고 '주의 종'이라는 사상에서 더욱 증폭되어 나타난다고 할 수 있다.

이스라엘에 대한 여호와의 열심이 포로기에도 지속되었다. 이사야는 이스라엘과 유다의 경건한 남은 자가 여호와에 대한 충성으로 결속되기를 권고했다. 그리고 남은 자에게 사명이 주어지는 데 있다.

첫째, 그들은 민족적 이스라엘이 하나님의 새 은혜와 회복과 새 공동체에 참여하도록 그들을 불러야 했다(사 49:5-6).

둘째, 그들은 하나님의 계시와 구속의 빛을 열방에 전해야 했다[75]는 것이다.

이스라엘이 능동적이든, 수동적이든 증인이 되어야 한다는 의무는 출애굽기 19:4-6의 메시지나 아브라함과 맺은 언약(창 12:1-3)에서 볼 수 있다.[76] 종은 민족들과 이방인들의 빛이 되어야 한다. '종'으로서 이스라엘은 열방의 빛이 되기 위해 부름 받았다. 이는 아브라함을 통해 조성된 "땅의 모든 족속이 너로 말미암아 복을 얻을 것이니라"는 약속의 응답이었다.[77]

이스라엘 백성이 이방인을 섬기는 봉사자로 소명 받은 것을 보여 주는 대표적인 성경 본문은 이사야 40장에서 55장에 나타나는데 여기서 하나님의 선교적 소명은 세 가지 방법으로 이루어질 것을 보여 주고 있다.

첫째, 이스라엘 백성들이 하나님의 말씀과 하나님의 성품대로 생활함으로써 이방을 시온의 하나님께로 인도하는 빛이 되는 것이다.

둘째, 이스라엘이 포로 되었고 하나님께 잊혀진 존재처럼 되어 있지만 하나님께서 놀라운 방법으로 이들을 다시 회복시키심으로 이방이 하나님의 위대함을 발견하고 경배하게 되리라는 것이다.

셋째, 이스라엘이 여호와 하나님만이 유일하신 하나님이시며 그분께만 경배와 영광과 존귀를 돌려야 함을 이방인들에게 선포함으로써 선교를 이루는 것이다.[78] 구체적으로 이사야 42:1-4, 42:6, 49:6은 이스라엘이 이방인

---

75 VanGemeren, 『예언서 연구』, 479-480.
76 David Philbek, "이스라엘의 소명인 이방을 위한 빛" *Mission in the New Testament,* edited by William J. Larkin Jr, Joel F. Williams, 홍용표, 김성욱 역 『성경의 선교 신학』 (서울: 이레서원, 2001), 74.
77 Philbek, "이스라엘의 소명인 이방을 위한 빛," 77.
78 이현모, 『현대 선교의 이해』, 63. 이사야 40-55장에 나오는 '종의 노래'는 구약성경의 선교의 정점이라고 할 수 있다.
그럼 종은 누구인가?

을 섬기는 봉사자로 소명을 받았음을 보여 주고 있다.

이사야 42:1-4에서 종은 열방을 위해 적극적인 선교의 사명을 서약할 것이라고 말하고 있다. 이사야 42:6과 49:6에서는 '이방의 빛'이란 말이 나온다. 종의 역할은 이방인에게 빛을 비추는 것이다. 특히, 이사야 49:6은 구약의 대위임령이라고 불린다.[79] 여기서 종은 하나님이 주신 구원을 열방에 전하라는 명령을 받는다.

> 내가 또 너를 이방의 빛으로 삼아 나의 구원을 베풀어서 땅끝까지 이르게 하리라(사 49:6).

종은 이스라엘에 대해 메시지를 전달하기도 하지만 이보다 더 중요한 것은 세상에 대한 선교이다. 사도행전 13:47에서 "주께서 이같이 우리에게 명하시되 내가 너를 이방의 빛으로 삼아 너로 땅끝까지 구원하게 하리라"라고 사도 바울이 이사야의 문장을 인용해 만방에 선언한 이유가 바로 구약 하나님의 의도를 전한 것이다.[80]

이스라엘은 이교도들과 그 나라들에 대해 능동적인 선교사가 되어야 했다. 이스라엘의 능동적 선교 사역에 대해서 42장과 49장의 '종의 노래'에 강하게 나타나 있다. 종으로서 이스라엘은 각 족속을 이스라엘을 중심으로 모이게 하는 수동적인 구심력적 선교 원리에 머물지 않아야 하며 이스라엘은 종교적

즉, 집단적 의미로 해석하느냐 개인적 의미로 해석하느냐에 따라서 해석이 달라진다.
첫째, 집단적 의미에서의 종은 이스라엘을 의미한다. 즉 아브라함의 후손으로 선교적 공동체로 부름 받은 민족이며 곧 이스라엘을 말한다. 종은 아브라함의 후손으로 여호와를 섬기기 위해 땅 끝에서부터 부름을 받은 이스라엘이다. 이 종은 소경이요 귀머거리이다. 이 종은 불순종하고 믿음이 없으나 여호와께서 구속하였고 그의 증인으로 택함 받았다.
둘째, 개인적 의미에서 장차 오실 메시아이다. 이는 선교를 친히 구현하실 분이심을 의미하며 곧 예수 그리스도이심을 말한다.
조귀삼, 『복음주의 선교 신학』(경기: 세계로미디어, 2013), 75-76.

79 Hedlund, 『성경적 선교 신학』, 184.
80 Philbek, "이스라엘의 소명인 이방을 위한 빛", 81.

인 가르침을 이끌어야 하며 때로는 각 나라에 공의를 전해야 했다.[81]

구약의 구심력적 선교와는 달리 종의 노래에서는 원심력적 선교를 찾아볼 수 있다. 원심력적 선교의 개념은 신약 교회 시대에 이르러 완전히 이해할 수 있지만 종의 노래에서도 그 개념을 발견할 수 있다.[82] 구원은 유대인에게만 국한되지 않는다. 복음주의 선지자로서 이사야는 이방인도 구원의 수혜자임을 증언하고 있다.

특히, 이사야서의 마지막 장인 66장은 원심력적 선교의 미래를 보여 주면서 마무리하고 있음도 주목해야 한다. 즉, 이사야 66:18-19에서는 다음과 같이 말한다.

> 내가 그들의 행위와 사상을 아노라 때가 이르면 뭇 나라와 언어가 다른 민족들을 모으리니 그들이 와서 나의 영광을 볼 것이며 내가 그들 가운데에서 징조를 세워서 그들 가운데에서 도피한 자를 여러 나라 곧 다시스와 뿔과 활을 당기는 룻과 및 두발과 야완과 또 나의 명성을 듣지도 못하고 나의 영광을 보지도 못한 먼 섬들로 보내리니 그들이 나의 영광을 뭇 나라에 전파하리라 (사 66:18-19).

이곳에서 '도피한 자'가 누구인지는 정확히 알 수 없다. 그러나 그들이 디아스포라가 되어 있던 유대인이든지 이방인 중 개종한 자이든 간에 이들이 보냄을 받아 '먼 섬' 즉 타문화권으로 가서 하나님의 영광을 선포하게 되리라는 것이다. 구약의 선교는 주로 구심력적 선교로서 이스라엘에 이방이 와서 여호와에 대하여 보고 듣는 방식이었지만 이곳에서는 원심력적 선교가 이루어질 것을 명시하고 있다.[83]

---

81 Philbek, "이스라엘의 소명인 이방을 위한 빛," 83.
82 Hedlund, 『성경적 선교 신학』, 188.
83 이현모, 『현대 선교의 이해』, 63-64.

3. 구약의 도시 선교

구약성경이 열방을 향한 하나님의 구속 언약으로 그 맥을 이어오고 있음을 살펴보았다. 이런 하나님의 구속 언약은 특히 도시에서 나타나고 있다. 그러므로 여기에서 구약에서 말하는 도시는 어떤 의미가 있으며 하나님의 구체적인 도시 사랑에 관해서 그 실례를 들어 살펴보고자 한다.

1) 도시 용어 이해

도시는 많은 이름을 가지고 있다. 수메르의 설형문자에서는 우루(uru), 아카드어는 아루(aru), 히타이트어로는 하피라스(happiras)였다. 고대 히브리어에서는 이르(ir)라고 불렸고 헬라어로는 폴리스(polis)라고 한다.[84] 이르(ir)는 일반적으로 도시(city)로 번역된다.[85] 고대 근동의 촌락이나 도시의 크기를 현대의 도시화된 세계와 비교할 수는 없다.[86] 고대 근동의 도시들은 상대적으로 작았기 때문이다. 도시는 5에이커에서 10에이커에 해당하는 규모였다. 1에이커에 240명이 거주한다면 고대 근동의 도시들의 인구는 1,000명에서 3,000명 정도였을 것이다.[87]

또한, 도시라는 용어의 히브리어 용법에는 특이한 것이 있다. 영어 성경과는 달리 히브리어에는 도시(city)보다 작은 인구를 가진 지역을 나타내는 읍(town)같은 단어가 없다. 성경은 단순히 큰 도시라고 말한다.[88]

84　Conn & Ortiz, *Urban Ministry*, 83.
85　John Goldingay, *Old Testament Theology : Israel's Life* (Ivp, 2009), 478.
86　Goldingay, *Old Testament Theology : Israel's Life,* 478.
87　Conn & Ortiz, *Urban Ministry,* 83.
88　Conn & Ortiz, *Urban Ministry*, 83

2) 도시 의미

구약에서 도시는 단순히 크기만을 의미하지 않는다. 도시의 크기는 힘과 권력을 상징하기도 했다. 고대 근동에서 촌락과 대립하는 것으로써 도시를 만드는 것은 요새화된 보호자의 역할이었다. 도시가 단순히 인구 밀도나 규모를 의미하는 것이 아님을 알 수 있다. 잘 방비된 도시는 전쟁 시에 나라 백성을 위한 피난처가 될 수 있었다.[89] 또한, 도시는 성지였다. 고대 도시가 종교와 밀접하게 관련되어 있었기 때문에 도시의 거리에서는 신들과 인간이 공동체를 이루어 살았다.

(1) 하나님의 의도(계획)를 나타내는 도시

창세기 1:28은 이른바 문화 명령으로 불린다. 즉, 세상에서 우리의 일을 수행함으로써 세상에 하나님의 일을 나타내라는 소명이다. 하비 콘(Harvie M. Conn)은 문화 명령을 도시 명령이라고 부를 수도 있다고 했다.[90] 땅을 채우고 다스리고 정복하기 위한 아담과 하와에게 주어진 문화 명령은 도시를 세우라는 명령이다.[91] 에덴동산 바깥에 있는 인류의 미래는 도시에서 전개될 것이다. 창세기의 동산 이미지는 다른 곳에서는 도시의 이미지가 된다. 성경은 정원에서 시작하여 도시에서 끝난다.[92] 에덴동산을 흐르는 강은 시편 46:5에서 '하나님의 성'을 흐르는 것으로 묘사된다. 에덴에 대한 암시는 요한계시록의 새 예루살렘에서 다시 나타난다.

> 거룩한 성 새 예루살렘이 하나님께로부터 하늘에서 내려오니(계 21:2).

89　Goldingay, *Old Testament Theology : Israel's Life*, 479.
90　Conn & Ortiz, *Urban Ministry*, 87.
91　Harvie M. Conn, "Genesis as Urban Prologue," in Discipling the City, edited by Roger S. Greenway (Baker Book House ; Wipe&Stock, 1997), 15.
92　Conn, "Genesis as Urban Prologue", 14.

이 성지 도시에는 에덴의 강이 있으며, 강의 양쪽의 둑에는 여러 생명 나무들이 "만국을 치료하기 위해" 늘어서 있다(계 22:1-2).

아담과 하와의 타락이 도시에 대한 하나님의 관심을 바꾸지 못했다. 죄로 말미암아 하나님이 도시에 대해 갖고 계셨던 목적이 왜곡되었음에도 도시는 여전히 반역의 표지이면서 은혜의 표지이고 일반 저주 아래 있는 모든 것을 보존하는 은혜의 표지다.[93]

하나님께서는 도시에서 선교적 의도를 갖고 계셨다. 그래서 이스라엘을 선택하셨고 이스라엘은 도시 왕국들 가운데에서 독특한 백성으로서 그 역할을 수행할 수 있었다. 이스라엘의 소명은 열방 가운데 하나님을 나타내는 것이었다. 제사장이 백성을 위해 존재하듯이 이스라엘은 세상을 위해 존재했다.[94] 이스라엘의 선교 과제는 독특한 방법으로 수행될 것이다. 예루살렘에 나타난 하나님의 영광의 구심력으로 세상의 민족이 거룩한 도시에 끌려올 것이다(사 2:2-4).

궁극적으로 이방인 도시들은 예루살렘의 메시아 잔치에 참여하기 위해 순례해 올 것이다. 예루살렘을 건설하는 일을 도왔던 두로의 히람, 성을 재건했던 바사의 고레스는 앞으로 새로운 시민들이 될 사람들을 나타내는 선구자들이었다. 미래의 예루살렘에는 라합과 바벨론, 블레셋과 두로와 구스가 살게 될 것이다(시 87:4-5; 사 56:3-8). 애굽과 앗수르가 이스라엘과 함께 하나님을 예배할 것이며(사 19:24), 블레셋이 유다의 한 지도자 같이 될 것이다(슥 9:7).[95]

---

93 Conn & Ortiz, *Urban Ministry*, 87.
94 Conn & Ortiz, *Urban Ministry*, 90.
95 Conn & Ortiz, *Urban Ministry*, 91.

(2) 종교와 도시

최초의 도시 형태는 도시 국가 형태다. 국가의 수도가 따로 없었다. 주변에 시골이 둘러싸여 있는 한 도시가 있을 뿐이었다. 그 도시와 군주가 국가였다.[96] 성경은 지상의 최초의 도시가 가족과 더불어 등장하는 것으로 기록하고 있다(창 4:17).

그렇다면 도시와 마을을 구분하는 기준이 무엇인가?

그것은 권력이다. 그리고 도시 국가에서 권력이 핵심적으로 표현되는 것은 종교였다. 고대의 에리두, 우르, 수메르, 우루크 등에서 대지나 작은 언덕에 정교한 성전이 세워져 있었음이 이를 증명한다. 그것은 훗날 등장한 피라미드 모양을 한 지구라트 탑(ziggurat tower)의 선조가 되었다. 이 성전은 도시 생활의 중심지였다.[97] 이처럼 도시와 종교는 긴밀하게 연결되어 있었다.

하나님의 계시에 대한 반응은 종교다. 이 반응은 하나님께 반항하거나 순종하거나 둘 중의 하나의 태도를 취하게 된다. 그래서 로버트 린티컴(Robert C. Linthicum)은 "구약에서 도시에 대해 갖고 있는 핵심적 가정은 도시가 여호와와 바알 간의 전쟁터라는 것이다"라고 말했다.[98]

하나님은 약속의 하나님이시다. 역사 속에 계시 된 하나님은 이스라엘을 선택하셨다. 선택의 목적은 봉사이고 이것이 실행되지 않을 때 선택은 그 의미를 상실한다. 이스라엘은 그들 가운데 있는 소외된 자들인 고아, 과부, 가난한 자들과 나그네를 섬겨야 했다. 그러나 이스라엘은 그들을 섬기지 않았고 열방을 여호와 신앙으로 초청하지도 않았다.[99] 구약의 도시는 하나

---

96 Giorgio Buccellati, *Cities and Nations of Ancient Syria* (Rome: Instituto di Studi del Vicino Oriento, University di Roma, 1967), 12-15.
97 Conn & Ortiz, *Urban Ministry*, 50-51.
98 Robert C. Linthicum, *City of God, City of Satan : A Biblical Theology of the Urban Church*, (Grand Rapids, Mich.: Zondervan, 1991), 27.
99 Bosch, 『변화하고 있는 선교』, 45-46.

님의 계획이 실현되는 곳이었다. 그러나 우상 숭배, 혼합주의로 인해 타락하고 하나님의 의도와 전혀 다른 도시가 되어 버렸다. 그럼에도 하나님께서는 자신의 선지자들을 부르시고 그들에게 도시에 대한 자신의 사랑과 관심을 보이시며 도시 구원의 사명을 부여하셨다.

3) 구약에 나타난 도시 선교의 실례

성경은 도시를 무대로 쓰인 도시의 책이다. 최초의 도시 흔적은 창세기 4:17[100]에 나오는 '에녹성'이다. 에녹성은 가인이 동생 아벨을 죽이고 하나님 앞을 떠나 나와서 세운 최초의 성이다. 가인은 하나님의 능력 앞에서 떠나려 했고 그 결과 하나의 도시를 건설했다. 그는 하나님의 에덴을 자신의 도시로 대체했다.

B.C. 2,000년경 아브라함이 거주하던 갈대아 우르도 25만여 명의 인구가 살았다.[101] 갈대아 우르는 고대 문명의 발상지로서 농경 문화를 배경으로 하고 있다. 철기 시대에는 금속 용구의 사용과 운하 계통의 확대로 인해 도시의 면적이 더욱 확대되기도 하였다. 고대 니느웨는 한 번 돌아보는데 사흘이나 걸릴 정도로 거대한 도시였다.[102] 느브갓네살 왕 시대에 바벨론은 수도 시설까지 갖추고 11마일에 이르는 성벽으로 둘러싸인 거대한 도시로서 19세기 말까지 필적할 만한 도시가 없었다.

하나님께서는 이스라엘 백성들의 반역과 불순종에도 세계 선교의 뜻을 그들을 통해 이루고자 하셨다. 범죄한 도시임에도 포기하지 않으시고 끊임없이 자신의 종들을 보내셔서 회개하고 돌아오기를 기다리시는 도시인들

---

[100] 아내와 동침하매 그가 임신하여 에녹을 낳은지라 가인이 성을 쌓고 그의 아들의 이름으로 성을 이름하여 에녹이라 하니라.
[101] Linthicum, *City of God, City of Satan*, 21.
[102] "니느웨는 사흘 동안 걸을 만큼 하나님 앞에 큰 성읍이더라"(요나서 3:3).

에 관한 하나님의 사랑이 구약성경 전체를 통해 나타나고 있다. 그중에서 요나, 예레미야, 느헤미야를 통한 하나님의 도시 사랑과 선교를 살펴보도록 하겠다.

(1) 요나와 니느웨

구약의 도시 선교를 언급할 때 빼놓을 수 없는 책이 요나서다. 요나서를 구약의 유일한 타문화권 선교의 책이라고 보기도 한다.[103] 요나는 앗시리아 수도 니느웨 백성에게 하나님의 경고 말씀을 선포하도록 하나님께 택함 받고, 부름 받고 파송 받은 선지자였다. 요나 1:1-3에 보면 기록되어 있다.

> 여호와의 말씀이 아밋대의 아들 요나에게 임하니라 이르시되 너는 일어나 저 큰 성읍 니느웨로 가서 그것을 향하여 외치라 그 악독이 내 앞에 상달되었음이니라 하시니라 그러나 요나가 여호와의 얼굴을 피하려고 일어나 다시스로 도망하려 하여 욥바로 내려갔더니 마침 다시스로 가는 배를 만난지라 여호와의 얼굴을 피하여 그들과 함께 다시스로 가려고 배삯을 주고 배에 올랐더라(욘 1:1-3).

도시 선교의 성경적 모델 가운데 가장 주목할 인물이 바로 요나다. 요나서에 대해 로저 그린웨이는 '패망한 도시들을 위한 소망'을 주고 있는 책이라고 했다.[104]

요나서는 전체가 선교 메시지다. 여기에는 구약 시대에 열방을 향해 나아가는 원심력적 선교의 말씀이 나타나 있다. 요나가 파송 받은 지역인 니느웨는 거대한 도시였을 뿐만 아니라 강력한 제국의 수도요, 1,500년이나 지속된 전통적 도시였으며 가인이 에녹 성을 세운 이후 지상에서 가장 아

---

103 이현모, 『현대 선교의 이해』, 64.
104 Roger S. Greenway, *Apostles to the City : Biblical Strategies for Urban Missions* (Grand Rapids : Baker Book House, 1978), 15.

름다운 도시로도 유명했다. 군사적으로는 난공불락의 성으로 외성벽의 길이가 96킬로미터나 되었으며 내성벽의 높이가 30.5미터나 되었다. 왕궁을 건축하는데 1만 명의 노예가 12년이나 걸렸다고 한다.[105]

그러나 그 아름다움과 권력에도 니느웨는 하나님의 심판에 직면해 있었다. 왜냐하면, 니느웨의 부와 풍요는 압제와 전쟁, 약탈에 의해 얻어진 것이었기 때문이다. 이에 대해 선지자 나훔은 나훔 3:4에서 니느웨를 열국의 배신자요 음행의 도시라고 말했다. 우상과 폭력이 난무하는 '피의 도성'이었다. 따라서 니느웨의 가장 심각한 문제는 죄악의 문제였다. 그러나 하나님은 이런 니느웨를 포기하지 않으시고 자신의 종을 보내셔서 구원하고자 하셨던 것이다.

그러나 요나는 하나님의 말씀을 순종하는 대신 이 신성한 선교 사명을 망각하고 이기적이고 편협한 선민 사상을 갖고 은금이 풍부한 제련소가 있는 다시스로 도망가고 있었다. 다시스는 현재 스페인의 한 도시로 여겨진다. 니느웨가 당시의 사람들이 알고 있었던 동쪽의 끝자락이라면 다시스는 반대로 서쪽의 끝자락이었다.[106] 하나님의 보편적 사랑에 대한 우주적 계획과 이방에 대한 구속 언약에 대해 요나는 편협한 민족주의적 사고를 갖고 불순종했던 것이다.

또한, 요나의 불순종에서 그의 반선교적 태도를 볼 수 있다. 니느웨는 이방이고 이방은 지옥의 땔감으로 심판의 대상인데 왜 이들에게 회개의 메시지를 전해야 하는지 요나는 내키지 않았고 회피하고 싶었던 것이다. 하나님은 이방도 회개하고 구원받기를 원하시며 이스라엘이 이 선교적 사명을 감당하기를 원하셨다. 하지만 이스라엘은 이방을 선교의 대상으로 보지 않고 오직 자신들의 선민 특권을 증빙해 주는 심판의 대상으로만 보

---

[105] Greenway, *Apostles to the City : Biblical Strategies for Urban Missions,* 19.
[106] A Jith Fernando, *God's Concern for a City : Jonah's Call to Nineveh* (IVP, 1989), 118.

고 있었다.[107]

선택은 직무를 감당하기 위함인데 이방의 빛이 되어야 한다는 직무에 관해 요나는 불순종과 민족주의적 사고를 가지고 있었던 것이다. 하나님은 불순종한 요나가 큰 물고기 뱃속에서 고통 중 회개하자 구원하시고 본래의 사명에 충실하도록 그를 다시 사역자로 세우셨다.

요나서는 도시 선교의 관점에서 매우 중요하다. 요나는 구약 시대에 이방으로 선교하러 간 유대인이었다. 비록 마지 못해 행하기는 했어도 요나는 구약의 원심력적 선교의 좋은 모델이 된다. 하나님은 니느웨에 은혜를 베푸시기 위해 요나를 보내셨다. 요나를 통한 하나님의 사역이 도시 선교에 주는 통찰력에 관해서 그린웨이는 다음과 같이 언급한다.

첫째, 하나님에 관한 우리의 이해이다. 이교도 도시이며 죄악이 가득한 니느웨의 회개를 기다리시는 하나님의 마음을 바로 배워야 한다.
둘째, 예언자적 소명에 관한 이해이다.
셋째, 선지자를 활용하시는 하나님의 섭리이다.
넷째, 선교 전략적 교훈이다. 니느웨는 앗수르의 대표적 도시다. 하나님께서 작은 도시보다 대도시를 통해 선교하시는 모델을 배울 수 있다.[108]

또한, 요나서를 통해 도시의 죄악이 팽배하다고 해도 하나님은 도시를 포기하지 않으신다는 것을 볼 수 있다. 하나님의 도시 사랑은 변함이 없으시다. 현대 도시 사회는 죄악으로 관영한 사회다. 그래서 "말세야 말세야"라는 말을 자주 한다. 그러나 교회와 그리스도인들은 죄악된 도시 니느웨를 사랑하신 하나님께서 우리가 사는 도시 역시 사랑하고 계심을 알고 도덕적 삶의 자

---

107 이현모, 『현대 선교의 이해』, 65-66.
108 Greenway, *Apostles to the City : Biblical Strategies for Urban Missions*, 24-27.

세와 복음을 전함으로 도시 변혁에 앞장 서야겠다. 도시에 관한 하나님의 구속사적 선교를 충분히 이해하고 도시에 관한 선교를 수행해야 할 것이다.

(2) 예레미야와 바벨론

예레미야는 예레미야 1:5에서 자신이 '열방의 선지자'로 부름 받았음을 증언하고 있다. 예레미야서에는 구심적, 원심적 선교가 모두 나타나 있다.[109]

> 그때에 예루살렘이 그들에게 여호와의 보좌라 일컬음이 되며 모든 백성이 그리로 모이리니 곧 여호와의 이름으로 말미암아 예루살렘에 모이고 다시는 그들의 악한 마음의 완악한 대로 그들이 행하지 아니할 것이며(렘 3:17).

> 이 성읍이 세계 열방 앞에서 나의 기쁜 이름이 될 것이며 찬송과 영광이 될 것이요 그들은 내가 이 백성에게 베푼 모든 복을 들을 것이요 내가 이 성읍에 베푼 모든 복과 모든 평안으로 말미암아 두려워하며 떨리라(렘 33:9).

예레미야와 바벨론의 상관성을 보면 현대 우리가 사는 지역에서의 도시 선교에 대한 통찰력을 얻을 수 있다.

하나님께서는 이스라엘이 죄로 인해 이방의 도시로 포로되어 잡혀가도록 하셨다. 그렇지만 아브라함과 모세를 잇는 구속 언약에 나타난 이스라엘 백성들의 선택에 관한 직무가 사라진 것이 아니었다. 이스라엘의 역할이 중지된 것도 아니었다. 그들이 포로되어 잡혀간 땅, 즉 바벨론은 사악하고 우상 숭배하는 도시였고 끝내 훼파될 곳이었다. 그러나 이스라엘 백성들의 사명은 그 도시를 탈출하거나 침울한 자세로 앉아 있는 것이 아니었

---

109 Walter Kaiser, "요나와 다른 예언자들의 증언에 나타난 하나님의 열방 구원 선포" *Mission in the New Testament,* edited by William J. Larkin Jr, Joel F. Williams, 홍용표, 김성욱 역 『성경의 선교 신학』 (서울: 이레서원, 2001), 89.

다. 그들은 집을 짓고 농원을 가꾸고 결혼하고 자녀를 낳아야 했다. 즉, 그들이 포로된 도시의 샬롬을 추구하는 것이 하나님의 준엄한 명령이셨다.

이스라엘 백성들이 바벨론의 생활에 적응하는 것을 의미했다. 바벨론에서 하나님의 백성들은 그 도시의 샬롬 속에서 그들 자신의 샬롬을 발견하게 될 것이기에 그 도시의 백성들과 동일시하도록 훈련을 받았다. 그들은 따로 구별된 백성이 되도록 부름을 받았으나 그들의 선별의 질은 동일시하는 가운데 빛을 발해야 했다.

육신을 입고 이 땅에 오신 샬롬의 왕처럼 이스라엘 백성도 세상에 있으나 세상에 속하지 아니하고 세상의 짐을 함께 져야 하되 세상의 죄에는 함께 참여하지 말아야 했다.

더 중요한 이스라엘 백성들의 사명이 있었다. 구심력적으로 이스라엘 백성들은 구별된 삶을 통해 바벨론에서 선교 사명을 감당해야 할 뿐만 아니라 원심력적으로 전해야 할 메시지를 가지고 있었다. 샬롬은 행위로 실행되어야 했고 말로서 전해져야 했다. 특별히 예레미야는 사로잡혀간 도시에 대한 기도를 강조한다. 예레미야 29:7에 보면 "너희는 내가 사로잡혀가게 한 그 성읍의 평안을 구하고 그를 위하여 여호와께 기도하라 이는 그 성읍이 평안함으로 너희도 평안할 것임이라"라고 기록되어 있다.

도시를 위한 기도는 도시의 평화와 복지에 거슬러 대항하는 모든 적대적 세력에 대한 성전이다. 기도를 통해서 하나님의 백성들은 자신들을 악한 자들로부터 구별 짓는다. 도시를 위한 기도는 선교적 기도로서 도시에 그리스도의 통치권이 확립되도록 탄원하는 것이 된다.

오늘날의 도시 교회가 실행해야만 하는 도시 선교의 모델을 예레미야는 보여 주고 있다. 즉, 지교회가 위치한 지역과 동떨어진 지역에 목회자가 거주하면서 지역과의 상관성을 고려하지 않는 사역은 삼가야 한다. 교회는 지역 교회(local church)이다. 따라서 지역 사회를 외면하고 고립된 섬으로 존재할 수 없다.

도시 교회의 도시 선교 전략은 지교회가 지역 사회에 온전히 성육신해 샬롬을 구하는 데서부터 출발해야 한다. 이것은 필자가 전략 부분에서 다룰 상황화된 성육신적 선교 전략의 중요한 부분이다. 지교회가 지역 사회에 적응하지 않고서는 어떤 선교 전략도 펼칠 수가 없다. 지역 사회의 상황에 온전히 성육신하는 사역이 도시 선교에서 필수적 요소이다.

(3) 느헤미야와 예루살렘

느헤미야는 하가랴의 아들이다. 바사 왕 아닥사스다(Artaxerxes) I 세의 수산 궁에서 술을 따르는 일을 맡은 관원으로서 영향력 있는 지위에 있었던 사람이다. 그는 B.C. 444년, 친척 하나니로부터 예루살렘의 유대인들이 겪고 있는 참상을 전해 듣고 슬퍼하며 수심에 찬 얼굴로 왕의 허락을 받아 총독의 자격으로 예루살렘에 가게 되고 하나님의 백성으로서 율법에의 충실과 예루살렘 성벽의 재건을 위해 백성들과 함께했던 사람이다.

느헤미야를 통해서 도시 갱신이라는 변혁을 만나게 된다.[110] 느헤미야 8장을 보면 바벨론의 포로에서 돌아온 이스라엘 백성들이 예루살렘 성전 수문에 모인 상황에 대해 기록하고 있다. 바벨론 포로에서 돌아온 이들은 황폐하고 폐허가 된 상황에 직면했다. 느헤미야의 예루살렘 귀환은 에스라가 귀환한 지 13년 스룹바벨이 백성을 이끌고 귀환한 이후 94년이 되는 때였다. 당시 예루살렘의 상황을 성경은 다음과 같이 증언하고 있다.

> 성벽이 다 무너졌고 성문은 불탔더라(느 2:13).[111]

---

110 Greenway, *Apostles to the City : Biblical Strategies for Urban Missions*, 43.
111 김남식, "도시 선교의 신학적 이해," 22.

여기에서 느헤미야의 도시 갱신을 위한 영적 리더십[112]이 나타난다. 그는 황폐한 도시에 관해 새로운 갱신을 도모했는데 물질적인 도움만이 아니라 영적 원동력을 공급하는 데 노력하였다. 영적인 기반을 세우기 위해서는 영적 쇄신이 일어나야만 한다는 것이다. 느헤미야는 무너진 성벽만을 수축하는 것이 아니라 나라의 파멸을 가져오는 부패를 예방해 줄 영적 기반을 세우기 위해서 도덕적, 종교적 개혁을 이루어야 한다는 것을 깨달았다.[113]

그래서 에스라가 모세의 율법을 가져다가 예루살렘의 시민들에게 낭독하라고 요청 받은 것이다. 7년마다 사람들에게 공개적으로 성경을 낭독해 주는 것은 모세 율법에서 요구되는 것이었다(신 31:9-13). 그러나 바벨론 포로 기간에는 관행이 지켜지지 않았다. 그래서 예루살렘의 도시인들은 말씀을 듣기를 갈망했다. 이러할 때 에스라가 하나님의 말씀을 그들의 언어와 문화로 번역해서 낭독하자 백성들은 하나님의 말씀에 대한 경의를 표하는 행동으로 일어섰다.

느헤미야와 에스라의 목표는 하나님 말씀에 따라 유대인 사회를 전면적으로 개조하는 것이었다. 도시의 개조는 낭독되고 설명되고 이해되고 적용된 성경을 통해서 성취될 수 있었다. 느헤미야 8:12에 보면 "모든 백성이 곧 가서 먹고 마시며 나누어 주고 크게 즐거워하니 이는 그들이 그 읽어 들려준 말을 밝히 앎이라"라고 말한다. 느헤미야의 의도는 하나님의 율법에

---

[112] 임경철은 느헤미야의 리더십에 대하여 1. 관심과 사랑이 있는 리더십 2. 민족의 죄를 자신의 죄로 동일시하는 기도하는 리더십 3. 비전을 가지고 미래를 내다보는 리더십 4. 기도하며 비전의 성취의 기회를 기다릴 줄 아는 리더십 5. 비전의 성취를 위해 기도하면서 계획하는 리더십 6. 비전의 성취를 위해 구체적 계획을 세우는 리더십 7. 비전의 성취를 위해 동기부여하는 리더십 8. 비전을 팀웍과 분담으로 성취하는 리더십 9. 대적들을 믿음으로 극복하는 리더십 10. 조직화를 통해 비전이 안전하게 정착하게 하는 리더십 11. 공동체를 말씀으로 개혁하고 갱신하는 리더십 12. 공동체를 행정적 재조직하는 리더십 13. 성취된 비전을 인해 하나님께 영광 돌림을 말한다. 임경철, "느헤미야 리더십 연구" 「신학지남」 통권 제293호 (2007), 199-224.

[113] Greenway, *Apostles to the City : Biblical Strategies for Urban Missions*, 5.

대한 참된 지식을 유포하는 것이었다. 왜냐하면, 사람들은 율법의 온전한 메시지를 듣고 이해할 때 떨고 즐거워하고 쇄신될 것이기 때문이다. 느헤미야는 말씀을 통한 영적 쇄신에 우선권을 두고 있다.

교회의 부흥을 위해 여러 가지 프로그램을 시도하고 있는 교회와 도시 사역자들은 말씀 사역에 우선권을 둔 느헤미야의 도시 선교 사역을 배워야 한다. 말씀을 통한 영적 쇄신이 일어나야 도시인들의 인격과 삶 그리고 세계관을 변화시킬 수 있음을 기억해야 한다.

말씀을 통한 영적 갱신의 모델을 보여 준 느헤미야는 오늘날의 침체된 도시 선교와 목회의 현장에서 다시 한번 말씀으로 인한 영적 갱신이 일어나기를 간절히 기대하게 한다.

4. 신약의 선교

신약은 예수 그리스도의 탄생을 시작으로 새로운 선교의 시대를 열고 있다. 복음서는 선교에서 전해야 할 핵심 내용을 보여 주고, 사도행전은 선교 역사의 모델을 제시하며, 서신서는 대부분 초기 선교사들이 선교 활동 중에 기록한 것들이다.[114]

도날드 시니어(Donald Senior)와 캐롤 스툴뮐러(Carroll Stuhlmueller)는 신약의 중심이 선교라고 지적했다.[115] 신약의 선교는 구약과는 달리 원심력적 선교가 주로 사용되고 있음을 보게 된다. 성육신의 원리가 이를 증명한다. 사도 요한은 그의 복음서에서 이를 증거하고 있다(요 1:1, 4, 14). 성육신의 원리는 본서의 핵심이며 오늘날 선교에서도 결코 빠질 수 없는 선교의 기

---

114 이현모, 『현대 선교의 이해』, 67.
115 Donald Senior & Carroll Stuhlmueller, *The Biblical Foundations for Mission* (Maryknoll: Orbis Books, 1983), 4.

본 원칙이기도 하다.[116]

예수님의 사역을 위임(commission)받은 사도들의 행적도 원심력적 선교를 보여 준다. A.D. 33년 예루살렘에서 시작된 복음은 500년까지 로마 제국 내에 편만하게 증거되었다. "모든 길은 로마로 통한다"는 말이 있다. 초대 교회 예수님의 제자들은 로마가 만들어 놓은 이 길을 따라서 처음 예루살렘에서부터 로마 전역을 선교지로 삼아서 확장해 나갔다. 이것은 신약의 도시 선교를 위한 중요한 통로가 되기도 하였다. 예를 들어, 바울 사도는 이방인의 사도로서 이 길을 통해 로마의 도시들을 하나씩 복음으로 점령해 나갔다.[117]

그러므로 신약에서는 본격적인 원심력적 선교와 도시 선교가 진행된다고 볼 수 있다. 예루살렘과 안디옥 등 많은 도시가 소개되고 있고 특히 신약에서 도시 선교의 모델이라 할 수 있는 바울 사도의 도시 선교는 소아시아 안디옥에서부터 로마에 이르기까지 그 범위가 광대하다.

필자는 여기에서 복음서에 나타난 예수님의 도시 선교, 사도행전에 나타난 도시 선교 그리고 바울의 도시 선교 여행을 추적할 것이다.

1) 박해 중의 복음의 생명력

신약 시대 예수님과 사도들이 활동하던 때는 피와 땀과 고통이 있었던 순교의 역사라고 말할 수 있다. 사도행전에 나타난 기독교의 전파 과정을 보면 박해와 성장이 반복됨을 발견할 수 있다. 즉, 스데반의 순교를 필두로 야고보의 참수, 베드로의 거꾸로 달린 십자가에서의 죽음, 바울의 순교 등으로 이어진다. A.D. 64년 네로 황제가 로마를 불태운 후 기독교인들은 박

---

116 이현모, 『현대 선교의 이해』, 68-69.
117 조귀삼, 『복음주의 선교 신학』, 107.

해의 최우선 순위가 되었다.[118]

아우구스투스(B.C. 27-A.D. 14), 티베리우스(A.D. 14-37), 갈리굴라(A.D. 37-41), 글라우디오(A.D. 41-54), 네로(A.D. 54-68), 베스파시안(A.D. 69-79), 티투스(A.D. 79-81), 도미티안(A.D. 81-96) 황제 등에 의한 박해가 지속해서 진행되었다.[119] 그러나 이런 정치적 박해 중에도 하나님의 구속을 위한 선교 사역이 계속되었고 복음은 그 자체의 생명력으로 인해 계속 번져 나갔다.

로마 제국은 예수와 유대인 교회를 박해한 국가이며 콘스탄티누스 황제 때에 박해가 끝나고 기독교가 로마의 국가 종교가 되었음에도 이방 종교 사상, 철학, 미신들이 국가와 결합해 참된 신앙을 가진 성도들을 박해했다.

또 다른 박해의 시작이라고 할 수 있었다. 그러나 복음을 말살하려는 정치적 박해와 압박에도 하나님께서는 로마 제국을 통해 그분의 뜻을 이루셨다. 알렉산더 대왕이 공용어로 만든 헬라어로 신약성경이 기록되었고 로마가 지중해와 유럽을 지배함으로써 로마 시민권을 가진 신약의 위대한 선교사 바울과 그 외의 다른 복음 전파자가 무역과 군사 목적으로 만들어진 전 세계로 통하는 로마의 길들을 통해서 복음을 수송했다.

이것을 보아 구약의 선교가 구심력적이요, 제한적 원심력적 선교인 반면에 신약의 선교는 대부분이 원심력적 선교로 진행됨을 볼 수 있다. 특히, 이 박해의 시대에 기독교가 생명력 있게 로마 제국 내에서 급성장하게 되었는데 그 원인에 대해 루스 터커(Ruth A. Tucker)는 복음 전도자의 복음 전파와 가르침, 개인적인 신앙의 간증, 열심 있는 선행, 죽음을 두려워하지 않는 담대한 믿음과 초기 기독교 변증가들의 논리적인 신앙 변증 등을 꼽

---

118 조귀삼, 『복음주의 선교 신학』, 111.
119 박용규, 『초대 교회사』(서울: 총신대학교출판부, 1995), 69-77, Eusebius Pamphilus, *The Ecclesiastical History*, 엄성욱 역 『유세비우스의 교회사』(서울: 도서출판 은성, 1995), 42-156.

았다.[120] 그리고 주목할 것은 생명력을 가진 복음은 예수님의 부활 이후 더 큰 인구 중심지로 이동해 가기 시작하였다.

2) 신약의 도시

신약 선교의 가장 큰 특징이며 변화는 선교가 도시를 기반으로 하고 있다는 것이다. 메소포타미아의 가장 단순한 도시 제도들은 기본적으로 농업에 기반을 둔 경제 공동체였으며 도시와 그 주변의 촌락들이 상호 의존되어 있었다. 도시는 이층제도(a two-tiered system)의 중심이었다. 촌락은 도시 주위의 두 번째 층이었다. 이런 도시-촌락들은 매우 작은 영역을 지배했다.[121]

이 이층제도가 확대되면서 그것은 이웃에 있는 다른 도시-촌락들을 침해하기 시작했다. 마찰이 생기면서 경쟁하거나 권력 동맹을 맺거나 전쟁을 하게 되었다. 아브라함이 네 왕과 싸우기 위해서 평원의 다섯 왕과 동맹한 것이 메소포타미아의 권력 정치의 한 모범이다.[122]

도시-촌락 제도가 확대되면서 이층 구조가 3층 도시 동맹으로 바뀌었다. 즉, 한 중심 도시가 여러 개의 도시-촌락을 연결해서 다스리는 제도다. 이렇게 도시가 지역적으로 확대되면서 도시의 역할은 넓어진 군사적, 정치적 기지를 다스리는 행정으로 바뀌었다. 도시-촌락은 도시에 기반을 둘 뿐만 아니라 또한 세습 군주제를 통해 지역을 지배하는 대규모 국가로 바뀌었다. 한 도시에서 통치자가 작은 지역을 지배하는 초기의 도시는 결국 이런 변화의 과정을 거쳐 제국이 되었다.[123]

---

120 Ruth A. Tucker, *From Jerusalem to Irian Jaya,* (Grand Rapids, MI: Academie Books, 1983), 26.
121 Frank Frick, "Cities : An Overview," in the Oxford Encyclopedia of Archaeology in the Near East, vol 2, edited by Eric M. Meyers (New York : Oxford University Press, 1997), 15
122 Conn & Ortiz, *Urban Ministry*, 117.
123 Conn & Ortiz, *Urban Ministry*, 117.

이 유형이 신약의 도시 배경에도 그대로 나타난다. 정복을 공고히 하고 그리스의 영향력을 확대하기 위해 알렉산더와 그의 후계자들은 새로운 도시들을 건설하고 기존의 도시들을 재건했다. 그 후 여러 세기 동안 헬라화는 도시화와 긴밀하게 연결되었다. 도시들은 식민 제도 내에서 지역 행정 중심지들이 되었다.

그리스 제도 위에 만들어진 로마의 주들은 이런 기본 유형들을 그대로 따랐다. 왕들은 군주제에서 로마제국이 임명하는 이름뿐인 통치자가 되었다. 또 그 뒤에는 총독으로 이루어진 명목상의 로마 정부와 분봉왕들이 있었다. 마태복음 2:1에 "헤롯 왕 때에 예수께서 유대 베들레헴에서…"라고 했는데, 예수님은 로마인들이 임명하고 후원하는 그리스 이름을 가진 이두매 왕이 다스리는 유대인 왕국에 태어나신 것이다.[124]

도시와 촌락은 통합된 전체다. 신약 시대의 도시와 촌락은 긴밀하게 연결되어 있었고 그로 인해 도시에서 촌락으로 촌락에서 도시로 복음이 전해질 수 있었다.

그러므로 신약시대 사회는 이미 도촌 분리론이 아닌 도촌 연속론의 사회라고 볼 수 있으며 예수님과 사도들이 활동하던 당시에는 이미 도시화가 이루어져 있었다고 보아도 될 것이다.

예를 들어, 예수님이 태어나신 나사렛은 오늘날의 기준으로 보면 촌락이라고 부를 수 있는 곳이다. 예수님이 나사렛 회당에서 배척받으신 후 가서 사셨던 가버나움도 인구가 1만 2,000명에서 1만 5,000명 정도에 불과했다. 그러나 복음서에서 이 지역들은 도시로 지칭되고 있다. 이 도시들이 위치했던 갈릴리 지방을 보자. 갈릴리 지방은 헤롯 안티파스가 통치할 동안 약 750제곱마일의 면적에 약 20만 명의 인구가 살고 있었다. 특히, 갈릴리 저지대는 로

---

[124] Conn & Ortiz, *Urban Ministry*, 118.

마 제국 전체에서 인구 밀도가 가장 높은 지역 가운데 하나였다.[125]

로마의 도로망이 이 지역에 연결되어 있었기 때문에 갈릴리 저지대는 그 지역 전체의 교역과 여행의 중심지 역할을 했다고 볼 수 있다. 즉, 갈릴리는 예수님 당시 도시화를 통해 헬라화된 모습을 보여 준다. 갈릴리에서의 삶은 로마 제국의 어떤 다른 곳에서 사는 것처럼 도시화되고 도시적이었다. 그러므로 예수님이 도시를 배경으로 사역하셨다는 것을 충분히 짐작하게 된다.

3) 복음서를 통해 본 예수님의 도시 선교

복음서에는 예수님의 다양한 선교 주제가 저자의 독특한 관점에서 나타난다. 마태복음과 마가복음, 누가복음 그리고 요한복음에 나타난 예수님의 도시 선교를 살펴보도록 하겠다.

(1) 마태복음과 예수님의 도시 선교

마태의 선교 신학은 28장의 대위임령 그리고 마태복음 5:13-16에서 잘 나타나 있다. 마태복음 5:13-16을 28장의 원심력적 선교와 대조적으로 구심력적인 선교라고 해도 무방할 것이다. 즉, 제자들은 세상의 빛과 소금으로 불린다. 이 본문은 전체 기독교 공동체에게 주어진 것이다. 교회의 선교의 근본적인 기초는 그 공동체의 삶과 실천을 증거하는 것이다. 진정한 선교는 사람들을 하나님께 영광 돌리도록 인도한다는 점을 보여 준다.[126]

---

125 Andrew J. Overman, "Who Were the First Urban Christians? Urbanization in Galilee in the First Century," In *SBL Seminar Papers*, edited by David Lull, (Atlanta: Scholars Press, 1988), 160-168. Conn & Ortiz, 『도시 목회와 선교』, 152 에서 재인용.

126 Johannes Nissen, *New Testament and Mission*, 최동규 역 『신약성경과 선교』(서울: CLC, 2005), 44-45.

특별히 교회라는 용어는 마태의 선교 신학에서 중요한 역할을 한다. 복음서 저자들 가운데 마태만이 에클레시아(*ekklesia*, 마 16:18, 18:17)라는 단어를 사용한다. 교회는 복음을 선포한다는 의미에서뿐만 아니라 그 복음을 실천하며 산다는 의미에서 선교의 주체가 된다.[127]

마태가 말하는 예수님의 선교를 보면, 예수님의 선교에서 파송자는 아버지, 즉 가장 빈번한 '하늘의 아버지'이시다. 마태복음에서는 요한이 하나님을 '아버지'로 118번이나 사용한 것에는 크게 미치지 못하지만, 마태는 25번 아버지를 사용해 마가 5번, 누가 17번을 크게 웃돌고 있다.[128]

'아버지'는 예수님의 사명과 관련해 몇 가지 중요한 기능을 수행한다.

첫째, 아버지는 그의 천사를 요셉을 가르치라고 보내심으로 사명의 준비를 감독하셨다.

둘째, 아버지는 성령을 보내시고 분명히 들리게 말씀하심으로써 예수께 선교 사명을 부여하셨다.

셋째, 아버지는 다시 분명히 듣게 말씀하심으로써 예수의 사명을 확인하셨다.[129]

마태복음에 나타난 예수님의 명칭에도 선교 사명이 나타나 있다. 예수님께 붙은 명칭은 예수 그리스도, 다윗의 아들, 아브라함의 아들이다. 마태는 이런 명칭을 사용함으로써 그의 독자들에게 예수님께서는 구약의 약속의 성취로 선교하시기 위해 보냄을 받은 '기름 부음을 받은 자'라는 사실을 상기시키고 있다. 특히, '아브라함의 자손'이라는 명칭은 신약에서 유일하게

---

127 Nissen, 『신약성경과 선교』, 45.
128 John D. Harvey, "마태복음에 나타난 선교" *Mission in the New Testament,* edited by William J. Larkin Jr, Joel F. Williams, 홍용표, 김성욱 역 『성경의 선교 신학』 (서울: 이레서원, 2001), 210.
129 Harvey, "마태복음에 나타난 선교", 210.

사용된 경우다. 이 명칭은 구약의 아브라함 언약과의 연관성을 보여 준다. 창세기 12:1-3에서 아브라함은 이스라엘의 아비가 되라고 부름 받았다. 마태가 이 명칭을 사용한 것은 아브라함에게 약속하신 우주적 축복을 생각한 것이다. 이방인들을 향한 보편적 축복을 지적한다.[130]

마태는 예수님의 선교 범위에 관해서도 언급한다. 마태는 구약의 고난 받는 종과 예수님을 동일시하고 있다. 이것은 예수님의 선교에 있어서 인류를 향한 대속적 성격을 부각하는 것이다. 마태복음 1:21에서 '자기 백성'이라는 문구는 예수님이 행하신 선교의 범주를 나타낸다. 예수님의 선교 범주를 나타내는 두 가지 힌트가 있다.

하나는 예수님의 족보(마 1:1-16)에 등장하는 다섯 명의 여자(다말, 라합, 룻, 우리아의 아내, 마리아)의 언급인데, 이것은 예수님의 '백성들'은 죄 있고 무력한 비유대인을 포함하고 있음을 가리킨다.

다른 하나는 마태의 동방 박사(마 2:1-12) 방문 기사이다. 여기에서 마태는 비유대인들의 예배와 유대인 지도자들의 적대를 날카롭게 대조하고 있다.[131] 예수님의 선교 범위는 유대인을 넘어서서 이방에까지 퍼짐을 알 수 있다.

마태복음에서 빠뜨릴 수 없는 선교의 주제는 대위임령(The Great Commission)이다.[132] 예수님께서 열한 제자에게 맡기신 선교 과업은 '제자들을 삼는'일이다.[133] 마태가 사용하는 '제자삼다'라는 동사 '마테튜오'(μαθητευω)는

---

130 Harvey, "마태복음에 나타난 선교", 211-212.
131 Harvey, "마태복음에 나타난 선교", 213-214.
132 예수께서 나아와 말씀하여 이르시되 하늘과 땅의 모든 권세를 내게 주셨으니 그러므로 너희는 가서 모든 민족을 제자로 삼아 아버지와 아들과 성령의 이름으로 세례를 베풀고 내가 너희에게 분부한 모든 것을 가르쳐 지키게 하라 볼지어다 내가 세상 끝날까지 너희와 항상 함께 있으리라 하시니라 (마 28:18-20). 신약에서 대위임령이라 할 수 있는 구절은 다섯 군데에서 나온다. 마 28:18-20, 막 16:15, 눅 24:46-49, 요 20:19-23, 행 1:8.
133 Harvey, "마태복음에 나타난 선교", 220.

신약성경에서 오직 4번 언급된다(마 13:52, 27:57, 28:19, 행 14:21). 그중 세 번을 마태가 사용하고 있다. 제자들이 받은 대위임령인 제자 삼는 과업은 세 가지 활동인 가는 것, 세례 주는 것, 가르치는 것이다.[134] 제자들이 받은 위임령은 구약과 달리 선교의 방법론이 바뀐 것을 보여 준다.

즉, 구약의 선교 방법론은 구심적 방법으로 "와서 보라"(come and see)였다고 한다면 신약의 방법론은 원심력적 방법으로 "가서 전하라"(go and preach)라는 것이다.[135] 그리고 제자들이 가서 전해야 할 선교의 범주는 '모든 민족'이다. '모든 민족'이란 문구는 마태복음 1장과 2장에서 시작된 우주적 축복과 관련이 있는데 1장과 2장에서 예수님께서는 아브라함의 아들로 불리고 비유대인들은 족보에 포함되고 동방 박사의 방문이 기록되어 있다.

또한, 마태는 예수님의 사역이 이미 로마 권력과 문화의 강력한 영향을 받고 있는 갈릴리에서 시작하실 것을 말한다. 이 모든 것은 선교가 도시에 거주하는 이방인들에게 확장되리라는 마태의 관심사를 나타내고 있는 것이다.

(2) 마가복음과 예수님의 도시 선교

마가복음은 선교사 예수님을 종으로 묘사하고 있다. 인자이신 예수님은 마가복음 10:35-45에서 종의 모습으로 자신을 나타내고 계시며 이는 이사야서(사 52:13-53:12)의 종의 모습을 그대로 적용하시는 모습을 볼 수 있다. 그리고 예수님 자신이 이방인에게 하나님의 말씀을 선포하셨고 복음이 만국에 전파되어야 할 것을 친히 주장하셨다.[136]

마가복음에 나타난 예수님의 도시 선교 사역은 갈릴리에서의 사역(막 1:16-8:21)과 예루살렘에서의 사역(막 11:1-16:8)으로 나누어 생각할 수

---

134 정경호,『바울의 선교 신학』, 189.
135 이현모,『현대 선교의 이해』, 72.
136 조귀삼,『복음주의 선교 신학』, 103.

있다. 갈릴리는 마가복음에서 매우 지배적인 역할을 담당하고 있다. 여기에서 하나님 나라에 관한 예수님의 주요 사역이 이루어지고 있다. 그 당시 갈릴리에는 다양한 출신 배경을 가진 사람들이 모여 있었다. 그러므로 이 지역은 일종의 문화적 교차로였고 복음이 보편적으로 전파되어 있었다고 볼 수 있다.

켈버(W. Kelber)는 예수님께서 갈릴리 바다 주변과 바다를 오가신 여행의 의미에 관심을 가진다. 마가는 예수님이 하나님 나라 사역을 위해 의도적으로 호수 양쪽을 오고 가신 것으로 기술함으로써 교회의 선교가 유대인과 이방인 모두를 포괄하고 있음을 설명하고자 했다. 호수의 '저편'을 향한 선교는 바다에서의 풍랑 이야기와 더불어 마가복음 4:35에서 시작된다.

이 이야기의 뒤를 이어 귀신 들린 사람을 고쳐주시는 이야기가 마가복음 5:1-20에 나오는데, 그것은 이방 지역에서 일어난 선교 사건이었다. 사도행전 10장의 고넬료의 회심과 마찬가지로 마가복음 5장에 나오는 거라사의 귀신 축출 사건은 이방인 선교를 향한 중대한 분기점을 이루고 있다.[137]

다음으로 예수님의 예루살렘 사역이다. 우리는 예루살렘에서의 그의 사역에서 세 가지의 선교 사례를 발견하게 된다.

첫째, 11장에 나오는 '성전 정화 사건'이다. 성전에서 장사하는 자들에게 분노하시며 예수님은 "내 집은 만민이 기도하는 집이라"라고 말씀하셨다. 마가는 이 사건을 이방인에게도 개방된 새로운 예배 장소로 해석하고 있다.

둘째, 14장에 나오는 한 여인에 의한 '향유 부음의 사건'이다. 이 여인의 행동에 대해서 예수님은 "내가 너희에게 이르노니 온 천하에 어디서든지 복음이 전파되는 곳에는 이 여자가 행한 일도 말하여 그를 기억하리라"라

---

137 W. Kelber, *The Kingdom in Mark* (Philadelphia: Fortress Press, 1974), 51-63. Nissen, 『신약성경과 선교』, 64-66 에서 재인용.

고 하셨다. 요한네스 니센(Johannes Nissen)은 예수님의 이 말씀을 일종의 대위임령으로 해석하고 있다.[138]

셋째, 15장에 나오는 '성전 휘장의 찢어짐' 사건이다. 이것은 우리가 이미 잘 알고 있듯이 하나님께 나아가는 길이 이제 예수님으로 말미암아 모든 사람에게 열리게 되었다는 것을 의미한다.[139]

마가는 갈릴리와 예루살렘에서의 예수님의 사역을 소개하면서 경계를 파괴하는(boundary breaking) 사역 즉 이 두 도시를 넘어서서 복음이 이방인의 전 도시로 확장됨을 소개하고 있다.[140]

(3) 누가복음과 예수님의 도시 선교

누가복음에 나타난 선교를 이해함에서 주목해야 할 구절은 누가복음 4:16-30과 24:44-49의 대위임령이다. 누가복음 4:18-19[141]에서 누가복음의 선교를 이해하는 데 중요한 이슈들을 발견하게 된다. 즉, 주의 은혜의 해, 가난한 자들을 향한 복음, 해방과 용서, 복수의 포기, 이스라엘의 거부, 이방인 가운데 행하시는 하나님의 사역이다.[142]

누가복음 24:44-49[143]에서는 여섯 개의 선교적 주제를 발견할 수 있다. 즉, 선교의 기초(예수님의 죽음과 부활), 성경의 성취(예수님의 생애와 죽음이 성

---

138 Nissen, 『신약성경과 선교』, 67.
139 Nissen, 『신약성경과 선교』, 67.
140 막7:27, 12:9, 13:10, 14:9.
141 주의 성령이 내게 임하셨으니 이는 가난한 자에게 복음을 전하게 하시려고 내게 기름을 부으시고 나를 보내사 포로 된 자에게 자유를, 눈 먼 자에게 다시 보게 함을 전파하며 눌린 자를 자유롭게 하고 주의 은혜의 해를 전파하게 하려 하심이라 하였더라.
142 Nissen, 『신약성경과 선교』, 83.
143 또 너희에게 이르시되 내가 너희와 함께 있을 때에 너희에게 말한바 곧 모세의 율법과 선지자의 글과 시편에 나를 가리켜 기록된 모든 것이 이루어져야 하리라 한 말이 이것이라 하시고 이에 그들의 마음을 열어 성경을 깨닫게 하시고 또 이르시되 이같이 그리스도가 고난을 받고 제 삼일에 죽은 자 가운데서 살아날 것과 또 그의 이름으로 죄 사함을 받게 하는 회개가 예루살렘에서 시작하여 모든 족속에게 전파될 것이 기록되었으니 너희는 이 모든 일에 증인이라 볼지어다 내가 내 아버지께서 약속하신 것을 너희에게

경에 비추어서 해석되어야 한다는 점), 선교의 내용(회개와 용서), 선교의 목적(예루살렘으로부터 모든 족속에게 복음을 전하도록 의도됨), 제자들의 증인으로의 부름 그리고 마지막으로 선교는 성령의 능력으로 성취된다는 것이다.[144]

특별히 누가는 예수님의 도시 선교에 대해서 그가 쓴 책(누가복음, 사도행전)에서 많이 강조한다. 도시를 가리키는 'πολις'라는 단어가 신약에 약 160번 나오는데, 이 가운데 절반이 누가가 쓴 글에 나온다는 것은 그의 도시 강조를 증명한다. 그리고 그중에서 39개 절이 누가복음에 나타난다. 그것은 예수님은 농촌 중심의 사역을 했고 바울은 도시 사역을 했다는 일부의 견해를 반박하는 것이다. 누가의 도시 강조는 누가복음과 사도행전에서 폴리스라는 단어에 종종 지역의 고유 명사가 덧붙여진다는 것을 보면 알 수 있다.

예를 들어, 누가복음 1:26에 보면 "여섯째 달에 천사 가브리엘이 하나님의 보내심을 받아 갈릴리 나사렛이란 동네에 가서"라고 기록하고 있는데, 천사 가브리엘은 나사렛이 아니라 '갈릴리 나사렛이란 도시'에 보냄을 받았다.[145] 마가복음에도 보면 예수님은 회당에서 악령에 사로잡힌 사람을 치유하셨다. 이것은 마가복음 1:21에 보면 가버나움에서 일어난 사건이다. 그러나 누가는 이 지명을 '갈릴리의 한 도시'로 표현한다(눅 4:31).[146]

과부의 독자가 살아난 곳도 단순히 나인이 아니라 '나인이란 도시'(πολιν)다. 누가복음 23:51에 "하나님 나라를 기다리는 자"로 표현되고 있는 요셉도 단순히 아리마대 사람이 아니고 누가에게는 '유대인의 도시(πολεως) 아리마대 사람'이 된다. 다른 복음서가 촌락이라고 부르는 것을 누가는 폴리스라고 지

보내리니 너희는 위로부터 능력으로 입혀질 때까지 이 성에 머물라 하시니라.
144 Nissen, 『신약성경과 선교』, 81.
145 Conn & Ortiz, *Urban Ministry*, 124.
146 갈릴리의 가버나움 동네에 내려오사 안식일에 가르치시매. Και κατηλθεν εις Καφαρναουμ πολιν της Γαλιλαιας και ην διδασκων αυτους εν τοις σαββασιν

칭한다. 요한복음 7:42에서 촌락인 베들레헴은 누가복음 2:3-4, 11에서는 도시로 불린다. 벳새다는 마가복음 8:23에서는 촌락이지만 누가복음 9:10에서는 도시다.

복음서가 가장 관심을 갖는 것은 그리스도의 선교다. 누가는 그리스도의 선교가 위대한 왕의 도시 예루살렘을 향해 이루어짐과 또 예수님의 도시 순례가 그분의 속죄의 죽음과 부활을 향해 이루어짐을 강조했다. 십자가와 부활을 향한 예수님의 행진은 예루살렘 도시를 향한 행진이었다.

누가복음은 왕의 도시에 요한이 출생할 것을 예언하는 천사의 이야기로 시작하고 부활하신 주님으로부터 "너희는 위로부터 능력으로 입혀질 때까지 이 성에 머물라"는 명령을 받은 후에 예루살렘과 성전으로 돌아가는 제자들의 즐거운 모습으로 끝난다.[147]

예수님의 선교는 예루살렘에서 완성되며 누가복음은 메시아로서 예수님이 예루살렘과 그 성전을 향하여 나아가는 과정을 비교적 상세하게 묘사하고 있다. 누가복음 13:34-35에 나오는 '예루살렘아 예루살렘아'라는 탄식은 도시 안에서 하나님의 선교와 깊은 관련이 있다. 이것은 하나님의 사랑이 도시를 포함하고 도시와 관계되어 있음을 명백하게 보여 주고 있다.

(4) 요한복음과 예수님의 도시 선교

요한복음의 기록 목적은 요한복음 20:31에 분명히 나타나 있다. "오직 이것을 기록함은 너희로 예수께서 하나님의 아들 그리스도이심을 믿게 하려 함이요 또 너희로 믿고 그 이름을 힘입어 생명을 얻게 하려 함이니라"[148] 이 목적 구절은 요한의 의도가 성격상 선동적, 포교적이라는 것을 강력히 시사한다.[149] 요한복음은 신자들의 믿음을 더해 주는 측면도 있지만, 불신

---

147 Conn & Ortiz, *Urban Ministry*, 125-126.
148 Hedlund, 『성경적 선교 신학』, 247.
149 Martin Erdmann, "요한복음과 요한서신에 나타난 선교" *Mission in the New Testament,*

자에게 신앙을 더해 주기 위함에 더 강조점이 있다. 요한복음은 예수를 믿게 된 사람들에게 그리스도의 계속적인 약속을 나타내고 있다.

또한, 요한복음은 예수님이 세상의 구주시라는 구원의 보편성을 계속적으로 강조한다.

> 하나님이 세상을 이처럼 사랑하사(요 3:16).
> 그는 세상의 죄를 지고 가는 하나님의 어린 양(요 1:29).
> 그는 "세상의 빛"(요 8:12).
> 그는 "모든 사람에게 비취는 참 빛"(요 1:9).
> 아들을 믿는 자는 영원히 죽지 아니하리라(요 3:36) 등이 그 증거다.

특히, 요한복음 20:19-23을 살펴보자. 십자가의 사건으로 제자들의 목숨까지도 위태로워졌다. 두려움에 사로잡혀 있던 제자들은 예수님의 부활 소식을 듣고도 두려움에서 벗어나지 못했다. 부활의 날에 제자들은 예루살렘에 있는 다락방에서 문을 안으로 걸어 잠그고 숨어 있었다. 그런 제자들 앞에 예수님이 나타나셨다. 예수님이 "너희에게 평강이 있을지어다"라고 말씀하실 때 그들에게서 비로소 두려움이 사라졌다. 제자들의 태도가 바뀐 것을 아시고 예수님은 대단한 유추의 말씀을 하셨다.

"아버지께서 나를 보내신 것 같이 나도 너희를 보내노라."

이 말씀을 듣고 제자들이 얼마나 놀라고 두려워하며 당황했을까?
'우리도 십자가에 달려야 한다는 말씀이신가?'
'우리도 그런 참혹한 죽음을 당해야 한다는 말씀이신가?'

---

edited by William J. Larkin Jr, Joel F. Williams, 홍용표, 김성욱 역 『성경의 선교 신학』 (서울: 이레서원, 2001), 441.

예수님은 그들에게 답하지 않으시고 "성령을 받으라" 말씀하셨다.[150]

예수님은 십자가를 지는 제자도에 대한 새로운 부르심을 선포하신 것이다. 이런 제자도는 성령의 도우심 없이는 불가능하다고 말씀하신 것이다. 갈보리 십자가를 앞둔 예수님에게도 성령의 도우심이 필요했다. '보내심'이라는 말은 선교 명령을 숭고함의 절정까지 높이는 말이다. 그들은 선교를 위해 세상으로 보냄을 받았다. 이것은 예수님이 세상을 구속하시기 위해 하나님 아버지께로부터 보내심을 받은 것과 유사하다. 예수님께서 아버지께로부터 보내심을 받았다는 언급이 요한복음에만 44번 나온다.[151]

요한복음 20:21에 "아버지께서 나를 보내신 것 같이 나도 너희를 보내노라"는 말씀에서 볼 수 있듯이 아버지께서 이 세상을 구원하시려 아들을 보내셨다는 것은 요한복음에서 계속 말하고 있는 선교 주제다. 특히, 요한복음에만 언급되고 있는 야곱의 우물에서 만난 사마리아 여인의 이야기(4장)는 하나님의 구원은 유대 나라 밖에 있는 많은 인류 공동체에게도 유효하다는 구원의 우주성을 보여 준다고 할 수 있다.[152]

사마리아 여인이 그 마을 사람들에게 자신에게 일어난 놀라운 소식을 전하려 하는 바로 그때, 제자들이 우물가에서 예수님을 만났다. 여기에서 제자들과 대화를 나누는 예수님의 말씀은 구원의 우주적 성격에 대해 빛을 더한다. 구원은 모든 종족 즉 유대인, 사마리아인, 이방인, 예수님을 믿는 모든 사람을 위한 것이다.[153]

각 복음서는 선교적 목적을 가지고 기록되었다. 성경의 중심 인물이며 완성이신 예수 그리스도를 증거하고 있다. 복음서 저자들이 특별히 강조하

---

150 Arthur F. Glasser, *Announcing the Kingdom*, 임윤택 역 『성경에 나타난 하나님의 선교』(서울: 생명의 말씀사, 2006), 374-375.
151 Glasser, 『성경에 나타난 하나님의 선교』, 374-375.
152 Erdmann, "요한복음과 요한서신에 나타난 선교", 456.
153 Erdmann, "요한복음과 요한서신에 나타난 선교", 459.

고 있는 것은 예수님의 도시에 관한 각별한 사랑이다.

바울은 도시 사람이고 예수님은 시골 사람이었는가?

이에 대해 긍정하는 학자들도 있다. 그러나 예수님의 도시에 관한 관심과 사랑 그리고 사역은 복음서에 명백히 나타나 있다.

예수님의 주요 사역지인 나사렛과 가버나움을 복음서에서는 둘 다 도시로 지칭한다. 마태복음 2:23에 보면 "나사렛이란 동네에 가서 사니 이는 선지자로 하신 말씀에 나사렛 사람이라 칭하리라"라고 기록되어 있다. 여기에 사용된 동네가 헬라어에는 '폴리스'(πολις)의 목적격인 '폴린'(πολιν)으로 사용되었다. 누가복음 1:26에서도 "여섯째 달에 천사 가브리엘이 하나님의 보내심을 받들어 갈릴리 나사렛이란 동네에 가서" 여기서도 역시 동네를 πολις의 목적격 πολιν으로 사용하고 있다.

로마의 도로망이 갈릴리 지역에 연결되어 있었으므로 이 지역은 교역과 여행의 중심지 역할을 했다. 이 도로들을 통해서 로마 권력과 문화적 영향의 지역 중심지들, 즉 가버나움, 성곽 도시 막달라, 데가볼리 지역에서 가장 큰 도시인 스키도폴리스 또는 벧스안, 디베랴 그리고 갈릴리의 수도요 '광채'이면서 산헤드린이 자리 잡고 있었던 셉포리스가 연결되어 있었다.[154]

이 지역에서 주로 사역하셨던 예수님과 그분의 제자들이 이런 도시들의 영향을 모른채 넘어갈 수 없었다. 재판소(마 5:25), 시장(마 23:7)과 같은 도시 기관들과 이자를 주고받는 신용 거래에 근거한 재정 비유(마 25:27, 눅 19:23)를 보면 예수님이 도시를 배경으로 사역하셨다는 사실들을 알 수 있다.[155]

---

154 Conn & Ortiz, *Urban Ministry,* 120-121.
155 Conn & Ortiz, *Urban Ministry,* 121.

4) 사도행전에 나타난 도시 선교

사도행전은 예수 그리스도의 복음 전파의 명령을 순종하여 땅끝까지 복음을 전한 사도들의 행적을 기록한 역사서다. 사도행전은 파송의 주체로서 지역 교회와 선교 현장에 파송된 선교사와의 관계 그리고 선교 현장의 문제점들을 해결하기 위한 선교회의, 신생 지역 교회의 문제점 해결, 초기 교회의 선교 지역에 대한 지리적인 정보와 사회적인 상황 등에 대한 귀중하고 생생한 정보를 알려주는 하나의 완벽한 선교 문서라고 할 수 있다.

사도행전 1:1에 보면 "데오빌로여 내가 먼저 쓴 글에는 무릇 예수께서 행하시며 가르치시기를 시작하심부터"라고 언급되어 있는데 이것은 단순히 사도행전의 저자가 누가복음의 저자와 같다는 의미만을 가리키는 것이 아니다. 누가의 말의 의미는 두 번째 책인 사도행전이 예수님이 승천하신 후 그분의 추종자들을 통해서 그분의 성령에 의해 계속해서 행하시며 가르치신 일에 대한 설명이 될 것이라는 사실이다.[156]

누가는 누가복음에서 그런 것처럼 사도행전에서도 지명을 가리킬 때 단순히 욥바, 루스드라, 더베, 두아디라, 라새아라고 말하지 않았다. 그는 '욥바 시'(πολει, 행 11:5), '루스드라와 더베 성'(πολεις, 행 14:6), '두아디라 시'(πολεως, 행 16:14), '라새아 시'(πολις, 행 27:8)라고 말했다. 다른 복음서 기자들이 구역과 지역이라고 말하는 것을 누가는 도시라고 말했다.[157]

바울 서신에서 바울은 자신의 선교 사역이 로마의 여러 주인 갈라디아, 아시아, 마게도냐, 아가야, 일루리곤과 서바나에서 이루어진 것으로 보는 반면, 바울의 전기를 기록한 누가는 도시 또는 도시 국가라는 관점에서 기록했다. 예를 들어, 예루살렘에 있는 사도들이 "사마리아도 하나님의 말씀

---

[156] Conn & Ortiz, 『도시 목회와 선교』, 161.
[157] Conn & Ortiz, 『도시 목회와 선교』, 161.

을 받았다"는 소식을 듣고 기뻐했다는 기록이 있는데, 여기에서 누가는 '사마리아 성'(πολιν, 행 8:5)이라고 강조하고 있다.[158] 사도행전이 거의 전적으로 도시들만을 다루고 있다고 말해도 지나치지 않을 정도로 사도행전의 선교 사역은 도시에서의 사역이었다.

복음서에서 도시 선교의 유형은 갈릴리에서 사마리아를 거쳐 유대와 예루살렘으로 안으로 움직인다. 반면 사도행전에 나타난 도시 선교의 유형은 예루살렘에서 유대와 사마리아를 거쳐 땅끝까지 밖으로 움직인다.

누가복음의 경우 예루살렘에서 이스라엘이 복음을 거부하면서 세상에서 버림받은 자들에게 구원의 기회가 주어졌다. 사도행전의 경우도 유대인들이 복음을 거부하면서 이방인들에게 복음이 전파됨을 발견할 수 있다.

사도행전을 교회 성장 교과서로 생각하는 사람들이 있는데 이것은 누가의 관점이 원래 교회 성장보다는 자유롭게 하는 믿음, 새로운 믿음이 "종교적, 인종적 그리고 국가적 장벽을 넘어섰다는 것"에 더 관심을 두었다는 것을 망각하는 것이다.[159]

사도행전에 나타난 선교 기사 중에는 오늘날 선교를 수행함에서 대단히 중요한 힌트를 주는 전략들이 나온다. 그중 하나인 고넬료의 기사를 보면서 우리는 창의적 선교 전략에 대한 누가의 신학을 배울 수 있다. 고넬료는 이방인 선교에 대한 하나님의 계획을 적절하게 보여 주는 실례가 된다고 할 수 있으며, 선교사나 지역 목회자에게 전략적 사고에 관한 힌트를 제공한다고 본다.

고넬료는 "경건하여 온 집으로 더불어 하나님을 경외하며 백성들을 많이 구제하고 하나님께 항상 기도"하는 이방인이었다. 누가는 베드로가 하나

---

[158] Conn & Ortiz, *Urban Ministry*, 128.
[159] Glasser, 『성경에 나타난 하나님의 선교』, 444.

님의 인도하심으로 그의 가정에 가기까지의 과정을 비교적 자세히 기록하였다. 베드로는 고넬료를 만나고 그와 대화하는 중에 이미 하나님이 역사하고 계심을 감지할 수 있었다. 그는 이미 하나님께 신앙으로 응답하기 시작한 사람이었다. 그는 하나님께 응답하기 위해 이미 준비된 사람이었다고 할 수 있다.

우리가 전도하기 위해 다른 사람들을 만날 때, 그들의 삶 가운데 하나님이 고넬료의 경우처럼 이미 역사하고 계신다는 증거들을 살펴보아야 할 것이다.[160] 타문화권 선교 현장이나 국내 목회지역 현장에서 하나님의 선재적 은총으로 예비된 선교의 접촉점이 있음을 믿고 그 접촉점을 찾아서 전략을 세우는 것이 효과적이다.

또한, 사도행전에 나타난 선교 신학에서 상황화에 대한 중요한 통찰력을 발견하게 된다. 즉, 바울 사도가 행한 연설문에서 그 힌트를 얻을 수 있다. 바울은 도시 비시디아 안디옥에서 유대인 청중들에게(행 13:13-43), 도시 루스드라에서 이방인들에게(행 14:8-18) 그리고 철학의 도시 아덴에서 철학자들에게(행 17:16-31) 연설했다.[161]

바울은 안디옥에서 한 회당에 들어가 유대인들에게 복음을 선포했다. 선포 방식은 성경 해설이었다. 바울은 이스라엘의 역사에 대해서 말했으며 그의 기본 논지는 예수가 메시아라는 것이었다. 루스드라에서 바울은 이방인들에게 연설했다. 바울은 먼저 그들이 자신과 바나바를 헤르메스와 제우스 두 신과 동일시하고자 함으로서 생긴 혼란에 관해서 언급한다.

그 뒤 바울은 하나님의 창조, 즉 하나님께서 하늘에서 비를 내리시고 적절한 계절에 곡식을 결실하게 하신다는 내용을 말했다. 아덴의 아레오바고에서 행한 바울의 연설 특징은 그의 연설을 들은 사람들이 헬라 문화에 속

---

160 Glasser, 『성경에 나타난 하나님의 선교』, 447.
161 Nissen, 『신약성경과 선교』, 101.

한 엘리트들이었다는 점이다.[162] 만일 바울이 루스드라에서 이스라엘의 역사에 관하여 말했다면 그 연설은 청중들에게 아무 의미가 없었을 것이다. 아덴에서 땅의 비옥함과 식물의 성장에 관해서 말하는 것이나, 안디옥에서 알려지지 않은 하나님에 관해서 말하는 것 또한 실수로 여겨졌을 것이다. 중요한 것은 바울이 세 종류의 서로 다른 청중에게 예수님에 관한 그의 메시지를 설득적이면서도 적절하게 전달하기 위해서 세 가지의 다른 전략을 사용하고 있다는 것이다.[163]

복음의 선포는 수신자들의 삶의 상황에 따라 이루어져야 한다. 접촉점(contact point)을 찾아서 상황화(contextualization) 해야 한다.

5) 바울의 대도시 집중 선교

도시 선교에 있어서 핵심적 모델은 바울이다. 바울은 도시 사람이었고,[164] 바울의 삶은 도시에서의 삶[165]이었다. 바울은 히브리의 종교적 전통, 헬라의 철학 그리고 로마의 정치적 영향력 속에서 기독교를 체계화시키고 세계화하는 데 크게 기여했던 인물이다.

바울이 행한 선교 방법의 핵심에는 그의 구속 사관이 자리하고 있다.[166] 당시 에세네파(Essenes)[167]에게 헬라 도시들은 전염병균으로 간주되었다. 도

---

162 Nissen, 『신약성경과 선교』, 101.
163 Nissen, 『신약성경과 선교』, 101-102.
164 Wayne A. Meeks, *The Frist Urban Christian : The Social World of the Apostle Paul* (New Haven: Yale University Press, 1983), 9.
165 바울의 주 사역 무대가 되었던 6개 도시가 있다. 즉, 예루살렘, 안디옥, 에베소, 빌립보, 고린도, 로마다.
166 Conn & Ortiz, *Urban Ministry,* 139.
167 에세네파는 신약성경에 언급되고 있지 않지만 당시 유대인의 사상에 가장 큰 영향을 준 집단이다. 이 종교집단의 특징은 금욕주의를 실천하고 은둔생활을 한 것이다. 예수님 당시 이 집단은 4,000명에 달했다. 그들은 주로 예루살렘과 유대의 몇 마을, 사해의 서쪽 해안에 있는 엔게디(Engedi)에 주거했다. 이들은 세상과 분리되어 인간 사회와의 극히 제

시들은 피해야 할 부정한 세계였다. 예루살렘은 무자격 제사장들에 의해 강탈당하고 더럽혀진 제물만 드려지는 곳이 되었다. 그리고 그 당시의 자기 민족 중심주의에 입각해 싸우는 저항 투사들인 열심당원은 아예 도시에 들어가지도 않았다.[168]

그러나 하나님의 택하신 선교 전략가 바울에게 헬라 도시는 문제가 되지 않았다. 바울에게 있어서 헬라 도시들은 외딴 섬이 아니라 복음이 그곳으로부터 퍼져 나가는 전략적 중심지였다. 바울이 교회를 세운 모든 도시 또는 읍들은 로마 행정, 헬라 문명, 유대인의 영향력 또는 상업적으로 상당히 중요한 중심지들이었다.[169]

데이비드 보쉬(David Bosch)는 다음과 같이 말한다.

> 바울은 지역이나 주의 수도들에 집중한다. 그것들은 하나같이 그 지역 전체를 대표하는 곳이다. 마게도냐에서는 빌립보와 데살로니가를, 아가야에서는 아덴과 고린도를 그리고 아시아에서는 에베소를 선택해 사역했다. 바울은 이런 도시들에 그리스도인 공동체를 세운 다음에, 이 전략적 중심지들로부터 복음이 주변의 시골과 읍들에 전파되기를 소원했다.[170]

바울에게 도시는 세계 전체를 대표하는 곳이다.[171] 이런 도시들에 교회를 세우면서 바울은 하나님에 의해 창조되고 그분의 사랑을 받는 새로운 도시

한된 교류가 있었다. 이들 대부분은 독신 생활을 하였으며 노예가 없었다. 교리는 스토아 철학과 유사하다. 이들의 사상은 하나님 외에 그 어떤 경우에도 충성을 거부하고 극도의 금욕주의 생활을 자처하는 것이었다. 정경호, 『바울의 선교 신학』, 67-68.

168 Conn & Ortiz, *Urban Ministry*, 138.
169 Roland, Allen, *The Spontaneous Expansion of the Church and the Causes Which Hinder It* (Grand Rapids, Mich.: Eerdmans, 1962), 13.
170 David, Bosch, *Transforming Mission: Paradigm Shifts in Theology of Mission* (Maryknoll, N.Y.: Orbis, 1991), 130.
171 Gerd Theissen, *The Social Setting of Pauline Christianity* (Philadelphia: Fortress, 1982), 38.

공동체가 형성되는 것을 보았다.[172]

(1) 바울 선교의 본질

바울 선교의 본질은 하나님의 영광이요 또 세계가 하나님을 믿고 그분을 예배하도록 하는 것이었다. 따라서 바울 선교의 본질은 다음과 같이 세 가지로 정리할 수 있다.

① 바울 선교의 궁극적 목표는 예배이다

바울이 이방인에게 복음을 전하는 것은 예배 행위이며 이방인을 제물로 드리는 제사다. 바울이 예루살렘 성도를 위해 헌금을 모은 것은 이방인들이 드리는 예배 행위가 된다. 예수님이 이 세상에 오시면서 예배는 바뀐다. 예루살렘 성전은 "희생적 죽음을 통해 하나님 앞에 나아가는 예배를 드렸다. 그러나 그리스도가 오심으로 신자들이 하나님의 은혜에 '들어갈' 수 있는 새로운 길이 열렸다(롬 5:1-2). 그것은 예수의 '피'를 '믿음'으로 말미암아 하나님 앞에 직접 나아가는 길이다. 예배 행위는 거룩한 삶을 통해 하나님께 매일 드리는 '산 제사'가 된다."[173]

② 바울의 선교 방법론의 궁극적 중심은 교회였다[174]

교회는 그리스도의 몸이다. 그리스도가 거하시며 세상을 향해 외향적으로 행동하는 공동체다. 교회는 성령으로 활동하시는 그리스도가 우리 시대의 모든 도시, 촌락 및 읍에서 사람들을 하나님과 서로에게 화해시키는 그분의 사역을 계속하도록 만드신 종말론적 공동체다. 이런 교회의 정체성

---

[172] Francis Lyall, *Citizens, Song : Legal Metaphors in the Epistles* (Grand Rapids, Mich.: Zondervan, 1984), 60-66.
[173] Conn & Ortiz, *Urban Ministry*, 141-142.
[174] Conn & Ortiz, *Urban Ministry*, 142.

을 인식한 바울은 도시 세계를 다니면서 교회를 세웠다. 교회는 그 주변에 있는 사회에 침투해서 세상과 다른 생활 방식을 보여 주는 수많은 '아성'이다.[175] 바울의 선교는 교회 중심 선교의 모델이라고 할 수 있으며 오늘날의 도시 선교도 교회를 중심으로 이루어져야 한다는 것을 보여 준다.

③ 바울 선교의 본질적 특성은 그의 설교에서 찾을 수 있다.
바울의 설교 특성을 롤란드 알렌(Roland Allen)은 세 가지로 말한다.

첫째, 바울은 유대 민족의 과거사를 들려주고 복음의 근원이 거기에 있음을 제시한다.
둘째, 예수님의 오심과 거부 그리고 십자가형에 관한 사실을 설명한다.
셋째, 복음을 받아들이는 자가 구원받는다는 사실을 강조한다.[176]

바울 메시지의 핵심은 예수 그리스도의 구원이다. 바울은 죄의 회개와 함께 새로운 피조물로서의 존재를 강조했고 하나님과의 화해를 통한 인간끼리의 화해를 주장했다.

(2) 바울의 도시 선교 전략

바울의 다메섹 회심은 사도행전(행 9:1-19; 22:4-21; 26:9-18)과 그의 서신들, 특히 갈라디아서 1:11-17; 고린도전서 9:1-2; 15: 8-10에 기록되어 있다. 특히, 갈라디아서에 묘사된 내용은 그의 회심이 선교적 소명과 밀접하게 관련되어 있음을 알 수 있다.

---

175 Bosch, *Transforming Mission: Paradigm Shifts in Theology of Mission*, 150.
176 Roland Allen, *Missionary Methods*, 김남식 역 『바울의 선교 방법론』 (서울: 도서출판 베다니, 1993), 50.

> 그러나 내 어머니의 태로부터 나를 택정하시고 그의 은혜로 나를 부르신 이가 그의 아들을 이방에 전하기 위하여 그를 내 속에 나타내시기를 기뻐하셨을 때에 내가 곧 혈육과 의논하지 아니하고(갈 1:15-16).

바울의 회심 사건은 그의 삶의 방식과 세계관에 있어서 철저한 수정(radical revision)을 의미했다. 바울은 박해자였다. 그러나 그리스도를 만남으로 모든 것을 근본부터 다시 생각해야 했다. 다메섹 회심을 통해 바울은 예수가 하나님에 의해 부활하셨을 뿐만 아니라 우주를 다스리는 주님으로 고양되신 분이심을 깨닫게 되었다. 그리스도의 구원은 우주적이며 보편적임을 깨달았다. 따라서 그분의 구원은 유대인과 이방인 모두를 포용하신다.[177] 이것은 바울의 신학을 형성하게 되었고, 그의 선교 동기로 작용했다.

이런 신학의 기초와 선교 동기를 시작으로 한 바울의 도시 선교는 다양한 전략으로 나타났다. 바울의 도시 선교 전략은 다음과 같이 네 가지로 정리할 수 있다.

① 중심 도시 선교 전략

바울의 선교 지역을 살펴보면 대부분 로마 제국의 행정 구역이며, 헬라 문명의 중심지, 유대주의 중심지, 교통의 중심지 그리고 국제 교역의 중심지였다. 이런 대도시는 대부분 유대인 회당이 있었고 바울은 회당을 중심으로 개종자들과 하나님을 경외하는 복음에 수용성(receptivity)있는 사람들을 대상으로 하는 전략을 펼쳤다.

아시아 지방에서는 안디옥, 더베, 루스드라, 이고니온에서 선교했고, 에베소와 같은 중요한 도시에서는 두 해 동안이나 머물렀으며(행 19:10), 마게도냐 지방에서는 데살로니가, 베뢰아, 빌립보에서 전도했고, 아가야 지방

---

[177] Nissen, 『신약성경과 선교』, 163-164.

에서는 아덴과 고린도 등지에서 선교했다. 바울은 그 도시마다 선교의 전진기지로서 기독교 공동체를 세웠는데, 이는 복음이 대도시를 중심으로 주변의 시골과 소도시로 전파될 것이라는 분명한 전략적 사고를 가지고 있었기 때문이다.[178]

바울은 인구가 집중된 곳, 더 개방적인 곳, 공용어를 잘 이해하는 곳인 도시에 집중했다. 도시에 교회가 세워지면 그 주변 지역들은 도시 교회들의 선교 활동으로 인해 이차적으로 복음화될 수 있다고 생각한 것이다.

② 협력 사역

바울의 도시 선교 전략은 동역자들과의 협력 사역이었다.

올로그(H. Ollrog)는 그들이 단지 바울의 조수나 부하들이 아니라 그의 진정한 동료들이었다고 말한다. 올로그는 바울의 동료들을 세 종류로 구분하기도 했다. 즉, 친밀한 집단(바나바, 실라, 디모데 등), 독립적 동역자들(브리스길라와 아굴라, 디도 등) 그리고 일정 기간 바울과 함께 사역하도록 파송된 지역의 교회 사역자들이다.[179]

바울의 주위에는 이렇게 수많은 동역자가 있었고 이들은 바울의 선교 전략에서 매우 중요한 역할을 했다. 로마 제국의 중심 도시에 전략적으로 교회를 세우고 그 교회에 비교적 짧게 체류했음에도 그가 성공적으로 일할 수 있었던 것은 수많은 동역자의 역할 때문이었다. 그러므로 앞에서 언급한 바울의 중심 도시 선교는 이런 동역자와의 협력 선교 없이는 결코 가능하지 못했을 것이다. 즉, 바울의 도시 선교는 동역자들의 협력 선교가 있었기 때문에 선교 활동의 반경[180]을 넓힐 수 있었다.

---

[178] Nissen, 『신약성경과 선교』, 182.
[179] Nissen, 『신약성경과 선교』, 182.
[180] "표적과 기사의 능력으로 성령의 능력으로 이루어졌으며 그리하여 내가 예루살렘으로부터 두루 행하여 일루리곤까지 그리스도의 복음을 편만하게 전하였노라"(롬 15:19).

③ 회당 사역

디아스포라 지역에서는 회당이 유대교의 중심이 된다. 회당은 타국에 있는 유대인들을 결속시키고 고유의 유대교 신앙을 유지해 가는 성전의 기능을 대체하는 역할을 하였다. 회당은 로마 제국의 주요 도시를 비롯한 소아시아와 지중해 전역으로 퍼져 있었다. 회당의 주요 기능은 예배와 율법 교육 그리고 재판을 하는 법정과 장례식장, 여행자들을 위한 숙박 장소 등의 다양한 용도로 사용되었다.

이 시대의 디아스포라 유대인의 수는 400만에서 600만 명 정도이며 이는 본토 유대인의 수를 능가했다. 디아스포라 유대인들은 독특한 신앙과 사상, 생활 양식을 가지고 있었기 때문에 이방인들과 확연히 구별된 생활을 하고 있었다. 회당 중심의 유대교를 발전시킨 디아스포라 유대인들은 여호와 하나님과 구약성경을 믿고 있었고 무엇보다도 메시아 대망 사상을 가지고 있었다. 그리고 이런 메시아 도래를 갈망하는 이들은 바울에게 있어서 초기 복음의 접촉점들이었다.[181]

바울은 도시 선교를 위해서 회당을 전략적으로 방문해서 통역 및 설교 순서 시간에 강론의 기회를 얻어 복음을 전했다.[182]

④ 상황화 사역

상황화는 예수님과 같이 바울의 선교에도 핵심 전략이었다. 하나님께서는 적재적소에 필요한 사람을 보내신다. 예를 들어, 바울은 아덴의 아레오바고에서 철학자들에게 변론하며 복음을 증거했다. 우리는 다음과 같은 가정을 생각해 볼 수 있다.

그곳에 베드로나 다른 사도들을 보내면 어떤 결과가 일어났을까?

---

181 이현모, 『현대 선교의 이해』, 129.
182 정경호, 『바울의 선교 신학』, 246.

물론 하나님의 능력이라면 불가능은 없다. 그러나 선교 전략적 관점에서 보았을 때 하나님께서는 전략적으로 아덴의 상황에 맞는 선교사 바울을 보낸 것이다. 바울 역시 아덴에서 헬라 문화에 속한 엘리트 집단이라고 할 수 있는 철학자들에게 맞는 상황화된 말씀을 전했다(행 17:22-31).

그리스도인들은 선교할 때 장애가 없어야 한다. 이것을 요하네스 니센은 '적응성'(adaptability)이라고 소개한다.[183] 즉, 이 세상에는 모든 점에서 똑같은 두 개의 상황이 존재할 수 없다. 따라서 한 상황에 적합한 풍습과 관습과 원칙은 다른 상황에 동일한 방식으로 적용될 수 없다.

바울이 사역하던 도시들 역시 각각 나름대로의 특색을 지니고 있다. 그러므로 바울은 안디옥, 에베소, 고린도, 빌립보, 로마 등에서 사역하면서 그들 도시에 서로 다른 특징에 온전히 상황화된 전략을 사용했다. 바울의 상황화 전략은 특별히 고린도에서의 사역을 살펴보는 가운데서 더 자세히 언급될 것이다.

(3) 바울과 도시들

바울은 주로 도시에서 사역했다. 그중에서 바울의 주 사역 무대라고 할 수 있는 6개 도시[184]를 고찰할 것이다.

① 예루살렘

예루살렘은 유대 종교의 중심지이다. 예수님의 십자가 고난과 부활을 통해 만민을 구원하는 복음이 시작된 곳이다. 예루살렘은 지리적 여건으로 보면 도시로 발전될 수 없는 열악한 산악 도시였다. 물이 부족했고 수공업의 원료도 모자랐으며 교통망도 발달할 수 없는 곳이었다. 그러나 예루살

---

183 Nissen, 『신약성경과 선교』, 195.
184 정경호, 『바울의 선교 신학』, 253.

렘은 오랜 역사와 유대교에서 차지하는 위치와 역할로 인해서 그 당시 경제, 정치, 사회, 종교 등의 모든 면에서 중심지였다. 예루살렘 인구는 약 3만 명으로 추산되고 유월절 순례객은 15만 명으로 추산된다.[185]

바울은 이방인에 관한 그의 선교가 선교의 발원지가 되는 예루살렘 교회의 축복이 없이는 위태로운 처지에 놓일지도 모르기 때문에 예루살렘 교회와 접촉을 공고히 했다. 사실 예루살렘 교회는 20년 이상을 다른 교회들에 대한 모교회로 간주되었으며 열두 사도 중의 몇 사람은 아직도 그곳에 있었고 최초의 교회 지도자 중의 많은 사람도 그곳에 있었다.

바울은 모교회와 접촉을 유지하는 것의 중요성을 잘 알고 있었고 적어도 다섯 번[186]이나 예루살렘 교회를 방문했는데 그때마다 그곳에 있는 지도자들과 협의했다. 이것은 점점 더 확장되는 교회 내의 유대인과 이방인 사이에 의견 충돌이 있었기 때문이다. 그 대표적인 예로서 바울의 제1차 선교 여행 이후에 열렸던 예루살렘 종교회의를 들 수 있다(행 15장).

이 회의에서 예루살렘교회 지도자들은 기독교 선교가 구약에 나타난 대로 "이방인에게 할례를 주고 모세의 율법을 지키라 명하는 것이 마땅하다"(행 15:5)라고 생각했고 그렇게 진행되기를 원했다. 그러나 바울과 바나바는 이방인에게 직접 선교한 결과 할례가 없이도 그들이 개종했다는 사실을 분명히 했고, 그에 대하여 베드로는 고넬료의 개종을 들어서 이방인에게도 베푸시는 하나님의 구원을 증거하면서 바울과 바나바의 주장을 지지했다(행 15:7-11). 이것은 바울의 선교 정책이 원칙적으로 보아 혁명적 이탈 행위가 아니었음을 증명하는 것이었다.

---

185 정경호, 『바울의 선교 신학』, 247.
186 제1차 방문(행 9:26-30, A.D. 35-36년 사이), 제2차 방문(행 11:27-30, A.D. 46년경), 제3차 방문(행 15장, A.D. 49 혹은 50년), 제4차 방문(행 15:36-18:22, A.D. 52년), 제5차 방문(행 18:23-21:16, A.D. 57년). 정경호, 『바울의 선교 신학』, 195.

이로써 야고보는 이방 기독교인들에게 우상 숭배를 버리고 부도덕은 모양이라도 버려야 하며 목 졸라 죽인 동물을 먹지 말고 피도 먹지 말 것을 제안했다(행 15:20-29). 이 예루살렘 종교회의의 결정은 바울과 그 후의 이방 선교에 지대한 중요성을 지녔고 그 영향이 광범위했다.

바울은 기독교가 세계 선교를 하기 위해서는 그 발원지에 기초를 둔 강력한 후원이 뒤따라야 한다는 확신을 가지고 예루살렘 교회와 밀접한 접촉을 가졌다.

② 안디옥

안디옥은 실피우스 산기슭에 위치에 있으며 18마일쯤 내려가면 관문인 셀레시아 피리아 항구가 있다. 안디옥은 셀레우키아 왕조의 수도로서 급격하게 중요한 성이 되었으며, 시리아가 B.C. 64년에 로마의 속주가 되었을 때 안디옥은 지방 총독이 거주하면서 행정을 수행하던 곳이었다. 안디옥은 바둑판 양식으로 계획된 도시로서 인구(40-50만 명)에 있어서 로마와 알렉산드리아 다음으로 큰 로마 제국의 세 번째 도시였다.[187]

안디옥은 수리아 지방의 수도였고 휘하에 2군단을 둔 지방 총독에 의해 다스려진 곳으로 제국에서 세 번째 대도시로 동쪽 속국들과의 외교 관계를 위한 중심지였고 잡다한 민족들이 서로 만나는 곳이기도 하였다. 그리하여 유대인들과 이방인들 사이의 장벽이 매우 가벼웠고 유대교로 회심하는 개심자들이 아주 많았다. 그리고 유대인들의 지위 또한 높이 인정되어 시민의 권리를 마음껏 행사했다.[188]

스데반의 순교에 이어 예루살렘에서 박해가 시작되자 예수를 따르는 자들의 일부가 베니게, 구브로 및 안디옥으로 도피해 유대인들에게만 복음을

---

[187] 정경호, 『바울의 선교 신학』, 248.
[188] Michael Green, *Evangelism-Now and Then*, 김경진 역 『초대 교회의 전도』 (서울: 생명의 말씀사, 1984), 113.

전했다(행 11:19). 그러나 안디옥에서 구브로와 구레네 출신의 희랍어를 말하는 '헬라파 유대인들' 중 몇 사람이 헬라인들에게도 복음을 전파하기 시작했다(행 11:20). 그로 인해 많은 사람이 개종했다(행 11:21).

이 소식을 접한 예루살렘의 사도들은 바나바를 보내 안디옥의 선교를 보고하게 하였다(행 11:22). 바나바는 안디옥 교회의 복음 선교의 역사가 잘 되어 가는 것을 보고 다소에서 바울을 데려왔다(행 11:26). 이 일은 지금까지 교회에 발붙일 토대 없이 선교하던 바울이 이제 교회를 배경으로 업고 선교할 수 있게 되었다는 면에서 중요한 의미가 있다. 그리고 이곳에서 활발하게 전도 활동을 함으로써 '그리스도인'이라는 호칭도 이 도시에서 시작되었다.[189]

이후 바울과 바나바는 1년 이상 안디옥에서 사역했다. 그런데 성령께서는 그들이 안디옥 교회의 사역에서 벗어나 보다 넓은 일터에서 일하게 될 것이라고 지시했고, 교회는 성령의 지시를 따라서 기도와 금식 후에 두 사람에게 안수하고 파송했다(행 13:2-3).

선교 기지와의 지속적인 관계에 대하여 바울은 큰 비중을 두었는데 그것은 그가 선교 여행을 마치고 나서는 항상 안디옥으로 귀환했다는 사실만 보아도 잘 알 수 있다.[190] 바울과 바나바는 안디옥에의 귀환 후 전 교회 회의를 소집해 그간 하나님께서 그들을 통해서 성취했던 바를 소상하게 보고했고, 특별히 이방인들에게 믿음의 문을 열어주신 일에 관해 자세히 보고했다(행 14:27).

그리고 그들은 그곳에 오래 머물렀으며, 그 후 안디옥은 바울 선교의 근거지가 되었다. 안디옥은 이방인 기독교의 탄생지로서 바울의 선교 사역을 위한 파송 본부요, 또한 율법의 행위와는 관계없이 그리스도를 믿는 믿음

---

[189] Mehmet Tekin, *Habib Neccar of Antakya* (Esentepe Mah, 1998), 21.
[190] Herbert Kane, 『선교 신학의 성서적 기초』 이정배 역 (서울: 나단, 1991), 108.

으로 말미암는 칭의에 관한 바울의 가르침의 거점이 되었다.[191]

초기 기독교 역사에서 안디옥 교회의 의의에 대해서 앤드류 월스(Andrew F. Walls)는 사도행전 11:19에 기술된 베니게, 구브로를 비롯해 안디옥으로의 말씀 전파는 기독교 신앙이 처음으로 이방 세계와 실질적으로 충돌하는 지점으로 기독교 역사에 있어서 분수령을 이루는 '가장 중대한 사건'이라고 평가했다.[192]

③ 에베소

에베소는 소아시아 서쪽 해안의 케이스터 강(Cayster River) 하구에 위치한 로마의 속주로 아시아의 주요 항구 도시였다. 이곳은 상업과 종교의 중심 도시였으며 특히 다산의 여신 아데미의 대신전이 있었던 도시였다. 파르테논 신전보다 네 배나 큰 이 신전은 고대 세계 7대 불가사의 중 하나로서 사도행전 19:27에 나타난 대로 온 아시아와 천하로부터 숭배를 받았다.[193]

또한, 아시아와 유럽의 중간 지점에서 동서양의 문물 교류의 중심지로 매우 중요한 역할을 한 아시아의 최대 도시였다.[194] 이곳을 바울 사도가 A.D. 55년과 58년에 방문했다. 당시 소아시아에는 다른 종교, 철학, 신념들을 가진 교사들이 서로 만났고 그 신봉자들을 추구했다. 대중적이고 철학적인 순회 설교가들은 신이 어떻게 만물 가운데 존재하고 있는지를 역설하고 다녔고, 유대교의 지혜 교사들은 세계가 어떻게 창조되었고 하나님의 뜻이 어떻게 인격화된 지혜를 통해 드러나는지에 관한 우주적 사유

---

191 Robert L. Reymond, Paul Missionary Theologian. A Survey of His Missionary Labours and Theology, 원광연 역 『바울의 생애와 신학』(서울: 크리스챤다이제스트, 2003), 128.
192 Andrew F. Walls, *The Missionary Movement in Christian History* (Maryknoll: Orbis Books, 2006), 52.
193 Bruce B, Barton, *Ephesians,* 전광규 역 『에베소서』(서울: 성서유니온선교회, 2007), 15.
194 Rivka Gonen, *Biblical Holy Places* (A Palphot Publication, 1999), 263.

를 가르쳤다.

또한, 초기 영지주의적 신자들은 구원이 지식을 통해 온다고 강조했다. 그 외에 헬라적 마술가들 등 다양한 종교 지도자가 활동하고 있었다. 이런 에베소의 사회적, 영적 분위기를 인식하고 바울은 에베소서를 통해 만물이 그리스도의 우주적인 구원 계획 안에서 화해된다는 것을 가르쳤다.

바울은 에베소서를 통해 교회가 계시의 수령자일 뿐만 아니라 우주적 영적 세력들을 망라하는 온 피조물 중에서 유일한 계시 통로임을 천명한 다.[195] 그리스도가 머리인 몸 된 교회는 성도들에게 봉사의 일을 하도록 은사와 직임으로 무장될 뿐 아니라 '악한 세력들'의 공격을 대항하고 대적하도록 양육되어야 한다. 교회는 하나님의 전신 갑주로 무장된 군사로서 정사와 권세의 영향력, 즉 사단의 궤계와 방도를 대항해야 한다.

도시 에베소에서 바울은 만물의 그리스도 안에서의 화해, 유대인과 이방인들의 화해, 영적 정사와 권세자들 간의 싸움, 교회의 선교 과업인 색다른 구조를 보여 주면서 선교가 거룩한 전쟁이냐, 평화 선교냐는 식의 이분법적 선교 접근보다는 총체적 선교를 제시하고 있다.[196]

④ 고린도

고린도는 로마의 속주 아가야의 수도였으며 그리스의 주요한 상업 도시로서 중부 그리스와 펠로폰네수스(Peloponnesus) 반도를 잇는 지협에 위치하고 있었다. 이곳에는 로마의 노병들, 퇴역 군인들과 피해방자들이 있었으나 각 처에서 모인 그리스인이 주민의 대다수를 차지하고 있었다. 유대인도 상당히 많이 살고 있었으며 실제로 사도행전 18장에 의하면 이 도시에

---

195 Nissen, 『신약성경과 선교』, 214-215.
196 홍용표, "옥중서신에 나타난 선교", *Mission in the New Testament,* edited by William J. Larkin Jr, Joel F. Williams, 홍용표, 김성욱 역 『성경의 선교 신학』 (서울: 이레서원, 2001), 395-396.

유대인 회당이 있었다. 사도행전 18장에 아굴라와 브리스길라 부부는 로마에서 고린도로 이주했는데, 마찬가지로 여러 가지 이유와 사정으로 인해 이 도시에 와서 살게 된 유대인들이 적지 않았다.

그리고 고린도의 지리적 위치는 각처에서 오는 여행자, 상인, 항해자들을 끌어들이는 데 유리하였다. 서쪽 2.4킬로미터 지점에 있는 레기옴 항은 고린도 만에 있었고 또 동쪽 13.5킬로미터 지점에 있는 겐그리아 항을 통해 살로니카 항에 대하고 있어 마치 양쪽 바다가 발로 디디고 서서 지협을 가로막고 있는 듯이 보였다.[197]

로마 정부는 고린도를 아가야 도의 수도로 정하고 총독을 두었으므로 정치 중심지로서도 역시 큰 세력을 떨치고 있었다. 인구는 60만 명 정도였다고 추정한다. 또한, 고린도는 도자기와 청동기로 유명했다. 해상 교역으로 인해 인구가 많고 돈도 풍부했다. 그러나 부와 풍요는 고린도 도시를 음란, 부도덕, 타락으로 이끌었다. 바울이 제2차 선교 여행에서 고린도를 방문했을 때 이 도시는 비교적 새로운 부흥 도시로서 로마인을 비롯해 헬라, 베니게, 팔레스타인, 애굽 등지로부터 식민이 많았고 완전히 코스모폴리탄(cosmopolitan)적 도시였다.

이것은 선교적 측면에서 볼 때 전통이 오래된 아덴보다도 선교지로서 적합하다는 것을 보여 준다. 실제로 바울은 고린도에서 1년 6개월 머물면서 선교해 유력한 교회를 설립했던 것을 볼 수 있다.[198]

고린도에서의 바울의 사역에는 상황화 전략의 대표적인 모습들이 자주 나타남을 볼 수 있다. 예를 들어, 약한 자와 강한 자의 분열을 다루는 바울의 상황화 전략(고전 8-10장)은 오늘날의 도시 선교 전략에 많은 통찰력을 제공한다.

---

[197] 정경호, 『바울의 선교 신학』, 251.
[198] 정경호, 『바울의 선교 신학』, 251.

바울은 고린도전서 8장부터 10장에서 우상에게 바친 고기를 먹는 문제를 가지고 지식을 가진 자와 지식이 없는 사람들 사이에 발생한 문제를 다루고 있다. 바울은 지식이 없는 사람을 약한 사람이라고 부른다. 그들은 한때 우상을 섬기던 이방인들이며 지금까지도 우상을 섬기는 습관에 젖어 있어서 우상에게 바쳤던 제물을 먹을 때에는 자기들이 먹는 고기가 참으로 우상의 것이라고 생각하는 사람들이다. 그들은 양심이 약해 그 음식으로 말미암아 자기들이 더러워졌다고 생각하는 사람들이다.

'약한 사람'(the weak Christians)과 대조를 이루는 '강한 사람'(the strong Christians)은 지식을 가진 사람들이다. 그들은 우상에게 바친 고기를 먹는 문제를 두고 우상이란 것은 아무것도 아니니 그 고기를 먹을 수 있다고 할 정도로 지적이며 개인적 자유도 누릴 줄 아는 사람들이다. 즉, 모든 것이 허용된다고 하는 극단적 단계까지 나간 사람들이다.

이 문제는 고기를 먹고 안 먹고 하는 종교적 문제가 아니라, 지식을 가진 사람들이 지식이 없는 사람들을 무시하며 함부로 행동한 데서 일어난 '교만'의 문제라고 바울은 지적한다. 이 교만으로 인한 분열의 위험을 직시하였기에 바울은 '강한 사람'들이 그렇게 하는 것은 그들의 지식으로 '약한 사람'을 망하게 하는 것이고 그리스도는 약한 사람을 위해서도 죽으셨다고 하면서 약한 사람을 망하게 하는 것은 그 형제에게뿐만 아니라 그리스도께 죄를 짓는 것이라고 하면서 엄하게 견책했다.[199]

그리고 상황에 따른 자세를 보여 주었다. 즉, 고린도전서 10장에서 바울은 두 가지 상황을 언급한다.

첫 번째 상황은 시장에서 팔리는 고기에 관한 것이다(고전 10:25). 여기서 바울은 어떤 고기든지 묻지 말고 먹을 수 있다고 말한다. 그것은 양심의

199　Nissen, 『신약성경과 선교』, 188-190.

문제가 아니었기 때문이다.

두 번째 상황은 개인 가정에서 제공하는 고기를 접한 경우다(고전 10:27). 이 경우에도 먹는 것이 가능하다.

그러나 만일 누군가 음식의 성격에 관해서 언급할 때는 금지된다. 이때 금지의 이유는 그 행위가 우상 숭배가 되기 때문이 아니라 그런 상황, 그런 자리가 먹는 자들을 옳지 않게 만들며, 또한 다른 사람들(이교도 주인, 이교도 손님 혹은 그리스도인 손님)의 양심을 혼란스럽게 만들기 때문이다. 상황이 달라진 것이다.[200]

고린도에서 주로 발생하는 문제는 상황화의 문제였다. 바울의 선교 전략을 세밀히 살펴보면 그는 사람에 따라, 지역에 따라 상황에 적합한 선교 전략을 성육신적으로 사용했음을 알 수 있다. 바울이 상황화 전략을 사용한 목적은 고린도전서 9:19-23에 명확히 나타나 있다.

> 내가 모든 사람에게서 자유로우나 스스로 모든 사람에게 종이 된 것은 더 많은 사람을 얻고자 함이라 유대인들에게 내가 유대인과 같이 된 것은 유대인들을 얻고자 함이요 율법 아래에 있는 자들에게는 내가 율법 아래에 있지 아니하나 율법 아래에 있는 자같이 된 것은 율법 아래에 있는 자들을 얻고자 함이요 율법 없는 자에게는 내가 하나님께는 율법 없는 자가 아니요 도리어 그리스도의 율법 아래에 있는 자이나 율법 없는 자와 같이 된 것은 율법 없는 자들을 얻고자 함이라 약한 자들에게 내가 약한 자와 같이 된 것은 약한 자들을 얻고자 함이요 내가 여러 사람에게 여러 모양이 된 것은 아무쪼록 몇 사람이라도 구원하고자 함이니 내가 복음을 위하여 모든 것을 행함은 복음에 참여하고자 함이라 (고전 9:19-23).[201]

---

200 Nissen, 『신약성경과 선교』, 188-189.
201 Nissen, 『신약성경과 선교』, 172-173.

바울의 고린도에서의 사역은 인간의 여러 상황과 문화에 관한 탁월한 상황화 전략이라고 할 수 있다.

⑤ 빌립보

빌립보는 마게도냐 동쪽의 번영했던 성읍이다. 해항 네압볼리에서 서북쪽으로 20킬로미터 내륙에 있으며, 그 사이에는 숨볼론 산(Mt. Symbolon)을 넘어 달리는 에그나티아(Eghatia) 도로가 연결되어 있었다. 바울 사도가 제2차 선교 여행 때 일행과 같이 네압볼리에서 빌립보로 간 것은 이 에그나티아 가도였다.[202] 빌립보는 바울이 마게노냐인의 환상을 보고 아시아 선교를 포기하고 유럽에서 행한 첫 선교지였다. 그러므로 빌립보는 유럽의 관문도시로서 지리적으로 매우 중요한 도시였다.[203]

빌립보는 B.C. 42년 로마의 식민지가 되었다. 그래서 로마의 군인들이 이곳에 정착해 살게 되었다. 이곳의 종교는 여러 신과 함께 황제 숭배 사상 등으로 혼합 종교가 존재해 있었다.

빌립보에는 아마도 회당이 없었던 것으로 보인다. 왜냐하면, 바울이 빌립보의 유대인과 비유대인들이 기도드리기 위해서 정기적으로 모이던 기도처로 갔기 때문이다. 여기서 바울은 염색으로 유명한 두아디라 출신 자주 장사 루디아를 만났다. 유럽 최초의 가정 교회가 바로 루디아의 집에서 출발했다.

바울로 인해 세워진 빌립보 교회는 스스로 존속한 교회였으며 그 교회 자체 내의 지도자들 아래에서 성장한 교회로서 감독들과 집사들이 있었다. 에바브로디도 외에 바울은 클레멘트를 언급하는데 그는 베드로와 바울이 죽은 후 로마 교회의 지도자가 되었다. 바울의 도시 빌립보에 대한 사역은

---

202 Helen L. Antonakis, *Saint Paul the Apostle and Philippi* (G. Neochoritis, 2003), 17.
203 정경호, 『바울의 선교 신학』, 196.

특별히 5차에 걸쳐(A.D. 49, 56년 여름, 57년 봄, 63년 봄, 64년 겨울 전) 이 도시를 방문하면서 당시 교회 지도자와 성도들의 자립적 리더십을 키우는 사역에 집중했음을 볼 수 있다.[204]

그 결과 빌립보 도시의 다수 신자는 바울이 도착하기 전에 이미 그리스도를 전파하고 있었고, 바울은 빌립보 성도들에게 그들의 복음 전도에 대한 헌신을 칭찬하고 권장했으며, 빌립보 교회 성도들의 적극적 전도 때문에 빌립보 교회는 선교 단체에 지원을 보내기도 하였다. 이것은 바울의 리더십 개발의 결과라고 할 수 있다.

⑥ 로마

로마는 제국의 수도로서 모든 것의 중심이 된 도시였다. 제국의 모든 지역을 관할하고 있던 로마의 행정은 지방 관청에 자치권을 부여했다. 로마의 총독은 지방 관청에 대해 감독권을 행사했으며 최고의 권력은 황제에게 있었다. 로마에는 황제가 직접 관리하는 법정이 위치하고 있었다.[205]

로마의 유대인 사회는 대체로 가난했다. 서로 다른 그룹들이 도시의 다른 지역에 살았으며, 그룹마다 지도자가 있었다. 유대인이 다수를 구성하고 있던 로마의 가정 교회는 대부분이 티베르(Tiber) 강 건너 유대인 촌락에 있었다.

유대인 사회에서 가장 널리 쓰이는 언어는 헬라어였다. 바울도 헬라어로 서신을 기록했다. 로마의 유대인 인구는 5만 명은 족히 되었다.

로마 교회를 세운 대부분 사람은 유대인 그리스도인이었다. 글라우디오 황제 때 유대인들이 로마에서 추방되었고 황제가 죽은 후 칙령이 소멸되어 다시 로마로 돌아왔을 때 로마 교회는 이방인들로 구성되어 있었

---

[204] 정경호, 『바울의 선교 신학』, 251.
[205] Eduard Lohse, *Umwelt des Neuen Testaments*, 박창건 역 『신약성서배경사』(서울: CLC, 1983), 182.

다. 유대인 그리스도인들과 이방인 그리스도인들이 로마 교회에 공존하게 되었으며 이들의 신앙 역시 서로 다른 문화적 방법으로 표현되었다. 바울은 기독교 신앙에 대해 갈등을 겪고 있는 교회에 서신을 보내야 했던 것이다.[206]

그래서 로마서 하면 신학적이고 교리적 측면에서 접근하는 것이 일반적이다. 루터를 비롯한 종교개혁자들의 슬로건이 '이신칭의' 교리에 집중된 탓도 있다.

분명히 '이신칭의'가 강조되고 있으나, 바울이 과연 이 교리만을 위해서 로마서를 기록했을까?

로마서에 대한 새로운 패러다임 전환이 필요하다. 로마라는 도시에 있는 신자들에게 장문의 로마서를 기록하여 보낸 것은 그의 선교적 목적이 담겨 있음을 놓쳐서는 안 된다. 즉, 바울은 전략적인 측면에서 새로운 변방 선교를 위해 로마 교회의 강력한 지원이 필요하였다는 것이다. 서바나 선교를 위한 전초 기지를 세우려는 생각도 가지고 있었으며, 그 일을 위해 로마 교회의 지원도 필요했다. 왜냐하면, 당시 로마 제국의 수도 로마는 세계의 중심 도시로서 서바나 선교로 나가는 가장 효과적인 중간 거점이 될 수 있다고 판단했기 때문이다.[207] 로마에서 머무는 동안 잠시 그곳에서 사역하며 열매를 거두고 서바나라는 새로운 선교지로 가는 것이 바울의 목적이었다.

바울은 세계의 중심 도시에 있는 로마 교회에서 자신의 신학자로서의 명성을 떨치기 위해서 가는 것이 아니다. 어쩌면 그의 마지막 선교 사역이 될지도 모르는 서바나 선교 계획을 소개하고 로마 교회의 지원을 얻기 위함

---

[206] 정경호, 『바울의 선교 신학』, 252-253.
[207] 방동섭, "로마서의 선교: 선교 신학적 시각에서 보는 로마서의 새로운 지평" *Mission in the New Testament,* edited by William J. Larkin Jr, Joel F. Williams, 홍용표, 김성욱 역 『성경의 선교 신학』 (서울: 이레서원, 2001), 374-383.

인 것을 볼 때 바울의 선교적 열정이 돋보인다.[208] 그런 면에서 바울이 로마서를 쓴 참된 이유는 신학적인 면보다는 선교적 의도가 더 강했다고 볼 수 있다.

Strategy for Urban Mission

---

[208] 방동섭, "로마서의 선교: 선교 신학적 시각에서 보는 로마서의 새로운 지평", 383.

제4장

도시 선교에 대한 역사적 이해

성경에 나타난 하나님의 도시 사랑은 역사를 통해서도 발견할 수 있다. 하나님께서는 각 시대의 상황 속에서 자신의 종들을 택하셔서 도시에 복음을 전하게 하셨다.

선교 역사 연구는 19세기 구스타브 바넥(Gustav Warneck)이 선교 역사를 학문적으로 성찰하면서 시작되었다. 그는 개혁자들의 신학 사상과 선교와의 상관성을 연구했다. 20세기에는 라토렛(Kenneth Scott Latourette)과 스티븐 닐(Stephen Neill)이라는 선교 역사의 양대 산맥이 등장했다. 그리고 이 두 사람 중 어느 쪽의 역사관을 따르느냐에 따라서 선교 역사를 연구하는 데 강조점과 해석이 달라져 왔다.[1]

라토렛은 선교 역사를 전진과 후퇴의 역사(Up and Down)로 보았으며[2], 구속사를 역사의 주축으로 보면서 하나님께 부름 받고 영적으로 각성된 소수

---

1   김성태, 『현대 선교학 총론』, 199-200.
2   라토렛은 선교 역사를 8기로 나누어서 전진과 후퇴의 역사로 본다. 즉, 1기: A.D. 1-500년까지는 전진의 시기로 교회의 태동과 신약 완성, 로마의 국교화가 이루어졌다. 2기: 500-950년까지는 후퇴의 시기로 이슬람의 확장이 있었다. 3기: 950-1350년까지는 전진의 시기로 놀라운 교회의 발전이 있었다. 4기: 1350-1500년까지는 후퇴의 시기로 교회의 분열과 부패가 나타났다. 5기: 1500-1750년까지는 전진의 시기로 종교개혁과 일

선각자의 운동 즉 교회 병행 선교 기구의 활동으로 제도권 교회가 도전을 받고 영적으로 각성해 선교에 동참한다는 부흥 사관의 관점으로 선교 역사를 조망했다. 그에게 가장 이상적인 선교의 모습은 교회 병행 선교 기구와 제도권 교회가 서로 연합해 선교를 감당하는 것이었다.[3]

반면, 스티븐 닐은 하나님의 구속사에서 가장 중요한 도구는 교회이며, 교회가 서로 연합해 선교의 사명을 감당하는 것을 가장 이상적인 교회의 모습으로 보았으며, 교회 병행 선교 기구를 교회 선교의 부수적이고 도구로서 보았다. 또한, 라토렛의 사상을 이어받은 랄프 윈터(Ralph Winter)는 제도권 교회를 모달리티(Modality), 교회 병행 선교 기구를 소달리티(Sodality)라고 부른다. 소달리티와 모달리티는 하나님의 구속사의 오른손과 왼손의 역할을 한다고 하면서 소달리티의 우선적인 활동으로 모달리티가 움직여 나간다는 관점이기에 윈터에게는 소달리티가 가장 핵심적인 구속사의 도구가 된다.[4] 모달리티는 양육 중심의 회중 교회 구조를 말하고 소달리티는 과업 중심의 선교 구조라고 볼 수 있다.

또한, 선교 역사를 연구함에 있어서 폴 피어슨(Paul E. Pierson)이 사용하는 연구 방법이 있다. 김성태는 피어슨의 연구 방법에 덧붙여 선교 역사 연구 방법을 아홉 가지로 제시하기도 한다.[5] 필자는 여기에서 지난 2천 년 동안

련의 각성운동으로 더 넓은 지역으로 확장되었다. 6기: 1750-1815년까지는 후퇴의 시기로 전쟁과 혁명, 새로운 지식 운동이 일어났다. 7기: 1815-1914년까지는 전진의 시기로 교회의 부흥과 선교의 확대가 있었다. 8기: 1914년 이후로 혁명들이 집중적으로 일어나 선교의 위협을 받고 있는 시기이다. 정경호, 『바울의 선교 신학』, 14.

3   김성태, 『현대 선교학 총론』, 199-200.
4   Ralph Winter, "The Two Structure of God's Redemptive Mission," in Missiology : An International Review (January, 1974), 정옥배 역 『미션 퍼스펙티브』 (예수전도단, 1999), 169.
5   첫째, 환경적 요소들(Environmental Factors)이다. 이것은 복음이 전파되는 과정에서의 하나님의 카이로스적 요소들을 살펴보고 그 의의를 성찰하는 것이다.
    둘째, 신학적 요소(Theological Factors)들로서 당대 신학 사상들이 선교에 어떤 영향을 주었는지 그 상관성을 연구하는 것이다.
    셋째, 영적 원동력(Spiritual Dynamics)이다. 교회의 어떤 영적 요소들이 선교에 영향을 미쳤는지를 보는 것이다.

하나님의 구속 역사를 아홉 가지 방법에 따라서 총망라해 다루지는 않는다. 핵심 내용에 초점을 맞출 것이다. 따라서 선교 역사관에 대한 이해를 살펴본 후에 시대별로 서구와 한국 역사에 나타난 도시 선교의 자취를 추적할 것이다.

21세기를 살아가는 우리는 하나님의 구속 역사를 기억할 필요가 있다. 우리가 가진 신앙 전통을 통해 과거에 역사하신 하나님의 일들을 기억해야 한다. 역사는 단순히 과거에 있었던 사건들을 나열하는 것이 아니다. 과거를 통해 배운 교훈을 현재와 미래에 반영시키는 것이다. 따라서 교회 역사 속에 나타난 전략을 배움으로 오늘날 복잡하고 혼란스러운 도시 사회에서 어떤 방향과 전략으로 도시를 선교할 것인지에 관한 지혜를 얻을 수 있다. 역사 속에서 일하고 계시는 하나님은 오늘을 사는 우리에게 도시 선교에 대한 새로운 통찰력을 주신다.

1. 선교 역사관

역사는 크게 세 가지 방향, 즉 순환론적 사관, 직선 사관, 절충주의적 사관에서 연구되어 왔다.[6] 기독교의 사관은 직선 사관 즉 구속 사관이다. 그

넷째, 선교 매체(Mission Means)다. 복음이 구체적으로 당대의 어떤 수단들을 통해서 전파되었는지 그 영향이 어떠했는지를 연구한다.
다섯째, 선교 구조(Mission Structure)다. 교회와 교회 병행 선교 기구가 선교에 어떤 역할을 했으며 그 특성이 어떠했는지를 연구한다.
여섯째, 지리적 확장(Geographical Expansion)이다. 복음의 지리적 확장을 살핀다.
일곱째, 종족과 종족 그룹 그리고 사회 계층(People, People group, Class)의 복음화다.
여덟째, 중요 인물(Key Persons)이다.
아홉째, 토착화(Indigenization)이다. 복음이 전파되고 선교 현지에 원주민 교회가 세워지면 그 교회는 성경적 교회로서 성장해야 한다.
김성태, 『현대 선교학 총론』, 202-203.

[6] 첫째, 순환론적 역사이다. 해 아래 새것이 없다고 말한 전도서 저자의 말처럼 어느 특정

러므로 선교 사관 역시 구속사적 선교 사관이 된다.

선교 역사와 교회사는 역사를 보는 관점에서 차이가 있다. 교회사는 기독교회가 교리적, 조직적으로 발전, 성장, 쇠퇴하는 것을 기술한다. 그러므로 주로 기독교회의 핵심부의 발전과 성장을 중심으로 기술하게 되므로 초기는 예루살렘 교회에서 출발하지만, 이후로는 주로 유럽을 중심으로 교회들의 역사를 기술하게 되고, 18-19세기 이후에는 미국 교회들의 역사를 기술하게 된다. 이에 비해서 선교 역사는 교리적, 조직적 발전보다는 지리적 팽창을 중심으로 역사를 평가 서술하게 된다.

이에 따라서 교리적 발전을 이룬 사건보다는 지리적 팽창을 가져오게 된 사건과 인물, 새로운 지역으로 교회가 전파되는 방법과 교회가 그 지역에 뿌리를 내리게 되는 전략 등에 주로 관심을 가진다.[7] 따라서 몽고메리 보이스(James Montgomery Boice)가 말하는 카이로스(καιρος)와 눈(νυν)이라는 두 가

한 시공간 속에서 이루어진 사건은 과거의 인과응보적 결과이거나 반복되는 유사한 사건의 연속이라는 관점에서 역사를 조망하는 것이다. 이것은 고대인도, 그리스, 중국의 역사관이었으며 윤회적 관점에서 인간의 삶을 바라본다. 불교의 세계관이며 유교의 역사관 역시 순환론적 성향을 지니며 운명론적인 특성이 강하다.
둘째, 직선 사관이다. 이것은 구속사관이다. 다른 역사관과는 판이하게 다르다. 직선 사관은 역사의 주체를 하나님과 인간 어느 쪽으로 보느냐에 따라서 두 가지 방향으로 나간다. 역사의 주체를 인간으로 본다면 인간의 이성이나 잠재력이 미래를 결정하게 될 것이라는 관점으로 역사를 보게 된다. 그러나 역사의 주체를 하나님으로 본다면 역사는 하나님의 뜻이 이루어지는 무대이며 하나님께서 역사 속에서 섭리하시며 통치하시고 결국은 하나님의 의지에 의해서 종국을 고하게 될 것이다. 기독교, 유대교, 이슬람이 여기에 속하며 기독교가 타 종교와 다른 점은 그리스도를 중심으로 한 구속사관이라는 것이다.
셋째, 절충주의적 역사관이다. 헤겔에서 시작되고 스펜서와 토인비에 의해 연구되어졌다. 역사는 어떤 절대 정신이나 가치관에 의해 움직여지지만 일직선적인 것이 아니고 시공간 속에서 상호작용하는 도전과 응전의 과정을 통해서 열성은 도태되고 우성은 더욱 개발이 되며 인간의 사상도 성숙해짐으로 궁극적으로 발전된다는 순환적 상승의 역사관이다.
김성태, 『현대 선교학 총론』, 205-206, 박응규, "한국 교회사 소논문 모음 강의안"(한국 교회사 세미나, 총신대학교 일반대학원, 2007년 2학기), 1-6.

[7] 이현모, 『현대 선교의 이해』, 137-138.

지 시간 개념은 하나님의 구속사적인 선교 역사를 이해하는데 적절하다.[8]

카이로스는 마태복음 26:18, 요한복음 2:4, 8:20, 사도행전 1:7, 베드로전서 1:11에 나오듯이 역사 속에서 하나님의 뜻이 구속사의 관점에서 진행됨을 의미한다. 예를 들면, 예수님이 오시기 전에 카이로스 사건들이 있었다. 즉, 헬레니즘, 로마 전역에 흩어져 살고 있는 디아스포라, 가치관의 혼란으로 인한 시대 정신의 쇠약 등이 있다. 예수님이 오시기 전에 하나님이 예비하신 카이로스의 손길들이었다.[9]

눈의 개념은 요한복음 2:8, 사도행전 7:4, 베드로전서 2:10에서 나타나듯이 실존적인 측면에서 그리스도를 만나게 되고 그리스도를 통해서 변화되고 하나님의 뜻이 구체적으로 그리스도 안에서 완성되어 간다는 의미가 있다. 하나님의 구속 역사가 예비적으로 준비되어 나타나는 카이로스와 예수 그리스도와의 만남을 통해서 그분의 구속이 구체적으로 실현되는 눈의 과정이 서로 역사 속에서 상호 작용함으로 그의 재림의 날인 테로스($\tau \epsilon \lambda o \varsigma$)를 향해 나아간다는 사관이다. 교회의 선교란 하나님이 예비하신 바 된 카이로스의 손길을 모든 역사적 상황 속에서 항상 발견하며 깨닫고 그것을 통해 하나님의 눈의 도구로 사용되는 것이다.

즉, 일반 역사를 통해서도 역사의 주체로서의 하나님께서 예비하신 그의 카이로스의 손길을 보며 복음을 선포하고 증거함으로 그의 눈의 도구가 되어서 궁극적으로 그리스도의 재림을 예비하는 테로스의 도구가 되는 것이다.[10]

---

[8] James Montgomery Boice, *God and History* (Downers Grove : Intervarsity Press, 1981), 22-23.
[9] 김성태, 『현대 선교학 총론』, 208.
[10] 김성태, 『현대 선교학 총론』, 208-209.

2. 서구 역사에 나타난 도시 선교

필자는 시대별로 도시 선교의 역사를 연구할 때 선교 역사를 전반적으로 살피지는 않을 것이다. 본 장의 주된 목표는 각 시대에 나타난 선교 전략에 초점이 맞춰져 있기 때문이다. 시대별 배경을 간략히 살피고, 도시 선교는 어떤 전략으로 수행되었는지에 초점을 맞출 것이다. 이것은 오늘날의 도시 선교 전략을 어떤 방향으로 수행할지에 관한 통찰력을 얻게 해 줄 것이다.

1) 초대 교회의 도시 선교

초대 교회의 도시 선교는 그 기간을 마가의 다락방에서 있었던 성령 강림 사건 이후부터 서로마가 멸망했던 A.D. 476년까지로 볼 수 있다.

(1) 배경(로마 제국)

로마 제국의 등장은 기독교에 우호적으로 작용했다. 당시 지중해 연안 국가들의 특징이 기독교 신앙을 전파하는데 우호적이었다는 것이다.[11] 이 시대에 사회적 배경들을 다섯 가지로 정리해 보면 다음과 같다.[12] 이것은 하나님께서 복음의 확산을 위해서 준비해 두신 카이로스적 요소다.

---

11 Paul E. Pierson, *The Dynamics of Christian Misssion : History through a Missiological Perspective*, 임윤택 역 『선교학적 관점에서 본 기독교 선교운동사』 (서울: CLC, 2009), 98.
12 박용규, 『초대 교회사』, 27-65.

첫째, 로마의 평화(Pax Romana) 시대다.

부족들과 민족들 사이에 끊임없는 분쟁이 있었던 이전 시기와는 달리 이 시대는 로마에 의해 지중해 전체가 통일되어 평화를 유지할 수 있었다.[13] 로마 제국은 아우구스투스(Caesar Augustus)의 통치하에 팍스 로마나가 시작되고 있었다. 로마의 통치가 전 지중해에 미치고 있었기 때문에 모든 민족에게 복음을 전하는 일은 결코 어려운 일이 아니었다.

둘째, 로마의 교통망이다.

로마는 13만 5천 마일에 이르는 견고한 도로망을 만들었다. 그중 상당수가 지금까지 존재하고 있다. 로마 제국은 국가적으로 번영했고 제국의 통치 식민 지역은 거미줄처럼 로마와 연결된 거대한 도로가 개발되었다. 로마는 제국을 형성하자 지역마다 통상을 장려하고 로마 군대가 신속하게 이동하기 위해 도로를 건설했다.

오늘날의 기준으로 볼 때는 좁은 길들이지만 이천 년 전의 기준으로는 간선 고속도로에 해당하는 도로들이 각 중심 도시와 지역을 연결하게 되었다. 이 로마의 도로들은 기독교 복음이 전파되는 데 결정적 공헌을 하게 되었다.[14] 그리고 이 도로는 군사적 용도로 개발되었으나 상업용이 되어 버렸고 초대 시대의 도시를 발전시키는데 커다란 요인이 되었다.

---

13 로마 제국 이전의 중동 지역은 부족 국가 형태로서 끊임없는 부족 간의 전쟁의 시기였다. 구약의 다윗 왕 시대를 보아도 특별한 이유가 없이도 때가 되면 군대를 이끌고 나가서 전쟁을 하는 것이 그들의 사회상이었다. 이런 부족 간의 갈등 시대에서는 한 부족의 종교나 신이 평화로운 방법으로 다른 지역으로 전파되어지는 것은 불가능하였다. 강압적인 방법으로 전파된 종교는 그 지역의 정치적 상황의 변화에 따라서 쉽게 종식되어 버리곤 하였다. 그러나 초기 선교가 이루어진 시기는 독특하게 로마가 지중해 연안을 천하 통일하므로 부족 간의 대립과 전쟁이 일시적으로 그친 로마의 평화 시기였다. 이런 시기가 아니었다면 기독교가 로마 각 지역으로 전파되어 지는 것은 어려운 일이었을 것이다. 이현모, 『현대 선교의 이해』, 140.

14 이현모, 『현대 선교의 이해』, 140-141.

셋째, 코이네 헬라어의 사용이다.

당시 대다수 로마 제국 산하 도시에 거주하는 사람들에게 그리스어가 통용되었고 특히 상업용으로 사용되었다. 로마 제국의 수도가 위치한 이탈리아를 중심으로 제국의 서쪽 지역은 점차로 라틴어가 통용되었지만, 상류층과 지도자 계층에게는 고급 그리스어가 사교 언어로서 통용되었고 학자들의 학문적 언어이기도 했다.[15]

로마의 지배하에 있는 대부분 국가에서 일상 언어였던 헬라어를 사용하게 했다는 것은 당시 사도 바울을 비롯한 복음 전도자들이 특별히 언어를 배울 필요가 없었다는 점에서 복음의 확장에 큰 영향을 준 것이라고 할 수 있다. 헬라어는 일반 평민들이 지중해 연안 지역 모두와 인도 국경에 이르기까지 널리 통용되는 언어라는 점에서 복음을 확장하려는 하나님의 의지를 발견하게 된다. 하나님께서 중간기 시대 동안 헬레니즘 문화의 중심지인 알렉산드리아에서 구약을 헬라어로 번역하게 하시고 또한 신약을 당시의 공통어인 헬라어로 번역하게 하신 것은 로마 제국 전역에 복음을 확산하려는 하나님의 계획과 섭리하심이라 할 수 있다.

넷째, 기독교를 향한 핍박이다.

A.D. 70년에 있었던 예루살렘 함락으로 기독교인들은 이방 여러 지역으로 흩어지게 되었다. 그러나 복음은 계속 확산되었고, 이로 인해서 1세기부터 4세기까지 로마 제국의 황제들에 의한 핍박이 10여 차례 계속되었다. 박용규는 초대 교회의 박해가 3차에 걸쳐 일어났다고 말한다. 즉, 황제의 고의에 의해 시작된 제1차 박해 기간 (A.D. 64-96), 지엽적, 국부적으로 진행된 제2차 박해 기간 (A.D. 98-249) 그리고 전국적으로 진행된 제3차 박해 기간 (A.D. 250-313)이다.[16] 계속된 박해와 핍박 중에 많은 순교자가 있었다.

---

15 Kenneth Scott Latourette, *A History of Christianity* Vol. 1 Beginnings to 1500 (New York: Harper and Row, 1975), 21-22.
16 박용규, 『초대 교회사』, 70.

특별히 303년 디오클레티안(Diocletian) 황제의 박해 명령으로 시작된 로마 제국의 마지막 기독교 탄압은 1,500명이 넘는 순교자를 내고 생명을 위협하는 고문 행위로 많은 사람이 신앙을 배반하게 되었다.[17] 그러나 한편으로는 핍박으로 신앙의 순수성과 깊이가 더해져 가는 기간이기도 했다. 그리고 마침내 콘스탄틴(Constantine)이 실권을 잡게 된 311년에 기독교에 대해 관용령을 내리고 313년에 그 유명한 밀란의 칙령(Edit of Milan)을 반포해 기독교 박해를 종식시켰다.

다섯째, 이단 종파의 발흥이다.

세계를 지배한 것은 로마였지만 로마를 지배한 문화는 헬레니즘[18]이었다. 로마가 그리스를 점령했을 때 그리스가 로마를 정복했다. 헬레니즘 문화의 종교적 세계관은 다신교적이었다. 신은 인간의 삶의 반영물로서 인간과 신의 구별이 없는 세계관이었다.[19] 디오니수스(Dionysus)를 중심으로 한 밀의 종교(mystery religious), 아테네에서 발생한 페르세포네(Persephone)의 끊임 없는 재생[20]을 의식으로 표현하는 엘레우스(Eleusinian) 밀의 종교와 페르시아 기원의 신인 미트라(Mithra)를 신봉하는 비밀 회원 가입 의식을 통해 종교를 은밀하게 확산시켜 나가는 밀교가 있었다.[21]

---

17 이현모, 『현대 선교의 이해』, 148.
18 현대에 이르기까지 서양문화의 두 기둥은 유대교를 지칭하는 헤브라이즘(Hebraism)과 헬레니즘(Hellenism)이다. 유대교는 주류를 이룬 바리새파와 사두개파, 엣세네파, 그리고 열심당으로 구분한다. 유대교의 중심사상을 이루고 있는 네 기둥은 유일신론, 선택론, 토라, 그리고 성전이다. 헬레니즘은 헬라의 사회와 문화, 정치, 종교 철학이 종합적으로 만들어낸 큰 틀의 사상이다. 정경호, 『바울의 선교 신학』, 71-72.
19 김성태, 『현대 선교학 총론』, 211.
20 이런 의식은 부자들만 할 수 있었다. 재생(환생) 의식을 하려면 황소의 피에 목욕을 해야만 하기 때문이다. 이런 의식은 많은 비용을 지불해야 했다. Paul E. Pierson, 『선교학적 관점에서 본 기독교 선교운동사』, 103.
21 김성태, 『현대 선교학 총론』, 211-212.

그 외에도 2세기 초의 말시온파(Marcionist)[22]와 2세기 후반에 몬타누스 (Montanist)[23] 그리고 4세기 초에는 알렉산드리아에서 아리우스(Arius)가 등장해 예수님을 하나님의 아들로 인정하지 않고 단지 특별한 피조물로 여기는 이단적 기독론을 주장하였다. 이런 이단 사설에 대해서 교회는 단호히 대처했다. 특히, 325년 니케아 회의에서는 아리우스를 이단으로 정죄하고 삼위일체 교리를 확립했다.

초대 교회 시대에 이런 배경 속에서 하나님께서는 적시에 하나님의 종들을 선택하셔서 전략적으로 도시에 복음을 전하게 하셨다.[24]

---

22 말시온은 그노시스파의 일종으로 구약과 신약의 하나님을 구분하고 그리스도의 환영설을 주장하였다.
23 몬타누스운동은 광신적 성령운동이다. 자기 자신을 위로자가 되시는 성령과 동일시하였고 임박한 그리스도의 재림을 여러 번 예고하기도 하였다.
24 복음이 왕성하게 전파되기 위해서 하나님께서 준비하신 것 중에 예루살렘 종교회의를 주목할 필요가 있다. 성령께서는 바울을 사용하셔서 선교의 흐름이 이방인에게로 흘러가게 하시는데 이 이방인 선교의 문을 여는 신학적 기초를 예루살렘 종교회의가 이루게 된다. 바울의 제1차 선교 여행이 알려지자 예루살렘교회에서는 곧 이방인 선교에 대한 신학적 반발이 발생했다. 행 15:5에 의하면 이들은 바리새파 중에 있는 어떤 사람들이었다. 이들은 율법주의적 배경을 가지고 회심한 그리스도인들을 지칭하는 것으로 보인다. 이들은 할례받지 못한 이방인들이 구원을 얻는다는 것에 동의할 수 없었다. 왜냐하면 할례는 하나님과의 언약 관계 가운데 들어가는 표시이므로 할례받지 못한 사람은 십자가의 사건을 통한 구속의 언약에도 포함될 수 없다고 생각했기 때문이다. 이에 바울과 바나바는 예루살렘으로 올라가고 신학적 문제에 대한 최초의 종교회의가 열리게 되었다. 초기의 분위기는 바울에게 불리한 쪽이었던 것 같았으나 고넬료의 사건을 통해서 성령께서 미리 준비시키신 베드로의 지원과 예수님의 동생 야고보의 중재로 예루살렘 종교회의는 이방인들이 할례받지 않았어도 십자가의 구속의 은총으로 구원받을 수 있음을 결정하게 되었다. 이는 유대교의 영향을 강하게 받고 있었던 초기 교회의 상황에서 가히 혁명적인 신학적 도약을 이룬 사건이라고 할 수 있다. 이것은 성령의 섭리였다. 이 예루살렘 종교회의의 결과로 이방인 선교의 신학적 합리성이 형성되었는데 이것이 없었다면 이방인 선교는 문이 열리지 못하였을 것이고 아마도 기독교는 팔레스타인 지역의 조그만 지역 종교로서 존재하다가 사그라졌을 것이다. 이현모, 『현대 선교의 이해』, 143-144.

(2) 선교 전략

초대 교회 당시의 도시 선교 전략은 다음과 같은 여섯 가지로 정리할 수 있다.

첫째, 평신도 선교 사역이다.

초대 교회 시대에는 평신도 운동이 활발했다. 초대 교회의 평신도에 의한 선교 사역은 효과적이었다. 예를 들어, 로마, 알렉산드리아 그리고 예루살렘 교회와 함께 안디옥 교회는 위대한 교회 중 하나였다. 누가 안디옥 교회를 설립했는지는 확실하지 않으나 사도행전 11:20에 '구브로와 구레네 몇 사람'이라는 기록으로 보아서 무명의 평신도들이 설립하였음을 알 수 있다.

이현모는 초대 교회의 선교 특징을 언급하면서 평신도를 '무명의 선교사'로 부르고 있다. 이 시기의 선교에는 이름이 알려져 있는 사역자는 극소수에 불과했다. 교회의 지리적 팽창의 대부분은 이름을 알 수 없는 수많은 평신도에 의해 이루어졌다. 이들은 주기적으로 이동하는 군인이거나 노예, 혹은 상인들이었다. 이들은 훈련도 제대로 받지 못했고 교회의 특별한 위임을 받은 것도 아니지만 가는 곳마다 기독교 복음을 전파했다.[25] 평신도들의 선교적 역할은 중세에도 그리고 전 역사에 걸쳐서 나타나고 있다.

한국에서 일어난 부흥운동 역시 평신도들이 결정적인 역할을 했다.[26] 교회의 조직은 목사 1인의 독점 체제 방식이 되어서는 안 된다. 평신도들이 은사에 따라서 충성하고 적극적이고 능동적인 신앙생활을 할 수 있도록 평신도들을 사역자로 훈련시켜야 한다. 현대 도시 선교 전략을 세움에 있어서 평신도들을 훈련시켜서 동역자로 만들고, 그들을 삶의 현장으로 보내는 사역이 중요함을 인정해야 한다.

---

25 이현모, 『현대 선교의 이해』, 147.
26 Pierson, 『선교학적 관점에서 본 기독교 선교운동사』, 109.

둘째, 도시를 거점으로 하는 전략이다.

초대 교회 당시 바울은 인구, 권력 그리고 영향력이 있는 도시를 선교 전략지로 택해 복음을 전했고 교회를 설립했다. 그리고 그 도시 교회를 중심으로 해 주변 지역으로 복음이 퍼져나가게 하는 전략을 사용하였다. 전 국토가 도시화된 현 시대에 교회 지도자들은 도시 선교 전략에 주목해야 한다. 세계 각 곳에 늘어나는 도시들에 대한 선교 전략이 미래 선교에 대한 가장 큰 선교학적 도전이 되기 때문이다.

셋째, 회당 사역이다.

이스라엘의 바벨론 포로 시기에 바벨론은 각 민족이 집결해 민족주의적인 독립 투쟁을 하지 못하도록 정책적으로 민족들을 분산시켰다. 유대인들 역시 이 정책에 의해서 로마 제국 전역에 흩어져 살게 되었다. 하지만 유대인들은 독특하게 이방 민족과 혼혈되지 않고 가는 곳마다 유대인들의 집단 거주 지역을 형성하고 회당을 설립해 회당 중심의 유대교를 발전시켜 나갔다. 특정 지역에 회당을 설립하기 위해서는 경건한 사람 10명만 있으면 되었다. 10명이 되지 않으면 기도처라 불렸다.

예를 들어, 바울은 빌립보에서 기도처를 방문해 복음을 나누었다. 그리고 이집트 알렉산드리아에는 디아스포라 유대인들이 모이는 큰 회당이 있었고 이곳에서 70인 경이 번역되기도 하였다.[27] 사도행전에 기록된 거의 모든 도시에는 회당이 있었다. 이것은 유대인 디아스포라가 전역에 흩어져 믿음의 공동체를 형성하고 있었다는 것을 알 수 있다. 회당의 구성원은 세 부류가 있었다.

---

27 Pierson, 『선교학적 관점에서 본 기독교 선교운동사』, 101.

(1) 경건한 유대인. 이들은 성경을 읽고 메시아가 오실 것을 기다리는 사람들이었다.
(2) 유대교 개종자들. 이들은 이방인으로 성장했지만 유대교 신앙을 수용하였다. 할례를 받고 율법을 준수했다.
(3) 하나님을 경외하는 자들. '하나님을 경외하는 자'는 사도행전에 나타난 전문 용어다.

그들은 회당에 나와 예배를 드렸다. 유대적 윤리 기준을 따랐지만, 할례를 받거나 율법을 준수하지 않았다. 그래서 회당의 정식 직원이 아니었다. 사도행전에 처음 나타난 '하나님을 경외하는 자'는 백부장 고넬료이다. 초대 교회 시대의 회당은 복음의 다리 역할을 하는 기관이었음을 알 수 있다. 하나님의 선재적 은총에 의한 복음의 수용성이 있는 접촉점을 찾는 것은 현대 도시 선교의 전략 중 중요한 한 요소이다.

넷째, 가정 복음화 전략이다.

초대 교회 시대의 가정에서 가장이 차지하는 사회학적 지위에 관한 의미를 이해하는 것이 중요하다. 당시는 대가족 제도였기에 가장의 권위가 중요했다. 따라서 가장을 전도하지 않고 가족 전체를 구원한다는 것은 불가능했다. 반면 가장을 전도하면 가족 전체가 복음화되었다. 예를 들어, 고넬료와 빌립보 간수에 대한 기록은 이를 증명한다.

사도행전 16:34에 "그와 온 집안이 하나님을 믿으므로 크게 기뻐하니라"라고 기록되어 있다. 한 집안의 가장인 간수가 복음을 영접함으로 인해 온 가족이 구원을 받게 된 것이다. 신약에서 사용된 에클레시아(ecclesia)는 가정 교회를 의미한다. 고넬료 집안이나 루디아 집안이 가정집에 모여 예배를 드렸다. 복합적인 문화 상황 속에서 핵심 인물을 이해하고 그들에게 복음을 전하는 것이 필요함을 알 수 있다.

다섯째, 힘의 충돌이다.

이 시기에 패트릭(Patric)이나 콜룸바(Columba)가 사용한 전략이다. 이들이 의도적으로 힘의 충돌(Power Encounter)을 유도했다는 것이 선교학자들의 공통된 의견이다. 힘의 충돌이란 용어는 문화 인류학자이며 선교학자였던 호주 출신의 알렌 티벳트가 그의 『솔로몬 아일랜드』라는 저서에서 처음으로 소개했다.[28] 패트릭의 사역은 431년부터 460년까지 계속되었다. 그의 사역 방식은 독특했다. 패트릭은 지역 영주나 왕을 찾아가 신앙을 전하는 접근 방식을 사용했다. 하지만 이런 방식은 이교 신앙을 가진 마술사와 이교 사제들과의 능력 대결이나 능력 충돌, 힘의 충돌[29]을 동반했다.

그러나 힘의 충돌을 이야기하면서 주의해야 할 것은 힘의 충돌로 인한 승리가 회심을 의미하지는 않는다는 것이다. 힘의 충돌을 통한 개종 운동은 하나님의 말씀을 가르칠 수 있는 시작이라고 생각하고 선교사들은 인내심을 가지고 말씀을 조직적으로 규모 있게 가르쳐야 한다.

여섯째, 토착화다.

로마 제국 산하의 일반 서민과 지성인의 언어로 사용되던 그리스어로 신약성경이 기록되었다는 데에 성경적 토착화의 모범이 있다. 이것은 하나님의 성육신 원리로서 그분의 계시가 사람들이 이해할 수 있는 언어를 매개체로 해 전달되었다는 사실이다.[30]

콜룸바는 토착어로 성경과 찬송가를 번역했다. 캘틱 선교사들은 선교지의 토착 생활에 적응하며 기동력 있게 활동했다. 현대 선교학자들의 공통된 견해는 토착어로의 선교는 피선교 지역 사람들이 복음에 마음을 열게

---

28 김성태, 『세계 선교 전략사』(서울: 생명의말씀사, 2006), 26-27.
29 힘의 충돌은 복음이 정령숭배 지역에 전달되어질 때 나타난다고 한다. 하나님의 말씀이 성령의 능력 가운데 선포될 때 사람들의 마음을 미혹하게 하던 사탄의 세력이 도전을 받아서 무너지게 된다. 갈멜산의 엘리야와 바울이 빌립보에서 귀신들린 여인을 고친 사건 등을 실례로 들 수 있다.
30 김성태, 『현대 선교학 총론』, 228.

하며, 토착 교회 설립을 가능하게 한다는 것이다.³¹

2) 중세 시대의 도시 선교

로마가 기독교를 국교로 받아들인 이후에 교회는 많은 특권을 누리기 시작하였다. 특히, 당시 로마 제국의 정교한 군사 행정 구조를 그대로 교회 행정 구조로 받아들임으로 쉽게 위계 질서의 관료 조직이 되었고 교회의 성직 계층은 귀족 계층이 되어서 새로운 지배 세력이 되었다. 그로 인해 성직자들은 교인들을 성경적으로 목양하기보다는 점차적으로 제도권의 위세와 권력으로 다스리기 시작했고 교회는 각종 탐욕과 세속 권력의 쟁탈지로 전락해 버렸다.³² 이런 중세를 흔히 암흑 시대라고 말한다.

(1) 배경

중세는 일반적으로 476년 서로마의 멸망 이후 1517년 마르틴 루터(Martin Luther)의 종교개혁까지 약 천 년의 기간을 가리킨다. 이슬람의 등장과 십자군 전쟁, 서임권 논쟁, 동방과 서방 교회의 분리, 이단과 신비주의의 등장, 종교개혁과 문예 부흥운동 등이 있었던 시기다. 그리스-로마 시대에서 그리스-게르만 시대로 이동했으며 서로마의 멸망으로 제국의 통일이 무너지고 제후들이 부상하면서 봉건 제도가 등장하게 되었고 이를 기초로 교황권과 수도원이 제도적으로 안정되었으나 정치와 신학적 분열로 동방 교회와 서방 교회가 위기를 맞게 되었던 시기였다.

중세 시대를 이해하는 배경으로 두 가지를 살펴볼 수 있다. 즉, 수도원의 발흥과 십자군 전쟁이다.

---

31 김성태, 『세계 선교 전략사』, 29.
32 김성태, "도시 선교 강의안", 31.

① 수도원의 발흥

수도원은 중세 혼란스러운 기간 동안 교회의 내적 영적 갱신을 가져오며 그리스도인의 자기 훈련과 검약 등의 좋은 풍토를 조성하기도 하였으나 지나친 금욕주의는 신비주의와 야합해 여러 문제를 일으켰으며 중세 교권의 정치적 옹호 세력으로 전락하기도 하였다. 중세 초기 수도원이 개인적으로 기도와 명상에 치중하는 은둔적이었다면 중세 후기 말에 일어난 수도원 운동은 12-13세기에 일어난 형제회 형태의 새로운 수도원 운동으로서 도시 근처나 도시 내에 위치해 빈민 사역과 병원, 구제 사역을 병행하면서 강력한 도시 선교운동으로 나타났다.

중세 시대 수도원으로는 켈틱, 베네딕트, 아우구스티누스, 갈멜, 도미니크, 프란시스칸 수도원 등이 있다. 그중 켈틱 수도원은 중세 초기의 선교 열정을 가진 선교적 교회(missionary church)였다. 이 수도원은 패트릭[33]에 의해서 시작되었다. 아일랜드의 성자 혹은 수호신으로 불리는 패트릭은 시기적으로 보아서(389-461) 초대 선교 시대의 인물이지만 그의 사역이 결국 중세 중부 유럽 선교의 문을 열게 되었다는 점에서 중세 시기와도 연결하는 것이 적절하다.

---

33 패트릭은 389년 영국에서 출생했다. 그의 아버지는 집사였고, 그의 할아버지는 장로였다. 그가 16세 되었을 때에 일단의 아일랜드 약탈자들이 잉글랜드로 내려와 패트릭과 사람들을 포로로 잡아갔다. 패트릭은 아일랜드의 거친 산에서 6년 동안 동물 농장의 일을 하였다. 마침내 아일랜드를 탈출하지만 다시 고울에서 노예가 된다. 그러나 다시 탈출하여 프랑스로 도주 레린스(Lerins) 수도원의 수도승이 되었다. 그리고 수련을 쌓은 후 다시 고향으로 돌아왔다. 그런데 이때부터 이상하게 패트릭은 자기를 노예로 삼았던 아일랜드에 대한 선교적 부담을 느끼게 되고 결국 아일랜드에 선교사로 들어가게 된다. 아일랜드는 패트릭 이전에 기독교가 소개는 되었지만 거의 신자도 교회도 없는 상황이었다. 그는 이교 사제들의 저항과 적대적인 통치자들의 위협을 받으며 30년 이상을 아일랜드에서 선교 사역을 했다. 그 결과 드루이드교(Druids)인 로이게르(Loigaire)왕을 개종시켰고 447년에는 200여 개의 교회와 10만여 명의 드루이드 교도들에게 세례를 베풀었다. 그리고 그의 생애를 마칠 즈음에는 아일랜드는 거의 기독교 국가가 되었다. 그는 켈틱 교회를 아일랜드에 세웠는데 이는 수도원 중심의 교회로서 이후 중부 유럽 선교의 기지가 된다. 조귀남, 『복음주의 선교 신학』, 114, 이현모, 『현대 선교의 이해』, 152-153.

켈틱 수도원은 성령의 능력 안에서 거룩한 열정을 가지고 죽음을 두려워하지 않고 이교도 사이의 전장으로 뛰어들어서 타문화권 복음화에 힘썼다. 그들은 스코틀랜드의 사나운 픽트족(Picts), 영국의 앵글로 색슨족(The Anglo-Saxon) 및 네덜란드의 프리시안족(Frisians)에게까지 복음을 증거했다. 그리고 고울 지방, 화란, 독일, 스위스, 북부 이태리까지 복음을 확장시켰다.[34]

스코틀랜드의 사도라고 불리는 콜롬바 역시 켈틱 선교사다. 그는 563년 42세의 나이에 12명으로 선교팀을 만들어 스코틀랜드의 한 섬인 아이오나(Iona)에 가서 수도원을 세우고 픽트족의 왕인 브루드(Brude)를 개종시킴으로서 그 족속을 온전히 복음화했다.[35]

이 시기 베네딕트 수도원의 수도사 보니페이스(Boniface, 680-754)의 독일 선교는 후에 종교개혁자 루터를 낳게 하는 신앙의 초석이 되기에 중요하다. 당시 애니미즘적 신앙을 지니고 있던 독일인들을 위해서 보니페이스는 40년 이상을 사역하다가 순교했다. 그는 능력대결을 사용해 이교 지역을 선교한 것으로 유명하다. 724년 가이스말(Geismer) 지역의 이교 신앙의 중심이었던 토르(Thor) 참나무를 베어버린 사건으로 그 지역을 복음화했다.[36] 이는 선교에서 영적 대결의 승리라고 볼 수 있다. 그는 독일의 사도로서 40여 년 동안 눈부신 활동을 하며 독일 교회의 기초를 세웠다. 라이에나우(Reichenau, 724), 풀다(Fulda, 744), 로쉬(Lorsch, 763)에 각각 수도원을 설립했으며, 이런 보니페이스의 선교는 이후 루터 신앙의 초석이 되었다.[37]

---

34 조귀삼, 『복음주의 선교 신학』, 114.
35 조귀삼, 『복음주의 선교 신학』, 114-115.
36 이현모, 『현대 선교의 이해』, 156.
37 조귀삼, 『복음주의 선교 신학』, 117.

② 십자군 전쟁

중세 시기는 점령하고 빼앗기는 과정의 시기였다. 5-8세기는 중부 유럽이 기독교화된 반면에 팔레스타인과 북아프리카를 잃어버렸다. 8-15세기는 북유럽과 러시아 지역이 기독교화되었지만 선교의 불타는 열정은 식어서 쇠퇴해 가는 시기였다. 이 시기의 가장 치명적인 사건은 십자군 전쟁이었다.

622년 종교화된 이슬람은 무서운 속도로 기독교의 요새들을 함락시키면서 세력을 확장해 나갔다. 638년 예루살렘, 640년 가이사랴, 642년 알렉산드리아 그리고 650년경에는 고대 페르시아 제국이 이슬람에 의해서 멸망되었다. 그들은 아프리카 해안을 따라서 서쪽으로 계속 전진해 697년에는 카르타고를 점령했다. 715년에는 스페인의 대부분이 이슬람의 수중에 들어갔다. 846년 로마가 약탈당했고, 902년에는 시칠리가 이슬람화 되어서 이탈리아의 남부 해안이 그들의 본거지가 되었다.[38]

십자군 전쟁은 이런 배경에서 일어나게 되었다. 오토만 투르크(Ottoman Turk)의 위협하에 있던 비잔틴 제국의 왕이 도움을 요청하고 예루살렘 성지를 모슬렘들로부터 탈환한다는 명분하에 교황 우르반(Urban) 2세가 서구라파의 기독교 진영에서 군대를 일으킬 것을 요청했을 때 1096년에 첫 십자군 전쟁이 시작되었다. 이후 1272년까지 일곱 번에 걸쳐 전쟁이 계속되었다.

교황 우르반은 제1차 십자군 정벌에 참여하는 모든 사람에게 면죄부(Indulgence)를 제공하면서 사기를 북돋아 주기도 했다. 면죄부는 모든 죄에 관한 형벌을 용서받을 수 있는 증표이다. 면죄부를 가진 사람은 연옥을 거치지 않고 이 땅에서 바로 천국으로 갈 수 있다고 믿었다.[39]

---

38 조귀삼, 『복음주의 선교 신학』, 117-118.
39 Pierson, 『선교학적 관점에서 본 기독교 선교운동사』, 230-231.

그러나 순수한 종교적 동인에서 시작된 십자군 전쟁이 서구라파 나라들이 참여하면서 세속적인 이권과 구라파의 한계를 벗어나서 원자재를 확보하고 새로운 상업로를 개척하려는 순수하지 못한 동기로 인해서 본래의 순수성이 사라져 버렸고,[40] 그 결과 종교적인 측면에서 그리고 선교학적 측면에서 십자군 전쟁은 재난이 되어 버렸다. 로마를 향한 동방 교회의 증오를 더욱 불타오르게 했다. 모슬렘들에게 서구라파의 기독교인들은 아주 야만적이고 도덕적으로도 타락했고 종교적으로도 열등한 나라의 사람들이라는 인식을 심어 놓아서 후대의 이슬람 선교의 장애가 되었고 지금도 커다란 장애가 되고 있음은 십자군 전쟁에 대해 다시 한번 자성할 필요를 남기고 있다.

레이몬드 룰(Raymond Lull)은 모슬렘에 대한 선교를 다른 방법으로 접근할 것을 주장했는데 이것은 오늘날의 모슬렘에 대한 선교 전략뿐만 아니라 도시 선교에서도 중요한 전략이 된다. 즉, 그는 모슬렘을 개종시키기 위해서 세 가지 전략을 제시했다.

첫째, 언어의 중요성을 인식하고 아랍어를 배울 것을 요구했다.
둘째, 문서 사역의 중요성을 지적했다.
셋째, 오랜 인내와 사랑으로 끈질긴 전도를 요구했다.
이런 점에서 볼 때 그는 최초의 선교학자라고 인정된다.[41]

(2) 선교 전략

중세 시대 도시 선교 전략으로써 현대 도시의 사역자들이 배울 수 있는 전략들은 다음과 같은 세 가지를 들 수 있다.

---

40   김성태, 『현대 선교학 총론』, 245-246.
41   이현모, 『현대 선교의 이해』, 160-161.

첫째, 팀 선교다.

이 시기 팀 사역은 대 그레고리(Gregory the Great)에게서 발견된다. 그는 정부 관료로 일했고 베네딕트 수도원에 속해 있으면서 수도원을 세우기도 했다. 수도사 출신으로 로마 교황의 자리에 오른 입지전적 인물이라고 할 수 있다. 그레고리는 앵글로 색슨족(the Anglo-Saxon race) 선교에 지대한 관심을 가지고 있었다. 그래서 어거스틴을 단장으로 40여 명의 선교팀을 만들어 영국의 캔터베리로 파송해 로마 교회가 주도하는 영국 선교운동을 시작하게 했다.[42] 로마 교회는 한 사람의 뛰어난 선교사를 파송한 것이 아니라 처음부터 다양한 전문직 기능을 갖춘 평신도 선교사들을 목회자 선교사와 함께 파송했다. 팀 중에는 석수와 농업 기술자도 있었고 성가를 가르칠 음악가와 교회 교육을 담당할 교사도 있었다.[43]

예수님께서도 제자들을 훈련해 전도를 내보내실 때 팀으로 보내셨다. 이는 팀 선교의 효시라 할 수 있다. 바울 사도에 의해서 만들어진 바울의 선교팀 역시 팀 선교의 모범이 아닐 수 없다.

둘째, 문화 수용이다.

로마 교회 주교인 대 그레고리의 선교는 문화 수용이 돋보인다. 그레고리는 영국으로 파송되는 어거스틴에게 선교 지침을 명했다. 즉, 선교의 대상이 되는 브리튼(Briton)족이나 골(Gaul)족속의 토착 언어를 존중하고 혼인예식이나 장례식 같은 풍속, 절기 행사를 무시하지 말며 교회 설립 시 토착 문화의 특성을 고려하라는 것이었다.[44] 이것을 문화인류학적 용어로 '문화

---

42 김성태, 『현대 선교학 총론』, 241.
43 Archer Torrey, "The Gregorian Missionary Methods,"(Missiology : An International Review, Vol. 8, No.1, January, 1980), 101-103.
44 그레고리는 로마가톨릭교회가 1967년 바티칸Ⅱ 공의회 교서 중 하나인 '이방인에 관함'에서 공식적으로 채택한 '성취이론'의 원형을 보여 주고 있다. 즉, 그는 이방 종족들의 종교 풍습, 문화를 선교의 접촉점으로 삼을 뿐 아니라 적용화하여서 선교의 효율성을 극대화하도록 어거스틴에게 지침을 내렸다. 다시 말해, 그는 어거스틴에게 당시의 선교의 대상인 브리튼(Briton)족이나 골(Gaul)족속의 토착 언어를 존중하고 혼인식이나 장례

수용'(accommodation)이라고 한다.[45]

가톨릭 선교 신학자 루즈베탁(Louis Luzbetak)은 문화 수용 혹은 적응화를 "특정 문화에 대해 태도에서, 외형에서 그리고 실제적 방식에 있어서 존중하며, 세심하게, 숙련되게 그리고 신학적으로 바람직하게 적응하고자 하는 노력"이라고 정의했다.[46] 이 문화수용은 토착민에게 복음을 전할 때 거부감을 없애고 친숙한 느낌을 주어 복음의 수용성을 높이고 토착민의 삶에 연관된 살아 있는 복음을 전달할 수 있다는 장점이 있다. 그러나 이 모델은 토착 문화에 지나치게 민감하게 되어서 복음의 의미를 변질시킬 혼합주의의 위험성도 있다.

그러므로 중요한 것은 요한네스 바빙크(Johannes H. Bavinck)의 선교 전략인 요한복음 16:8[47]을 근거로 하는 엘렝틱스(Elentics) 선교 모델을 적용하는 것이다. 그는 문화의 핵심을 종교로 보고 종교에 의거한 문화와 세계관을 파악해 종교의 거짓된 부분을 파악해 하나님 말씀을 적절하게 증거해 하나님 말씀을 통한 충돌을 일으킴으로 성령의 역사를 통해 문화를 변혁시켜야

식 같은 풍속, 절기 행사를 무시하지 말며, 교회 설립 시 토착 문화적인 특성을 고려하라는 것이었다. 또한, 선교 현지에서 토착인들이 사용하던 귀신의 사당과 예배 의식 등을 폐지하지 말고 교회로 전환시키며 기독교화하여 사용하라는 것이다. 이 전략의 장점은 토착인들에게 복음의 거부감을 없애고 수용적이게 한다. 저들의 삶에 실제적으로 연관된 복음을 전달케 하여 삶의 현장과 유리되지 않는 생명력 있는 복음화를 이루게 한다. 그러나 이 적용화의 모델은 토착 문화에 지나치게 민감하게 되어 복음의 의미 자체를 변질시킬 위험이 있다. 영국 선교운동에 있어서 귀신의 사당을 교회로 전환시킬 때 토착인들이 죽은 사람의 유골을 신성시해 사당에서 경배하는 것을 보고 그것 대신에 죽은 선교사들의 유골을 제단 밑에 안장하여 경배가 아닌 존경과 기념을 유도하려 하였다. 그러나 이것은 로마가톨릭교회 안에서 성자 유품이나 유골을 숭상하는 이교적 풍습을 낳았으며 또한 영원한 대제사장이 되시는 예수 그리스도의 유일무이한 중보 직분을 경감시켜 성자숭배 사상을 덧붙이는 결과를 가져왔다. 김성태, 『현대 선교학 총론』, 12-13.

45 김승호, 『선교와 상황화』(서울: 토라, 2007), 31.
46 Louis Luzbetak, *The Church and Cultures* (Techny, IL: Divine Word, 1963), 60.
47 그가 와서 죄에 대하여, 의에 대하여, 심판에 대하여 세상을 책망하시리라.

함을 주장했다.⁴⁸ 선교는 변혁을 요구한다. 각각의 문화에 상황화해 복음을 적절히 증거함으로 문화를 변혁시켜야 한다.

셋째, 빈민 선교다.

12세기부터 16세기까지 앗시스의 프란시스(Francis of Assisi)를 통해 일어났던 탁발승 수도사들의 선교운동은 교회사에 큰 자취를 남겼다. 프란시스는 부유한 가정에서 태어나 상속 재산을 모두 팔아 가난한 자들에게 나누어 주고 예수님의 말씀대로 지팡이나 양식이나 전대도 없이 여러 지역을 다니며 가난한 자들에게 복음을 전하고 돌보아 주었다. 그는 마태복음 10:7-15 말씀대로 무소유, 청빈, 사랑의 섬김 등의 규율을 세우고 추종자 11명과 함께 로마로 가서 인노센트 3세 교황의 인준을 받아 수도원 종단을 창설하고 중세 후기 수도원 운동의 선구자가 되었다.⁴⁹

프란시스의 빈민 선교는 현대의 도시 빈민 선교에 관한 통찰력을 제공해 준다. 도시화는 도시화에 적응하지 못한 절대 빈곤층을 형성한다. 이들을 대상으로 선교하기 위해서는 프란시스처럼 가난한 서민들과 함께 생활을 나누는 가운데 그들 안에서 말씀을 통한 교회 갱신 운동을 펼쳐 나가야 한다. 이것은 검약과 청빈, 자기 부정의 온전한 성육신적 자세가 없이는 불가능하다. 프란시스의 빈민에 관한 관심과 선교는 앞으로 한국 교회가 실시해야 할 도시 선교의 좋은 모델이 될 수 있다.

3) 종교개혁 시대의 도시 선교

종교개혁은 도시에서 발생한 운동이었다. 종교개혁은 북유럽의 도시에서 시작되어 도시 중심에 확고하게 자리잡았다. 그리고 도시의 중심지에

---

48 김성태, 『현대 선교학 총론』, 63-64.
49 J. Harold Ellens, The Franciscans: "A Study in Mission," (Missiology: An International Review, Vol.3, No. 4, October, 1975), 487-490.

확고하게 자리 잡은 종교개혁은 도시 주변부로 확장해 나갔다.[50] 그러나 개혁자들에게 선교 신학이 없었다는 학설도 있다. 대표적으로 개신교의 선교 신학자인 구스타브 바넥(Gustav Warneck)은 "우리는 개혁자들에게서 우리가 오늘날 이해하는 선교의 개념조차도 찾아볼 수 없다"[51]고 비난했다. 이렇게 말하는 주된 이유가 있다.

첫째, 당시 로마가톨릭 세력을 대변했던 스페인, 포르투갈이 해상 세력을 독점하고 있었기 때문이다.

둘째, 신학적 요인으로 대위임령이 사도 시대 당대로 성취되었다는 개혁자들의 성경 해석 문제를 들 수 있다.

셋째, 개신교회는 이교주의와의 투쟁, 교황 제도, 세속 권력과의 대항에서 자신의 존재를 위해 투쟁하기에 여력이 없었기 때문이라고 말한다.

그들은 진젠도르프(Nicholaus Zinzendorf) 백작을 중심으로 18세기 중엽에 일어난 경건주의 모라비안 선교운동을 개신교 선교운동의 시작이라고 평가한다. 그러나 이것은 단편적 접근이다. 개혁자들의 신학 사상에 선교학이 내포되어 있었으므로 북구라파가 개신교로 복음화될 수 있었고, 영국과 화란 그리고 미국을 중심으로 청교도 운동이 일어날 수 있었던 것이다.

따라서 필자는 이 시대에 활동한 루터와 칼빈에게 나타난 선교 사상과 선교활동을 살펴보고 종교개혁자들의 도시 선교 전략에 관해 고찰하면서 청교도들의 선교 사상까지 조명할 것이다. 이 시기를 1517년 종교개혁부터 청교도들의 활동을 보여 주는 17-18세기까지로 한다.

---

50 Paul G. Hiebert & Eloise Hiebert Meneses, *Incarnational Ministry*, 안영권, 이대헌 역 『성육신적 선교 사역』(서울: CLC, 2004), 363.

51 Bosch, 『변화하고 있는 선교』, 378.

(1) 배경

중세의 한 시대가 끝나고 로마 교회 내에서 종교개혁운동이 일어남으로 새로운 시대가 열리는 전환기적 시기이다. 로마 교회의 교황청이 1309년 프랑스의 아비뇽으로 옮겨졌는데 당시 교황인 클레멘트 5세는 프랑스의 왕인 필립 4세에게 굴종했다. 또한, 그레고리 11세의 계승자 문제로 인하여 교회권이 분열되었는데 두 사람의 교황이 각기 로마와 아비뇽의 교황청에 머물러 로마 교회가 양분되어 서로 세력을 다투었다. 우르반 6세는 로마의 교황청에, 클레멘트 7세는 아비뇽의 교황청에 있었다.[52]

교황청의 도덕적 타락과 교권의 분열이 심화되고 있던 시기였다. 니콜라스 5세, 칼리스투스 3세, 파이우스 2세, 식스투스 4세, 인노센트 8세 등은 교황으로서 자격이 없었고 온갖 부도덕한 일을 자행했다. 이런 로마 교회의 타락은 종교개혁이 일어나게 된 결정적인 계기가 되었다.[53]

이 시대에 모스크바의 대공인 이반 3세가 비잔틴 제국의 마지막 황제의 인척이 되는 공주와 결혼함으로써 동로마 교회의 후계자가 됨을 천명하고 모스크바를 제삼의 로마라고 호칭했고 이를 계기로 러시아 정교회를 확립시켰다. 또한, 르네상스 운동과 인문주의자들이 성경의 권위와 교회의 영적 권세에 대해 노골적으로 도전하던 시대이기도 했다.[54] 그리고 로마 교회의 한 시대가 끝나고 개신교회가 탄생하던 때이기도 했다.

16세기가 끝나기 전에 종교개혁이 도시에 끼친 영향은 널리 퍼져나갔다. 황제에게 복종한 65개의 제국 도시 가운데 50개가 종교개혁을 영구적으로 또는 주기적으로 다수운동이나 소수운동으로 인정했다. 인구 1,000명이 넘는 독일의 거의 200개에 해당하는 도시와 읍 대부분에서도 개신교 운동이 일어났다. 가장 큰 도시들 가운데 몇몇(누른베르크, 슈트라스부르크, 뤼벡, 아우크스부

---

52 김성태, 『현대 선교학 총론』, 257.
53 김성태, 『현대 선교학 총론』, 257.
54 김성태, 『현대 선교학 총론』, 257-258.

르크, 엘름은 2만 5천 명이 넘는 인구를 가진 도시)은 압도적으로 개신교가 되었다. 칼빈의 영향 아래 있었던 제네바는 유럽의 예루살렘이 되었다.[55]

(2) 종교개혁자들

종교개혁 시대에 많은 개혁자가 있었다. 그중에서 루터, 칼빈 그리고 청교도들은 도시 선교를 어떤 전략으로 수행했는지를 고찰할 것이다.

종교개혁 시대의 신학적 명제는 오직 성경(Sola Scripture), 오직 은혜(Sola Gratia), 오직 믿음(Sola Fide)이었다. 이와 더불어 만인제사장론은 중세 시대의 세속 권력에 종속되어 정치 권력의 시녀로 타락하고 부패한 교회가 성경으로의 갱신과 영적 부흥이 일어나는 데 밑바탕이 되었다.

루터는 교회와 국가의 분리를 주장했으며 영적 왕국과 세속적 왕국의 두 왕국 이론을 전개했다. 그는 교회의 성례 신학을 발전시킴으로서 세상에서의 부패와 오염을 경계해 소극적 교회 중심의 변혁 신학을 가지고 있었다.[56] 재세례파 사람들은 루터와는 대조적으로 세상 도시를 철저하게 부인하고 교회의 분리를 통한 자기 보존과 교회 중심의 전투적 변혁을 주장했다.

절충적인 루터와 극단적인 재세례파의 입장과는 다르게 칼빈은 교회와 국가의 영역이 서로 다르지만, 각자가 서로에게 책임이 있으며 상호 관련되어야 한다는 신율주의적인 견해를 가지고 있었다. 칼빈은 이런 개념을 가지고 스위스 제네바시를 중심으로 10년 이상 도시 선교 사역을 했다.[57]

---

55 Conn & Ortiz, *Urban Ministry*, 43.
56 김성태, "도시 선교 강의안", 33.
57 김성태, "도시 선교 강의안", 33.

① 루터[58]

루터는 에카르트 대학을 졸업하고 1505년에 어거스틴 수도원에 입교했다. 그리고 종단의 섹손 지방 총주교 대리인 스타우피쯔(Staupitz)에 의해서 1507년 사제 임명을 받았다. 그는 1513-1517년까지 비텐베르크(Wittenberg) 대학에서 시편, 로마서, 갈라디아서를 강의하기도 했다. 이렇게 평범한 생활을 하고 있었던 루터를 역사의 전면에 등장시킨 한 가지 사건이 있었다. 바로 1517년 테젤(Tetzel)이 성 베드로 사원 건축을 목적으로 면죄부를 판매하자 이에 분개해 비텐베르크 성당문에 95개 조항의 반박문을 게재함으로 종교개혁의 문을 열었던 것이다.[59]

결국, 교황청이 1521년 1월 3일 루터를 파문했다. 그러나 프리드리히 제후가 그를 바르트부르크 성으로 데려다가 보호해 줌으로 루터는 그곳에서 1522년 3월까지 12권의 책과 신약을 독일어로 번역할 수 있었다. 루터는 기독교 교육의 중요성을 강조했으며 지역 교회를 주장하기도 했다.[60]

데이비드 보쉬(David Bosch)는 "루터는 사도들의 시대에 이미 대위임령의 과제가 성취되었다는 것을 거부하고 로마 교회의 기존 세력권에 있던 유럽을 재복음화할 것을 주장했다"[61]라고 말했다. 루터로 인해 종교개혁이 일어나면서 개신교회가 탄생하고 개혁운동은 전 구라파에 확장되었다.

루터는 요한복음 3:16의 설교를 통해서 선교의 목적이 무엇인지를 말한다. 즉, "하나님의 뜻은 세상 사람들이 멸망하지 않고 심판에 이르지 않으며 구원을 듣게 하는 데 있다"는 것이다. 루터 설교의 핵심은 '이신칭의'였

---

58 1483년 11월 10일에 아이스레인에서 태어났다. 그는 법을 공부하기로 정했으나 수도원으로 방향을 돌렸다. 이 수도원은 많은 노력 끝에 루터가 하나님, 믿음, 그리고 교회에 대한 이해를 발달시킨 곳이다. Timothy George, *Theology of the Reformers* (Nashville: Broadman Press, 1988), 51.
59 김성태, 『현대 선교학 총론』, 304-405.
60 김성태, 『현대 선교학 총론』, 305.
61 David J. Bosch, *Transforming Mission*, 전재옥 역 『선교 신학』 (서울: 두란노 서원, 1987), 149.

다. 즉, '믿음으로 의롭게 되는 것'이 바로 구원을 얻게 하는 선교의 총론이라는 것이다.

　루터의 선교 활동은 다음과 같이 정리될 수 있다.

첫째, 그는 설교를 통해 선교 활동을 한 것이 두드러진다.

　실제로 루터는 주일에 세 번 설교했으며, 일생 2,300번 이상을 설교했다고 한다. 그가 선교에 있어서 설교를 중요하게 생각했다는 증거는 다음의 말에 잘 나타나 있다.

> 사람이 걸을 수 없을 때는 기어 다니는 것만도 다행이지, 최선을 다하게. 한 시간 동안 설교할 수 없거든 30분만 하든지, 그것도 못하겠거든 15분만 하게나. 제발 다른 사람 흉내 내려 하지 말게. 문제의 핵심을 가장 짤막하고 간단하게 얘기하고 나머지는 하나님께 맡겨요. 오직 그분의 영광을 바라보고 박수갈채는 바라지 말아요. 하나님께서 자네에게는 말하는 입을, 듣는 사람들에게는 귀를 주실 것을 기도하게나. 사실 설교는 사람의 일이 아닐세[62]

　이 말 속에서 루터가 설교를 통한 복음 전파 사역을 얼마나 소중히 생각하고 심혈을 기울였는지를 엿볼 수 있다.

둘째, 루터의 선교 활동은 성경 번역이 특징적이다.

　독일어 성경 번역은 루터에게 가장 귀한 업적이다. 그는 바르트부르크 성에서 신약성서를 번역했다. 그리고 그가 성경을 번역하는 동안 구텐베르크의 인쇄술이 발명되었다. 대량으로 성경이 번역, 인쇄, 배포될 수 있게 되었음을 의미한다. 후스의 시대에는 성경 한 권을 필사하는 데 10개월이

---

[62] Roland H. Bainton, 『마르틴 루터의 생애』이종태 역 (서울: 생명의 말씀사, 1982), 465.

걸렸다. 그리고 루터의 성경 번역 이전까지는 성직자들만이 성경을 읽을 수 있었으나 이때부터는 원하는 사람은 누구나 성경을 읽을 수 있게 된 것이다. 하나님의 카이로스적인 섭리하심이다. 또한, 루터는 제자들을 훈련시켜 덴마크, 노르웨이, 스웨덴, 핀란드에 파송했다. 그리고 그 지방 말로 성경을 번역할 것을 권장했다. 그는 직접 1538년에 핀란드어로 신약성경을 번역해 주기도 했다.[63]

② 칼빈

칼빈은 1509년 7월 10일 프랑스 북부의 작은 마을 누아용(Noyon)에서 태어났다. 그는 목회자, 선생, 저술가, 교회 정치가 그리고 남편이었다.[64] 이 다섯 가지가 칼빈의 생애를 설명하는 결정적인 용어이다. 칼빈은 종교개혁자들 가운데에서 가장 두드러진 인물이다. 그는 프랑스 파리에서 학창 시절을 보냈고 스트라스부르에서 망명자로서 살았으며 스위스 바젤에서 저술가로, 제네바에서는 목회자로서 살았다.

칼빈의 선교 사상은 하나님의 주권과 예정론이다. 이 선교 사상으로 칼빈의 사상에는 선교가 없거나 혹은 모든 인간은 하나님의 주권에 의해서 영원한 선택 혹은 영원한 유기로 나누어져서 복음 전파의 긴급성을 약화시킨다는 오해를 받기도 했다. 그러나 이것은 칼빈주의 예정론에 대한 오해다. 예정론의 중심 개념은 구원에 있어서 하나님의 전적 주권이다.

종교개혁자들은 구원의 전적인 주권이 하나님께만 있다는 사실을 강조했다. 이런 확신은 루터에게서는 '이신칭의'로, 칼빈에게서는 '예정론'으로 표현되었다. 예정론에 대한 강조는 오히려 선교에 관한 적극적 참여를 촉발시킨다. 하나님의 선택을 받은 자들은 활동하지 않은 채 그대로 머물러

---

63 최정만, 『다시 써야 할 세계 선교 역사』(서울: 쿰란출판사, 2007), 130.
64 Timothy George, *Theology of the Reformers*, 181-183.

있을 수 없다.[65]

칼빈의 선교 활동은 스위스의 도시 제네바를 중심으로 한 총체적 사역이었다. 16세기 당시 제네바에서의 사역은 험난한 목회적, 선교적 과제들이 많았다. 당시 도시 제네바는 프랑스를 위시한 유럽의 각국에서 박해를 피해 온 피난민들 때문에 실업과 물가 상승 등 여러 가지 사회 문제에 직면해 있었다. 프랑스에서 수많은 위그노 교도가 박해를 피해 떼를 지어 이주하면서 1550년과 1559년 사이에 제네바시의 인구는 두 배로 늘어났다. 또 엎친 데 덮친 격으로 역병이 유럽의 도시들을 휩쓸었다. 이와 같은 상황에 직면한 칼빈은 교회가 사람의 영혼은 물론 육체에도 관심을 가져야 한다고 주장하면서 학교와 병원과 공장을 세웠다. 그는 사회 각 분야에 지도력을 제공하기 위해 대학을 세웠다.

또한, 가난한 자와 노인과 과부와 고아들을 돌보는 병원을 설립했을 뿐만 아니라 가난한 자들이 일할 수 있는 직물 제조 공장들을 설립했다. 또 그는 이자율을 규제하고 가난한 자들에게는 무이자로 융자를 해줄 것을 주장했다.[66] 이와 같은 칼빈의 사역을 보아서 그의 사역은 기본 필요(felt need)를 채우면서 실제 필요(real need)를 채우는 총체적 사역이었다고 할 수 있다. 그 결과 안전을 구하기 위해서 제네바를 찾은 사람들은 돌아갈 때는 복음의 일꾼이 되어 자신의 고향에 복음을 전파하게 되었다. 이에 대해 필립 휴즈(Philip Hughes)는 다음과 같이 말한다.

> 제네바는 선교사적 관심과 활동에 중점을 둔 역동적인 거점이었으며, 그 학교에서 충분히 훈련받은 이들이 예수 그리스도를 섬기기 위해서 여러 지역으로 보냄 받아 좋은 소식을 전하기 위한 핵심축이 되었다.[67]

---

65 Bosch, 『변화하고 있는 선교』, 398.
66 한화룡, 『도시 선교』, 88.
67 Philip Hughes, *The Register of the Company of Pastors of Geneva in the Time of Calvin* (Grand

칼빈의 삶에 적용되는 복음 선포와 사회 각 분야에 걸친 총체적, 희생적 사역은 도시 제네바를 총체적으로 변화시킬 수 있었다.

또한, 칼빈의 선교 활동 중 두드러진 것은 해외 선교다. 제네바의 영향을 받아 네덜란드에 개혁교회가 세워졌다. 스코틀랜드에서는 존 낙스(John Knox)가 칼빈주의 신앙에 근거한 스코틀랜드 신앙 고백서를 만들었는데 이것은 그가 제네바에 있을 때 영어권 피난민들의 교회를 맡아 목회하면서 배웠던 내용들이다. 잉글랜드의 토마스 카트라이트는 제네바에서 훈련을 받은 후 본국으로 돌아가 잉글랜드 교회의 아버지가 되었고 그에 의해서 제네바 성경이 잉글랜드 청교도의 표준 성경이 되었다. 웨스트민스터 신앙 고백과 웨스트민스터 요리문답이 제네바 칼빈주의의 영향을 받아 작성되었다. 잉글랜드의 청교도 신앙은 신대륙인 뉴잉글랜드로 건너가 광범위한 영향력을 행사하기도 하였다.

칼빈은 브라질에도 선교사를 파송했다. 1555년 시작된 이 계획은 프랑스에서 박해를 받고 있던 위그노들이 평화롭게 살 수 있는 곳을 찾기 위해 남미 대륙에 정착지를 세우려는 것이었다. 이 계획은 프랑스 신교도의 지도자였던 콜리니 제독의 지원을 받아 추진되었다. 1555년 7월에 두 척의 배가 프랑스를 출발해 리우데자네이루 근처의 섬에 도착했다. 1557년 3월에는 300명의 프랑스 위그노와 두 명의 목사 선교사인 피에르 리쉐와 기용 샤르티에가 이 섬으로 파송되었다.[68] 이 계획은 원정 대장이었던 발르가뇽의 신앙적 변절로 인해 비록 실패하기는 했지만, 이것은 칼빈이 해외 선교에도 관심을 가지고 있었다는 충분한 증거가 될 수 있다.

Rapids: Eerdmans, 1966), 25.
68 황대우, 『칼빈과 개혁주의』 (도서출판 깔뱅, 2009), 338-341.

(3) 선교 전략

종교개혁 시대에 루터, 칼빈을 포함한 개혁자의 도시 선교 전략을 종합적으로 정리하면 다음과 같은 세 가지를 들 수 있다.

첫째, 교회 갱생(church renewal)을 통한 선교다.

루터와 칼빈은 처음부터 로마 교회에 대항하려는 의도는 아니었다. 당시 로마 교회가 신학적, 신앙적으로 잘못되었기에 그것을 갱생하고자 한 의도였다. 즉, 교회 안에서의 개혁운동이었다. 그러나 당시 교권을 장악하고 있던 지도층에게 거부되고 교회에서 제명(excommunication)되었다. 개신교회의 탄생은 불가피한 것이었다. 개혁자들의 신학적, 선교적 탐구는 교회 갱생을 통한 선교운동으로 이해되어야 한다. 이런 점에서 랄프 윈터가 선교 용어를 개념적으로 논할 때 E0(Evangelism 0)으로부터 출발한 것은 이런 맥락에서 이해되어야 한다. 교회가 영적으로 죽어 있고 존재는 있으나 아무런 영향력도 미치지 못하는 화석화된 상태에 있을 때 선교는 시작될 수 없다.[69]

이런 면에서 츠빙글리의 개혁은 주목받는다. 그의 개혁은 교회 갱생이었다. 오물 같은 부패한 교회를 정결하게 바꿔야 했다. 그것은 성경으로 돌아가는 길밖에 없었다. 츠빙글리의 목회에는 소위 '가서 전하는 선교'(go and preach mission)는 없다. 그러나 '와서 듣는 선교'(come and hear mission)가 탁월했다. 1천 년 동안 곪고 썩은 신앙을 말씀으로 도려내고 새 살을 붙이는 일에 츠빙글리는 전력을 다했다.[70]

둘째, 교육 선교다.

루터는 핍박으로 인해 피신해 있었던 바르트부르크에서 1522년 3월까지 머무르면서 12권의 책들과 신약을 독일어로 번역했다. 1526년에는 독

---

69 김성태, 『세계 선교 전략사』, 85-87.
70 안희열, 『세계 선교 역사 다이제스트 100』(침례신학대학교출판부, 2013), 274-276.

일어로 예배를 인도하고 회중 찬송[71]을 직접 작곡해 예배 시에 부르게 하기도 했다. 그는 기독교 교육의 중요성을 강조했으며 지역 교회를 주장했다.

칼빈 역시 스위스 제네바에 대학을 설립하고 개혁의 불길을 유럽에 확산시키는 데 전략적인 역할을 하게 하였다. 이곳에서 스코틀랜드 장로교회의 시조라 할 수 있는 존 낙스가 유배 생활 중 제네바 대학에 와서 칼빈에게 교육 받고 사상적인 큰 변화를 경험하기도 했다.[72]

종교개혁자들의 교육 선교 방법은 어떤 선교지의 상황에서도 전략적인 방법이라 할 수 있다. 지역 교회에서나, 타문화 선교지에서도 요청되는 것이 바로 교육 선교다. 교육 선교는 멘토링에서 말하는 공식적(formal), 비공식적(informal), 형식적(non-formal) 방법으로 실시할 수 있다.

셋째, 교회 중심 선교다.

개혁자들의 공통된 특징은 하나님의 말씀을 선포하고 가르침을 통해 교회를 설립하고 교회를 전 지구상에 확산시킴으로써 하나님 나라를 확장하는 것이었다.[73] 선교에 있어서 가장 중요한 것은 말씀을 선포함으로 교회를 설립하는 것이다. 말씀 선포 없이 인도주의적으로 희생하고 봉사하는 것만으로는 사람의 영혼을 구할 수 없다. 그러나 말씀을 선포하고 교회를 세우는 것만이 선교의 전부는 아니다. 계속된 양육의 과정이 있어야 할 것이고 교회를 통한 구제, 봉사 등이 이어져서 선교 대상지에 있는 사람들의 필요 역시 채워주어야 할 것이다. 이런 점에서 김성태는 한국 교회의 선교는 교

---

71 루터의 선교운동에서 빼놓을 수 없는 것이 찬송을 보급시킨 것이다. 그가 발간한 찬송가에는 23곡이 수록이 되어 있다. 그중에서 가장 유명한 곡인 '내 주는 강한 성이요'는 시편 46편에서 영감을 받은 것이다. 이 시편이 히브리어로는 "하나님은 우리의 피난처시다"로 되어 있고, 루터는 이것을 독일어로 "막강한 요새는 우리의 하나님이시다"로 번역하였다. 루터는 찬송가를 선교에 활용했다.
72 김성태, 『세계 선교 전략사』, 89.
73 Timothy George, *Theology of the Reformers*, 314-317.

단 중심이든지 초교파 선교 단체를 통해서든지 궁극적으로 교회 중심의 선교가 되어야 함을 주장한다.[74]

(4) 청교도의 선교

① 배경

청교도 운동은 헨리 8세 때 태동해 엘리자베스 1세 때 본격화되었다. 그리고 제임스 1세 때 성장했고 찰스 1세와 윌리엄 라우드(William Laud) 때 상당한 세력을 얻었으며 청교도들을 옹호하고 존경한 크롬웰(Cromwell)의 통치 때 짧지만 주도권을 잡았다. 찰스 2세 때 청교도 운동은 끝났다. 영국의 청교도 운동은 그 자체로 어떤 독립성을 갖지 않고 대륙의 개혁자들과 상호 긴밀한 관계성 속에서 이해되어야 한다.[75] 16세기 청교도들은 정치적 수단을 통해서 교회나 예배 개혁을 시도하려고 하였다.

엘리자베스 1세는 1559년 수장령과 통일령을 발표하고 1563년 주교 회의를 소집해 자신이 만든 성공회(Anglican Church)에 순응하도록 촉구했다. 청교도들은 정치권에서 엘리자베스 1세에 대항하지 못했다. 이때부터 청교도 운동은 정치적으로 실패했다. 의회를 통해서 교회 개혁을 시도하려고 했던 청교도들은 다른 방향으로 그들의 정력을 쏟아부었다. 그들은 열정을 가지고 강단에서 설교하고 출간물을 통해서 시민들에게 호소하며 교회 개혁을 촉구했다.

제임스 1세(1603-1625)가 통치하는 동안 영국의 청교도들은 뉴잉글랜드로 옮겨갔고 미국으로 가지 않은 사람들은 네덜란드의 항구에 은신해 있었다. 왕위가 제임스 1세에서 그의 아들 찰스 1세에게로 넘어갈 때 대다수 청

74　김성태, 『세계 선교 전략사』, 95.
75　서요한, "청교도 운동의 기원과 발전" 「역사신학 논총 제3집」(서울: 학술정보자료사, 2003), 367.

교도는 국내에 머물면서 수많은 핍박과 박해를 당했다. 찰스 1세의 신앙의 자유 박탈과 그의 추종자인 윌리암 라우드의 박해는 바른 신앙을 가진 사람들을 분노하게 했다. 이로 인해 호전적인 정치적 청교도주의가 탄생했고 이것은 의회주의를 통해 공화주의를 꽃피우게 한 것이다. 마침내 시민전쟁(1642-1648)이 군주와 교권을 억누르고 올리버 크롬웰이 정권을 잡았을 때 청교도주의는 최고의 세력을 확장하기도 했다.

② 선교 전략

청교도의 신학은 개신교회의 선교에 직접적인 영향을 주었다. 특히, 신전 의식, 경건 생활, 세상에 대한 언약 백성으로서의 책임 그리고 성령의 역사하심을 힘입어 부흥을 체험하며 온 세상에 복음을 전해야 한다는 사명 의식은 청교도들로 하여금 선교에 앞장서게 했다. 이런 청교도들의 도시 선교 전략은 세 가지로 살펴볼 수 있다.

첫째, 교리 교육이다.

청교도들은 예배를 중심으로 한 말씀 교육을 중요시했다. 평신도들을 체계 있게 말씀으로 교육하기 위해 교리 학습서를 만들고 생활 속에서 말씀대로 살아가는 그리스도인의 삶의 실천을 강조했다. 교회뿐 아니라 가정이나 학교에서도 성경공부반을 결성해 말씀대로 살아가는 그리스도인의 삶을 훈련했다.[76] 이와 같은 청교도들의 말씀에 대한 강조가 선교 정책에도 그대로 나타난 것을 볼 수 있다. 존 엘리어트[77]가 인디언 선교를 하는데 있

---

76 서요한, "청교도 운동의 기원과 발전", 109.
77 그는 록스베리 지역에서 교사로 사역을 하면서 앨곤퀸(Algonquin) 인디언에 대하여 관심을 가지게 되었고 그들을 위한 사역을 시작하였다. 그는 앨곤퀸 언어를 익히고 문어체를 만들어 성경을 번역하면서 개종한 인디언들을 모아서 '기도하는 인디언'이라고 불리는 공동체 마을을 형성하여 이를 확산시키기 시작하였다. 그는 개종한 인디언들을 모아서 근대적 교육을 하고 그리스도인의 모범적 삶을 살도록 하면 그 공동체를 통해 백인

어 성경을 체계 있게 조직적으로 가르치기 위해 여러 교리 혹은 성경 공부 학습서를 만들어서 그것으로 인디언을 교육했다.[78]

초창기 한국 선교가 성공할 수 있었던 요인 중 하나도 네비우스 선교 정책 안에도 포함되어 있지만, 성경 공부를 통한 철저한 삶의 변화를 추구한 청교도적 선교 사상이었다.

둘째, 선교 기지 중심 선교다.

여기서 말하는 선교 기지는 단순히 행정 업무를 총괄하는 곳이라는 의미가 아니다. 청교도들은 인디언 원주민들을 일정한 장소에 거주하게 했다. 그리고 그곳에 학교, 교회, 의료 시설까지 지어서 나중에는 일종의 선교 소도시를 형성했다. 이렇게 한 이유는 초신자들이 이웃의 패역한 생활 풍습에 다시 유혹되어 옛 생활로 돌아갈지 모른다는 우려감을 가지고 있었기 때문이다. 그리고 인디언 원주민들을 잘 훈련해서 성숙한 그리스도인이며 문화 시민으로 양성하고 이들을 통해 원주민 선교를 효과적으로 수행할 수 있다고 생각했기 때문이다. 이런 선교 기지 중심의 선교가 19-20세기 초엽까지 서구 선교의 주류를 이루었다.

그러나 이 전략은 몇 가지 부작용을 낳기도 했다. 원주민이 삶의 터전에서 유리됨으로서 이웃과 단절되고 이로 인해 교제의 길이 막히게 되었다. 이것은 오히려 선교의 장애가 되고 말았다. 또한, 원주민 신자들을 잘 훈련해 문화 생활적 측면에서 불신 이웃보다 월등한 삶의 질을 누리게 함으로 오히려 선교의 열정이 사라지고 유유상종의 공동체를 형성했다는 것이다.[79]

들에게 인디언 선교의 가능성을 나타내 보이고 인디언들에게는 가능성과 자신감을 심어주어서 인디언 복음화를 촉진할 것을 믿었다. 그는 이런 취지 가운데 인디언 마을을 이상적인 그리스도인의 삶이 구현되는 장소로 만들려고 노력을 하였고 이 마을들을 확산시키려 노력하였는데 1674년에는 15개의 인디언 마을에 3천6백여 명의 인디언이 있었다고 한다. 김성태, 『현대 선교학 총론』, 310.

78 김성태, 『세계 선교 전략사』, 109.
79 김성태, 『세계 선교 전략사』, 110-113.

선교 기지 중심의 선교는 중요하다. 그러나 선교의 기본 정의를 잊어서는 안 된다. 선교란 현지 원주민을 섬기는 것이며 예수 그리스도의 성육신적인 삶처럼 선교 현지에 들어가 그들과 함께 삶을 나누며 하나님 나라를 굳건히 세우는 것이다.

셋째, 교회 연합운동이다.

영국의 청교도들은 미국의 청교도 지도자와 더불어 밀접한 선교 협력을 했을 뿐만 아니라 영국의 국교도, 미국의 회중 교회, 독일의 모라비안파 선교 지도자와 선교 협력을 했다. 독일 경건주의 선교의 대부격인 프랑케(August Hermann Francke)는 조나단 에드워즈(Jonathan Edwards)와 서신 교류를 했고 서로 간의 세계 복음화를 위한 기도 합주회(Concerts of Prayer)[80] 운동을 벌이기도 했다.

선교 협력은 예수 그리스도가 중심이 되어야 하며 선교의 대의를 위한 상호 인정과 겸손히 섬기려는 자세가 요청된다. 청교도 지도자들은 선교 정보와 전략, 심지어 선교사를 훈련하고 선교 현지의 교재를 개발하는 일에도 개방적인 마음을 가지고 교파적 차원을 뛰어넘어 성경이 허락하는 범주 내에서 적극 교류를 시도했다.[81]

---

80 조나단 에드워즈(1703-1758)는 뉴잉글랜드에서 있었던 대각성운동(The Great Awakening)의 주역이다. 그는 후천년설을 주장하면서 주님의 재림이 임하기 전에 성령의 비상한 충만으로 말미암는 교회 부흥이 계속 일어남으로써 적그리스도와 사탄의 왕국이 무너지게 되고 천년 왕국이 임하게 될 것을 믿고 슥 8:20-22 말씀을 기초로 전 세계적인 기도의 연합운동인 '기도 합주회'(Concerts of Prayer)를 개최할 것을 주장했다. 김성태, 『현대 선교학 총론』, 25.

81 김성태, 『세계 선교 전략사』, 114.

4) 근대 산업화 시대의 도시 선교

이 시기는 18세기 중엽부터 20세기 중엽이다. 근대는 두 시기로 구분하여 다루고자 한다. 먼저 18세기 중엽부터 19세기 초까지를 살피고 다음으로 19세기 초부터 20세기 중엽까지의 도시 선교에 대해서 고찰할 것이다.

(1) 18세기 중엽-19세기 초

① 배경

과학 기술의 발달과 증기 기관, 방적기, 방직기 등의 발명은 영국에서 제1차 산업 혁명(1760-1830)을 일으켰고 대량의 공장 생산 체제가 근대적 도시화를 촉진했다. 산업 혁명을 계기로 과학 기술이 생산 과정에 도입되어 대량 생산이 가능해지고 이것을 소비하는 상업 활동의 증대로 도시는 생산과 소비 활동의 중심지가 되었다. 18세기 중반에서 20세기 중반까지 약 200년 동안 공장(산업화 시대에 대표적인 도시의 주요 기능)은 주로 서양 도시에 있었다. 특히, 영국이 가장 앞장을 섰다.

1790-1810년, 영국은 훗날 다른 사람들이 '세계의 작업장'이라고 부르는 국가가 되었다. 도시 인구는 점점 많아지고 다양해지기 시작했다. 여러 지방에서 사람들이 몰려오고 심지어 외국에서조차도 일거리를 찾아 몰려왔다.

도시 거주자들은 서로 다른 지역적인 문화적 전통을 가진 이질적이고 다양한 인구로 구성되었다. 노동의 분화는 점점 더 복잡해지고 개인 기술자의 생산에 의존하던 것이 공장에서의 집단 생산 체제에 의존하게 되었다.[82] 집단 생산 체제로의 전환으로 인해 인력이 부족하게 되고 이를 보충하기 위해서 농촌으로부터 비숙련 농민들을 이주시키게 되었다. 그리고 도시로의 이

---

82 정병관, 『도시 교회 성장학』, 51.

주로 인해서 도시는 점차적으로 빈민층 노동자들이 자리 잡게 되었다.

이 당시 선교운동의 주요 특징은 선교가 복음 전도에만 제한된 것이 아니라 사회 봉사를 포함하는 총체적 사역이었다는 것이다. 이 시기 사회적으로 급격한 기술 혁신을 이룩하게 되고 그 결과 자본가와 빈민 노동가 그리고 그 사이에 중산층(공장 지배인, 가게주인, 상인들)의 사회 계급이 발생하게 되었다. 이런 시대적 환경 가운데에서 각종 혜택을 누리는 것은 자본가들이며 노동자들은 완전히 소외되고 희망을 상실한 채 살아갔다. 사회 정의는 자본가의 편이며 도시는 부정과 부패로 가득 차게 되었다.[83]

이 시기 도시 인구는 크게 증가했다. 1800년에 런던은 파리의 두 배가 되는 90만 명의 인구를 가지게 되었고, 1861년에 그 인구가 300만에 육박하면서 세계에서 가장 큰 도시가 되었다. 1901년에는 450만에 이르렀다. 유럽 대륙의 도시들은 산업 시대에 진입했으며 급속한 인구 증가를 경험하게 되었다.[84] 이런 상황 가운데에서 선교는 총체적이지 않으면 안 되었다.

② 선교 전략

이 시대 선교는 웨슬리 형제의 선교가 돋보인다. 이들은 어려서부터 경건한 부모님의 영향 아래 신앙 훈련을 받았고 옥스퍼드대학교에 가서는 '거룩한 클럽'(The Holy Club)을 조직해 조지 휫필드와 더불어 초대 교회적 신앙생활을 사모했다. 형인 존 웨슬리는 모라비안파 선교의 총사령부가 되는 독일의 헤른후트를 방문해 진젠도르프와 교류를 나누며 많은 도전을 받았다. 이후 사역의 범위가 확장되자 모라비안파의 선교 조직을 본받아 양육 모임인 밴드(Band)와 클래스(Class)를 만들고 초신자와 기존 신자들의 신앙

---

83 정병관, 『도시 교회 성장학』, 51-52.
84 Paul Bairoch, *Cities and Economic Development : From the Dawn of History to the Present* (Chicago: University of Chicago Press, 1988), 290.

성장을 도모했다. 결국 이것이 감리교회의 기반이 되기도 하였다.[85] 이 시대에 도시 선교 전략으로 네 가지를 들 수 있다.

첫째, 셀 그룹(cell group)의 동력화다.

웨슬리 형제들은 선교를 수행함에 있어서 밴드, 클래스를 사용했다. 이 모임들은 감리교가 선교하는 데 있어서 주요 도구가 되었으며 이것은 개신교 선교에 큰 영향을 주었다. 한국 교회도 언더우드 선교사가 클래스 모임과 같은 사랑방 모임을 초창기 한국 교회에 소개했고 이것을 통해서 성도들을 양육하고 훈련했다. 또한, 오늘날 교회 성장학자들도 교회 성장을 위해서 셀 그룹을 적극적으로 활용할 것을 주장하고 있다.

둘째, 복음의 수용성이다.

존 웨슬리는 영국의 남쪽보다 북쪽 지역에 살고 있는 사람이 복음에 더 수용적이라는 말을 피력한 적이 있다.[86] 복음의 수용성은 하나님의 선재적 은총(God's prevenient grace)이다. 중간 계층의 사람들을 복음화하는 것이 전략적 측면에서 상류층과 하류층 모두를 복음화하는데 적합하다. 이것은 교회 성장학파에 의해 정교히 발전되었고 도시 선교적 측면에서도 복음의 수용성은 전략적으로 중요하다.

셋째, 음악을 통한 토착화다.

존 웨슬리의 동생 찰스 웨슬리는 음악적 재능이 풍부했다. 그는 음악적 은사를 가지고 형의 선교 사역을 도왔다. 당시 전통 영국 국교회 음악은 경직되고 메마른 의식용의 음악이었다. 그는 이런 음악으로는 성도들에게 감동을 줄 수 없다고 생각하고 불신자가 거부감 없이 들을 수 있고 기존 성도에게 신령과 진정의 예배 의식을 일으킬 수 있는 수많은 찬송을 작사, 작곡

85　김성태, 『세계 선교 전략사』, 117-118.
86　John Wesley, *The Works*, Vol. XII (Grand Rapids: Zondervan, 1958), 136.

했다. 한국 찬송가에도 찰스 웨슬리의 찬송이 15곡이나 수록되어 있다.[87]

음악을 통한 토착화 작업은 현대 교회가 심각하게 고민하며 숙고해야 할 문제이다. 도시인들의 정서가 변하고 욕구가 달라졌는데도 예배 의식은 과거 한국 교회가 선교를 받았던 때와 별반 달라진 것이 없다. 말씀이 예배의 심장임은 틀림없다. 그러나 성도들의 마음의 문을 열게 하는 것은 찬송만큼 효과적인 것도 없다.

넷째, 사회 봉사를 통한 선교다.

이 시대 영국의 도시 상황은 자본가, 중산층, 빈민가로 계층이 나누어져서 빈부 격차가 심했다. 힘 있는 자들과 힘 없는 자들을 나누었던 전통적 도시 사회 유형들이 강화되었다. 소수가 다수를 희생해 가면서 부를 축적했다. 새로운 도시 단지의 주된 요소들은 공장, 철도 및 빈민가가 되었다.[88] 웨슬리 형제가 운영하는 클래스는 매주 한두 차례 모였는데 주당 1페니씩 헌금을 내게 해서 모임 중에 청지기라는 직분자를 세워 재정을 관리하게 하고 구제하며 선행을 베풀고 사회 복지 기관을 운영해 가난한 이웃을 돕는 일을 수행하도록 했다.[89]

도시 선교를 함에 있어서 웨슬리 형제의 사회 봉사 사역이 필수적이다. 도시라는 무대는 단순히 사람들이 모여 있는 집합체가 아니다. 많은 사람이 자의로, 혹은 타의로 도시로 몰려오고 있다. 그러나 제도적으로 도시는 모든 사람에게 안락한 삶을 보장해 주지 못한다. 필연적으로 도시의 병리 현상이 나타나게 된다. 따라서 도시를 복음화하기 위해서는 구령적 차원의 전도 방법뿐만 아니라 사회 봉사 차원에서의 총체적 선교가 필요하다.

---

87 김성태, 『세계 선교 전략사』, 125-126.
88 Lewis Mumford, *The City in History* (New York: Harcourt Brace Jovanovich, 1961), 458.
89 김성태, 『세계 선교 전략사』, 123.

(2) 19세기 초-20세기 중엽

① 배경

라토렛은 이 시기를 '위대한 세기'라고 했다. 우리의 귀에 익숙한 수많은 선교사가 이 시기에 등장하기도 한다.

18-19세기에 나타난 도시 병리 현상, 즉 자본가와 빈민가의 차이가 계속되면서 교회의 총체적 사역이 펼쳐지던 시대였다. 이 당시에 주목할 것은 마르크스의 사회주의 출현이다. 즉, 마르크스는 자본가들이 생산된 상품을 가지고 시장에서 서로 경쟁해야 했고, 경쟁을 이기기 위해서는 노임 착취가 불가피했으며, 자본가에 의한 노임 착취는 결과적으로 사회적 구매력의 저하를 가져오게 되고 시장에는 많은 상품이 적재되어 팔리지 않는 소위 공황 상태가 발생하고 이런 자체 모순으로 인해 자본주의는 망한다고 보았다.

마르크스는 자본주의의 모순이 생산 수단의 사유화와 시장을 통한 분배 체제의 허점으로 야기된다고 보고 생산 수단의 공유와 공평 분배를 포함하는 사회주의 경제가 필연적으로 실현될 것을 예견했다. 그는 헤겔의 변증법과 유물론을 가지고 공산주의 운동을 벌였으며 그의 후계자 레닌과 스탈린을 통해 전 세계 3분의 1 정도의 사람을 공산주의 체제로 끌어들였으나 스탈린식 폭압적 전제주의 체제의 반인륜적 특성과 집단주의 경제 구조의 실패로 오늘날 많은 사람을 희생시키며 붕괴하고 있다.[90]

영국에서 일어난 산업 혁명은 인류의 삶에 획기적인 변화를 주었으며, 구미의 근대적인 의미의 도시화 현상이 일어나게 되고 이것은 세계적인 현상으로 나타났으며, 유물론적 세계관을 가진 공산주의 사상의 등장과 사회주의 운동의 대두, 이런 사회적 배경과 산업 혁명 이후 급속한 도시화 현상과 도시 병리 현상에 직면한 개신교회는 하나님의 은혜로 큰 부흥운동이

---

90 김성태, "도시 선교 강의안", 34-35.

일어나게 되었고 이것은 사회 개혁 측면의 도시 선교운동과 세계 선교운동으로 나타나게 되었다. 이 시기에는 강력한 선교 단체들이 조직되어 선교 사역을 감당했던 것을 보게 된다. 1734-1744년까지 영국과 미국 뉴잉글랜드 지역을 중심으로 조지 휘트필드와 조나단 에드워즈에 의한 '대각성운동'(Great Awakening)이 일어났다.

이 부흥운동은 윌리엄 캐리와 허드슨 테일러에게 영향을 주어 19세기 선교의 기폭제가 되었다.[91] 이 부흥운동은 1806년에 일어난 윌리엄즈(Williams) 대학의 건초더미 기도운동,[92] 1830년 예일대학에서 일어난 복음 각성 운동(The Evangelical Awakening)과 연결된다. 건초더미 기도회에 참가한 일곱 명의 학생이 주축이 되어 앤도버(Andover), 프린스턴(Princeton), 워싱턴(Washington) 대학교에서 대학생 중심의 선교 조직을 결성, 이 단체는 1810년에는 미국 최초의 초교파 개신교 선교 단체를 결성하게 되고 그 명칭

91　김성태, 『세계 선교 전략사』, 127.
92　17세기 이후 세계의 영적 흐름을 바꾸어 놓은 중요한 사건이 있다. 바로 1806년에 뉴잉글랜드 윌리엄즈 칼리지에서 일어난 '건초더미 기도회'(Haystack Prayer Meeting)다. 이 기도회 사건을 계기로 19세기 말과 20세기 초의 위대한 미국의 학생 선교운동이 시작되었고, 그 결과 우리나라를 비롯한 세계 열방에 복음이 전파되기 시작했다.
뉴잉글랜드 리치필드(Litchfield) 부흥운동은 메사추세츠의 윌리엄즈 타운(Williamstown)에까지 영향을 미치고 이 영향을 받은 젊은이들이 윌리엄즈 대학에 입학하게 된다. 그 중 제임스 리차드(James Richards), 사무엘 밀즈(Samuel J. Mills), 하비 루미스(Harvey Loomis), 바이람 그린(Byram Green), 프랜시스 로빈스(Francis Robbins), 다섯 학생은 윌리엄즈 마을과 대학 안에 영적 부흥운동을 일으키기 위해 기도하다가, 자신과 뜻을 같이 하는 동료들을 만나게 되고 함께 정기적으로 모여서 기도하는 모임을 만들게 된다. 그러다가 1806년 8월 초 어느 토요일, 사무엘 밀즈를 비롯한 다섯 명의 학생들은 Hoosic River 강변에 모여 기도하고 있었다. 이 때 갑자기 검은 구름이 몰려오고 빗방울이 떨어지기 시작했다. 이들은 급히 소나기를 피해 근처에 있는 건초더미(Haystack) 속으로 몸을 피했고, 이들은 그 곳에서 세계 선교에 대한 비전을 품고 기도하기 시작한다. 이 때 기도회를 인도하던 밀즈는 성령께서 주시는 영감을 받아 "우리가 하고자 하면 할 수 있다"(We can do this if we will)라고 하면서 해외 선교를 위해 기도했다. 이들이 눈을 떴을 때는 이미 검은 구름은 지나가고 파란 하늘이 그들의 머리 위에 펼쳐져 있었다. 이들은 여름 내내 그 숲 속에서 해외 선교를 위해 기도했고, 이 기도회는 1807년 이듬해 여름까지 계속되었다. 이것이 미국 청년들 사이에서 일어난 해외 선교를 위한 첫 기도 모임이었던 셈이다.

은 '외지 선교를 위한 회중적 선교부'(Congregational Board of Commissioners for Foreign Missions)였다. 이것이 1912년에 '미국 외지 선교부'(American Board of Commissioners for Foreign Missions)로 명칭이 바뀌었다.

이 선교 단체를 통해 프린스턴 설립자 중 한 사람인 사무엘 밀즈(Samuel Mills)와 미얀마 선교의 개척자인 아도니람 저드슨(Adoniram Judson)이 선교사로 자원하기도 했다. 1883년에는 하트퍼드(Hartford)에서 선교를 위한 신학교 연맹(Inter-Seminary Alliance)이 결성되기도 했는데 이 모임에는 한국 선교사로 온 언더우드와 아펜젤러가 참석하기도 했다.[93]

특히, 이때 등장한 무디(Dwight Lyman Moody)는 영국과 미국을 중심으로 교회 부흥과 선교운동의 박차를 가했다. 1886년 메사추세츠 주의 헐몬산 집회[94]는 특히 유명하다. 집회에 모인 251명의 학생 중 100명이 선교사로 헌신하였다. 특히, 저녁 집회 강사 피어슨(A.T.Pierson)은 "이 세대에 세계를 복음화"(The Evangelization of the World in This Generation) 하자고 말했고 이것은 학생 자원 운동의 모토가 되었다.[95]

---

93 김성태,『세계 선교 전략사』, 128-129.
94 1885년 루터 위샤드(Luther Wishard)는 무디에게 헐몬산에서 한 달 동안 학생 수양회를 개최할 것을 설득했다. 이 집회는 성경공부에 초점이 맞추어져 있었다. 로버트 윌더(Wilder)는 대학을 졸업한 직후에 참석했다. 존 모트(Mott)는 코넬대 학생으로 YMCA 리더였다. 존 R. 모트도 수양회에 참석하였다. 그레이스 윌더는 집에 남아 기도했다. 수양회는 한 달 동안 계속되었다. 학생 251명이 참석했다. 세상 끝 날까지 전할 두 가지로 성경과 음악이 강조되었다. 7월 16일 피어슨은 현대 선교 역사에 나타난 하나님의 섭리에 대해 말씀을 전하였다. 단순한 모토를 반복했다. "모두가 가야 한다, 모든 곳으로" 7월 24일 학생들은 무디에게 전 세계의 영적 필요에 대해 자신들이 준비한 자료를 제시할 수 있게 허락해 달라고 했고, 무디는 허락했다. 학생들은 여러 나라의 영적 필요에 대해 준비한 것을 제시하였고, 열방에 대해 뜨겁게 기도했다. 윌더는 프린스턴 선언문을 학생들에게 돌려 서명을 받았다. 100명이 선교사가 되기로 작정하였다. 실로 극적인 순간이었다. Pierson,『선교학적 관점에서 본 기독교 선교운동사』, 519-520.
95 김성태,『세계 선교 전략사』, 129.

② 위대한 세기를 만든 선교 영웅들

이 시기는(18세기 중엽-20세기 중엽) 라토렛이 말한 대로 선교의 위대한 시기다. 따라서 수많은 선교의 영웅이 등장한다. 선교의 큰 획을 그은 선교사들을 모두 살펴볼 수는 없다. 윌리엄 캐리, 데이비드 리빙스턴, 로버트 모리슨, 아도니람 저드슨, 헨리 마틴, D.L. 무디, 찰스 시므온, 존 모트, 아더 피어슨, 로버트 스피어, 존 그레샴 메이첸, 제임스 허드슨 테일러, 칼 구출라프, 존 네비우스, 윌리엄 부쓰 등등. 이 중에서 필자는 캐리, 테일러, 그리고 도시 선교의 모범을 보여 준 인물로 구세군의 창시자 윌리엄 부쓰 그리고 한국 초창기 선교의 전략적 모범을 보여 준 존 네비우스에 대해서 고찰할 것이다.

윌리엄 캐리(William Carey)는 근대 선교의 아버지[96]로 불린다. 캐리는 가난한 가정에서 구두수선 일을 하며 성경 언어를 익히고 프랑스어, 화란어를 공부했다. 1783년 침례교에 가입하고 구두 수선 일과 설교와 가르치는 일을 했다. 캐리는 쿡 선장의 항해기, 존 엘리어트의 생애집, 데이비드 브레이너드의 일기집을 읽으며 선교사로 헌신할 것을 결심하게 되었다.

1792년 『이교도들에 대한 개종을 위해서 적절한 수단을 사용하는 기독교인들의 의무에 관한 질의』라는 소책자를 출간해 영국 교회의 선교에의 참여를 호소했다. 개신교가 선교의 사명을 시급히 감당하되 로마 교회처럼 적절한 선교 기구의 수단을 사용할 것을 촉구하고 '영국 침례교 선교회'(The English Baptist Missionary Society)를 창설했다. 그리고 존 토마스(J. Thomas)와 함께 인도의 캘커타를 향해 출발했다.[97]

---

[96] 캐리를 근대 선교의 아버지로 부르는 데는 3가지 이유가 있다.
첫째, 개신교회 역사상 최초의 선교 기구(BMS)를 결성했다.
둘째, 선교 사역을 조직적으로 체계화하는 선교 프로젝트를 시도했다.
셋째, 성경 번역의 전문 사역을 수행했다.
김성태, 『세계 선교 전략사』, 206. 현대 선교의 모든 사역 방법이 그의 선교 방법에 포함된다는 점에서 그를 근대 선교의 아버지라 부른다.

[97] 김성태, 『현대 선교학 총론』, 332-333.

인도에서 사랑하는 아들을 잃고 아내마저 정신 질환으로 고생했다. 이런 와중에도 그는 자비량 선교를 하기 위해서 1794년부터 5년 간 인디고 공장의 지배인으로 근무했다. 그가 왜 공장의 지배인으로 근무했는지를 놓고 의아해 하는 학자들도 있으나[98] 캐리는 자비량 선교와 인도 언어를 익히기 위함이었다. 실제 그는 지배인으로 일하면서 성경을 번역하는 일을 시작했다.[99] 1800년 영국의 동인도 회사의 핍박이 가중되어 오자 그는 캘커타 근교 덴마크령인 세람포어로 선교 기지를 옮기고 세람포어의 삼총사라 불리는 윌리엄 워드(William Ward), 여호수아 마쉬맨(Joshua Marshman)과 함께 선교에 박차를 가했다. 캐리는 인도에서 젊은 아내가 남편의 시체와 함께 산 채로 화장되던 수띠(Suttee) 풍습을 목격하고 수띠 풍습을 반대하는 사회운동을 벌이기도 했다.

또한, 그는 인도에서 유아 살해를 금지하는 법안을 통과시켰다.[100] 또한, 캐리는 동료들과 함께 인도 6개 언어로 신구약 전권, 신약 24개 언어 그리고 성경의 일부를 10개 언어로 번역했다. 이런 캐리의 선교 열정은 영국, 스코틀랜드, 유럽 대륙 그리고 북미 지역에 사는 사람들에게 엄청난 선교적 자극을 주었다. 그의 영향은 상상을 초월하는 것이었다.[101]

캐리의 선교 전략은 주로 설교와 현지어로 된 성경의 번역, 교회 개척과 현지 종교에 관한 연구 그리고 사역자를 훈련하는 일이었다. 그의 선교 방법은 오늘날에도 가장 보편적으로 사용되고 있기에 그는 현대 선교, 특히 도시 선교의 나아갈 방향에 대한 통찰력을 우리에게 제공해 준다고 할 수 있다.

다음으로 주목할 인물은 제임스 허드슨 테일러(James Hudson Taylor)이다. 그는 경건한 가정에서 태어나 신앙적인 영향을 받으며 성장했고 그의 어머

---

[98] Pierson, 『선교학저 관점에서 본 기독교 선교운동사』, 431.
[99] 김성태, 『현대 선교학 총론』, 333.
[100] Pierson, 『선교학적 관점에서 본 기독교 선교운동사』, 432.
[101] Pierson, 『선교학적 관점에서 본 기독교 선교운동사』, 432.

니는 그를 선교사로 서원해 하나님께 드렸다. 테일러는 버지니아 출신으로 성공회 배경을 가진 사람이었다. 그는 농사꾼 설교자[102]인 윌리엄 마샬의 설교를 듣고 회심했다. 테일러는 탁월한 선교사였다. 그는 중국에 가기 위해서 신학과 의학을 공부했고 칼 구출라프가 속해 있었던 '중국 복음회'의 파송으로 1854년 상해로 갔다. 그는 수개월 동안 전도 여행을 다니며 내지 선교의 가능성에 대해서 큰 도전을 받았다.[103]

테일러의 선교 전략은 두 가지로 볼 수 있다.

하나는 믿음 선교다. 그는 중국 내지에 전도 여행을 다니면서 내지로 자신을 부르신다는 강한 소명과 부담을 안게 되었다. 내지의 영적 황무함과 인구의 많음과 복음의 수용성이 있는 것을 보고 큰 도전을 받았다. 그리고 새로운 결단을 하게 되었다. 그는 은행에 가서 믿음으로 '중국 내지 선교회'(China Inland Mission)라는 이름으로 계좌를 개설했다. 그의 수중에는 10파운드가 있었을 뿐이고 선교 단체도 조직되지 않은 상태였다. 테일러는 구체적으로 기도하기 시작했다. 중국 24개 지방을 위해 48명의 선교사를 주시라고 기도했다. 출신, 학력 상관하지 않고 선교사를 찾아 나섰다. 그는 조지 뮬러의 믿음 선교 원칙을 따랐다. 조지 뮬러는 다른 사람들에게 돈을 결코 요구하지 않고 오직 기도를 통해 하나님께서 필요한 것을 공급해 주실 것으로 믿었던 사람이었다.

CIM은 믿음 선교의 모범이 되었다. CIM은 초교파 선교 단체의 모범이 되었다. 지금은 OMF(Overseas Missionary Fellowship)로 개명하고 동아시아 지

---

[102] 침례교도들은 서부로 이주하면서 길에서 전도했다. 믿는 자들을 냇가로 데려다가 침례를 주었다. 침례교 설교자는 그들 가운데 평범한 한 사람이었다. 농사꾼-설교자였다. 그는 다른 사람들과 같이 농사를 지어 먹고 살았다. 교인들은 설교자에게 곡식이나 가축으로 사례를 했다. 이런 후원은 설교자를 농부로부터 일부 자유롭게 하여 더 많은 시간을 설교하고 다른 지역에 가서 복음을 전할 수 있게 하기 위함이었다. Pierson,『선교학적 관점에서 본 기독교 선교운동사』, 469.

[103] 김성태,『현대 선교학 총론』, 408.

역 나라들 가운데에서 활동하고 있다.[104]

테일러가 펼친 또 다른 하나의 전략은 상황화(Contextualization) 선교 전략이다. 상황화는 선교 전략상 필수적 요소다. 도시 선교에 있어서도 상황화는 필요하다. 테일러는 중국인처럼 생활했다. 가능한 중국인 옷을 입고 생활했다. 당시는 서양인들이 서양 문화를 기독교 문화와 동일시하던 때였다. 그러나 테일러는 일부러 서양 문화의 특정한 면을 반대하고 등을 돌렸다. 중국인 복장을 하고 댕기머리를 했다. 다른 유럽 출신 선교사들은 이런 테일러의 행동을 심하게 비난했다. 미쳤다고 힐난하며 부인이 될 마리아에게 채근하기도 했다고 한다.[105]

허드슨 테일러는 19세기 중엽까지 모든 선교 기구의 본부가 식민지의 목적 성취를 위해 개발된 해안가의 도시 안에 자리 잡고 있을 때 복음을 들고 내지로 찾아가는 선교를 했다는 데 역사적 의의가 있다.[106]

윌리엄 부쓰(William Booth)는 도시 빈민 선교의 시조라고 불릴 만하다. 그는 감리교 목사였다. 1865년 런던 동부 지역에서 빈민가 목회를 시작했다. 그는 사역 도중 이 지역을 위한 범지역적 목회가 필요함을 절감하게 되고 이를 위한 단체 구성의 필요성을 느꼈다. 그 필요성이 1878년 구세군을 창설하게 했다. 그는 도시 빈민에 관심을 가지고 도시 빈민 선교 사역을 수행했다.

이 과정에서 부쓰는 런던 시민들의 생활과 빈곤에 대한 실증적 조사를 하게 되었다. 부쓰는 조사과정에서 빈곤의 원인이 빈곤자 개인의 도덕적 결함이나 나태에 있는 것이 아닌 불충분한 임금, 비위생적인 환경, 부적절한 주택, 비위생적인 노동조건 등 사회적 조건에 기인한다는 사실을 발견하게 되었다. 이런 현실 파악은 구세군 조직을 군대식으로 만들게 했고 군

---

[104] Pierson, 『선교학적 관점에서 본 기독교 선교운동사』, 511-512.
[105] Pierson, 『선교학적 관점에서 본 기독교 선교운동사』, 512.
[106] 김성태, 『현대 선교학 총론』, 409.

대식 인사 관리, 군대식 계급 제도를 채용함으로써 도시 지역을 향한 총체적 선교 접근, 즉 복음 전도와 사회 활동이 적극적이며 용이하게 하고 보다 조직적이고 역동적이 되도록 했다.[107]

도시화는 필연적으로 빈민가를 형성하게 되는데 부쓰의 빈민 사역은 도시 빈민 선교에 대한 중요성을 현대 도시 사역자들에게 알려주고 있다.

마지막으로 살펴볼 사람은 존 네비우스(John Livingston Nevius)다. 그는 초기 한국 선교에 지대한 공헌을 한 인물이다. 그의 선교 정책을 초대 한국 교회가 채택했고 그의 정책으로 한국 교회는 크게 부흥했다. 한국 교회사 속에 나타난 도시 선교를 연구할 때 언급됨으로 여기서는 간략하게 살펴보기로 하겠다.

네비우스는 유니온대학교를 졸업하고 프린스톤신학교에서 공부하던 중 선교사의 소명을 가지게 되었다. 1890년 중국에서 선교사로 활동하던 네비우스는 언더우드 선교사가 주최한 장로교 선교사 수양회의 강사로 초빙 받아 한국에 왔다. 그는 2주 동안 머물면서 네비우스 방법을 세밀하게 가르쳤다. 네비우스 선교 방법이란 19세기의 헨리 벤(Henry Venn)과 루푸스 앤더슨(Rufus Anderson)의 토착화 원리를 중국 상황에 맞게 구현한 것인데, 그들보다 뛰어난 점은 선교를 통한 문화 변혁까지 염두에 두고 문화 속에서 복음이 문화를 변화시키면서 정체성 있는 토착 교회를 설립하자는 것이었다.[108] 중국에서는 환영받지 못했으나 한국에 있는 선교사들은 만장일치로 그의 선교 정책을 받아들였다.

---

107 정병관, 『도시 교회 성장학』, 54.
108 김성태, 『현대 선교학 총론』, 410.

③ 선교 전략

이 시기에 주목할 만한 도시 선교 전략으로 두 가지를 배울 수 있다.

첫째, 토착 교회 설립운동이다.

이것은 19세기 영국의 '교회 선교회'(Church Missionary Society)의 총무였던 헨리 벤과 미국의 최초 선교 기구인 '미국 외지 선교회'(American Board of Commissions for Foreign Mission)의 총무였던 루푸스 앤더슨에 의해 주장된 현지 교회의 자급, 자치, 자전 운동이다. 이들은 삼위 하나님이 선교의 주인이심을 믿고 특히 성령 하나님께서 토착 교회 지도자와 연약한 교인들을 책임져 주신다고 믿는 믿음 가운데서 자급, 자치, 자전의 토착 교회 설립을 적극적으로 실천했다.[109]

그러나 토착 교회가 제대로 세워지기 위해서는 문화 변혁까지 이루어져야 한다. 시간적 여유를 가지고 하나님 말씀의 권세를 믿고 총체적 변혁을 시도할 때 진정한 토착 교회가 세워지는 것이다. 더욱 중요한 것은 토착 교회가 다시 선교하는 교회가 되도록 하는 것이다. 타문화 선교에서 선교 현지에 교회를 설립하고 토착 지도자를 양성하고 그 후에는 선교지 교회를 다시 선교하는 교회로 만드는 것이 선교 목표가 되어야 한다. 재생산 사역이라고 할 수 있다.

둘째, 총체적 선교다.

이 당시의 선교는 윌리암 캐리에게서 볼 수 있듯이 총체적 선교 사역이었다. 캐리는 개신교 역사상 최초의 선교 단체를 설립하면서 그의 책 『이교도들에 대한 개종을 위해서 적절한 수단을 사용하는 기독교인들의 의무에 관한 질의』에서 선교를 위해 가능한 모든 합법적 수단을 개발하고 동원해야 한다고 주장했다. 캐리 자신이 선교지에서 성경 번역, 학교 설립, 지도

---

[109] 김성태, 『세계 선교 전략사』, 132-133.

자 훈련, 교회 설립, 문서 선교 및 사회 개혁운동까지 실행했다.[110]

5) 현대와 도시 선교

현대 선교의 두드러진 변화는 복음 전도에 전적으로 헌신하는 장기 선교사들의 사역만을 중요시했던 지난 때와는 달리 평신도 선교사, 단기 선교사, 전문인 선교사 등이 증가하고 있다는 것이다. 이것은 지역적으로 장기 선교사가 입국할 수 없는 국가가 많다는 것도 요인이 되겠지만 선교의 방법에 있어서 다양해졌다는 것이 더 큰 요인이 될 것이다.

현대 선교는 도시 선교라고 해도 과언이 아니다. 앞서 언급했지만, 세계 인구가 79억을 넘어섰다. 세계의 도시들에는 사람들로 넘쳐난다. 세계적으로 일어나고 있는 도시화 현상으로 도시 선교의 중요성이 대두되고 있다.

전 국토의 도시화, 전 세계의 도시화 시대에 믿는 사람들을 중심으로 한 목회 프로그램은 지양하고 지역 사회 속에서 도시인들의 문제를 민감하게 인식해 도시인들을 성경적으로 변화시킬 수 있는 창의력 있고 도시의 상황과 도시인들의 상황에 적합한 상황화된 성육신적 선교 전략이 요구된다.

3. 한국 역사에 나타난 도시 선교

지금까지 서구 사회를 중심으로 초대에서 현대에 이르기까지 사회적 배경과 선교 전략 그리고 두드러진 인물에 대해 살펴보았다.

---

110 김성태, 『세계 선교 전략사』, 135.

이제 한국 교회사에 나타난 선교 전략을 고찰할 것이다. 한국 교회사에 나타난 선교 전략을 네 시기로 구분해서 연구하고자 한다.

첫째 시기는 1907년을 기준으로 하는 시기다.
그 이유는 선교사들의 입국이 개시되고 1907년 일어났던 평양대부흥운동이 우리 역사에서 차지하는 비중이 지대하기 때문이다.
둘째 시기는 1945년을 기준으로 한다.
그 이유는 일제 강점기와 전쟁으로 인해 나라 전체가 폐허가 된 상황에서 복음의 생명력이 돋보이기 때문이다.
셋째 시기는 1970년대를 중심으로 한다.
그 이유는 한국 교회의 대대적인 부흥의 역사가 나타났던 시기이기 때문이다.
넷째 시기는 1980년대부터 현재까지다.
이 시기는 1980년대 초와 그 이후로 나눌 수 있다. 그 이유는 1980년대 초까지는 한국 교회가 부흥하던 시기였고 그 이후에 점차적으로 감소하는 시기로 보기 때문이다.

1) 1907년 전후 : 성령의 강한 바람

(1) 선교사들의 입국과 사역

한국 땅에 최초로 온 선교사는 칼 구츨라프(Karl Friedrich August Gustzlaff, 1803-1851)이다. 그는 1832년 동인도 회사의 통역관으로 일하면서 영국 상선 로드 앰허스트(Lord Amherst)호를 타고 서해안 부근에 도착해서 한 달 정도 동안 한문 성경을 나누어 주며 전도했다. 그러나 구츨라프는 한국 선교에 직접적인 영향을 주지 못했다. 그런 점에서 1866년 평양에 도착한 토마

스 목사(R.J. Thomas)에게 주목해야 한다.[111]

토마스는 1865년 9월 4일 한편으로는 선교를 위해서 다른 한편으로 조선어 습득을 위해서 여러 권의 중국어 성경을 가지고 황해도 창린도에 와서 2개월 반을 머물면서 한글을 배우며 선교했다. 중국으로 돌아간 토마스는 1866년 제너럴 셔먼(General Sherman)호가 대동강을 거슬러 평양으로 입국한다는 소식을 듣고 이 배의 통역관의 자격으로 승선해 조선에 오게 되었다. 그러나 대원군 치하의 조선 정부가 쇄국 정책을 쓰고 있고 외국과의 접촉을 끊고 있는 상황에서의 입국인지라 박춘권의 칼에 순교의 피를 대동강에 뿌렸다.[112]

그러나 터툴리안이 말한 것처럼 토마스의 순교의 피는 교회의 씨앗이 되어서 그의 뒤를 이어 선교사들이 흑암의 땅 조선을 향해 봇물처럼 들어오기 시작했다.

그중 우리가 주목할 선교사들은 언더우드(Horace Grant Underwood)와 아펜젤러(Henry Gerhard Appenzeller)다. 언더우드는 1884년 7월 미국 북장로교 선교부의 임명에 따라 이듬해 감리교 목사인 H. G. 아펜젤러와 함께 한국에 입국했다. 그는 1886년 한국 최초의 고아 학교(고아원)를 설립했는데 이 학교가 경신 학교의 전신이다. 1887년 9월 새문안교회를 설립했으며, 1889년에는 한국예수교성교서회를 창설하여 문서를 통한 선교 실무를 관장하며 『한국어문법』을 편찬·간행했다. 1897년 '그리스도 신문' 창간, 1900년 기독교청년회 조직, 1915년 경신학교에 대학부를 설치해 연희전문학교 설립에 바탕이 되었다. 그밖에 세브란스 의학교, 피어선 성경학원, 평양 장로교 신학교 등의 설립에 주도적 역할을 했으며, 성서 번역사업에도 크게 기여해 한국 최초로 찬송가를 간행하기도 했다.

---

111 김성태, 『세계 선교 전략사』, 215.
112 박용규, 『평양대부흥 이야기』(서울: 생명의말씀사, 2006), 8-13.

아펜젤러는 1884년 미국 감리회 해외 선교부의 한국 선교 결정에 따라 1885년 4월 5일 한국에 입국해 한국 선교회 및 배재학당을 설립했다. 1887년 한국 선교부 감리사로 있으면서 학교와 병원 등 복음 전도의 여러 사업을 맡기도 했다. 그리고 같은 해 10월 29일 서울에 벧엘 예배당(지금의 정동제일교회)을 설립했으며 1888년에는 H. G. 언더우드, G. H. 존스 등과 함께 지방을 순회하면서 전도 활동을 펼치며 한국 선교에 지대한 공헌을 했다. 1890년에는 한국성교서회(韓國聖敎書會)를 창설해 1892년 회장직을 맡는 등 성서 번역사업에 큰 기여를 했다.

이 외에도 수많은 선교사의 활동이 있었고 그들이 펼친 선교 전략으로 흑암과 미지의 조선이라는 땅에 복음의 빛이 비치게 되었다.

(2) 선교 전략

이 시기의 선교 전략을 다섯 가지로 살펴볼 수 있다.

① 총체적 사역이다

총체적, 통전적 선교가 있기 전에 도날드 맥가브란(Donald McGavran)의 교회 성장 이론 그리고 피터 와그너(Peter Wagner)의 교회 성장 이론이 있었다.[113] 그 뒤에 3세대 교회 성장 학자들로서 올란드 코스타스, 조지 피터스, 에디 깁스, 찰스 반 앵겐, 크리스쳔 슈바르츠 등은 통전적 교회 성장을 주장했다. 질적인 면과 양적인 면이 함께 되게 하는 것이 통전적이다. 어원적

---

113 맥가브란은 인도에서 사역하는 동안 "사람들은 어떻게 기독교인이 되는가"라는 질문과 함께 개종 과정을 면밀하게 관찰하고 연구했다. 그 결과 종족운동 원리(People Movement), 동질성의 원리(Homogeneous Unit Principle), 양적 성장 강조(Quantitative Emphasis), 제자화와 완전화(Discipling and Perfecting), 수용성 원리(Receptivity) 등과 같은 교회 성장 원리들이 생겨났다. 맥가브란의 뒤를 이어 피터 와그너가 교회 성장 운동을 적극적으로 전개해 나갔다. 와그너의 교회 성장 이론은 맥가브란의 원리에서 상당히 변형되어 치유 사역, 이적과 기사, 영적 전쟁, 능력 전도, 세계기도운동, 신사도운동 등의 현상으로 나타났다.

으로 통전적(wholistic)이란 전체적(whole)이라는 말이다.

그러나 개체성을 무시한 전체가 아니라 부분적인 개체를 인정하는 총체(gross)로서의 통합(total)이다. 영혼과 육신, 개인과 사회, 전도와 봉사, 복음화와 인간화를 구분해서 어느 한쪽으로 치우치지 않고 양극단을 지양함으로써 균형을 유지하는 것이 총체적 선교다.

초기 한국에 온 선교사들은 총체적 사역을 실행했다. 그 이유는 선교에서 총체적 선교를 해야 한다는 이유도 있지만, 초기 선교사들이 한국에 입국하던 시기는 공식적으로 선교를 수행할 수 없었기 때문이다. 의료, 교육을 통한 간접 선교가 이루어져야 했다. 앨런(Horace Newton Allen)은 의사의 신분으로 입국했다. 그는 갑신정변 때 민영익을 치료해준 것이 계기가 되어 왕실이 후원하는 국립 병원 '제중원'을 설립하게 되었다. 언더우드, 아펜젤러는 교사 신분으로 입국했다. 아펜젤러는 배재학당을 세웠으며 언더우드는 고아들을 모아서 경신학교를 시작했다. 의료, 교육 선교를 통해 그들은 한국에 복음의 씨를 뿌렸다. 그들의 전략은 상류층에서 하류층에 이르기까지 사회 각 계층에 접근할 수 있었으며 의료 혜택을 변변히 받을 수 없고 교육의 기회가 없었던 한국인으로 하여금 복음에 수용적이게 했다.[114]

1913년 선교사들이 세운 의료기관은 한반도 전역에 14개 정도 되었고 교육 기관은 장로교 계통의 사립학교가 18개교, 감리교 계통이 18개교, 안식교 계통이 1개교가 있었다. 선교의 궁극적 목표는 교회를 설립하는 것이고 하나님 나라를 확장하는 것이다.[115] 이들의 사역은 한국의 상황에 맞춘 성육신적 선교 사역이었다는 점에서 현대 도시 사역자들에게 많은 통찰력을 제공해 준다고 할 수 있다.

---

114 김성태, 『세계 선교 전략사』, 223-224.
115 김성태, 『세계 선교 전략사』, 224.

② 네비우스 선교 정책이다

네비우스 선교 정책이야말로 초기 한국 교회사에서 빼 놓을 수 없는 중요한 정책이었다. 네비우스(John Livingston Nevius)는 1853년 프린스톤 신학교를 졸업하고 1854년 중국의 영파에서 그의 선교 사역을 시작했다.

그는 후에 산둥성으로 지부를 옮기고 1885년 '중국 선교 기록서'에 네비우스 선교 원리를 '선교 교회의 설립과 발전'이라는 제목으로 글을 실어 소개했다. 네비우스 선교 방법은 독창적이기보다는 18세기 구미 선교 정책인 토착 선교의 반영이었다. 네비우스와 헨리 벤 그리고 루푸스 앤더슨의 차이는 문화 변혁의 시도였다. 네비우스는 벤이나 루푸스와 다르게 선교 현지 문화 속에서 변혁을 통한 교회 설립을 주장했다.[116]

네비우스 선교 전략의 핵심은 성경 공부였다. 성경 공부 중심의 삼자 정책을 토대로 한 소위 '네비우스 선교 방법'을 한국 주재 선교사들에게 소개함으로써 한국 장로교회의 성장에 지대한 영향을 미쳤다. 스피어(Speer)는 프린스톤 신학교 출신으로 선교 분야에 공헌한 대표적인 인물로 "선교지 교회의 창설자요, 현지 지도자들의 훈련자요, 선교 정책의 건설적인 비평가이자 존경받는 박애주의자"라며 네비우스를 평가했다.[117] 네비우스는 철저한 성경 공부를 통해 교인들이 자신의 의무를 이행하고 전도로 헌신하는 것과 교인들 자신의 힘으로 교회를 세우고 운영하게 했다. 즉, 성경 공부를 통해서 자급, 자치, 자전의 원리를 토착 교회에 체질화하게 했다.

마포삼열은 한국 교회는 다양하게 그리고 체계적으로 성경 공부와 사경회 운동을 통해 영적 진리를 바르게 인식하고 영적 능력을 소유한 교회라고 언급했다. 그리고 한국 교회는 새신자라 할지라도 철저한 성경 공부를

---

116 김성태, 『세계 선교 전략사』, 226-227.
117 Robert E. Speer, *Princeton on the Mission Field, in The Centennial Celebration of the Theological Seminary of the Presbyterian Church in the United States of America* (Princeton: Princeton Theological Seminary, 1912), 421.

통해 영적 진리들을 심도 있게 공부하고 적용하고자 하기에 아주 강한 전도의 열정에 사로잡혀 있다고 말하였다.[118]

김성태는 네비우스 선교 전략을 문화 변혁의 관점에서 네 가지로 분석하였다.

첫째, 네비우스는 초년 선교사들이 철저히 선교 현지 언어를 습득하도록 했다. 문화우월주의에 사로잡힌 자들에게 그 우월주의를 버리고 현지 문화와 언어를 배우게 했다는 것은 의미 있는 일이다.

둘째, 교인으로 하여금 자신의 가족, 친지, 이웃을 떠나지 않고 사는 곳에 머무르면서 주변을 복음화하게 했다는 것이다.

셋째, 문화 변혁의 주체는 현지인이 되어야 하며 선교사는 조력자일 뿐이고 토착 교회의 지도자는 현지인이 되어야 한다는 것이다.

넷째, 네비우스는 토착적인 방법으로 지도자 훈련을 해야 한다고 주장했다는 것이다. 예를 들면, 강의식의 논리적인 교수법은 중국이나 한국적 상황에 맞지 않기에 전례대로 암송을 통한 직관적 깨달음과 장인식 교육(apprenticeship education)이 유용했다.[119]

이 외에도 이 시기에 사용된 전도 방법으로는 노방 전도, 문서 전도, 개인 전도, 순회 전도 등 여러 가지가 있었고 그중에서도 가장 효과적인 방법은 인간 관계를 통해 복음을 전하는 개인 전도였다.

---

[118] Samuel A. Moffett, "Visions of the Foreign Field-Korea," in Men and the Modern Missionary Enterprise, edited by Charles Edwin Bradt (Chicago: The Winona Publishing Company, 1907), 51-54.
[119] 김성태, 『세계 선교 전략사』, 228-230.

③ 사경회와 사랑방 전도이다

당시 사경회는 성경 공부에 대한 열성이 대단해 1909년 북 장로교 선교 구역 안에 약 800회의 사경회가 개최되었으며 여기에 참가한 수가 연인원 5만 명으로 이 숫자는 그 당시 세례 교인의 두 배에 달하였다.[120] 이 시기 선교사들의 주도하에 부흥운동이 일어났다. 19세기 말에 서구 열강의 교회들은 한반도에 선교사들을 파송함으로써 '은둔의 나라' 조선에 예수 그리스도의 복음을 전하게 했다. 복음의 씨앗이 뿌려진지 20여 년 만에 성령의 놀라운 역사하심이 한국 교회에 일어난 것이다.

특별히 1907년을 기점으로 성령의 부흥하게 하시는 강력한 바람이 이 땅에 불어왔다. 1907년 대부흥운동은 1903년에 태동했다. 1903년 남감리교 여선교사 화이트(Mary Culler White)와 캐나다 장로교 여선교사 메컬리(Louise H. McCully)가 중심이 되어 한국 교회의 부흥을 위해서 기도회를 시작한 것이 부흥운동의 발단이 되었다. 1903년 8월 24부터 8월 30일까지 원산 지역 선교사들이 중심이 되어 공개 기도회를 열고 남감리교 선교사 하디를 강사로 청빙했다. 하디는 토론토 의과대학을 졸업하고 한국에 파송된 사람이었다.

하디는 전형적인 백인이고 의사였다. 인종적으로 학력으로 직업적으로 조금도 모자람이 없었다. 그러나 가는 곳마다 선교는 실패했다. 이런 상황에서 기도에 관한 강의를 해 달라는 요청과 함께 강사로 초빙을 받고 하디는 기도하는 가운데 강의를 준비했다. 하디는 기도에 대한 강의를 준비하다가 선교 실패의 원인과 영적으로 침체된 자신의 문제가 어디에 있는지 또 원인이 무엇인지를 발견하게 되었다. 하디는 그 전까지는 한국 사람들은 역시 안 된다고 생각했다. 자신의 교만, 학력 우월주의, 백인 우월주의를 회개했다. 하나님의 놀라우신 은혜가 하디에게 임한 것이다. 하디는 이후 전국의 열 군데 선

---

[120] 서명민, 이승익, 『한국 교회 성장』 (서울: 대한기독교서회, 1966), 61.

교부를 순회하며 자신이 받은 은혜를 함께 나누었다.[121]

1907년에 이르자 원산에서 시작한 성령의 강한 부흥운동은 전국적으로 확장되었다. 성령의 강한 바람은 먼저 평양에서 일어났다. 원산의 기도회와 사경회가 1907년 평양대부흥운동에 직결된 것이다.

구체적으로 1907년 1월 6일부터 15일까지 평안남도 평양의 장대현교회에서 열린 평안남도 겨울 남자 도사경회에서 선교사들과 신자들이 함께 모여 열흘 동안 낮에는 성경 공부를 하고, 저녁에는 전도 집회를 하는 중에 폭발적인 회개와 부흥운동이 일어났다. 지방의 신자들이 자비로 집회에 참석했으며 하루 참석 인원도 남자만 1,500명이었으며, 여자들은 예배당 안에 자리가 없어서 밖에 앉게 할 정도였다. 성경 공부를 위한 집회였던 장대현교회 사경회는 기도운동으로 발전했다. 1907년 기도와 회개운동을 일으킨 성령의 바람은 교회 밖으로 퍼져나갔다. 학교에 회개운동이 전파되면서 학생들이 참회와 더불어 새로운 전도자로 헌신하는 성령의 역사가 일어나게 되었다. 이때 급증한 교세만 보더라도 성령의 강력한 바람이 1907년을 전후해서 불었다는 것을 알 수 있다.

표 4-1. 교세 증가표(1905, 1907년)[122]

연대	교회수	전도인수	세례교인	학습교인	헌금(원)
1905	321	470	9,761	30,136	1,352,867
1907	642	1,045	18,964	99,300	5,319,785
증가(퍼센트)	200	222.3	194.2	329.5	393.2

사랑방 전도 역시 이 시기에 빼놓을 수 없는 선교 전략이었다. 사랑방을 한국인과의 접촉점으로 삼고 적극적인 전도의 장소로 활용한 최초의 선교

---

121 박용규, 『평양대부흥 이야기』, 35-37.
122 민경배, 『한국 기독교회사』(서울: 연세대학교출판부, 2007), 280-281.

사는 언더우드이다. 사랑방 전도는 복음에 반응이 있는 사람들을 양육하는 장소로 사용되었고 권찰 제도와 연결되어 가정 성경 공부 모임으로 발전되는 구역 예배로 교파를 초월해 한국 교회에 정착이 되었다. 대체로 사랑방 전도 방법은 지도자 훈련의 장소로도 사용되었고 교회로까지 발전되기도 하였다.

한국 교회는 서구의 교회 구조와는 다르게 토착화된 구역 예배 제도가 있으며 권찰 제도를 토착화해 평신도 지도력을 개발하였다.[123] 현재 한국 교회가 사용하고 있는 다양한 소그룹 모임의 원형이라고 할 수 있다.

④ 백만인 구령운동이다

1909년 10월 8일과 9일 금요일과 토요일 양 이틀간 서울에서 제5차 복음주의 연합공의회가 결성되었다. 무어(Moore)가 의장에 그리고 윌리암 커(William Kerr)가 서기에 선출되었다. 이 연합공의회는 남감리교 연례 모임에서 채택된 '금년 20만 명' 구령운동을 받아들여 '금년 100만 명' 슬로건을 채택했다. 백만인 구령운동은 이렇게 해서 공식적으로 출범했다.[124] 이 운동의 특징은 세 가지다.

첫째, 백만인 구령을 위해 한국 교회가 각 지역에서 대중 집회를 열어 구원의 복음, 능력의 복음을 선포했다.

둘째, 민족 복음화를 위해 자신의 소중한 시간을 바치겠다는 '날 연보'가 널리 행해졌다.

셋째, '날 연보'를 작정한 이들이 시간만 드리는 것이 아니라 쪽복음이나 전도지를 구입해 전달하는 일도 감당했다는 것이다.[125]

---

123 김성태, 『세계 선교 전략사』, 236-237.
124 박용규, 『평양 대 부흥 이야기』, 129.
125 박용규, 『평양 대 부흥 이야기』, 130-131.

⑤ 복음의 수용성이다

선교사들이나 한국 초대 교회의 목회자나 교인들은 복음의 수용적인 시기를 교회 부흥의 전략적 호기로 삼았다.

한국 교회는 복음의 수용적인 시기를 놓치지 않고 전략적인 기회로 삼아 부흥하였다. 1876년 강화도 조약이 체결되면서 한반도는 일본을 비롯해서 청, 러시아, 미국, 영국, 독일, 프랑스 등 세계 열강의 각축장이 되었다. 일본은 1894년 7월에 청나라와의 전쟁에서 승리하고 1895년 10월 8일 명성황후를 시해했으며(을미사변), 고종은 1897년 대한제국을 세웠다. 그러나 일본은 1904년 2월에 러일 전쟁의 승리의 여세를 몰아 1905년 11월 17일에 을사보호조약을 체결하고 대한제국의 외교권을 박탈하기에 이르렀다.

결국, 1910년 대한제국은 망하고 일제 강점기가 시작되었다. 이 시기는 그야말로 한국이 일본의 식민지 체제로 들어가는 암울한 국가 위기의 시대였다. 선교적 측면에서 볼 때, 혼란과 위기의 시대에 사람들의 심성에 두려움이 도사리게 되고 불안한 그들의 삶은 종교를 찾게 된다. 이것은 선교사들이나 교회에게는 선교 전략을 펼칠 수 있는 기회가 된다. 사람들의 심리 상태가 기독교에 대해 개방적이게 된다는 것이다.

당시의 선교사들과 목회자들은 국가적 위기와 전통의 붕괴의 때에 사경회나 사랑방, 노방 전도, 관계 전도 등을 통해서 예수 그리스도의 소망, 하나님의 복을 강조하며 위로하고 복음을 전하였다. 사회적 위기와 불안, 혼란이 사람들에게 복음에 수용적인 태도가 되게 만든 것이다.

2) 1945년 전후 : 폐허 속에서도 살아 있는 복음의 생명력

(1) 배경

일본에 의한 강제 식민통치 기간 동안 한국의 교회는 수많은 순교자를 내었다. 일본은 1915년 교육법을 제정하고 선교사들이 세운 학교에서 성경을 가르치지 못하게 했고 교회법을 제정해 신규 교회 설립을 통제했다. 1930년 이후 일본은 한국에 신사 참배를 강요했고 이때 수많은 목사와 성도가 순교했다. 그러나 한국 교회는 이 식민 기간 중에도 굴하지 않고 선교에 앞장섰을 뿐 아니라 잃어버린 나라의 주권과 자유를 찾기 위해 1919년 3월 1일 독립운동에 전교회가 거국적으로 참여했고 피해 역시 제일 컸다.

이후 1945년 8월 15일 독립을 맞이하기까지 한국 교회는 국내뿐 아니라 국외에서도 조국 독립의 기수가 되었으며 신앙 속에서 약속된 자유의 날을 맞이하기까지 신사 참배의 불 시련 속에서 삼천 명이 수감되고 오십여 명이 순교하는 어려움을 겪으면서 때론 넘어지는 가운데에서도 비약적 성장을 멈추지 않았다.[126] 해방 이후 좌익, 우익의 이념적 투쟁으로 남과 북이 갈라지게 되었다. 모스크바 삼상 회의에 의해 38도선을 기준으로 북은 소련 군정이 관할, 남은 미국 군정과 UN이 관할하게 되었다. 북은 공산주의 이념을 가진 김일성을 수반으로 조선 인민주의 공화국을, 남은 이승만 장로를 대통령으로 삼아 대한민국 정부를 수립했다.[127]

이후 해방의 기쁨이 가시기도 전에 남과 북의 전쟁이 일어났다. 전쟁은 3년 1개월간 계속되었으며 전쟁으로 인한 피해는 남과 북을 폐허로 만들었다. 전쟁 중에 남과 북의 피해는 실로 엄청났다. 남한군의 전사자가 178,559명(한국군 137,889명, 유엔군 40,670명), 부상 555,022명(한국군 450,742명, 유엔군 104,280명), 실종 42,769명(한국군 32,838명, 유엔군 9,931명) 그리고 민간인은 사망 244,663명, 학살 128,936명, 부상 229,625명, 납치 84,532명, 행방불명 303,212명이다. 북한군은 사망 508,797명, 실종·포로 98,599명이며, 민간인은 사망·실종을 포함해 1,500,000명으로 추산된다.[128] 일본에 의한 식민 통치 그리고 연속된 전쟁으로 나라 전체가 폐허가 된 상황이었다고 해도 과언

---

126 김성태, 『세계 선교 전략사』, 261.
127 김성태, 『세계 선교 전략사』, 269.
128 6,25전쟁 60주년 사업설명회.

이 아니다. 그러나 소망의 하나님께서는 폐허 속에서 복음을 통해 다시 한번 이 땅에 희망을 주셨고 하나님의 교회를 재건하셨다.

1912년 9월 1일 한국 장로교회는 평양 여자 성경 학원에서 7개 노회로 구성된 첫 장로교 총회를 탄생시켰다. 한국인 목사 96명, 장로 125명, 선교사 44명이 참석했는데 회장은 언더우드, 부회장은 길선주, 서기는 한석진, 회계는 블레어 선교사였다. 감리교회는 한국에서 남북감리교 선교부가 연합하여 하나의 조선감리교회를 1931년 조직했다. 조직 교회로서 장로교회는 급성장해 1933년 24개 노회로 발전했다. 그리고 장로교회는 1912년 첫 총회를 발족시킨 이후에 세 사람의 목사 선교사를 현지 중국 노회 미북장로교 선교부와 연합해 산동성 내양현에 최초의 타문화권 선교사를 파송하기도 했다.[129]

일본의 압력과 핍박 속에서도 그리고 전쟁으로 인한 폐허 속에서도 복음은 그 생명력을 잃지 않았다. 하나님은 교회를 재건하게 하시고 복음이 각지로 전해지도록 한국 교회를 사용하셨다.

(2) 선교 전략

이 시기의 교회가 다시 일어날 수 있었던 요인은 기독교의 신뢰성이라는 측면과 종족 집단 원리로 생각할 수 있다.

첫째, 기독교의 신뢰성이다.

기독교는 1919년 3.1 운동 및 그 이후의 정치, 사회적 상황이 어려운 중에서도 나라를 위해 기도하면서 백성들을 돌보며 일깨우는 사역을 중단하지 않았다. 이 시기에 교회가 보여 준 아름다운 섬김의 모습은 교회 성장에 큰 요인이 되었다. 1945년 제2차 세계 대전의 종결로 인한 국가의 해방 그

---

[129] 김성태, 『세계 선교 전략사』, 257-258.

리고 연이은 남북 분단과 6.25 전쟁으로 인해 한국 교회의 성장은 주춤하기도 했다. 그러나 남북 휴전과 더불어 재건과 분열이라는 독특한 현상을 통해 한국 교회의 성장은 다시 시작되었다. 국가적인 어려움이 닥쳤을 때 교회는 발 벗고 나서서 전쟁고아들을 돌보며 가난한 백성들에게 음식을 제공하며 그들을 돌보아 주었다. 이런 교회의 빛으로서의 행동은 결과적으로 교회가 백성들에게 신뢰를 얻게 했고 폐허 속에서도 부흥을 경험하게 하는 요인이 되었다. 교회와 목사의 신뢰성은 성장의 기초요, 가장 중요한 부흥의 요소라고 해도 전혀 과하지 않다.

둘째, 종족 집단 원리다.

이 당시 교회 성장의 중요한 요인은 혈연과 지연에 기반을 둔 한국 전통 사회의 구조였다.[130] 한국 사회의 전통 가정을 보면 알 수 있다. 한국 사회의 기본 단위는 혈연을 중심으로 한 가정이다. 그리고 그 가정의 대표는 가장이다. 이 시기 한국은 유교 문화의 뿌리 깊은 가부장적 사회였다. 즉, 한 집안 가장의 결정은 전체의 결정이 된다. 그러므로 가장이 교회에 나가면 전 가족이 교회에 나가기가 쉬웠다. 지역적 유대도 강했다. 마을의 한 주민이 교회에 나가면 같은 마을에 사는 친구, 이웃들을 전도했다.

이것을 교회 성장학에서는 종족 집단 원리라고 한다. 인간의 가족이란 주로 계급, 씨족, 족속들로 구성되어 있기에 각 나라를 기독교화하기 위해서는 우선 그 나라의 여러 족속을 집단적으로 기독교화해야 한다는 것이다.

---

130 서명민, 이승익, 『한국 교회 성장』, 183-187.

3) 1970년 전후 : 급속한 도시화, 폭발적 교회 성장

(1) 배경

1960년대부터 산업화가 진행되었다. 산업 구조는 1차 산업에서 2차, 3차 산업으로 개편되었다. 직업 이동, 계층 이동이 심화되고 산업화는 도시화를 자연적으로 일으켰다. 산업 시설이 도시에 집중되어 있기에 보다 나은 삶의 질과 직업을 찾아 사람들이 도시로 이동했다. 도시 인구가 급격히 늘어나 1955년 한국의 도시 인구가 전체의 24.5퍼센트에 불과하던 것이 1981년에는 66.7퍼센트까지 증가했다. 한국 교회 대부분이 이때 도시에 집중되었다는 사실은 한국 교회 성장이 도시화 현상과 무관하지 않음을 증거하는 것이다.[131]

그러나 도시화와 산업화는 직업과 계층, 거주지의 이동, 삶의 여건을 변화시켰고 변화된 삶의 여건은 기동성과 익명성을 동반해 사람들로 자신의 정체성을 잃게 했다. 뿐만 아니라 남북 분단의 현실, 남북 간의 적대 관계는 사회적 불안 요소였다. 자기 정체 상실, 공동체로의 귀속 욕구, 사회적 불안감은 자기를 지속적으로 지켜줄 공동체를 찾게 된다. 이런 자신의 정체성, 공동체성에 대한 추구가 교회의 급성장의 주요한 원인이 되었다. 이런 현상은 도시에 집중되었다. 그리고 도시 교회는 이들을 수용하는 데에 전력을 쏟음으로 전체적으로 교회의 급성장을 이룰 수 있었다.

특히, 이 시기의 한국 교회에 영향을 준 선교 전략 이론은 도날드 맥가브란(Donald McGavran), 조지 피터스(Georgy Peters), 로버트 슐러(Robert H. Schuller)를 비롯한 교회 성장 학자의 교회 성장론이다.[132] 특별히 맥가브란의 도시 선교 전략은 대단한 반향을 한국 교회에 가져와서 1970년을 전후로 한

---

131 김성태, "도시 선교 강의안", 39-40.
132 이종윤, 전호진, 나일선, 『교회 성장론』(서울: 정음출판사, 1983), 227-259.

국에 소개되어 대단한 영향을 끼치기도 하였다. 이 시기의 한국 교회가 성장을 위해 실시한 선교 전략은 다음과 같다.

(2) 선교 전략

산업화, 도시화의 물결이 온 나라를 휩쓸고 있을 때 한국 교회가 사용한 도시 선교 전략은 두 가지를 들 수 있다.

첫째, 삼투 전도다.

조지 피터스는 '삼투 전도'(Saturation Evangelism), 혹은 '심층 전도'(Evangelism in Depth)를 말한다. 삼투 전도는 1960년대 남미, 아프리카, 일본 및 한국에서 실시되었다. 이 시기에 한국에서 실시한 삼투 전도는 '삼천만을 그리스도에게로'라는 표어를 내걸고 실시되었다. 삼투 전도는 어떤 운동의 확장이 성공하는 것은 전체 회원이 동원되는 것과 정비례한다는 이론이다.

즉, 'Total Mobilization for Total Evangelization' 인 것이다. 사도행전 5:28, 9:31, 9:35, 9:42, 13:49, 19:10에 보면 '모든 지역'과 '모든 사람'에게 복음이 전파되었다고 말한다.

그리고 로마서 15:19에 '편만하게'라는 말씀이 있다. 즉, 모든 지역 모든 사람에게 복음이 전파되었다는 의미에서 삼투 전도라 하며 이 일을 초대 교회 성도들이 총동원되어서 실시했다는 것이다. 특히, 예루살렘 교회가 '삼투 전도'를 실시했다. 삼투 전도는 가능한 모든 수단을 가지고 가능한 모든 시간에, 가능한 모든 사람에게 복음을 전하는 것을 뜻한다. 그리고 삼투 전도의 메시지는 복음이며 삼투 전도의 표적은 사람이다. 삼투 전도는 특정한 요일만을 정해서 전도 활동을 하는 것이 아니라 매일 매시간 복음 전도를 우선 순위로 둔다는 것을 의미한다.[133]

---

[133] ElmerTowns & Douglas Porteer, *Churches that Multiply*, 김재권 편 『사도행전식 교회 개척』 (서울: 생명의말씀사, 2005), 72-73.

둘째, 대중 전도대회다.

이 시기에 많은 대규모의 대중 집회가 실행되었다. 예를 들어, 1973년에 빌리그래함 전도대회, 1974년에 엑스플로 74, 1977년에 77 민족 복음화 성회, 1980년에 80 세계 복음화대회 등 대형 집회가 잇달아 열렸다. 특별히 대학생선교회(CCC)가 주최한 '엑스플로 74'는 세계 90여 개국으로부터 3천 명이 참가한 세계적인 전도 집회로 참가자들에게 전도 훈련을 시키는 합숙 전도 훈련 프로그램을 실행하기도 하였다. 이 시기에 대중 전도 대회는 초교파적인 것으로 많은 결신자를 내었다.

대중 전도 대회에 덧붙여 생각할 것은 강력한 성령운동이다. 이 성령운동은 선교에 대한 열정과 더불어 개인의 회심을 통한 신앙의 내연성을 불러일으키게 되어 교회의 폭발적 성장을 이끌어 내었다. 특별히 이 시기에 주목할 교회가 여의도순복음중앙교회인데, 이 교회는 성령운동으로 기독교 역사상 유례없는 획기적인 급성장을 이룬 것으로 유명하게 되었다.

4) 1980년대 : 제자 훈련

(1) 배경

일본의 조직적인 교회에 대한 핍박 속에서도 한국 교회는 1903년 원산 부흥운동, 1907년 평양대부흥운동, 1909년 백만인 구령운동을 펼치며 크게 부흥했다. 이때의 도시는 농촌의 특성을 가진 도시였다. 한국의 근대적인 도시화는 1960년대 공업화의 기간 중에 본격화되었고, 급격한 도시 인구의 증가는 도시 교회 성장과 맞물리는 현상으로 나타났다.

오늘날 한국 교회의 주요 분포를 보면 대다수가 도시 지역에 있으며 특별히 수도권 지역에 몰려 있다는 사실은 한국 교회의 성장이 도시화 현상과 무관하지 않음을 보여 주는 것이다. 도시로 몰려오는 사람들에게 교회는 능동적으로 대처했다. 초교파적으로 민족복음화운동을 펼쳤으며 이 일을 위해 전도 훈련, 기도운동, 노방 전도 등이 수행되었고 이런 방법들은 하나의 선교 전략이 되어서 도시로 몰려드는 사람들에게 복음을 전할 수 있는 기회를 제공했다. 특히, 이 시기 한국을 휩쓸었던 제자 훈련이 한국 교회의 새로운 선교 전략으로 등장했다.

(2) 선교 전략

이 시기에는 성경 공부를 빼고 선교 전략을 논할 수 없다. 그만큼 성경 공부를 통한 도시 선교 전략의 비중이 컸던 시기였다. 1970년대의 대규모 전도 집회의 결과로 교회 성장은 폭발적으로 일어났다. 그러나 한편에서는 비판의 소리도 있었다. 즉, 질적인 성장은 저조하다는 것이다. 그러나 성경 공부 바람은 그런 비판의 소리를 잠재웠다. 이 시기에 생겨난 선교 단체들만 보아도 알 수 있다.

1958년 김준곤 목사가 국제대학생선교회 창립자 빌 브라이트(Bill Bright)와 접촉하면서 설립한 한국대학생선교회, 1961년 이사무엘 목사가 미국 남장로교 한국 선교사인 사라 베리(Sarah Barry)의 도움을 받아 설립한 '대학생성경읽기선교회'(University Bible Fellowship), 한국네비게이토선교회(The Navigatory Korea)는 미국에서 1933년 도슨 네비게이토 선교회가 한국에서 사역을 시작함으로 창립되었다.

한국기독학생회(Korea Inter-Varsity Christian Fellowship)는 1956년 영국에서 공부하고 돌아온 이정윤이 황성수가 세운 '기독학생동지회운동'과 연합하여 설립했다. 이 선교 단체들의 핵심을 이루는 것이 성경 공부다. 그리고 선교 협회에 의해 주도되었던 성경 공부를 교회에 적용한 사람이 옥한흠 목사다. 그는 1978년 사랑의교회를 개척하면서 성경 공부를 통한 제자 훈련을 교회에 적용해 큰 부흥을 일구어냈다. 사랑의교회는 소그룹 성경 공부 인도법, 신구약 성경의 내용과 주제를 다루는 것이 특징이다.

이 성경 공부를 통한 제자 훈련이 전국적으로 확대되어 지금까지도 각 지교회에서 사용하고 있다. 이 시기에는 제자 훈련이 전국적 현상이었다고 해도 과언이 아니다.

그러나 1980년대 후반부로 들어서면서 지금까지 교회는 침체, 심지어 퇴보의 현상을 맞이하고 있다. 교회가 총체적 복음을 전하지 않고 자신의 교회 성장에만 몰두한 나머지 사회적 신뢰를 잃었기 때문이다.

교회는 사람들이 살아가는 데 필요한 것들에 관한 관심을 정부에 미루면서 사람들의 필요에 적당히 응답해서는 안 된다. 교회는 성도들을 돌보고 양육하며, 가난한 사람들을 먹이며, 병든 자들을 치료해 주며, 마음이 괴로운 사람들을 위해 상담해 주며, 과부와 고아를 돌보며, 말씀을 담대히 전해야 한다. 교회는 사회 사역과 복음 전도를 의식적으로 분리하는 이분법적 사고를 피해야 하며 양자 모두를 복음의 능력을 전하는 방법들로 사용해야 한다.

시대마다 하나님께서는 하나님의 종들을 택하셔서 도시에 복음을 전하게 하셨다. 그리고 택함을 받은 사역자들은 자신의 모든 안위와 편안함을 포기하고 지역의 주민과 함께 생활하면서 선교 사역을 감당했다. 온전히 상황에 성육신한 선교 사역을 했고 그 결과 교회는 급성장을 경험했다. 다시 한번 한국 교회가 부흥을 체험하려면 과거 신앙의 선배들처럼 온전한 성육신적 선교를 실행해야 한다.

제5장

다양한 도시에서의 교회 개척과 성육신적 선교 전략

　한국 사회의 도시 형태는 다양하다. 이 장에서 필자는 한국 사회의 도시를 구도시, 신흥 도시, 위성 도시, 전원 도시로 나누고 각 도시의 특징과 선교 전략을 제시하고자 한다. 이를 통해서 다양한 상황 가운데 있는 도시 교회들이 도시 선교 전략을 구상하는 데 필요한 정보를 제공받을 수 있을 것으로 생각한다. 그리고 마지막으로 도시 교회 개척자들은 예수님처럼 성육신적 자세를 가져야 함과 성육신적 사역으로 수행할 수 있는 선교 전략을 몇 가지로 제시하고자 한다.

1. 도시 교회 개척 유형

교회를 개척하는 유형은 여러 가지가 있다.[1]

첫째, 사역자와 교인들을 내보내서 교회를 개척하는 유형이다.

이것은 모교회(mother church)가 지교회(daughter church)를 세우는 경우이며, 현재 한국 교회의 개척 유형 중에서 가장 성공률이 높은 개척 형태라고 할 수 있고 가장 권장할 만한 유형이다. 이 유형이 가능하기 위해서는 먼저 모교회가 건강하고 성숙해야 한다. 특히, 담임 목회자나 당회원들이 분립 개척에 대한 목회 철학을 공유해야 한다. 모교회와 지교회는 서로가 독립성을 지니고 있지만, 전혀 통일성이 없는 별개의 교회는 아니다. 기본적으로 공통의 목회 철학을 가지고 지역 복음화를 위한 공동 전선을 펼쳐 나가야 하기 때문이다. 현재 양문교회, 서울광염교회 등 대형 교회가 이런 아름다운 개척을 통해 수많은 지역에 교회를 세우고 지역 복음화를 위해 수고하고 있다.

둘째, 흡수 합병해 교회를 새롭게 세우는 유형이다.

특정 지역에 있는 두 교회가 서로 생존과 역동적인 교회 성장을 도모하기 위해서 자발적으로 교회를 합병하는 경우이다. 성공률을 높이기 위해서는 무리한 인위적 요소들을 최대한 배제해 양 교회의 목회자 역할과 기능이 분명히 확정되어야 하며, 양 교회의 교인들이 서로 동의하고 일치하는 교회의 비전과 목회 방향성이 확립되어야 한다.

---

[1] 김성태는 여덟 가지의 교회 개척의 유형을 소개하고 있다. 그중 여섯 가지 유형을 소개하고, 필자가 소개하는 순수 교회 개척을 소개한다. 김성태, "교회 성장 신학 논문집 강의안" (교회 성장학, 총신대학교일반대학원, 2008년 1학기), 77-79.

셋째, 교회가 분열되어서 세워지는 유형이다.

바람직한 개척도 추천할 만한 개척도 아니다. 그럼에도 분열이 되는 경우, 분열의 책임을 통감하고 교회 본연의 임무와 기능을 최선을 다해 수행하는 모습을 보여야 한다. 그렇지 않으면 다시 분열될 수 있다.

넷째, 위성 교회 유형이다.

이 유형은 여의도순복음교회가 대표적인 경우다. 위성 교회의 당회장은 모교회의 목사가 시무하는 교회의 부목사가 당회장의 역할을 어느 정도 수행하는 자율성이 주어진다. 그러나 대부분 모교회의 담임목사가 위성 교회의 담임목사의 역할을 한다. 대개의 경우, 주일 오전 예배는 모교회의 당회장의 설교를 위성을 통해 중계함으로 예배를 드린다.

다섯째, 캠퍼스 유형의 교회다.

위성 교회와는 달리 자율성이 없고 모교회에 대해 종속적이다. 이 유형은 본부 교회당 건물을 중심으로 주변 가까운 지역에 계속 건물을 확장해 교인들을 수용하고 위성 및 전자 매체를 사용해 함께 예배를 드리는 유형이다. 이 유형은 현재 미국에서 유행하고 있는 멀티사이트 교회(Multisite Church)의 유형과 비슷하다. 미국 100대 교회 중 88개 교회가 여러 곳에 예배 처소를 마련해 예배를 드린다. 그리고 각 예배 처소는 하나의 교회로 독립하는 교회 개척으로 이어지곤 한다.

여섯째, 교단이 교회를 개척하는 경우다.

지역 교회가 지교회를 개척하는 유형과 비슷하지만 차이는 지역 교회 차원이 아닌 교단이나 총회 차원에서 교회를 개척한다는 것이다. 이를 위해서 교단 총회나 노회 차원에서 도시 선교센터를 세우는 것이 바람직하다고 생각한다. 도시화의 물결이 강력한 파도처럼 목회의 현장에 불어오고 있는 것이 현실이다. 총회 산하 지교회들이 도시화의 물결에 뒤처지지 않게 하려면 실제적인 도시 선교 부서를 총회 산하에 두고 도시화에 대처해야 한다.

총회 산하 도시 선교 센터를 통해서 교회 사역자들에게 도시 선교 전략에 대한 재교육을 실행한다. 우리 교단만 보아도 교인 수가 100명 미만인 교회가 전체 교회의 70-80퍼센트 정도다. 이 수치만 보더라도 도시 선교 전략에 대한 교육의 필요성을 느끼게 된다. 개척을 했다가 3년, 짧게는 1년 안에 문을 닫는 교회가 속출하고 있다. 개척 전략 정보의 필요성이 시급하다. 개척 교회뿐 아니라 이미 성장한 조직 교회의 목회자들도 재교육이 필요하다. 급격한 도시화 물결 속에서 과거에 성공을 거두었던 전략이 계속적 성공을 보장한다고 할 수 없기 때문이다.

도시 선교센터를 통해 개척 교회에 대한 실태 파악과 목회자의 경제적 지원을 할 수도 있다. 총회에서는 미자립 교회를 파악해 지원하고 있다. 노회에서도 재정 청원한 교회에 대해서 재정 보조를 하고 있다. 그러나 내면을 들여다보면 약간의 재정만 지원할 뿐이지 실제적 도움을 주지 못하고 있다. 도시에서 목회하는 대부분의 목회자가 경제적으로 어려움을 겪고 있는 것이 현실이다. 교회를 개척해 놓고 임대료를 내지 못해서 목사 부부가 다른 직업을 갖는 일이 다반사이다. 도시 선교 센터를 통해 목회자의 실태를 파악하고 경제적으로 협력할 것은 협력하면서 개척 교회의 담임교역자가 실제적으로 필요한 것이 무엇인가를 세밀히 조사해 지원하는 것이 거국적 차원에서 도시를 복음화하는 첩경이 될 것이다.

또한, 도시 선교 센터를 통해 교회를 설립할 수도 있다. 필자가 2012년 필라델피아에서 연구하던 중 마뉴엘 오르티즈 교수가 운영하는 도시 선교 센터를 방문했었다. 이 도시 선교 센터는 2주 동안 목회자를 재교육하는 프로그램을 운영하고 있다. 그리고 그 목회자들을 개척해 내보내고 있다. 이렇게 개척된 교회가 당시 7교회이고, 앞으로 100교회를 개척하는 것을 목표로 하고 있다고 한다. 우리 총회도 총회적 차원에서 개척 교회를 설립하는 것이 필요하다. 남침례 교회들이 미국에서 가장 큰 개신교 교단이 된 것은 우연이 아니다. 남침례교단이 국제선교위원회라는 기관을 두고 전반적인 차원에서 개척하는 교회에 인재와 자원을 투자한 결과이다. 대형 교회들이 모교회-지교회 형식으로 교회를 개척한다. 바람직한 현상이다. 이것을 총회적 차원에서 한다면 더 효과적이라고 생각된다. 총회의 부속기관으로 도시 선교 센터를 세우고 그 기관을 통해서 개척지 물색, 목회자 선정, 일체의 개척 비용 지원 방법 등을 연구하게 해 도시 복음화를 이루어 나가야 한다. 이 부분에서 총회와 신학교가 연계되어 개척자 훈련 프로그램을 신학교에서 실시할 수 있다.

일곱째, 순수 교회 개척이다.

이 유형은 과거에서 현재까지 교회 개척의 가장 전형적인 유형이다. 개척 목회자가 중심이 되어 교회 개척을 위한 모든 준비를 하고 개척해 교단에 신고하는 절차를 밟는다. 목회자 중심의 순수 교회 개척은 대부분 상가의 한 부분이나 가정집을 중심으로 시작해 목회자와 개척 멤버의 개인 전도나 성경 공부를 통해 가까운 친척이나 가족을 중심으로 모이다가 교회로 발전하는 형태다. 1960-80년대에 급성장한 대부분 한국 대형 교회는 이런 개척 방식을 통해 설립되었다.

목회자 중심의 순수 교회 개척은 장단점이 있다. 장점은 목회자가 누구의 간섭도 받지 않고 본인이 가지고 있는 역량과 전략들을 마음껏 활용할 수 있다는 것이다. 또한, 목회 철학과 비전을 스스로 정립하고 자기의 은사에 맞게 목회 현장을 세워나갈 수가 있다. 목회자가 시작하는 대로 모든 것이 교회 전통이 되고 비전이 된다. 이런 의미에서 개척 목회자의 목회 철학은 철저히 성경적인 바탕 위에 있어야 한다.

그러나 목회자 중심의 순수 교회 개척은 단점도 가지고 있다. 인적, 물적 자산이 목회자의 가정에서부터 시작된다는 것이다. 물론 개척 멤버를 확보한다면 훨씬 더 큰 동력을 가지고 출발하는 것이 될 것이다. 그러나 소수의 인적 자원, 물적 자원을 가지고 출발하는 것이 현실이기 때문에 교회가 자립하기까지 많은 기도와 인내 그리고 수고가 있어야 한다.

2. 도시 교회 개척의 문제점

한국에서의 개척 교회 시대는 이미 저물었다는 시각이 팽배하다. 이 시각은 여러 가지 개척에 대한 부정적인 요인들에 의해서 나온 말이다. 그러나 아직도 약 5분의 4의 불신자가 한국에 존재한다는 것은 교회 개척의 필요성을 말해주고 있다.

효과적인 도시 교회 개척을 하기 위해서는 도시 교회 개척이 왜 어려운지에 대한 이해가 필요하다.

1) 한국 교회의 부익부 빈익빈 현상

한국 사회에서의 창고형 대형 할인마트의 등장은 동네 구멍가게에게는 치명적인 타격이 되었다. 이런 경제 논리는 비단 마트만의 문제가 아니라 교회에도 동시에 적용이 된다. 대형 교회들은 많은 영적, 물적, 인적 자원을 통해 불신자뿐만 아니라 작은 교회의 성도까지도 흡수해 더욱 대형화되고 있다. 반면 작은 교회들은 상대적으로 열악한 인적, 물적 자원으로 인해 어려움을 당하고 있다.[2]

예를 들면, 필자가 교회를 개척해 사역하는 지역[3]에는 몇몇 중형 교회와 중대형 교회가 오래전에 세워져서 활발하게 사역을 감당하고 있다. 그리고 근처 다른 구(노원구)에는 초대형 교회가 몇 군데 있다. 이런 대형 교회들의 주보를 보면 매 주일 많은 등록 교인이 기록되어 있다. 물론 열심히 뛰기에 사람들이 등록하기는 하겠지만 이 등록 교인 중에는 회심자(conversion growth)들이 아닌 수평 이동(transfer growth)한 기존 신자가 많다는 데 문제가 있다.

---

[2] 정용암, "도시 지역 교회 개척을 통한 교회 성장 방안 연구" (신학박사학위, 총신대학교, 2006), 108.
[3] 서울시 도봉구 방학동.

2) 시대 변화와 대체 종교

문화는 그에 대응하는 시대에 따라 변화된다. 그리고 사람들도 시대에 맞게 변화한다. 1970-80년대는 어떤 의미에서 시대가 교회를 필요로 했던 시기였다고 해석해도 틀린 말이 아니다. 교회 내적으로 급성장의 원인이 있었다면 교회 외적으로도 교회가 부흥할 수밖에 없는 환경이 조성되었다.

김성태는 "한국 교회 성장 발달사를 통해 본 교회 성장 유형 고찰"에서 시대별로 교회 성장의 특징을 설명했다. 그중 1955-1980년대의 교회 부흥에 대해서 도시화 현상 속에서 대규모 전도 집회 및 조직적 교회 개척 운동으로 말미암은 급속한 교회 성장과 그에 반비례하는 농어촌 교회의 쇠퇴 시기로 규정해 설명하고 있다. 한국 전쟁이 끝난 이후에 한국 교회는 교회 재건 운동과 더불어 대규모의 전도운동을 벌였는데 1965년도에 한경직 목사와 김활란 박사는 '삼천 만을 그리스도에게'라는 표어를 부치면서 전국적인 규모의 연속적인 전도 집회와 기도운동과 전도운동을 벌였다.

이 운동은 1907년도의 평양대부흥 이후의 전도운동 패턴과 비슷하게 지역적으로 목회자들이 먼저 모여 기도회 시간을 가지고 각 지역 교회 내에서 교인들을 동원해 기도 집회와 전도 훈련을 받으면서 사경회를 여는 것과 동시에 주변 지역에 전도지를 나누어 주며 가가호호 방문 전도를 하는 것이었다.[4]

당시 도시화 현상의 초기였던 1961년도에 등장한 박정희 제3공화국 정부와 그들이 추진한 중공업 기간 산업의 우선적 발전 계획과 사회 간접 시설의 건설과 대규모 도시 개발은 농어촌에 많은 젊은이를 도시로 유입시켰고 산업 공단 지역으로 이주하게 했다. 그들은 낯선 환경에서의 외로움과 별다른 여가 문화 시설이 없는 당시 도시 환경 속에서 살았는데 교회의 이

---

4 김성태, "교회 성장신학 논문집", 104.

런 선교 방법이 도시로 새로 이주해온 농어촌 출신의 사람들에게 복음의 수용성을 형성했고 교회 성장의 실질적 열매를 가져왔다.

더욱이 한국 교회는 초교파적으로 이 시기에 각 교단의 교회 성장 목표를 구체적으로 설정했고 복음의 수용성이 있는 이 시기를 놓치지 않고 전국적인 규모의 교회 개척 운동을 벌였다. 예를 들어, 예장 합동 교단에서는 1975년도에 일만 교회 개척 운동을 벌였고 각 노회와 시찰회 등을 통해서 총력 동원해 전국적 규모의 교회 개척 운동을 벌인 결과 당 해에 2,733개의 교회와 833,726명의 교세에서 6년 후인 1981년에는 3,616개의 교회와 1,444,915명의 재적 교인의 증가가 있었다.[5]

1970-1980년대를 지나면서 한국 사회가 경제적으로 발전이 되고 사람들의 삶은 경제적으로 약간의 여유를 누리기 시작하면서 여가 산업이 빠르게 발전하게 되었다. 이것은 종교를 대체하기까지 했으며 그 영향은 오늘날도 마찬가지이다. 예를 들면, 유명 리조트나 호텔에서는 고객들을 위해서 주일 예배 프로그램을 제공하고 있다. 그만큼 주일을 휴양지에서 보내는 사람들이 많아지고 있다는 것이다.

70-80년대 이전까지만 해도 한국 사회의 사회, 경제적 문제들 앞에 사람들은 종교적 힘을 의지해 위로와 안식과 희망을 찾았다. 그러나 현대 도시인들은 종교 대신에 다른 쪽으로 눈을 돌리게 되었다. 즉, 여가생활이다. 여가 산업을 대체 종교로 지칭하는 것은 교회로부터 멀어지는 이유로 교회 또는 신앙보다는 기능적 대행물을 더 선호하는 데서 발생한다. 즉, 현대 도시 생활에서의 위로나 도움을 교회에서 찾는 것이 아니라 여가 산업, 유흥 사업, 정신 의학, 상담학 등을 통해 해소하려는 것을 의미한다.

---

5   김성태, "교회 성장신학 논문집", 104-105.

3) 교회의 부정적 이미지

과거 한국 교회는 사회의 문제들을 해결하고 무너진 사회를 하나로 만드는 사회 통합의 순기능들을 많이 해왔다. 그러나 지금은 교회 자체의 분열과 사회에 본이 되지 못하는 부정적 모습으로 사회에서 신뢰를 많이 잃었다. 교회의 순기능적인 면보다는 역기능적인 면이 더욱 부각되었다. 교회의 부정적 이미지들은 전도의 측면에서 악영향을 끼치고 대형 교회나 작은 교회들 모두에게 부정적인 교회의 이미지를 심어주었다. 그 결과 교회에 대해서 흥미를 잃고 교회를 떠나는 일이 속출하고 있는 현실이다.

2020년 11월 3일 예장합동 총회장, 미래정책전략개발위원회 특별 기자회견이 있었다. 그때 발표된 설문 조사를 보면 충격적이다.

"20-30년 후 개신교에 대한 변화는 어떻게 예측하고 있는가?"

이런 질문에 응답자 44.6퍼센트가 "지금보다 쇠퇴할 것"이라고 전망했고, "지금과 비슷할 것"이라는 응답도 43.7퍼센트에 이르렀다. 반면 "더 성장할 것"이라는 대답은 11.6퍼센트에 불과했다. 그렇다면 "미래 사회의 종교 이미지 형성에 가장 큰 영향을 주는 요인이 무엇인지 중요한 순서대로 2가지를 대답해 달라"에 대한 응답은 중요한 시사점을 제시한다고 할 수 있다.

먼저 응답자 중 가장 높은 비율로 꼽은 요인은 '종교인의 생활 태도'(54.2퍼센트)와 '종교 지도자들의 신뢰 회복'(52.6퍼센트)이었다. 그 뒤를 이어 '종교의 사회 봉사 및 사회적 약자 돌봄', '종교의 사회 통합 및 개혁 등 사회적 역할' 등이었다. 사회적 도덕적으로 물의를 불러일으키는 종교 지도자들의 행태에 대한 부정적 인식이 강하다는 것을 확인할 수 있다.

종교 지도자들의 신뢰 회복과 종교인들의 생활 태도 변화 등이 시급하다. 앞서도 언급했듯이 목사나 기독교인이 신뢰를 상실하면 전도의 문이 닫힌다. 이것은 교회 개척에서도 마찬가지 어려움으로 다가온다.

4) 도시인의 박탈감

도시는 개인의 인간 가치보다 상품 가치에 의해 평가받는다. 개인주의화된 도시 사회 속에서 사람들은 서로 치열한 경쟁을 하게 되고, 서로에게 이질감을 느낀다. 이런 도시 사회에 적응하지 못한 사람들은 박탈감을 느끼게 된다.

박탈감의 사전적 의미는 "권리나 자격 등 당연히 자신에게 있어야 할 어떤 것을 빼앗긴 듯한 느낌"이다. 도시인들이 느끼는 박탈감은 절대적 박탈감과 상대적 박탈감으로 나눌 수 있다. 절대적 박탈감이란 생존을 위해 필수적인 최소 수준의 가치 충족이 결핍된 상태를 말한다.

박탈감을 다루면서 보다 주목해야 할 것은 상대적 박탈감이다. 이것은 현대인들에게 두드러진 현상이다. 상대적 박탈감은 객관적이기보다는 주관적이요, 상태(condition)보다는 느낌(feeling)이라고 할 수 있다. 이것은 자신의 생활 형편이 좋아지고, 사회적 지위가 상승하였음에도 비교 의식을 통해 나타나는 현상이다. 예를 들어, 월급으로 천만 원 받는 사람이 비교 대상을 이천만 원 받는 사람으로 한다면 상대적 박탈감을 느끼게 된다. 도시는 치열한 경쟁이 있는 곳이다.

따라서 경쟁에서 뒤처지는 사람은 심각한 상대적 박탈감에 빠지게 된다. 더구나 대중매체는 소비와 사치를 자극하고 부유층의 생활을 화려하게 보여줌으로써 시청자들이 느끼는 절망감과 박탈감은 더욱 심각해진다.[6] 이처럼 도시는 상대적 박탈감에 시달리는 사람들이 많다. 성형 수술은 현대 도시인들이 상대적 박탈감을 느끼고 있음을 보여 주는 대표적인 예가 된다. 원래 성형 수술의 목적은 상처를 입은 부분이나 선천적인 기형 또는 미적으로 보기 흉한 신체의 부분을 보기 좋게 만들기 위하여 외과적으로 교정

---

6 정병관, 『도시 교회 성장학』, 115.

하거나 회복시키는 수술이다.

그러나 외모가 취업에 마저 영향을 주는 외모지상주의인 요즘 외모는 단순한 치료, 혹은 호감도를 높이는 옵션(option)이 아니라 생존에 필요한 무기가 되고 있다. 이는 나의 외모를 상대방과 비교함으로써 오는 상대적 박탈감이 원인이라고 할 수 있다. 절대적 박탈감은 물론이고 상대적 박탈감은 교회 개척에도 부정적인 영향을 끼친다.

메슬로우(Abraham Maslow)의 욕구 이론은 다섯 가지로 나누어진다. 이것은 한 가지 욕구가 만족되었을 때, 비로소 다른 욕구를 가지게 된다는 것이다. 이것을 표로 하면 다음과 같다.[7]

표 5-1. 메슬로우의 욕구 이론

생리적 욕구(Physiological)는 식욕, 성욕, 수면욕 등이고, 안전 욕구(Safety)는 개체 생존의 안전 보장감이다. 그리고 소속감과 사랑 욕구(Social)는 사회 귀속 욕구이며, 존경 욕구(Esteem)는 명예욕 등 타인의 인정을 받으려는

---

7 Abraham H. Maslow, *The Father Reaches os Human Nature* (New York: Viking Press, 1971), 정병관, 『복음 혁명을 주도하는 크리스천 커뮤니케이션』(서울: 총신대학교출판부, 2009), 348에서 재인용.

욕구이다. 마지막으로 자아실현 욕구(Self-Actualization)는 최고의 인간 존재가 되고 싶다는 욕구이다.

현대 도시인들이 겪는 박탈감은 존경의 욕구와 자아실현의 욕구가 실현되지 못함으로 겪게 되는 심리적 문제다. 특별히 도시인들은 절대적 박탈감보다는 상대적 박탈감으로 인해서 좌절과 불만을 경험한다. 상대적 박탈감이란 개인들이 다른 사람들과 자신의 환경을 비교함으로써 발생하는 것이다. 경제적 형편과 사회적 지위가 상승했음에도 다른 사람과의 비교의식으로 인해서 박탈감을 경험하게 된다.

글락(Glock)은 도시인들이 느끼는 박탈감을 다섯 가지로 말하고 있다. 즉, 경제적 박탈감, 사회적 박탈감(명성, 권력, 지위, 사회참여), 육체적 박탈감, 윤리적 박탈감(가치 갈등), 정신적 박탈감(정신적 공허)이다.[8] 도시인들은 존경과 자아실현의 욕구를 가지고 있지만, 비교의식에 의해서 박탈감을 경험하는 심리적 문제를 안고 살아가고 있다.

오늘날 더 좋은 문화적 환경을 제공하고 외부적으로 보기 좋은 교회로 성도들이 집중되는 것은 자아실현 욕구를 가진 사람들이 늘어나고 있다는 간접적인 증거가 된다.[9] 박탈감은 선교학적으로 교회 개척에 영향을 끼치기도 한다. 즉, 상대적 박탈감에 빠진 도시인들은 대형 교회에 출석함으로써 보상을 받으려 한다. 대형 교회에 출석함으로 작은 교회, 개척 교회에 출석하는 사람들과 비교해 우월감을 느끼는 경향이 있다. 대형 교회에 소속함으로 상대적 박탈감을 해소하려는 것이다.

---

8   Charles Y. Glock, "The Role of Depriviation in the Origin and Evolution of Religious Groups," in Religion and Social Conflict, edited by. Robert Lee Martin E. Marty (New York: Oxford Univ Press, 1964), 26-29.
9   정병관, 『복음 혁명을 주도하는 크리스천 커뮤니케이션』, 352.

3. 도시 교회 개척을 위한 준비

개척의 어려움이 있다 해도 교회 개척은 계속되어야 한다. 교회 개척은 최고의 선교 전략이기 때문이다. 교회를 개척하는 데 실제 준비는 무엇이 있는지를 살펴보면 다음과 같다.

1) 사명 의식

교회 개척자는 하나님이 주신 사명감에 투철해야 한다. 개척에 대한 하나님의 부르심을 확신해야 한다. 필자가 앞서 언급했듯이 신학대학원 졸업생 중 80퍼센트 이상은 순수 교회 개척을 해야 한다. 이때 조심해야 할 것은 현실 상황에 밀려서 어쩔 수 없이 개척해서는 안 된다. 시간이 늦어지더라도 하나님께서 개척의 사명을 주셨음을 확인하고 개척을 시작해야 한다.

2) 개척 멤버 확보

교회 개척을 동역자와 함께한다는 것은 교회 개척의 중요한 요소이다. 개척 팀은 함께 교회를 시작하는 팀과 재정적으로 후원하는 팀으로 나눌 수 있다. 함께 교회 개척을 시작하는 동역자는 가족, 친지, 친구, 동료 등이 될 수 있다. 그들과 함께 성경 공부 모임을 하면서 개척에 대한 소명을 함께 공유하는 것이 중요하다.

또한, 개척 교회는 물질적으로 어려움을 겪는다. 이때 개척을 준비하면서 재정적으로 도움을 줄 수 있는 후원자를 확보해 둔다면 개척 초기에 많은 어려움을 해소할 수 있다. 예를 들어 분당중앙교회 최종천 목사는 1991년 교회를 개척할 때 중요하게 준비했던 것이 후원자 확보였다. 그는 세 종류의 후원자를 확보했는데 기도와 시간과 재정 후원자였다. 주로 친구와 친지로 구성된 130여 명의 후원자는 개척 후 1년 동안 매월 1만 원, 2만 원씩 후원했다. 이는 재정 면에서뿐 아니라 영적으로도 큰 후원이 되었다고 한다.[10]

3) 개척지 탐색

교회를 개척할 때는 여러 가지 준비를 해야 한다. 그러나 개척지를 결정하는 것만큼 중요한 것은 없다. 1년, 2년 목회하다가 교회 문을 닫기 위해 개척하는 사람은 없다. 따라서 한 번 한 지역에 교회를 세우면 그 지역의 교회로 계속 머물 가능성이 있기에 개척지 선정은 중요하다.

교회 개척을 준비하는 개척자에게 추천할 만한 개척지를 서울과 수도권에서 찾아본다면 현재 서울에서 뉴타운의 이름으로 개발되고 있는 지역(예를 들어 길음 뉴타운, 은평 뉴타운 등 아파트 밀집 지역), 아직도 대규모 개발이 계속되고 있는 고양, 김포, 파주 지역과 양주지역, 하남, 시흥, 용인, 수지, 구리, 의정부, 이천 그리고 분당지구가 계속 개발되고 있으며, 오산의 동탄 지역은 다시 서동탄, 남동탄으로 계속 개발되고 있으니 교회 개척에 있어서 유리한 장소라고 볼 수 있다.

그리고 수도권 제1순환 고속도로를 따라서 인터체인지 부근마다 새로운 도시가 개발되고 있고, 개발되는 도시는 신흥 도시의 특징처럼 인구 집중 현상이 나타난다. 인구가 집중된다는 것은 교회 개척지로서 중요한 위치가 된다.

그리고 각각의 도시마다 새로이 형성되는 주거 도시, 인구가 집중되고 있는 지역과 유동 인구가 많은 지역 그리고 역세권 지역은 교회 개척의 유리한 지역이므로 눈여겨보아야 한다. 단 개척자가 기억해야 할 것은 정부의

---

10 인터넷 웹사이트 '다음', '한국 교회 개척 방식 문제점과 그 대안' 2014년 5월 28일 접속.

국토 개발 계획에 대해 사전 정보를 가지고 있는 것이 좋다. 이미 도시가 세워지고 주민들의 입주가 끝난 후에 교회를 개척하는 것보다 도시가 개발될 때 혹은 입주가 이루어지기 전에 교회가 세워져 있는 것이 유리하다.

그러나 이런 신흥지역이나 인구 밀집 지역은 건물 임대료가 비싸다는 단점도 있다. 따라서 교회 개척자는 물질적으로 준비가 된 이후 개척하거나 혹은 후원자가 충분히 확보된 이후 개척을 시작해야 함을 기억해야 한다.

4) 개척의 실제적 준비

실제적으로 교회 개척자가 교회를 개척할 때 준비해야 하는 것은 무엇이 있는지를 살펴보면 다음과 같이 정리해 볼 수 있다. 개척 준비 기간은 너무 길어도 짧아도 바람직하지 않다. 너무 길면 개척자가 나태해지기 쉽고, 너무 짧으면 실수를 범할 수 있다. 이런 면에서 개척 준비는 1년 전부터 시작하는 것이 좋다. 이 기간은 개척자 개인의 준비를 비롯해 개척지 선정 그리고 첫 설립 예배를 드리기까지 실제적 준비를 위한 기간이다.

(1) 개척 지역 선정

개척 지역 선정은 교회 개척자가 가장 신경 써야 하는 요소다. 교회 개척의 성공 여부는 개척지에 달려 있다고 해도 과언이 아니기 때문이다. 지역의 유동 인구, 인구 집중도, 가시성, 접근성을 깊이 고려하고 조사해야 한다.

(2) 지역 조사

한 지역에 교회를 개척할 때 지역 조사를 하지 않는 경우가 많다. 신학교에서도 실제적 지역 조사 방법 등을 가르치지 않는다. 그러나 지역 교회가 지역에 관한 조사를 하지 않으면 진정한 성육신적 선교를 할 수 없다. 교통량, 주민 수, 주민 이동수, 주민들의 생활 수준, 학력, 타 교회와의 거리 등을 조사해야 하고 이것은 지역 교회가 선교의 대상을 결정하는 데 크게 도움을 준다.

(3) 건물 계약 및 홍보

가급적 건물은 월세로 하지 않는 것이 좋다. 준비가 되지 않으면 기다리는 것이 바람직하다. 건물을 계약할 때는 등기부등본, 근저당, 가압류확인, 토지대장, 건축물 대장 등 계약 조건을 자세히 살펴야 한다. 그리고 건물을 계약한 후부터 바로 교회 홍보 및 전도에 돌입하는 것이 좋다. 흔한 예를 들면, 한 건물에 치과가 들어선다고 하자. 이 치과는 실제로 의료 영업을 시작하기 전에 언제 오픈한다는 것을 대형 현수막을 걸어 알린다.

그리고 여러 광고지를 뿌리기도 한다. 마찬가지로 교회도 설립 예배를 드리기 전에 교회 홍보 및 전도를 실행하는 것이 좋다. 현수막을 교회 벽면에 부착하는 방법이 있고, 홍보 및 전도지를 가가호호 방문해서 전달하는 것이 좋으나 도시인들의 개인주의 정서상 불가능할 수도 있으니 편지함에 넣어 두는 것도 대안이 될 수 있다.

(4) 시설 준비

교회 건물을 계약했으면 이제 교회 인테리어 및 시설을 준비해야 한다. 이때 개척 교회는 '웅장함'보다는 '아름다움'으로 컨셉을 정하고 준비하는 것이 좋다. 강대상과 강단 의자를 예를 들면 웅장함과 장엄함보다는 화려하지 않고 단순하게 준비함이 좋다. 청중석의 의자 역시 현대인들은 장의자보다는 개인용 의자를 선호하는 경향이 있음도 고려해서 준비해야 한다. 조명시설도 화려하지 않은 것이 좋으며, 과거처럼 강단의 조명을 지나치게 밝게 하는 것은 성도들과의 거리감을 조성할 수 있으니 삼가는 것이 좋다.

교회를 개척할 때는 방음벽 설치에 특히 신경써야 한다. 주차 시설 확보, 옥외 십자가, 냉온풍기, 피아노, 헌금함과 헌금 주머니, 빔프로젝터, 음향기기, 주방 도구, 친교를 위한 식사 자리 확보, 교회 어깨띠, 교패 등등 교회 형편에 맞게 아름답게 준비해야 한다.

(5) 설립 예배

노회나 시찰회 목사들, 혹은 교회 개척자의 부교역자 시절 섬기던 교회의 목사를 초대해 예배 순서를 맡긴다. 개척자는 설립 예배 순서지, 선물, 식사를 준비한다. 이때 사치스러운 모습을 자제하고 지역 주민과 함께하는 축제의 장이 되도록 기획해야 함을 기억해야 한다.

교회를 개척할 때 준비해야 할 것들을 정리했다. 무엇보다도 중요한 것은 개척자는 성령의 도움이 없이는 안 된다는 것을 깨닫고 현실적으로 다가오는 개척의 어려움에 실망하지 말고 불타는 열정과 사명감을 가지고 전진해야 할 것이다.

4. 도시 유형과 선교 전략

도시를 하나의 모델로 보기는 어렵다. 한국 사회의 도시는 다양하다. 그러므로 다양한 도시 상황에서 교회를 개척하기 위해서는 '복음의 불변성'을 확고히 하면서 지역에 따른 상황화된 전략들이 나와야 한다. 따라서 각 도시의 특징은 무엇이며, 각 도시 상황에서 교회가 수행할 수 있는 전략들에 대해서 아는 것이 필요하다.

1) 구도시

도시 지역은 정치, 경제, 사회 생활의 중심 역할을 한다. 현대 도시 중심부 지역의 특성은 도시화와 밀접한 관계가 있다. 도시화는 인구의 집중과 문화 시설의 집중화를 통해 초기 단계에서 일정 기간 구심적인 과정에 있다가 그 후에 원심적인 작용을 하면서 근교화의 단계에 이르게 된다. 이 근교화의 단계에서 위성 도시, 신도시 등이 건설되어 화려했던 구도시는 일종의 침상 도시, 기숙사 도시의 역할을 하다가 구도시와 위성 도시들을 포괄하는 거대 도시를 형성하기도 하며 이것은 몇 개의 거대 도시를 창설하면서 사회 경제적으로 밀접히 연관된 초거대 도시를 형성한다. 이후 도시 공간은 소수의 기능만을 유지하고 전반적인 퇴화의 현상을 가져오는 경우가 있다. 구도시는 신흥 도시의 반대 개념으로 이해하면 된다.

오래된 도시, 즉 신흥 도시처럼 거대 인구가 유입되는 지역이 아닌 (물론 뉴타운이라는 이름으로 거대 아파트 단지가 조성되기는 하지만) 지역이다. 지역마다 다양한 특징을 가지고 있기에 한 지역의 특징이 전체를 특징지을 수는 없다. 따라서 필자는 구도시를 비교적 안정된 지역과 비교적 불안정한 지역으로 나누어 고찰할 것이다. 이것은 어느 대도시에서든지 발견되는 현상이기도 하다.

(1) 비교적 안정된 지역

이 지역은 각계각층의 중산층 이상의 근로자들이나 전문직에 종사하는 부유층들이 사는 지역이라고 할 수 있다. 이 지역은 공터가 거의 없고 주택이 가득 차 있다. 20여 년이 넘은 집들이라 하더라도 그 상태가 양호하다. 주민들 대부분은 자기 집을 소유하고 있고 그 지역은 범죄도 별로 없으며 주민들은 소속감을 가지고 있다. 공공기관들 즉 학교, 교회, 병원, 도서관, 공원 등은 일반적으로 지역 사회의 욕구를 충족시키기에 넉넉하다. 이 지역의 주민들은 자기들의 프로그램을 발전시킬 수 있는 돈을 갖고 있으며 여러 공공시설은 잘 갖추어져 있다.

따라서 이 지역 주민들의 평균 연령이 타지역보다 높다는 것을 짐작할 수 있으며, 주택 소유율과 연령층을 고려해 볼 때 이 지역의 주민들은 특별한 사유 없이 다른 지역으로 쉽게 이동하지 않는다는 것을 알게 된다.[11] 결국, 이 지역은 타지역으로의 전출이 적고, 비싼 부동산 가치로 인해서 타지역의 사람들이 이 지역으로 들어오는 유입 인구도 적은 인구 안정 지역인 것이다.

이 지역에서 효과적으로 교회를 개척하고 선교 전략을 펼치기 위해서는 다음과 같은 조건이 필요하다.

첫째, 지역과 주민들에게 만족을 주는 교회의 건물이 있어야 한다.

오늘날의 서울에서 예를 든다면, 강남 지역의 대형 교회들을 들 수 있다. 교회 건물이 외형적으로 너무 열세에 놓이게 되면 교회 교인들은 심각한 열등감에 빠지게 될 것이고 이런 교회 내 열등감은 새로운 성도를 얻기 위한 많은 기회를 놓치게 할 것이다.[12] 그러나 안정된 지역에 순수 교회 개척을 하는 경우 주민들에게 자부심을 줄 만한 건물을 확보하는 것은 어렵다. 따라서 웅장한 이미지보다는 아름다운 이미지로 개척 교회를 세우는 것이 좋다. 상가의 한 층을 렌트해서 시작한다 해도 눈에 띄는 교회가 되게 하는 것이 중요하다.

둘째, 공적 활동을 계획하는 것이다.

안정된 지역은 비교적 안정된 생활을 누리는 사람들이 많다. 따라서 이 지역의 주민들은 타지역에 비해 지역 사회를 대상으로 하는 공적 활동에 참여도가 높은 것이 특징이다. 예를 들어, 구제 사업을 위한 바자회나 음악회 등에 높은 호응도를 기대할 수 있다. 따라서 이 지역의 교회들은 지역 사회 주민들을 위한 공적 활동을 늘림으로써 많은 선교적 통로를 얻을 수 있다.[13]

셋째, 이 지역에서 교회를 개척하고자 한다면 무엇보다도 개척 멤버와 후원자를 확보하는 것이 중요하다.

---

11 정병관, 『도시 교회 성장학』, 274.
12 정병관, 『도시 교회 성장학』, 277.
13 정병관, 『도시 교회 성장학』, 279.

현대 도시인들은 대형 교회를 선호한다. 특히, 비교적 안정된 생활을 누리고 있는 지역은 그 특징이 뚜렷하다. 따라서 이들에게 접근하기가 쉽지 않다. 그러므로 개척 멤버를 몇 명이라도 확보하고 그들과 함께 시작하는 것이 바람직하다고 하겠다. 또한, 임대료가 비싼 지역임을 감안할 때, 지속적인 후원자들을 확보하는 것은 목회자가 선교 전략을 펼치는 데 물질적으로 정신적으로 안정감을 느끼게 한다.

넷째, 주일 학교의 활성화다.

어느 도시든지 마찬가지지만 특히 안정된 지역은 주로 가정이 중심이다. 주민들은 무슨 일이 있어도 자기들의 자녀들에게 어떤 편의도 제공해 주려고 한다. 그러므로 주일 학교를 비롯해서 대부분의 프로그램이 부모와 자녀의 관계처럼 가정을 중심으로 이루어져야 한다.

(2) 비교적 불안정한 지역

비교적 안정된 지역에 비해서 변동성이 있고 동질성은 결여되어 있다. 따라서 공동체 의식도 희박한 지역이라고 할 수 있다.

이 지역 주민들의 대부분은 중산층 이하의 삶을 사는 경우가 흔하다. 어떤 경우에는 한 가족이 살만한 집에서 여러 가족이 방마다 살고 있는 경우도 있다. 심지어 지하실이나 다락까지도 거처로 사용하는 경우가 허다하다. 그리고 정작 집주인은 이 지역에 없고 세든 입주민들만이 이 지역에 사는 경우가 많다. 따라서 다른 지역에 비해 건물이나 시설물들이 낡고 시대에 뒤떨어진 경우도 많다.[14]

한 예로, 노원구에는 60만 명 이상이 거주하고 있으며 대단지 아파트가 조성되어 있다. 그중에는 고급 아파트도 있지만 아주 오래된 서민 아파트가 많이 있다. 그곳의 원주인은 강남에 거주하면서 집을 월세 혹은 전세로

---

14 정병관, 『도시 교회 성장학』, 257.

임대하고 임대료 수입을 올리는 사람들이 많다. 이런 주변 환경들은 이 지역의 주민들에게 열등감을 느끼게 하고 주민들 사이에서는 보이지 않는 긴장 관계가 나타나기도 한다.

또한, 이 지역은 낮은 임대 가격의 주택 등이 있다는 이유로 도시 빈민층을 지속적으로 끌어들인다. 그러나 주민들은 자신이 거주하는 지역이 별로 마음에 들지 않으므로 형편만 좋아지면 그 지역을 떠나려는 마음이 언제나 자리 잡고 있다. 이런 면에서 볼 때 이 지역은 안정된 지역에 비해서 높은 유입과 유출이 있는 지역이라는 특징이 있다. 이곳에서 안정된 교회를 설립한다는 것은 지속적인 불신자 전도와 새신자 유입이 전제되지 않고서는 상당히 어려운 점들이 있음을 알 수 있다.[15]

이 지역에서 수행할 수 있는 선교 전략은 세 가지다.

첫째, 이주해 오는 사람들에게 접근하는 전략을 개발해야 한다.

타 도시에서 이주해 오는 사람들은 나름대로 인생의 큰 변화에 직면해 있다고 볼 수 있다.[16] 따라서 최근에 이주해 온 사람들에게 선교의 초점을 맞추어야 한다. 교회 주보와 함께 선물을 전달한다든지 하는 전략적 접근을 시도할 수 있다.

둘째, 감성에 호소하는 설교를 해야 한다는 것이다.

설교는 항상 수신자 중심이 되어야 하듯이 지역에 맞는 설교를 해야 한다. 이들은 마음과 정서에 호소력이 있는 설교를 듣기를 원한다. 저들의 형편과 상황에 상관없는 신학적인 열변만을 쏟아 놓는 설교를 저들은 듣지 않는다. 이 지역에서는 이들의 자존감을 회복시키고 소망의 주님을 소개하는 식의 설교가 옳다.[17]

15　정병관, 『도시 교회 성장학』, 258.
16　정병관, 『도시 교회 성장학』, 260.
17　정병관, 『도시 교회 성장학』, 261.

셋째, 치유 사역이다.

특히, 이 지역에는 빈민들이 사는 경우가 많다. 그들은 고립감, 열등감, 자기 경멸의 삶 속에서 살고 있다. 그들의 낮은 자존감은 긍정적이고, 장기적인 미래의 삶에 대한 투자보다는 단기적이고 즉흥적인 삶의 방식으로 자신에게 상실된 자존감을 회복해 보려고 노력한다. 그래서 자신의 수입 전부를 비싼 사치품을 사는 데 투자하기도 한다. 그러므로 이 지역의 주민들에게 그리스도의 복음을 통해 무너진 인간의 자존심을 회복시키는 사역에 힘써야 한다. 하나님께서는 그들의 소유나 사회적 지위나 환경에 상관없이 그들을 사랑하고 계심을 알려 주어야 하며,[18] 교회 역시 그들을 사랑하고 존경하며 인정해 주는 공동체임을 인식시켜야 한다.

2) 신흥 도시

신흥 도시는 과밀화되어 넘쳐흐르는 중심 도시의 인구와 고용 기능을 1차적으로 수용해 균형된 비율을 이루도록 계획된 자립적이고 자족적 도시로 정의될 수 있다.[19] 노융희는 신흥 도시를 다음과 같이 구분한다.

첫째, 종합적으로 계획된 도시다.
둘째, 새로 건설된 도시다.
셋째, 모도시의 주변에 위치하고 있는 도시다.
넷째, 모도시의 일부 기능을 분할해 담당하는 도시다.
다섯째, 경제적으로 자급자족하는 도시다.
여섯째, 인구의 지속적인 증가를 보여 주는 도시다.

---

18 정병관, 『도시 교회 성장학』, 262.
19 권용우, 손정렬, "대도시 지역과 교회 지역," 226.

일곱째, 도시 인구가 모도시로부터의 직접 및 간접적인 인구 유입으로 인해 지속적으로 증가하는 도시다.[20]

신흥 지역으로 인구가 몰리는 이유는 쾌적한 공기와 주거 환경, 넓은 도로, 적은 소음, 비슷한 중산 계층 사람들의 분포, 적은 범죄율, 도시와 전원적인 분위기를 동시에 만끽할 수 있기 때문이다.

신흥 도시의 특징은 그 도시를 거주지로 정하고 일터까지 통근하는 경우가 많다는 것이다. 그래서 신흥 도시는 세 가지 조건이 충족되어야 한다.

첫째, 가정에서 일터까지 왕래하는 데 걸리는 시간이 적절해야 한다.
둘째, 왕래하는 거리가 적당해야 한다.
셋째, 주차비를 포함한 교통비가 적절해야 한다.[21]

그리고 신흥 지역의 또 다른 특징은 최근에 인구가 몰린다는 것이다. 신흥 지역으로의 인구 이동은 사람들에게 다양한 의미를 갖게 한다. 그들은 일단 많은 절친한 친구들과 친척을 남겨 두고 떠나 새로운 이웃 또는 동료와 만나는 것을 의미하고, 한때 즐겨 찾던 익숙하고 정겨운 곳을 이제 갈 수 없게 되었음을 의미한다.

또한, 지역 사회는 매우 유동적이고 변화가 많다. 자꾸 도로들이 생겨나고 도로를 따라 새로운 집들과 빌딩들이 들어서고 학교가 들어선다. 따라서 신흥 도시 주민들은 새로운 변화를 경험하게 되고 변화에 수용적이고 진취적 자세를 가지게 된다.[22] 변화에 개방적이고 수용적이라는 것은 복음에도 수용적인 지역이라는 것을 의미하며, 이것은 교회를 개척함에 최적의

---

20 노융희, 『신도시 개발론』(서울: 박영사, 1973), 78.
21 Leiffer, 『도시 교회 목회론』, 38.
22 정병관, "신흥 도시 지역에서의 선교와 목회"「신학지남」통권 제289호 (2006); 186-187.

장소임을 의미한다.

선교적 측면에서 볼 때 신흥 도시에는 주목할 만한 특징이 있다. 교회 성장이 주로 이동 신자에 의해서 이루어진다는 것이다. 이 지역 주민들은 이주 후 당분간 자기들이 본래 다니던 교회와 지속적인 유대 관계를 갖기를 원한다. 거리를 불문하고 주일마다 옛 교회로 출석하는 경향이 있다. 그러나 대부분은 점점 자신이 살고 있는 지역에 관심을 갖게 되면서 옛 교회까지 다니기가 너무 멀다고 생각하게 되고 결국 지역의 여러 교회를 방문하면서 최종적으로 교회를 결정해 옮기게 된다.

이런 신흥 도시에 교회를 개척하고 선교하기 위해서는 어떤 전략이 효과적인지 살펴보자.

첫째, 모교회가 지교회를 세우는 교회 개척 전략이 효과적이다.

이 전략은 어느 도시에서든지 가장 바람직한 교회 개척의 유형이다. 특히, 신흥 도시는 단시간에 빠른 속도의 성장을 경험하는 지역이므로 안정된 모교회의 도움을 받아 건물을 세우고 지역 선교 전략을 펼칠 때 지역 사회에 깊이 그리고 빠르게 뿌리를 내리게 되고 성장할 수 있다.[23]

둘째, 가정 우선 사역이다.

신흥 도시는 구도시보다 주민들의 연령이 상대적으로 낮다. 젊은 부부들을 중심으로 한 전형적인 가족 단위로 구성되어 있으며 자녀들은 어리다. 이 지역의 젊은 부부들은 자녀들의 안정된 학교생활과 성장 과정에 관심이 많다. 그러므로 교회는 가족 중심의 자녀 교육 세미나, 부부 세미나 등을 개최하는 것이 필요하다. 교회 예배 시간도 교회 장소가 허락된다면 같은 시간에 하는 것이 효과적이다.

---

23 정병관, 『도시 교회 성장학』, 293.

셋째, 아파트 사역이다.[24]

신흥 도시는 대부분 대규모 아파트 단지를 이루고 있다. 신흥 도시뿐만 아니라 이 시대에 가장 많은 주거 환경이 아파트이기도 하다. 신흥 도시에 교회를 개척하려면 아파트 주민에 대한 차별화된 접근법을 가져야 한다. 아파트 주민들은 철저한 규칙에 따라 개인주의적 삶을 살고 있다.

즉, 그들은 옆집이나 위층, 아래층에 사는 사람들 때문에 소리를 크게 내어서도 안 되고 뛰어서도 안 된다. 층간 소음으로 이웃과의 분쟁이 야기되는 것을 보면 알 수 있다. 건물이나 아파트 단지에 있는 잔디를 훼손해서도 안 되는 규칙을 가지고 살고 있다. 이런 삶은 주민들 상호 간의 보호주의와 개인주의를 강화한다. 개인주의적 삶은 이웃에 누가 살고 있는지조차도 모르게 한다. 그러므로 과거처럼 전도단을 구성해 아파트 한 가정 한 가정씩 찾아다니며 초인종을 눌러서는 안 된다. 문을 열어 주지도 않을 뿐 아니라 경비실을 통과하기도 쉽지 않다.

또한, 이단들의 득세로 '이상한 사람'이라는 인식을 줄 수도 있기 때문이다. 간접적인 접근을 해야 한다. 권할 수 있는 전략으로는 아파트 입구에 작은 현수막을 설치해 교회를 홍보하는 것도 전략이 될 수 있다. 이때 유념해야 할 것은 상투적인 형식의 현수막이 되어서는 안 되고 디자인, 색상, 문구 등이 차별화되어야 한다. 그리고 아파트 입구에 적합한 곳에서 전도 부스를 차려놓고 부침개 전도 등 차 전도를 하는 것도 요즘 많이 실행하고 있는 전략이다. 그리고 무엇보다도 중요한 전략으로는 신흥 도시 아파트 주민의 연령, 소득 수준, 생활 수준, 직업 등을 사전에 파악해 그들이 관심을 가질 수 있는 프로그램을 준비해서 홍보해야 한다. 예를 들어, 자녀 교육 강좌, 웰빙 생활, 명사 초청, 가족이 함께하는 작은 음악회 등의 문화적 접근이다.

---

24   정병관, 『도시 교회 성장학』, 294.

오늘날 대부분의 교회 성장은 신흥 도시에서 이루어지고 있다. 그러나 불행하게도 신흥 도시의 교회 성장은 회심 성장(conversion growth)이 아닌 이동 성장(transfer growth)에 의존하고 있다. 신흥 도시는 이동 성장에 의존하는 부흥과 성장만을 도모해야 하는 도시가 아니다. 신흥 도시 지역에 있는 교회나, 앞으로 신흥 도시에 교회를 개척하고자 하는 개척자들은 어쩔 수 없는 이동 성장이 있다 해도, 이 도시는 회심 성장을 위해 하나님께서 예비하신 선교지[25]임을 기억하고 회심 성장을 위해서 깊은 기도와 전략 그리고 열정을 가지고 임해야 한다.

3) 위성 도시

신흥 도시는 미개발된 지역을 개발하기 위해 건설된 도시이고, 위성 도시는 대도시의 분산을 촉진하기 위하여 건설된 도시이다.

위성 도시는 대도시 주변에 위치하며 모도시의 기능 일부를 분담하는 도시이다. 위성 도시는 영국의 에베네저 하워드(Ebenezer Howard)가 제창한 전원 도시에서 유래하며[26] 미국의 테일러(G. R. Taylor)가 1920년대에 모도시와 소도시의 관계를 마치 항성과 위성의 관계와 같다고 생각하여 붙인 명칭이다. 위성 도시는 중심 대도시와 일상적인 산업, 사회 활동의 교류가 빈번하며 통근, 통학, 업무, 주택 생활 등과 밀접한 관계가 있다. 단순히 주택 지역이나 공장 지역 등의 기능만을 가지는 유형도 있고 기초 지방 자치 단체로서 행정적으로 중심 대도시로부터 독립되어 있는 것도 있다.

중심 도시의 기능이 포화 상태에 이르렀을 때 그 기능의 일부가 분산되어 중심 도시와 밀접한 관련을 맺고 발달하는 소도시라고 말할 수 있다. 즉,

---

25 정병관, 『도시 교회 성장학』, 299.
26 권용우, 손정렬, "대도시 지역과 교회 지역", 225.

위성 도시는 대도시 주변에 위치하는 근교 도시를 지칭하며 대도시의 산업을 이전받은 산업 도시, 도시의 독립성이 약한 중소 도시, 주택지를 공급하는 주택 위성 도시 등이 이에 포함된다.

　대도시의 기능을 분담해 그와 밀접한 관련을 맺으면서 발전하는 도시라는 점에서 한국의 경우 인천, 수원, 의정부, 성남, 안양, 안산, 남양주 등을 서울의 위성 도시라고 할 수 있고 양산과 김해 같은 곳은 부산의 위성 도시라 할 수 있다. 선교적 측면에서 위성 도시에 거주하는 사람들에 관한 이해가 필요하다. 예를 들어, 경기도에 사는 사람들의 다수는 중심 도시인 서울로 출퇴근하며 소비되는 에너지원 및 개인의 체력과 심리적 스트레스 그리고 그로 인해 일어날 수 있는 공동체적(가족, 지역 사회 등) 문화의 붕괴 등을 경험하고 있음을 이해하는 것이 필요하다.

　또한, 이 도시는 대도시와 비교해 보면 농촌을 변방으로 두고 있는 경우가 많으므로 여러 면에서 농촌의 성격을 완전히 벗어나지 못하고 있다. 따라서 이곳에서 교회를 개척해 복음을 전하기 위한 효과적인 방법은 코이노니아 전략과 문화 사역이라고 할 수 있다. 예를 들어, 경기도 남양주에 늘푸른진건교회는 개척 초기부터 지역 사회를 위한 다양한 봉사활동을 전략적으로 시행했다. 그중 늘푸른 카페를 통한 코이노니아 사역이다.

　교회의 1층에 꾸며놓은 늘푸른 카페는 교인들뿐 아니라 지역 주민들도 애용하는 공간이다. 이 카페는 성도들의 코이노니아 장소로 애용되는 것은 물론 교회를 다니지 않는 주민들도 반상회, 학부모 회의, 일일 찻집, 바자회, 음악 발표회 및 연주회, 지역 사회 행사 등을 위한 장소로 이용하고 있다.

　이 교회를 담임하고 있는 이석우 목사는 교회의 문턱을 낮추고 사람들을 끌어들이기 위해 교회 내 카페를 생각하게 되었고, 카페는 처음 의도대로

교회의 이미지 개선과 전도에 큰 역할을 감당하고 있다고 말한다.[27]

4) 전원 도시

농업 사회에서 근대화 시대로 전환되면서 도시 집중화 현상이 나타났다. 그러나 급격한 도시화는 종착 단계(terminal stage)에 이르렀고 도시 집중화 현상은 도시 공동화 현상으로 변화되었다. 도시 공동화란 도시의 중심지로 유입되는 인구는 많지만 실제 그곳에서 사는 사람들은 거의 없고 대부분 도시 외곽으로 거주지를 옮겨서 전원이 있는 곳으로 자신들의 주거지를 바꿈으로써 도시의 번화가는 오히려 밤이 되면 텅 빈 현상을 말한다.

현재 중산층 이상의 사람들이 도심의 오염과 교통의 혼잡을 피해 도시 근교 지역으로 옮겨가고 있다. 여기에 전원 도시에 대한 선교적인 중요성이 있다고 하겠다.

전원 도시는 사전적 의미로 도시 생활의 편리함과 전원생활의 신선함을 함께 누릴 수 있도록 설계된 도시라고 정의한다. 흔히 공원과 녹지가 정비되고 외곽이 농경지로 둘러싸여 있는 도시를 이른다. 전원 도시는 에베네저 하워드(Ebenezer Howard)가 1899년 창립한 전원 도시 협회를 중심으로 전원 도시 개념을 주장하고 실천하였다. 영국이 산업화로 인해 발전했지만 각종 도시 문제가 도시에서 발생하게 되자 하워드는 도시 생활의 편리함과 전원 생활의 신선함을 함께 누릴 수 있는 이상적인 전원 도시를 계획했다.[28]

전원 도시에 관한 하워드의 계획은 산업 혁명 이래 무절제한 성장으로 인해 인구가 밀집되고 과잉 혼잡하게 된 도시 생활을 개선할 필요성에 의

---

[27] http://www.pastor21.net 2012년 10월 20일 접속.
[28] 권용우, 손정렬, "대도시 지역과 교회지역", 222.

해 상정되었다. 또한, 하워드는 전원 도시는 기존 대도시로의 통근을 원칙으로 하지 않고 경제적 자립성이 있으며 도시 팽창을 억제하는 것이 중요한 요건이 되어야 한다고 강조하기도 하였다. 하워드의 전원 도시는 중심지대에는 광장, 시청, 박물관 등의 공업시설이, 중간 지대에는 주택, 교회, 학교 등이, 외곽 지대에는 공장, 창고, 철도 등이, 최외곽 지대에는 대농장, 임대 농원, 목초지 등의 농업 지대가 입지하도록 설계되었다.[29] 또한, 전원 도시는 신도시(new town)나 위성 도시 개념의 모태가 되기도 한다.

근래 귀농 현상률의 상승과 도시인들의 전원에 대한 동경이 전원 도시에 대한 선교 전략을 새롭게 확립해야 할 필요성을 더해주고 있다.

농촌을 배경으로 하는 전원 지역은 대도시처럼 교회 간에 반목과 경쟁은 비교적 적은 편이다. 그러나 교회 설립에 있어서는 부정적 특성이 있음을 유념해야 한다.[30] 그 이유는 농촌 특유의 샤머니즘적 요소들이 있기 때문이라고 생각된다. 그리고 교회 개척자들은 개척지로서도 제한된 인구가 거주하는 경우가 많기에 적합하다고 생각지 않을 수도 있다. 그러나 선교적 측면에서 교회 개척이 필요한 이유는 이동 성장보다 회심 성장이 이루어질 가능성이 많다는 것이다.

그러므로 교회가 이 지역에 선교적 접근을 하기 위해서는 다양한 활동을 할 필요가 있다. 예를 들면, 도농공동체 전략이다. 도시에 있는 교회와 농촌에 있는 교회가 연합해 농촌에 있는 사람들을 돕는 사역이다.

또한, 문화적인 면에서 문화 생활을 할 수 있는 기회가 적은 이 지역 사람들을 위해서 교회가 문화 사역을 하는 것도 효과적이라고 할 수 있고, 특별히 대도시의 교회가 총동원 주일, 전도 축제 등의 이름으로 흔하게 실행하는 사역을 농촌의 특성을 고려해 온 마을 잔치(All Village Festival) 등을 개

---

29 김선범, "실천적 도시계획가 에베네저 하워드"「국토정보」11 (1995), 74-81.
30 정병관,『도시 교회 성장학』, 303.

취하는 것이 전략이 될 것이다.

전원 지역에서의 교회 개척은 온전한 섬김의 자세가 없이는 불가능하다. 예를 들어, 주민들이 바쁘게 농사일을 하면 목사 역시 한가롭게 서재실에 앉아서 설교 준비만 해서는 안 된다. 그들의 일상 속으로 찾아가서 그들을 도우며 그들에게 붙임성 있게 다가가야 한다.

예를 들어, 제주도에는 임종인 목사가 담임하고 있는 와흘교회가 있다. 개척 이후 임 목사는 철저하게 찾아가는 목회를 했다. 즉, 농번기와 계절을 고려해 마을과 논밭, 산으로 다니며 간식거리를 무상으로 제공했다고 한다. 귤 수확기면 제주도는 엄청 바쁘게 돌아가는데 부족한 일손을 덜어주기 위해 전도하러 가다가도 온종일 주민들 사이에 끼어 귤 따기를 도와주었다.

임 목사는 다음과 같이 말한다.

> 농촌 목회는 찾아가는 목회여야 합니다. 그리고 장기적 관점을 갖고 접근하고 사역을 펼치는 것이 중요합니다. 그 지역의 주민 한 사람으로 살아갈 때 관계가 형성되고 단단한 영적 세계를 깨뜨려 결국 주님을 믿는 신앙인으로 서게끔 할 수 있습니다.[31]

임 목사는 성육신적인 선교 전략을 그대로 실천하며 샤머니즘적 요소가 강한 지역에서 복음의 씨를 뿌리고 그 열매를 맺어가고 있다. 전원 지역에서뿐 아니라, 모든 도시와 지역에서 성육신적 자세는 모든 목회자가 가져야 할 기본적이고 성경적 자세임을 기억해야 한다.

---

31 기독신문, 2014년 6월 10일 자.

5. 도시 선교 전략으로서 상황화된 성육신적 선교

필자는 지금까지 도시 선교의 사회학적 이해, 성경에 나타난 도시 선교 그리고 역사에 나타난 도시 선교와 그 주요 전략들을 살펴보았다. 또한, 현상학적으로 다양한 도시 상황과 특징을 성찰했다. 그 가운데 공통으로 발견되는 것은 도시와 도시인들에게 온전히 눈높이를 맞춘 상황화된 성육신적 선교 전략이다.

그러므로 필자는 각 교회가 처해 있는 지역과 주민의 형편에 맞춘 상황화된 성육신적 전략이야말로 도시 교회 개척자들이 깊이 연구 개발해야 할 핵심 전략임을 주장하면서 상황화에 대한 일반적인 이해를 간단히 언급한 후 개척자들이나 기존의 교회가 지역에서 펼칠 수 있는 선교 전략을 제시하고자 한다. 즉, 정보 조사 사역, 예배 사역, 소그룹 사역, 그리고 전도 사역을 펼침에 있어서 성육신적으로 수행해야 함을 주장하고자 한다.

1) 상황화에 대한 이해

상황화라는 용어는 1972년에 공식적으로 출현했는데 세계교회협의회 진영에서 나왔다. 현재는 세계교회협의회 신학교육프로그램(Program on Theological Education)으로 그 명칭이 변경되었지만 당시에는 세계교회협의회 신학교육기금(Theological Education Fund)으로 불린 기관의 책임자였던 대만의 신학자 쇼키 코(Shoki Coe)와 부책임자 아론 삽세지안(Aharon Sapsezian)이 상황화란 용어를 처음 사용했다. 복음주의 진영에서는 1974년 열린 로잔대회에서 비앙 카토(Byang Kato)에 의해 '상황화'라는 용어가 소개되었다.[32]

---

32 김승호, 『선교와 상황화』, 21.

상황화는 한 특정 상황(a given context)에 맞추어 하나님 말씀을 해석하고 적용하려는 신학적 작업이다. 하나님 말씀은 언제나 상황 가운데 주어졌기에 본래 주어진 상황에 맞추어 바로 해석되어야 하며 또한 듣는 청중들에게 상황화될 필요가 있는 것이다. 상황화되지 않은 말씀은 청중들이 수용하기에 어려움을 겪게 된다.[33]

말씀의 상황화를 이루기 위해서는 세 가지의 문화에 대한 이해가 있어야 한다. 즉, 성경 문화, 전하는 자의 문화, 수용자 문화[34]다. 말씀을 수용자 문화, 즉 청중에 맞도록 적용시키는 것이 상황화 과정이다. 말씀을 전하는 자는 말씀의 본래적 의미를 추출하기 위해 자신의 모국 문화적 요소를 제거하는 탈상황화(decontextualization) 작업을 해야 하며 그리고 탈상황화된 순수한 메시지를 다시 여러 상황에서 살고 있는 청중들에게 재상황화(recontextualization) 해야 한다.[35]

상황화는 타문화권 선교에서나 국내에서의 선교 상황에서 모두 적절하고 적합한 선교 전략이다. 상황화가 중요한 이유에 대해 풀러 신학대학원의 딘 길릴랜드(Dean Gilliland)는 다음과 같이 말하고 있다.

첫째, 상황화는 신학이 제국주의화가 되는 것을 막는다.
둘째, 상황화는 성령 안에서 신학적 훈련을 제공한다.
셋째, 상황화는 선교 의식(missions conscious)적인 교회가 되도록 촉진한다.
넷째, 상황화는 교회의 성장과 증식을 촉진한다.

---

33 김승호, 『선교와 상황화』, 27.
34 수용자 문화는 대상 선교지의 문화이다. 선교지에 대한 문화를 배우고 이해해야 한다는 것은 재론의 여지가 없다. 다만 타문화권 커뮤니케이션에서 수용자 문화에 적절한 형태로 의미 전달에 최선을 다해야 하지만 너무 지나치게 수용자 문화에만 권위를 두어서는 안 된다. 자칫 문화적 혼합주의(cultural syncretism)에 빠질 위험이 있다. 이현모, 『현대 선교의 이해』, 213-214.
35 김승호, 『선교와 상황화』, 27.

다섯째, 상황화는 인간이 갖고 있는 다차원적 필요에 대처하게 해준다.
여섯째, 상황화는 성육신적인 증거의 길을 열어준다.[36]

교회를 개척하고 지역 사회와 주민들을 섬기기 위해서는 교회가 지역의 상황을 온전히 이해하는 것이 무엇보다도 중요하다. 도시에 교회를 개척하는 자는 지역 문화를 수용하고 그 가운데에서 전도의 접촉점을 찾는 것이 성육신 선교의 기본적인 자세다.

2) 상황 속의 성육의 사역

안타까운 것은 오늘날의 선교와 목회가 전인격적 선교를 회피하고, 프로그램 지향주의적 선교, 또는 사령부식 선교에 집중하고 있다는 사실이다. 한 예로, 남미에 복음을 전하기 위해 미국에서 남미 출신의 사람들이 제일 많이 사는 마이애미에 수많은 선교 단체가 몰려 있지만, 그 가운데 라틴 아메리카 사람들과 함께 사는 선교사 가정은 단 하나에 불과하다.[37]

케냐의 나이로비에서도 선교사들은 공원 위에 언덕이나 도심지의 좋은 지역에 모여 산다. 한국의 수도 서울의 예를 들면, 소수 목회자의 경우이지만 강남의 부촌 아파트에 거주하면서 강북의 빈촌 지역의 교회를 목회하고 있는데 이것은 상황 속에 성육신한 사역이라고 할 수 없다.

우리는 사람들의 다양한 삶의 현장 속에서 거룩한 계시를 선포해야 한다. 바로 이 부분에서 예수님의 성육신은 우리가 사역에 임할 때 좋은 모델이 된다. 완전하신 하나님께서 불완전한 인간을 구원하시기 위해 인간의 몸을 입고 성육신하셨다. 빌립보서 2:6-8에 "그는 근본 하나님의 본체시나 하나

---

36 Dean S. Gilliland, *The Word Among Us* (Dallas: Word Publishing, 1989), 13.
37 Ray Bakke, *The Urban Christian* (Downer Grove: InterVarsity Press, 1987), 50-51.

님과 동등됨을 취할 것으로 여기지 아니하시고 오히려 자기를 비워 종의 형체를 가지사 사람들과 같이 되셨고"라고 하셨다. 영광의 자리를 포기하시고 인간의 문화 속에 성육신하신 것이다.

느헤미야 역시 상황화된 성육신 선교의 좋은 모델이 된다. 그는 페르시아 궁중에서 아닥사스다왕(B.C. 465-424)의 술 관원으로 신임받는 직임을 맡고 있었다. 사회적, 정치적으로 높은 지위에 있었고 물질적으로도 풍족한 생활을 하고 있었다. 그러나 그는 곤경에 빠져 있는 이스라엘에 대한 깊은 관심을 가지고 있었던 차에 하나니로부터 백성들의 형편을 듣고 직접 예루살렘 재건을 위해서 백성들이 있는 자리로 성벽 재건에 필요한 물품을 가지고 왔던 사람이다. 궁중에 앉아서 백성들의 형편에 대해 안타까움만 가지고 있었던 것이 아니라 백성의 자리로 내려온 느헤미야의 행동은 성육신적 자세의 모델이 된다.

바울도 상황화된 성육신 선교의 좋은 본보기가 된다. 그는 스토아 철학의 중심지요, 경제와 교육 그리고 예술에서 아덴과 알렉산드리아에 필적할 만한 도시인 길리기아 다소에서 태어난 사람이다.[38] 태어날 때부터 상류 계층에 속한 사람이었다고 할 수 있다. 혈통적으로도 순수 히브리인으로 베냐민 지파 사람이었고 종교적으로는 철저한 바리새인이었다. 로마의 시민권자인 그는 학문적으로 당시 최고의 석학이었던 가말리엘 문하생으로 훈련을 받은 지성인이었다. 그런 그가 예수님을 영접한 후 선교사로 부름을 받고 선교 사역을 위해서 자신이 가지고 있었던 모든 기득권을 포기했다. 선교를 위해서는 선교 대상자의 삶과 문화 속으로 성육신해야 한다는 것을 깨달았음을 알 수 있다.

---

38 F. F. Bruce, *Paul: Apostle of the Free Spirit*, 박문재 역 『바울』(서울: 크리스천다이제스트, 2007), 48.

오늘날 교회가 전하는 거룩한 계시도 인간의 언어와 문화 속에서 육신을 입어야 한다. 예수 그리스도께서 특정 시대와 환경 속에서 생활하시기를 선택하셨던 것처럼 우리의 사역도 우리가 섬기는 사람들의 환경과 삶의 상황 속으로 성육신되어야 한다.

3) 성육신적 선교의 제 전략들

수많은 교회와 목회자가 있듯이 각각 독특한 목회 브랜드와 교회 사역이 존재한다. 제자 훈련, 구역 목회, 셀 목회 등과 같은 평신도 훈련을 실행하기도 하고 성령 사역, 특별 새벽 기도회, 총동원 전도, 새가족 양육, 문화 사역, 교회 학교, 지역 사회 봉사 등의 다양한 목회 프로그램이 있다. 그러나 똑같은 사역을 하더라도 교회 실정에 맞고 담임 목회자의 고유한 특성에 적합해야 지속적으로 성장하게 된다.

예를 들어, 제자 훈련이라도 남들과 똑같은 것이 아니라 나만의 제자 훈련이 되어야 하고 다양한 목회 프로그램도 독특성을 살릴 때 극대화된 사역 시너지를 얻을 수 있는 것이다. 따라서 단순히 모방해서는 안 되고 교회가 속한 지역 사회에 재해석된 상황화된 성육신적 선교 전략이 도시 사역자들에게 요구된다.

현 시대는 농촌, 교외, 도시 간의 구분이 서서히 사라지고 있다. 농촌은 작은 규모의 도시가 되어 가고 있으며 점차 도시의 강력한 영향을 받고 있다. 도시, 교외, 농촌의 경계가 희미해지고 있다는 것이다.[39] 세계가 도시화, 세계화되고 있기에 도시 사역자들은 자신들이 섬기는 곳의 상황을 아는 것이 매우 중요하다. 그러므로 도시화, 세계화라는 말이 회자되고 있는 현시

39　Edgar J. Elliston, & J. Timothy Kauffman, *Developing Leaders for Urban Ministries* (New York: Peter Lang, 1993), 128.

대에 성육의 사역은 무엇보다도 사역자들이 심도 있게 고려해야 할 전략적인 부분이라고 할 수 있다.

에드워드 데이턴(Edward R. Dayton)과 데이비드 프레이저(David A. Fraser)는 상황화된 성육신 선교의 중요성을 주장하면서 다음과 같이 말한다.

> 교회와 선교 기관들이 20억 이상의 비그리스도인에게 복음을 전하기 위해 새로운 전략을 세울 필요가 있으며, 전략을 세움에 있어서 선교 대상인 사람들에 관한 올바른 이해를 지녀야 하며, 그들의 욕구의 상황 내에서 그들에게 복음을 전하는 선교 전략에 관심을 집중시켜야 한다[40]

이런 그들의 주장은 도시 사역자들이 처해 있는 각각의 도시에서도 적용되어야 한다. 따라서 필자는 도시라는 상황(context) 속에서 펼칠 수 있는 성육신적 선교 전략으로 네 가지를 제시한다.

(1) 정보 조사 사역

정보 조사 사역은 상황 속에 성육신적 선교를 온전히 실천하는 첫걸음이다. 지역과 선교 대상자를 섬기기 위해 그들의 상황을 이해하려는 시도이고, 상황에 온전히 동화되려는 성육신적 시도라 할 수 있다.

오늘날 정보 조사를 지역 목회나 선교 사역에 구체적으로 실천해 성장하는 교회들이 많다. 예를 들어, 시카고의 윌로우크릭커뮤니티교회(Willow Creek Community Church)를 담임하고 있는 빌 하이벨스(Bill Hybels) 목사는 정보 조사에 기초한 목회로 유명하다. 하이벨스가 정보 조사를 중요하게 생각했던 근본적 질문이 있었다.

---

[40] Edward R. Dayton & David A. Fraser, *Planning Strategies for World Evangelization* (Grand Rapids : Eerdmans, 1980), 31.

그것은 "왜 미국의 주요 교단 교회들의 교회 출석률이 급속히 떨어지는가?"라는 질문이다.

하이벨스는 그 이유를 알기 위해서 개척 당시 친구들과 함께 축호 심방을 하며 정보를 얻었다. 그 결과 사람들이 교회에 나가지 않는 이유 네 가지를 발견하게 되었다.

첫째, 교회가 돈을 너무 요구한다.
둘째, 설교가 너무 지루하고, 판에 박혀 있다.
셋째, 교회의 이야기는 내 실생활과 전혀 관계가 없다.
넷째, 목회자들은 자기들을 무지하고, 죄의식을 느끼게 한다는 것이다.

그리고 이어지는 질문은 이것이었다.
"당신은 어떤 종류의 교회가 매력이 있다고 생각합니까?"

이 조사에 응답자들의 대답은 위협적이지 않은 환경, 익명성, 기초적 수준의 가르침, 수월성, 현실적이고 구체적이며 동시에 적용할 수 있는 높은 수준의 가치 등이었다. 하이벨스는 이런 정보에 근거해 목회 방침을 정하게 되었다.

첫째, 방문자들은 헌금을 드리지 않아도 되도록 해야겠다.
둘째, 지금까지 사용하지 않았던 새로운 의사 전달법을 실험해 보기로 결정했다.
셋째, 실생활과 관련되지 않은 설교는 하지 않기로 작정했다.
넷째, 청중을 무시하거나, 죄책감을 주는 언행을 하지 않도록 하겠다는 것이다.

결국, 지역 정보 조사는 전도 대상자를 보다 구체화하게 했고 그의 교회는 그들이 사랑하면서도 도달할 수 없었던 많은 사람과 그들의 가족을 교회로 인도해 낼 수 있었다.[41]

새들백교회(Saddleback Valley Community Church)의 릭 워렌(Rick Warren) 목사 역시 정보 조사 사역으로 유명하다. 그는 목회를 시작하기 전 무작위로 500가정을 선정, 방문하는 비형식적인 정보 조사를 실행했다. 그로 인해 지역 주민들이 교회에 나가지 않는 이유, 그들의 필요 그리고 주 전도 대상 그룹을 파악해 그들에게 맞춘 목회 방침을 정하게 되었다. 그로 인해 그들을 주의 공동체로 불러 모으는데 결정적으로 기여할 수 있었다.[42]

정보 조사는 목회자나 선교사를 포함한 모든 주의 사역자에게 많은 유익을 가져다 준다. 즉, 주요 선교 대상 목표 그룹 선정, 예배, 설교, 목회 체계, 선교 대상자와의 접촉점 발견, 평신도 훈련, 프로그램 등에 관한 분명한 그림을 만들어 주는 것이다.

그럼 구체적으로 교회 개척과 성장을 위해서 어떤 정보 조사가 사전에 필요한지를 정리해 보면 다음과 같다.

① 사역지의 유형 분류

도시는 다양한 상황성을 가지고 있다. 빈곤에서 극단에 이르는 부요함, 눈에 띄는 사회적 쇠퇴 현상 지역에서부터 건전하게 안정된 지역 사회, 극도로 심한 인구 이동이 있는 지역과 비교적 변화가 없는 지역 사회에 이르기까지 천태만상을 이루고 있다. 이런 도시의 다양성에 대해서 머레이 리이퍼(Murray H. Leiffer)는 네 가지로 도시 유형을 소개하고 있는데 도시 교회 개척자가 참고해 볼 만하다.

---

41 정병관, 『복음 혁명을 주도하는 세계 17대 교회』(서울: 생명의 말씀사, 2008), 10-25.
42 정병관, 『복음 혁명을 주도하는 세계 17대 교회』, 132-162.

첫째, 도심 지역이다.

상가와 호텔, 극장 등등이 차지한 지역이므로 지역 공동체라고는 할 수 없다. 이곳에 사는 사람들은 공통된 관심사가 없는 것이 특징이다.

둘째, 쇠퇴 지역이다.

이 지역은 낡고 퇴폐해 가는 주택이라는 특징이 있으며 때로는 슬럼가, 빈민가로 불린다. 땅값이나 집세가 가장 싼 곳이기도 하다. 그리고 이 지역에서는 범죄가 현저하게 눈에 띄기도 한다. 미국의 경우 이런 곳에는 이민 온 사람들이나 흑인들이 주로 모여 사는 지역 공동체를 형성한다.

셋째, 안정된 지역이다.

쇠퇴하고 있는 지역과 급격하게 성장하는 지역 사회의 사이에 있는 지역이다. 이 지역에는 사회 각계각층의 중류 이상의 근로자와 전문직에 종사하는 부유층이 살고 있는 것이 특징이다. 주민들 대부분은 자기 집을 소유하고 있고 범죄가 별로 없으며 그곳에 사는 주민들은 강한 소속감이 있다.

넷째, 신흥 지역이다.

이 지역은 도심지에서 약간 떨어져 있으며 신흥 주택이 있고 중류나 그 이상의 수입을 가진 젊은 가족들이 주로 거주한다.[43]

이처럼 도시의 상황이 다양하므로 교회를 개척하는 사역자는 교회 개척지역이 도시 유형 중의 어떤 상황에 속하는지 먼저 이해하는 것이 필요하다.

② 지도 구입과 작성

부동산이나 음식점에 가보면 지역의 지도가 걸려 있는 것을 쉽게 볼 수 있다. 고객의 방문과 요청, 주문이 있을 때 신속하게 대처하기 위해서다. 교회 개척자들에게도 이런 자세가 요구된다. 따라서 개척지가 정해지게 되

---

43 Leiffer, 『도시 교회목회론』, 69-71.

면 먼저 전략적으로 지역의 지도를 구입하는 것이 좋다. 지도 위에 많은 정보 자료를 기입함으로 한눈에 지역 전체를 볼 수 있기 때문이다.

그 지역 지도에 표시해야 하는 것들은 도로, 고속 도로, 기차와 지하철역의 위치, 역 주변의 거주 인구수와 상업 시설, 강, 호수, 공공 주차장, 레저 시설, 병원, 회사, 공공건물, 주택 지역(아파트, 연립주택, 개인주택 등), 지역의 각종 학교, 지역 사회의 모든 기존 교회 특히 기존 교회의 교세와 교단 등이다. 또한, 다른 종교는 무엇이 있으며 그 종교 단체의 위치에 대해서도 기입해 놓는 것이 좋다. 이로써 전략적 접촉점(Contact Point)을 발견할 수 있게 된다.

③ 지역의 미래 변화에 대한 정보 수집

교회를 개척하는 지역이 앞으로 어떻게 변화될 것인가를 앎으로 사역자들은 수많은 시행착오를 제거할 수 있다.

실례로 필자는 두 번 교회를 개척했다. 처음 교회를 개척한 곳은 청계천 지역이었다. 건물을 매입하고 모든 내부 공사를 마치고 입당 예배를 드렸지만, 입당 2개월 후 서울시로부터 재개발 지역이라는 발표가 나왔다. 지역 재개발은 주민들에게 조만간 삶의 터전을 떠나야 한다는 이유로 혼란과 불안을 야기하게 되고, 교회에도 영향을 주어 전도가 힘들어지게 된다. 이것은 목회자의 정보력의 부족이라고 말할 수밖에는 없다. 그러므로 교회 개척 지역의 미래 변화에 대한 정보를 아는 것은 교회의 미래를 생각할 때 중요하다.

지역의 미래 변화와 관련된 정보에는 다음과 같은 것들이 포함될 수 있다.

먼저 지역과 관련된 정보로서 지역 사회 교통망은 어떻게 변경될 것인가?
새로운 상가 지역들은 어떻게 개발될 것인가?
앞으로 공장들이 들어설 것인가, 들어선다면 어느 곳에 위치될 것인가?
재개발 계획이 있는가?

주택 구조나 건축이 어떻게 변경될 것인가?

다음으로는 인구 변화에 대한 정보로서 이 지역의 인구가 향후 10년 동안 어느 정도 증가할 것인가?

혹은 감소할 것인가?

인구 변화와 함께 지역 사회가 전체적으로 성장할 것인가 아니면 퇴보할 것인가?

현재의 성별, 연령, 직업, 사회 계층, 학력 등에 대한 조사와 향후 변화가 일어날 것인가?

새로 들어오는 주민들의 종교, 사회 계층, 연령, 결혼 관계, 삶의 양식 등은 기존 주민들과 어떤 차이가 있겠는가? 등이다.[44]

④ 지역 선교 상황에 대한 조사

이것은 다른 무엇보다도 중요하다고 할 수 있다. 왜냐하면, 위에 언급된 정보 조사의 배경을 가지고 교회 간의 불필요한 경쟁을 없애고 지역 사회에 뿌리를 내리도록 실제적 도움을 주기 때문이다. 따라서 교회 개척자들은 다음과 같은 조사를 실행해야 한다.

첫째, 선정된 개척 지역 내에서 현재 존재하고 있는 교회들의 위치는 적절한지를 점검해야 한다. 어떤 지역은 교회가 밀집된 곳이 있다. 이런 경우 불신자 전도보다는 기존 교회 성도를 빼앗는 성도 쟁탈전이 펼쳐질 우려가 크다. 한 곳에 교회가 밀집해 있는 경우를 흔히 보게 되는데 이것은 불신자에게 안 좋은 이미지를 심어주게 된다. 따라서 교회 개척자는 기존 교회의 위치를 파악하고 가능하다면 교회 밀집 지역은 피하는 것이 좋다.

---

44 정병관, 『도시 교회 성장학』, 213-215.

둘째, 지역의 기존 교회 중 성장하는 교회는 왜 성장하는지 또는 정체, 감소하는 교회는 왜 정체, 감소하는지를 분석해야 한다. 이것은 개척 교회가 지역 사회의 필요를 파악해 어떤 선교 전략을 펼칠지 결정하게 하는 주요 요소이다.

셋째, 지역 사회에서 교회와 복음으로부터 소외된 사람들이나 그룹들은 어떤 유형의 사람들인지, 그들이 사는 곳은 어디인지를 파악한다.[45] 이들은 개척 교회 사역자에게 선교 접촉 우선 대상자들이 될 수 있다.

교회 개척자는 지역에 대한 정보 조사를 소홀히 생각하면 안 된다. 정병관은 정보 조사의 유익을 다음과 같이 말했다.

첫째, 선교 과제와 범위를 정의하는 데 도움을 준다.
둘째, 사람들을 제대로 파악하는 데 도움을 준다.
셋째, 우리의 자원을 제대로 파악하는 데 도움을 준다.
넷째, 매체와 방법들을 분석하게 도와준다.
다섯째, 접근 방식을 설계하는 데 도움을 준다.
여섯째, 결과를 예측하는 데 도움을 준다.
일곱째, 계획을 발전시키는 데 도움을 주며 활동의 적절한 평가를 도와준다.[46]

그러므로 정보 조사 사역은 거주자들의 총체적인 필요를 파악하게 하며, 이 필요들을 접촉점으로 해 효과적이고 상황 속에 동화되는 성육신적 도시 선교 사역을 수행하게 한다.

---

45 정병관, 『도시 교회 성장학』, 214-215.
46 정병관, 『복음 혁명을 주도하는 크리스천 커뮤니케이션』, 416-423.

(2) 예배 사역

사역 지역에 대한 정보를 수집한 후 교회 사역자는 도시인들의 필요를 채울 수 있는 사역의 전략들을 세워야 한다. 특히, 교회의 핵심 사역인 예배를 준비할 때는 철저한 기획을 통해 예배에 참석하기만 해도 감동이 될 수 있는 예배의 진행을 준비해야 한다. 처음 소수로 모여 드리는 개척 교회의 예배라 할지라도 예배 진행에 관한 세부 계획을 세우고 가능한 모든 순서가 매끄럽게 진행될 수 있도록 준비해야 한다.[47]

흔히 교회의 사명을 복음 전하는 일, 하나님께 예배드리는 일, 교육하는 일, 성도와 교제를 나누는 일 그리고 봉사하는 일로 규정한다. 그 가운데 가장 우선되며 중요하게 수행되어야 하는 것이 예배다.[48] 그러므로 우리의 삶에 가장 중요한 것이 예배라면 그 예배는 전략적으로 기획될 필요가 있다. 설교의 전달 기술도 도시인의 정서에 맞게 논리에 호소하기보다는 감성을 자극하고 감동을 줄 수 있는 전달 방법을 숙달해야 한다. 교회 개척자는 예배와 설교의 상황화를 반드시 고려해야 한다.

교회의 사역자들은 독선적, 일방적 예배 인도 태도를 버리고 어떻게 하면 기존 성도들과 불신자들에게 다가갈 것인지에 대해 전략을 세워야 한다. 기존의 성도들이나 새신자들이 이해할 수 있는 언어로 설교와 예배가 이루어져야 한다. 이것이 성도들의 삶으로 들어가는 성육신적인 자세라고 할 수 있다.

지금 미국의 성장하는 교회들은 한 가지 공통점이 있다. 그것은 예배의 다양한 형식이 시도되고 있다는 것이다. 복음의 본질에서 벗어나지 않는다면 불신자들이 좀 더 쉽게 복음에 접근하도록 예배의 형식을 다양화해야 한다는 것이다. 따라서 한국의 교회 역시 성장하기 위해 복음적이면서도

---

47 조태현, 『예배 기획, 행사 기획』 (서울: 예루살렘, 2000), 45.
48 정일웅, 『기독교 예배학 개론』 (서울: 도서출판 솔로몬, 1996), 20-22.

불신자가 부담 없이 참여할 수 있는 다양한 형식의 예배가 시도되어야 한다. 전통적인 분위기를 선호하는 사람들을 위한 예배, 현대적 기호를 가진 사람들을 위한 예배, 심지어 카페식으로 인테리어 해 커피를 마시면서 영상으로 예배를 드리도록 하는 교회도 있다.[49] 형식에 있어서 동감하지 않는 부분도 있지만 그런 시도에 대한 동기는 훌륭하다고 생각된다.

예배 공동체는 항상 어떤 패러다임의 변화를 위해 열려 있어야 한다. 예배를 드리는 성도들의 사회 문화적 환경이 변하게 되면 그들의 지적, 감성적 수용성도 변하게 되고 당연히 예배는 그 형식의 변화를 요구받게 될 것이다.[50] 따라서 한국 교회에도 복음의 본질이 훼손되지 않는 범위 내에서 예배의 다양한 시도가 있어야 한다. 성육신적 예배 사역을 위해 두 가지를 주목할 필요가 있다.

① 역동적인 예배

예배를 축제의 분위기로 만들 필요가 있다. 성경은 예배에 관해서 출애굽기 24장, 신명기 12장과 16장에서 말씀하고 있다.

> 아빕월을 지켜 네 하나님 여호와의 유월절 예식을 행하라 이는 아빕월에 네 하나님 여호와께서 밤에 너를 애굽에서 인도하여 내셨음이라 여호와께서 그 이름을 두시려고 택하신 곳에서 우양으로 네 하나님 여호와께 유월절 제사를 드리되 유교병을 그것과 아울러 먹지 말고 칠 일 동안은 무교병 곧 고난의 떡을 그것과 아울러 먹으라 이는 네가 애굽 땅에서 급속히 나왔음이니 이같이 행하여 너의 평생에 항상 네가 애굽 땅에서 나온 날을 기억할 것이니라(신 16:1-3).

---

49 김성곤, 『두 날개로 날아오르는 건강한 교회』 (고양: 도서출판 두날개), 231.
50 차명호, "현대 실천신학에서의 예배신학적 의의"『기독교 교육 정보』 (천안: 한국기독교교육정보학회, 2003), 155.

이 말씀에는 유월절 피로 인한 구원을 감사하며 축하하는 요소가 담겨 있는데 이를 통해 예배에는 구원의 감격을 표현하는 요소가 있어야 한다는 것을 알 수 있다. 즉, 예배의 특징 중 하나는 축제의 개념이 있다는 것이다.[51]

그럼 축제의 예배가 되게 하기 위해서는 무엇이 필요한가?

예배 순서를 현대에 맞게 재조정할 필요가 있다. 전통적인 예배 형식이 잘못되었다는 말이 아니다. 신학적인 문제가 아닌 문화적이고 현상학적인 차원에서 예배 순서를 매끄럽게 하자는 것이다.

예배의 전통성이 새로운 회중에게 거부감과 부담을 줄 때 예배 순서에 문화의 옷을 입혀서 재조정하는 시도에 관해서 교회 사역자들은 개방적이어야 한다. 특히, 교회를 개척한 초기에는 전통적인 예배 형식보다는 활기 있고 역동적인 예배 순서에 맞추는 것이 효과적이다. 불신자가 예배에 참석했을 때 부담감을 느끼지 않도록 해야 하고 기존 성도들도 예배의 감동이 되살아나게 하려면 예배의 역동성이 강조되어야 하기 때문이다. 전통적인 예배라면 경배 찬송, 성시 교독, 사도 신경, 찬송, 대표 기도, 성경 봉독, 성가대 찬양, 설교, 예물 봉헌, 봉헌 기도, 교회 소식, 교제, 폐회 찬송, 축도 순으로 이루어져 있다고 말할 수 있다.

전통적 순서에 의한 예배의 장점은 경건성이 있다는 것이다. 그러나 교회에 처음 나온 불신자가 적응하기에는 약간의 어려움이 있는 예배 순서라고 볼 수 있으며, 기존 성도들은 예배에 대해서 수동적인 위치가 된다. 예배는 불신자에게 열려 있어야 하고 기존 성도에게는 지루함을 주지 말아야 하며 감동을 주는 예배이어야 한다. 필자는 열린 예배를 옹호하지는 않는다. 열린 예배 대신 역동적 예배라고 명칭하고 예배의 역동성을 강조하는 것이다. 전통적인 예배 순서이든 재조정된 예배 순서이든 핵심은 '역동성'

---

51 김만형, 『SS 혁신 보고서』 (서울: 도서출판 에듀넥스트, 2002), 121-124.

이 있는 예배를 드리자는 것이다.

　필자도 교회를 개척하고 최근까지 전통적 예배 순서에 맞춰서 예배를 드렸다. 그러나 최근에 박사 학위 논문을 쓰기 위해 연구차 미국을 방문했을 때, 미국 한인 교회(남가주사랑의교회, 나성한인교회 등)를 방문해 예배를 드리면서 깊은 감동을 받았던 기억이 있다. 그 후 귀국해 예배를 재점검하게 되었고 필자가 시무하는 교회 지역과 성도들의 상황에 맞추어서 예배 순서를 조금 단순하게 재조정하게 되었다. 그 결과 성도들의 예배 참석이 늘었고, 성도들의 지각이 줄었으며, 교회를 정하지 못하고 일차 방문한 성도들이 예배가 좋다면서 등록하게 되는 전도의 효과가 나타났고, 불신자들이 예배에 대해서 어떤 거부감을 느낄 수 없었다는 말을 듣고 있다.

　전통적인 예배든, 역동적인 예배든 예배가 활력이 있고 역동적이어야 한다. 필자가 방문했던 필라델피아의 영생장로교회는 전통적 예배 형식을 가지고 있으면서도 예배에 활력이 넘쳐났다. 핵심적인 것은 예배의 역동성이다.

　예배가 역동적이게 하기 위해서는 인도자가 중요한 역할을 하게 된다. 인도자는 무엇보다도 예배 순서가 매끄럽게 진행되도록 해야 한다. 순서에 공간이 생겨 예배가 끊기는 일이 없어야 한다는 것이다. 예를 들어, 현대 도시인들이 주로 시청하는 것이 텔레비전인데, 텔레비전 시청자들의 특징은 프로그램이 지루하다 싶으면 가차 없이 채널을 돌린다는 것이다. 그래서 프로그램 제작자들이 가장 신경 쓰는 부분이 시청자들이 지루하지 않게 하는 것이다.

　마찬가지로 예배에 있어서 예배가 지루하다는 인상을 주는 가장 대표적인 것이 순서와 순서 사이의 간격이다. 순서와 순서를 잇는 데 삽입되는 간격으로 인해서 예배의 역동성을 살려내지 못하는 경우가 많다. 따라서 예배의 흐름이 끊기지 않도록 하기 위해서는 예배 순서를 담당하신 분은 미리 나와서

대기하고 전체 예배 흐름이 빠른 템포로 진행되는 것이 중요하다.[52]

그리고 예배의 역동성을 살리는 중요한 요소는 찬양이다. 인도자는 찬양 선택에 있어서 성도들의 감성을 자극해야 한다. 현대 도시인들은 지적, 감성적 특성이 있음을 기억하고 찬송을 선택할 때 성도들의 감성에 호소력이 있는 찬양을 선택하는 것을 기준으로 해야 한다.

예배 순서에 대해서 성경으로 평가해서도 안 되고, 무엇이 좋다 나쁘다고 말해서도 안 된다. 예배의 핵심 요소인 기도, 찬송, 말씀, 헌금, 교제가 있다면 그 외의 것은 문화적인 옷을 입히느냐에 관한 문제이기 때문이다. 개혁주의 예배는 분명 성경에 기초한다. 개혁주의 예배를 지키면서 예배 형식의 다양성은 상황화할 필요가 있다. 예배의 본질은 분명하지만, 예배 양식은 지역과 문화 그리고 시대의 상황을 고려해 하나님을 향한 우리의 경외와 감사를 표하며 찬양을 드릴 수 있도록 역동적으로 변할 필요가 있다는 것이다. 그러므로 교회는 정보 조사를 통해서 어떤 예배 형태가 지역 성향과 맞는지를 선택해야 한다.

그러나 가능하다면 성도들이 자신들의 기호에 맞게 참여할 수 있도록 전통 예배와 역동적 예배를 모두 실행하는 것도 성육신적 전략이 될 수 있다.

② 수신자 중심의 메시지 전달

예배에서 가장 핵심 순서는 설교다. 지난 한국 교회의 성장 요소에서도 빼놓을 수 없는 것이 설교였다. 한국 교회는 말씀이 바르게 선포될 때 성장하고 진리의 말씀이 강단에서 사라질 때 약화되었다. 한국 교회에서 설교란 신앙의 출발과 성장뿐 아니라 교회 성장의 가장 중요한 요인으로 이해된다.[53]

---

52 김만형, 『SS혁신 보고서』, 138-140.
53 류응렬, "한국 교회 설교의 역사적 흐름과 성경적 설교를 위한 제언" 「신학지남」통권 제309호 (2011): 231-232.

또한, 설교는 성도들이 교회를 선택하는 데 결정적인 작용을 하기에 중요하다. 90퍼센트의 성도가 교회 선택의 기준을 설교로 결정한다.[54]

필자의 경험으로 볼 때 지역 사회에 교회가 세워지면 기존의 신자이든, 불신자이든 교회를 방문하는 경우가 있다. 특히, 이주해 온 사람들 중에 새로 교회를 정하려고 하는 사람들, 지역에 빠르게 적응하려고 교회에 다니기로 마음먹은 사람들이 처음에는 카페테리아 크리스천(cafeteria christians)[55]으로 교회를 다녀 본다. 그리고 그들이 최종적으로 교회를 결정하는 기준으로 설교를 꼽는다.

그러나 현대 교회의 설교는 복음이 철학으로, 율법적으로, 지식적으로 변질된 경우가 많다. 설교자는 시대와 문화적 변화의 상황 속에 온전히 성육신된 설교를 전해야 한다. 성육신적 설교에 대해서 정병관은 설교자가 다음과 같은 질문들을 자신에게 할 필요가 있다고 말했다.

첫째, 성경에서 무엇이 저들의 필요와 주제에 대한 가르침인가?
둘째, 이 주제를 다루는 성경 구절을 어디서 발견할 것인가?
셋째, 과연 발견된 성경 구절의 주제들이 사람들의 필요를 충족시키기에 가장 적절하겠는가?
넷째, 발견된 성경 구절의 주제를 가지고 메시지 내용을 어떻게 구성할 수 있을 것인가?[56]

이 모든 질문은 예배에 참여한 청중들을 염두에 둔 설교자의 성육신적 자세라고 할 수 있다.

54　김성곤, 『두 날개로 날아오르는 건강한 교회』, 223.
55　한 교회에 적을 두고 출석하기 전에 이곳저곳 교회에 다니면서 많은 가능성을 타진하는 성도. Leiffer, 『도시 교회 목회론』, 59.
56　정병관, 『복음 혁명을 주도하는 크리스천 커뮤니케이션』, 101.

복음이 효과적으로 전달되게 하기 위해서는 바른 성경 해석과 수신자 중심의 적용을 하는 수고가 있어야 한다. 수신자들이 충분히 이해할 수 있고 수신자들의 문화적, 지역 사회적 상황이 충분히 고려된 가운데 복음이 전달되어야 하며, 그렇지 않으면 복음을 효과적으로 전달할 수 없다.

수신자 중심 설교의 좋은 본보기가 예수님이시다. 요한복음 3장에 나오는 니고데모와의 대화 그리고 4장에 나오는 사마리아 여인과의 대화는 수신자의 다양한 문화적, 사회적 배경과 필요 욕구, 경험과 이해의 범주 안에서 새로운 발견이 가능하도록 충분히 배려된 것임을 보게 된다.[57] 그러나 수신자 중심에서 설교할 때 주의해야 할 것이 있는데 복음(text)에 단단한 기초를 두지 않는 상황(context)에 대한 지나친 관심은 복음의 왜곡을 초래할 수 있다는 것이다.

류응렬은 수신자 중심의 메시지를 전달하기 위해서 설교자는 다음의 두 가지를 기억하고 설교에 임해야 함을 강조한다.

첫째, 하나님께서 중심이 되는 설교다.

모든 설교의 중심은 예수 그리스도를 통한 하나님의 구원과 구원받은 성도들의 거룩한 삶을 중심으로 다루어야 한다. 구원하시는 하나님과 그 앞에 사람의 반응은 기독교 설교의 핵심이다.[58] 수신자가 들리는 설교를 해야 한다는 말은 신학적 변질을 의미하는 것이 아니다. 신학적인 면은 변질됨이 없지만, 효율적으로 복음을 전달해야 한다는 점에서 기술과 방법이 있어야 한다는 말이다. 기술과 방법이 하나님께서 중심이 되는 설교를 대체해서는 안 된다.

---

57 정병관, 『복음 혁명을 주도하는 세계 17대 교회』, 313-323.
58 류응렬, "한국 교회 설교의 역사적 흐름과 성경적 설교를 위한 제언", 255.

둘째, 성경의 바른 해석과 적실한 적용이다.

설교의 기본은 하나님 말씀을 바르게 해석하고 청중에게 적용하는 것이다. 하나님 말씀에 근거하지 않는 설교는 공허한 강연에 불과하며 청중의 삶에 적용되지 못하는 설교는 허공을 치는 소리가 될 수 있다.[59]

이런 면에서 강해 설교는 효과적이라고 생각한다. 강해 설교는 본문의 의미를 드러내고 삶으로 적용하는 데 탁월하기 때문이다.

성장하는 교회의 특징을 보면 설교자가 수신자의 구체적인 삶을 이해하고 있으며 말씀을 그들의 삶의 수준에서 적용하며 그들이 이해할 수 있도록 적절히 해석하는 면에서 뛰어난 재능이 있다. 이로 인해서 수신자들은 목회자가 자신들의 문제를 제대로 이해하고 있으며 주의 역동적인 말씀이 자신들의 삶에 살아 있는 지침이 될 것임을 체험하게 된다.

강해 설교를 중요하게 생각하고 실행해 교회 성장을 이룬 설교자 중의 한 사람이 코스타메사 갈보리교회(Calvary Chapel Costa Mesa)의 척 스미스(Chuck Smith) 목사다. 그는 강해 설교의 장점을 강조했다.

첫째, 성경 중 하나의 책을 택해서 구구절절 깊이 있는 설교를 하다 보면 원하지 않는 것도 억지로라도 준비해서 가르쳐야 할 책임감이 생기게 된다.

둘째, 강해 설교는 성경 중 하나의 책을 처음부터 끝까지 해 나가기 때문에 어떤 사람도 그 설교가 자기를 두고 지적한 것이라고 생각할 수 없게 된다는 것이다.

셋째, 시간의 절약이 강해 설교의 장점이다.

넷째, 설교의 강조점이 설교자가 아닌 말씀에 기초한다는 것이다.[60]

---

59 류응렬, "한국 교회 설교의 역사적 흐름과 성경적 설교를 위한 제언", 254-255.
60 정병관, 『복음 혁명을 주도하는 세계 17대 교회』, 122.

척 스미스는 이런 강해 설교의 장점을 인식하고 개척 초기부터 강해 설교를 하고 있고 이로 인해서 교회는 괄목할 만한 성장을 이루고 있다.

개혁주의란 하나님의 절대 주권을 믿으며 성경의 원리에 근거해 타락한 인류를 새롭게 하고 세상의 모든 영역에서 하나님 나라를 구현해 가는 신학 체계를 말한다. 삶을 변화시키는 설교는 세상을 정확하게 이해하고 그 속에 진리의 말씀을 쏟아야 한다.[61]

그러므로 설교자는 메시지를 전달하면서 복음을 듣는 자들이 누구인가? 이런 질문을 자신에게 던지면서 수신자의 생활 형편, 그들의 수준 등을 고려하고 수신자들이 필요로 하는 말씀이 무엇인가?

이에 대해 귀를 기울여야 한다. 그리고 그들의 필요를 채울 수 있는 메시지를 어떻게 전달할 수 있는가에 대한 방법을 끊임없이 연구해야 한다.

한 가지 더 필자는 설교에 있어 강조하고 싶은 것이 있다. 청중들의 예상을 뛰어넘는 설교를 하기 위해 노력하라는 것이다. 현대는 설교의 홍수 시대다. 성도들이 설교를 듣는 기회가 많아졌다. 지식 수준도 과거에 비해 높아졌다. 그 결과 성도들은 주보의 설교 본문과 제목만 보아도 대강 오늘 설교 내용을 짐작하는 수준에 이르렀다. 설교자가 넘어서야 할 부분이다. 청중들의 예상을 넘어서는 설교가 청중들의 관심과 시선을 끌어당길 수 있음을 기억하고 설교를 준비함에 기도와 연구의 땀과 수고를 아낌없이 쏟아부어야 한다.

(3) 소그룹 사역

미국 교회는 1960년대부터 1980년대까지 전통적인 교단들의 성장이 급격하게 둔화되었다. 한국 교회 역시 1980년대 말부터 성장이 둔화되고 있다. 이렇게 성장이 둔화되던 시기에 한국 교회에 소개되었던 것이 소그룹

---

[61] 류응렬, "한국 교회 설교의 역사적 흐름과 성경적 설교를 위한 제언", 257.

사역이다. 랄프 네이버(Ralph Neighbour)의 셀 그룹은 한국 교회가 성장 둔화 및 침체기에 들어설 때 가장 크게 각광받았던 사역이다. 셀 그룹을 비롯한 여러 가지 다양한 소그룹 모델이 짧은 기간 안에 급속히 확산되어 21세기 목회 리더십의 대안으로까지 급부상하게 되었다.[62]

교회마다 나름대로 소그룹의 제 유형을 분석해 장단점을 파악하고 교회가 속한 지역의 토양을 고려해 각 교회에 가장 효율적이고 효과적인 소그룹 모델들을 도입해 한국 교회는 지금 새로운 성장의 돌파구로서 소그룹이 활발하게 진행되고 있다.[63]

다양한 문화의 혜택과 편리한 생활 환경 속에서 살아가고 여가의 생활을 즐기면서 살아가는 도시인들에게 소그룹 사역은 도시 교회 성장에 효과적인 전략이 되고 있다.

현대 도시인들은 1970년-80년대에 비해서 경제적으로 여유 있는 삶을 살아가고 있다고 할 수 있다. 그러나 소득의 증가와 주 5일 근무제와 같은 시대의 변화로 인해 사람들이 여유 있는 삶을 살고 있는 반면 다양한 면에서 적지 않은 스트레스와 불안감을 안고 사는 것도 사실이다. 삶은 풍요로워졌지만, 현대 도시인들은 바쁜 도시 생활 속에 지쳐있고 삭막한 인간관계 속에서 상처받고 있다. 이런 시대에 필요한 전략이 바로 소그룹 사역이다. 이 소그룹 사역을 함에 있어서도 교회 지도자들은 무분별한 모방을 해서는 안 되고, 교회의 형편과 지역 사회의 문화와 정서라는 상황에 적합한 모델을 만들어내야 한다.

---

[62] 채이석, 『소그룹의 역사』(경기: 소그룹하우스, 2010), 18.
[63] 채이석, 『소그룹의 역사』, 19.

① 소그룹의 정의

소그룹은 다음과 같이 정의할 수 있다.

> 소그룹은 정해진 시간에 3명에서 12명 정도의 그리스도인이 그리스도 안에서의 풍성한 삶을 위한 가능성을 발견하고 성장하려는 공통의 목적을 가지고 의도적으로 얼굴을 맞대고 한자리에 모인 모임이다.[64]

그러나 우리에게 쉽게 다가올 수 있는 정의가 있다. 즉, '소그룹은 모든 사람이 당신의 이름을 아는 곳'이다. 또한 '나를 도와줄 그 한 사람이 있는 곳'이라고 정의할 수 있다. 소그룹은 적어도 나를 도와줄 그 한 사람이 있는 곳으로 인식되어야 건강한 소그룹으로 세워지게 될 것이다.[65]

② 초대 교회 소그룹 활동

성경 전체에는 소그룹 사역이 언급되고 있다. 그러나 여기서는 사도행전 2:42-47에 나타난 소그룹 활동을 살펴보면서 소그룹에 대한 보다 정확한 이해를 도모하고자 한다.

초대 교회 소그룹을 보면 크게 세 가지 특징이 나타남을 알 수 있다.

첫째, 책임감이다.

소그룹 안에 속한 성도들은 서로서로 각 사람의 필요를 충분히 채워줘야 한다는 책임감을 많이 느끼고 있었다.[66] 서로에 대한 깊은 이해를 바탕으로 한 상황화된 성육신적 자세가 없이는 상대방에 대한 필요에 관해 알 수도 없고 그들의 필요를 채워줄 수도 없다.

---

64 채이석, 이상화, 『건강한 소그룹 사역 어떻게 할 것인가?』 (경기: 소그룹하우스, 2009), 24.
65 채이석, 이상화, 『건강한 소그룹 사역 어떻게 할 것인가?』, 25-27.
66 김만형, 『SS혁신 보고서』, 213.

둘째, 섬김이다.

성경은 "서로 통용했다"는 말을 하고 있는데 이는 사도행전에 나타난 교회에서 자주 사용된 말이다. 초대 교회는 사람들에게 넓은 아량을 베풀면서 물건을 나누어 사용했다.[67]

셋째, 성경 공부다.

이들은 사도들의 가르침을 받았고 각 가정에 모여서 사랑 가운데 가르침을 서로 나누었다.

"주께서 구원받는 사람을 날마다 더하게 하시니라"는 말씀처럼 이것은 전도의 전략적인 부분이 될 수 있다. 각 가정에 모여 사도들의 가르침을 나누면서 초대 교회의 소그룹은 자연스럽게 복음을 전하는 최전방 부대의 역할을 하게 된 것이다.[68]

책임감, 섬김, 성경 공부, 전도 등이 소그룹의 핵심 키워드(key word)였다. 현재 교회들이 실행하고 있는 소그룹 사역이 초대 교회 모델을 계승하고 있는지를 점검할 필요가 있다.

③ 한국 교회에서 사용되고 있는 소그룹 모델들

현재 한국 교회에서 사용되고 있는 소그룹 모델은 통합 모델, 셀 그룹 모델, 두 날개 양육 시스템 모델, G12 모델, 알파 모델, 제자 훈련 모델 등이 있다. 각각의 모델을 통해서 성장한 교회도 있고 무분별한 모방으로 실패한 교회들도 많다.

필자는 각각의 소그룹 모델들의 특징을 알아보고 개혁주의 입장에서 받아들일 수 없는 부분은 무엇인지를 살펴볼 것이다. 그리고 효과적 소그룹

67　김만형, 『SS혁신 보고서』, 213.
68　김만형, 『SS혁신 보고서』, 213-214.

사역은 무엇인지에 관해서 제시하고자 한다.

가. 통합 모델

이 모델의 창시자는 한국의 여의도순복음교회의 조용기 원로목사다. 통합그룹 모델은 강단과 구역, 가정이 통합되어 일원화된다는 것을 말한다. 강단에서 선포된 말씀이 그 주간에 각 구역으로 가감 없이 전달될 수 있도록 한 모델이다.[69]

이 모델은 사도행전 2:42-47과 20:20을 기초로 하는데 초대 교회 성도들은 두 곳, 즉 성전의 뜰과 가정에서 모였다는 것이다. 이 모델에서 교회는 성전의 뜰과 같아서 예배와 목회자로부터 가르침이 주어진다. 그리고 성도들은 이 가르침을 가지고 각 가정에 흩어져서 돌봄과 보살핌, 교제, 새 가족의 동화를 실천해 각 소그룹을 견고히 세우게 된다.[70]

이 모델은 현재 다양하게 모이고 있는 소그룹의 원형이라고 할 수 있다. 이것은 교회의 통일성에 유익을 준다. 즉, 목사의 철학, 비전을 온 성도가 공유하는 데 최상의 방법이라고 할 수 있다. 또한, 목사의 설교가 주중에 소그룹에서 사용됨으로 인해서 목사가 설교를 준비하는 데 보다 더 심혈을 기울인다는 유익이 있다. 그러나 성도의 영적 단계적 성장에는 비효율적인 단점도 있음을 유념해야 한다.

나. 셀 그룹 모델

이 모델은 칼 조지(Carl George)에 의해서 개발된 메타 모델과 연관이 있다. 칼 조지는 이 모델을 메타처치 시스템(Meta-Church System)이라고 부른다.[71]

---

69 채이석, 『소그룹의 역사』, 147.
70 채이석, 『소그룹의 역사』, 147-149.
71 Carl F. George, *Prepare Your Church for the Future* (New York: Fleming Revell, 1991), 57.

셀 모델의 목표는 번식과 성장이다. 이 모델은 통합 모델과 유사하지만, 목사의 설교를 사용해서 소그룹 성경 공부를 하지 않는다.[72] 이 모델은 피라미드와 같이 담임목사가 네트워크 된 교구 목사들을 통해 모든 사람을 섬기는 구조이다. 목회자들은 교구장들을 섬기고, 교구장들은 소그룹 인도자들을 섬기고, 소그룹 인도자들은 맡은 사람들을 섬긴다. 그래서 교회 안에 있는 모든 사람이 섬김을 받으며 섬기는 것이다.

그리고 이 모델은 '확장, 번식'에 초점을 맞춤으로 각 그룹에서는 보조 리더를 훈련해 사역을 확장하기 위해 노력한다. 이 모임에서는 '빈자리'를 만들어 놓고 기도를 요청하고 새로운 사람을 받아들인다. 그룹이 10명 내지 12명으로 성장하면 보조 리더가 한두 사람을 데리고 새로운 셀을 구성한다.[73] 계속적인 세포 번식이라고 할 수 있다.

셀 그룹 교회는 교회 안에 셀 소그룹들이 있는 것이 아니라 셀 그룹을 중심으로 세워진 교회라는 의미를 갖고 있다.[74] 그러나 사도들이 성전에서 가르쳤고, 성도들이 각 가정에서 모여 가르침을 나누면서 교제했듯이 대그룹과 소그룹은 구별되어야 하고 소그룹은 대그룹을 위해 존재해야 한다. 그리고 이 모델은 문화 정서적인 면에서 주의해야 할 점이 있다. 즉, 셀 그룹을 중심으로 사역하는 교회는 미국의 침례교회에서 많이 볼 수 있는데 미국과 한국의 문화 정서적 차이를 인식하지 않고 실시되는 목회 위임은 지도력에 많은 마찰을 일으킬 수 있는 요소가 됨에 주의를 기울여야 한다.[75]

72　채이석, 『소그룹의 역사』, 155.
73　채이석, 이상화, 『건강한 소그룹 사역 어떻게 할 것인가?』, 40.
74　채이석, 『소그룹의 역사』, 155.
75　채이석, 『소그룹의 역사』, 158.

다. 두 날개 양육 모델

이 모델은 부산 풍성한교회의 김성곤 목사에 의해 개발된 양육 모델이다. 이 모델은 번식과 성장을 목표로 하는 유기적 세포조직 시스템이다. 이 모델은 목회자가 12명의 제자를 세우고 12명의 제자가 다시 12명의 제자를 세우는 시스템이다. 그러나 김성곤 목사는 직장인들이 12명의 셀 리더를 세우기가 힘들기에 4명씩 세워나가도록 했다.

그래서 그는 두 날개 양육 모델을 설명할 때 'D 12. 4 비전'으로 소개한다. 이 모델은 크게 6단계로 이루어지고 있다. 즉, 전도, 정착, 양육, 제자 훈련, 군사 훈련, 재생산 훈련이다.[76] 이 모델은 새들백교회(Saddleback Church)의 다이아몬드 양육 시스템과 유사하다고 볼 수 있다. 홈베이스에서 1루까지는 '그리스도를 아는 단계', 1루에서 2루까지는 '그리스도 안에서 성장하는 단계', 2루에서 3루까지는 '그리스도를 섬기는 단계', 3루에서 다시 홈베이스까지는 '그리스도를 나누는 단계'이다. 이 다이아몬드 모델을 통하여 새들백교회는 성도들의 헌신의 도를 높여가고 있다.[77] 이 모델 역시 6단계의 다이아몬드를 돌면서 성도들을 양육하며 셀을 번식시키는 양육 모델이라고 할 수 있다.

두 날개 양육 모델은 초대 교회의 역동성을 가진 '두 날개로 날아오르는 건강한 교회'를 목표로 하는 좋은 모델이다. 그러나 이 모델이 더욱 발전적으로 나아가기 위해서는 기억해야 할 것이 있다. 즉, 풍성한교회는 자연적 교회 성장(Natural Church Development) 평가 사상 최고점을 받은 교회이다. 그래서 '세상에서 가장 건강한 교회'라는 수식어가 붙는 교회이다.

그러나 성경적이고 건강한 교회의 기준은 A.D. 325년 니케아 공의회에서 작성한 니케아 신경에 의한 것이어야 한다. 즉, '우리는 하나이며 거룩

---

76 김성곤, 『두 날개로 날아오르는 건강한 교회』, 157.
77 정병관, 『복음 혁명을 주도하는 세계 17대 교회』, 157-158.

하고 보편적이며 사도적인 교회를 믿습니다.' 통일성, 거룩성, 보편성, 사도성이 고백되는 교회가 건강한 교회이고 이것이 기준이 되어야 한다. 두 날개 양육 모델이 이런 고백이 결여되어 있다는 말은 아니다. 건강한 교회로 성장을 지속하기 위해서 성경적이고 건강한 교회의 기준을 스스로 점검하고 평가하는 작업이 있어야 한다는 말이다.[78]

라. G12 모델

이 모델은 콜롬비아의 ICM(International Charismatic Mission)교회를 담임하고 있는 세자르 카스테야노스 목사에 의해 시작되었다.[79]

G12란 '12명의 양육 시스템'(Government of 12 System)을 가리킨다. 예수님께서 12명의 제자를 부르신 것은 자신이 부여한 권능으로 구체적인 임무를 실행하라는 명령을 하기 위해서였다. 이 원리에서 예수님의 성품이 그들에게 전파됨을 분명히 확인할 수 있다. 이런 예수님의 경험을 바탕으로 한 G12 원리는 한 교회의 지도자가 그 교회의 비전을 발전시키기 위해 12명을 택하고 이 12명이 자신들의 지도자가 그의 삶에서 행했던 것과 똑같은 일을 하기 위해 다시 다른 12명을 택하는 것이다. 12명이 또 다른 12명을 선택하게 되며 이런 일이 반복적으로 일어나 신자의 수가 폭발적으로 증가하게 되는 모델이다.[80]

G12 모델의 핵심 원리에 관해 조엘 코미스키(Joel Comiskey)는 일곱 가지로 정리했다.

첫째, G12 모델은 셀 그룹 번식에 초점을 맞춘다.
둘째, 셀 그룹은 리더가 훈련되었을 때 시작한다.

---

[78] 채이석, 『소그룹의 역사』, 173-175.
[79] 채이석, 『소그룹의 역사』, 181.
[80] 정병관, 『복음 혁명을 주도하는 세계 17대 교회』, 270.

셋째, 교회에 들어오는 모든 사람은 잠재적 셀 리더다.
넷째, 모든 신자는 셀 리더 훈련을 받아야 한다.
다섯째, 모든 리더는 잠재적인 감독자이다.
여섯째, 누구든지 셀 그룹을 시작할 때 제자가 된다.
일곱째, 모든 사람은 다른 사람에게 사역하기 위해서 또 다른 사람으로부터 사역을 받아야 한다.[81]

이런 핵심 원리들을 가지고 소그룹 리더에게 성실성, 헌신도, 배움에 관한 의지를 강조한다.[82]

G12 모델은 주님의 지상 명령을 단순히 '전도하라'고 이해하지 않고 '제자 삼으라'고 확신하고 성도들을 헌신된 군사로 양육 훈련하는 모델이라고 할 수 있다.

G12 모델은 많은 강점이 있는 반면 주의해야 할 부분도 있다. 이 모델은 교회 안의 모든 성도를 잠재적인 셀 리더로 간주하고 모든 셀 리더를 목회자로 여기는 데 여기에 위험 요소가 있다. 목회자와 셀 리더가 충돌할 경우 목회자는 상대적으로 큰 손상을 입게 되는 위험이 있다. 그리고 이 위험을 방지하기 위해 목회자는 자신의 리더십을 강화하고 핵심 지도자의 이탈을 방지하기 위해 필요 이상의 카리스마를 형성하거나 영적 권위를 남용할 가능성이 있다.[83]

마. 알파 모델

이 모델은 영국의 성공회에 속한 한 교회(Holy Trinity Brompton Church)에서 시작된 신앙 훈련 과정으로서 니키 검블(Nicky Gumbel) 신부에 의해서 체

---

[81] Joel Comiskey, *Groups of Twelve*, 정진우, 홍원팔 역 『G-12 이야기』(서울: NCD, 2000), 107.
[82] 채이석, 『소그룹의 역사』, 182.
[83] 채이석, 『소그룹의 역사』, 190.

계화되어서 세계적으로 확대되었다.[84]

알파 코스의 5대 전략은 알파의 머리글자로 표현된다.

A(Anyone can come): 누구든지 올 수 있고
L(Learning and laughter): 웃으며 배울 수 있고
P(Pasta): 음식을 함께 먹을 수 있으며
H(Helping one another): 서로 도와주고,
A(Ask anything): 무엇이든지 물어볼 수 있다는 것이다.

한국은 2006년 2,350개 교회가 이 프로그램을 전체 교회적으로 혹은 부서 단위로 도입해서 실시하고 있다.[85]

알파 모델은 주제에 따라서 다섯 부분으로 이루어진 '알파 토크'와 성령에 대해서 가르치는 '주말 수양회'로 이루어진다. 주말 수양회는 '성령 수양회' 혹은 '성령의 날'로 불린다. 이날 인도자는 성령을 초청해 그 능력을 회원들에게 전하는 '사역'을 함으로써 그들이 방언이나 기이한 현상들을 체험하게 한다. 알파 코스가 소위 말하는 '능력 전도'의 방식을 본격적으로 도입한 것은 검블 신부의 초청으로 HTBC의 집회를 인도했던 빈야드교회의 존 윔버의 영향이었다.

윔버는 복음 전도를 하나님으로부터 영적 은사와 초자연적 능력을 공급받아서 다른 사람들의 필요를 채워주는 사역으로 보았다. 알파 코스는 시간이 흐를수록 이런 윔버의 전도법에 더욱 노골적으로 의지했다. 알파 코스는 '성령의 날'에 주로 나타나는 것을 방언으로 보고 방언을 '최초의 초자연적인 성령의 은사'로 여긴다. 그들은 이런 방언이 정해진 절차에 따라

---

84 채이석, 『소그룹의 역사』, 192.
85 백진석, "선교적 교회 관점에서 본 알파코스에 관한 비평적 연구" 장로회 신학대학교 세계선교대학원 (서울: 장로회 신학대학교 세계선교대학원, 2006), 78.

서 대체로 반복적으로 주어진다고 믿는다. 또한, 그들은 성령의 치유 사역을 강조한다. 성령께서 '지식의 말씀'을 주셔서 아픈 곳을 알려 주시는데 특히 타인의 질병을 치유하게 하기 위해서 이 지식을 주는 경우가 많다고 한다.[86]

이 알파 모델은 개혁주의 신학에서 받아들일 수 없는 부분이 많다. 그중에서 구원론의 문제는 심각하게 잘못되어 있다. 알파 모델은 하나님의 유효한 소명으로 말미암아 선택된 백성들에게 구원 역사가 일어난다는 것을 강조하지 않는다. 오직 믿음으로 구원에 이르며 믿음은 은혜의 선물이라는 가르침이 깊이 조명되지 않는다. 하나님의 주권적 소명은 사람들 간의 인위적인 접촉으로 대체되며 알파 코스의 수료증이 칭의의 법정적 선포보다 더 강조되는 느낌이 든다. 일단 모여서 서로 편안하게 세상적 관심사들을 나누고 그것들에 비추어서 성경이 진리임을 서로 간에 확정하고, 마지막 날 여러 기이한 현상을 통해 성령의 임재를 처음으로 체험한다. 기이한 구원의 서정이라 할 수 있다.[87]

그러므로 알파 모델은 탈신학적이다. 이 모델은 복음으로부터 현상을 추구하는 것이 아니라 현상으로부터 복음을 도출해 내고자 한다. 현상이 복음의 진리를 압도한다. 복음의 능력을 모종의 현상에 대한 체험으로 대체하는 경향이 있다.[88] 즉, 복음 전도의 주체와 객체가 바뀐 것 같다. 복음과 함께 영적인 복, 물질적인 복, 치유와 회복, 기사와 표적 이런 것은 복음에 부수적으로 나타날 수 있는 요소들이다.[89]

---

86 문병호, "알파 코스 비판: 개혁주의 성령론의 관점에서" 「신학지남」 통권 제297호 (2008): 284.
87 문병호, "알파 코스 비판: 개혁주의 성령론의 관점에서", 284-285.
88 문병호, "알파 코스 비판: 개혁주의 성령론의 관점에서", 285-286.
89 채이석, 『소그룹의 역사』, 198.

알파 모델을 교회의 전략으로 채택해서 사용하고 있는 교회가 많은데 성경적으로 옳은지를 바로 분별하는 지혜가 필요하다.

바. 제자 훈련 모델

이 모델은 마태복음 28:19-20의 대위임령과 디모데후서 2:2에 근거한다. 이 모델은 예수님께서 12명의 제자를 부르시고 그들이 또 다른 제자를 낳을 수 있을 때까지 훈련한 것을 모델로 하고 있다.[90]

한국에서는 1970년대, 미국에 머물면서 미국에서 시작된 평신도 훈련 운동에 강한 영향을 받은 옥한흠 목사가 귀국해 사랑의교회를 개척하면서 체계적인 평신도 훈련을 시도했고 그 이후 평신도를 동역자로 하는 제자 훈련 사역이 소그룹 사역의 모델로 자리 잡았다.[91] 제자 훈련은 평신도를 사역자로 세우는 소그룹 사역이라는 면에서 "첫 번째 종교개혁이 성직자의 손에 독점적으로 남아 있던 하나님 말씀을 교인들의 손에 넘겨준 것이라면, 두 번째의 개혁(제자 훈련)은 성직자의 손에 독점적으로 남아 있는 사역을 빼앗아 교인들의 손에 넘겨주는 것이다"라고 평가할 수 있다.[92]

대부분 소그룹의 핵심 가치가 재생산과 같은 기능적인 면에 있는 반면에 제자 훈련 모델은 그 목표를 사람의 변화에 둔다는 데에 그 의의가 있다고 할 수 있다.[93] 그러나 제자 훈련이 한국 교회에 많은 영향을 끼치고 건강하게 교회를 성장시키는 훌륭한 모델인 것은 틀림 없지만 제자 훈련을 받은 사람과 받지 않은 사람 사이에 괴리감이 생길 수 있음에 유의해야 한다. 조직적으로 잘 갖춰진 사랑의교회나 대형 교회들은 이를 극복할 수 있는 능력과 대안을 구비하고 있겠지만 제자 훈련 사역을 적용하고 있는 중소형

---

90 채이석, 『소그룹의 역사』, 200.
91 정병관, 『복음 혁명을 주도하는 세계 17대 교회』, 193.
92 옥한흠, 『다시 쓰는 평신도를 깨운다』 (서울: 국제제자 훈련원, 2007), 36-37.
93 채이석, 『소그룹의 역사』, 203.

교회에서는 자칫 이원화된 교회 구조를 가질 수 있다. 교회 안에 20-30퍼센트의 창조적인 평신도 리더십을 세우는 일에만 신경을 쓴다면 또 다른 중세 교회의 모순된 길을 걸을 수도 있음에 유의해야 할 필요가 있다.[94]

④ 효과적인 소그룹 사역

이제까지 한국 교회가 실시하고 있는 소그룹 사역들에 대해서 살펴보았다. 소그룹 사역은 한국 교회 성장에 중요한 전략적 기여를 했고 지금도 교회 성장에 강력한 영향을 주고 있는 것이 사실이다. 그러나 소그룹 사역이 교회 성장에 중요하다 할지라도 무분별한 도입은 주의해야 한다. 각 지역과 교회의 상황이 다르기 때문이다. 효과적인 소그룹 사역을 위해서는 지역 상황에 대한 이해가 선행되어야 한다. 사역자는 우선 자신이 사역하는 지역의 토양 조사를 실행해야 한다. 한 교회에서 성공한 사례가 다른 토양에서도 성공한다고 할 수 없기 때문이다.

예를 들어, 많은 지역 교회 사역자가 범하는 실수가 있는데 이미 다른 지역 교회에서 확고한 성장을 이룩한 대형 교회들의 사역 형태를 그대로 모방하려고 애쓴다는 것이다. 설교를 모방하고 행정과 프로그램, 다양한 프로젝트를 자신의 지역의 토양과 상관없이 도입한다. 그리고 어느 정도 시간이 지나게 되면 그들이 따라 한 사역의 형태가 기대한 만큼 성공적이지 않음을 발견하고 실망하곤 한다. 사역자들은 자신의 사역 장소와 수용자들의 상황에 온전히 성육신해 프로그램을 점검한 후 도입해야 한다.

소그룹 사역 역시 마찬가지다. 제자 훈련이 선풍적인 인기를 끌고 교회 성장에 지대한 영향을 끼친다고 해 점검, 수정, 보완 없이 그대로 교재를 도입하고, 두 날개 양육 시스템을 많은 교회가 사용한다고 해서 지역 상황에 적합한지에 대한 평가, 분석 작업 없이 무조건 도입하는 것은 올바르지

---

94 채이석, 『소그룹의 역사』, 205-206.

않다. 사역 지역에 상황화된 소그룹 사역이어야 한다.

또한, 소그룹 사역에 절대적 가치를 두는 것도 경계해야 한다. 소그룹이 서로 간의 관계가 단절되고 익명성을 특징으로 하는 도시인들에게 진정한 기독교의 친교를 맛보고 예수 그리스도를 만나는 장이 되는 적합한 구조임은 틀림없다. 그러나 소그룹은 대그룹과의 조화라는 측면에서 보충적 역할을 해야 한다. 소그룹이 결코 대그룹을 대체할 수 없음을 유의하면서 다음과 같은 소그룹 사역을 제시한다.

건강한 소그룹이 되기 위해서는 성경 공부, 교제, 전도가 있어야 한다. 이것은 초대 교회의 모델과 같은 유형이라고 할 수 있다.

가. 새 가족을 위한 성경 공부 교재

새 가족(잉태 단계) 성경 공부와 기존 성도(성장, 성숙, 재탄생 단계)를 위한 성경 공부 교재가 구별되는 것이 좋다. 잉태 단계는 4-5회 정도 실시하며, 담임목사가 인도하는 것이 바람직하다. 그 이유는 새 가족에게 교회에 대해서 그리고 목사의 목회 철학, 비전을 알려 주어야 하기 때문이다. 이에 가장 적합한 사람은 담임목사다. 새 가족 모임을 통해서 함께 공부할 성경 공부 교재 역시 이와 같은 비전 공유를 위해서 목사가 개인적으로 준비하는 것이 좋다. 잉태 단계에서 사용될 수 있는 성경 공부의 주 내용을 다음과 같이 정리해 보았다.

· 1주 : 목사와 교회 소개다. 목사의 목회 철학, 비전, 향후 교회가 어떤 방향으로 나아갈지에 대한 비전 등을 공유한다. 그리고 서로에 관한 이야기를 하게 함으로 서로를 소개하고 서로를 알게 한다.

· 2주 : 교회 생활에 대한 것이다. 도시인들은 개인주의적이어서 자신의 필요에 따라서 행동한다는 특성이 있고 이런 도시인의 특성은 교회 생활에서도 그대로 나타나고 있다. 그러므로 새 가족이 불신자일 경우나 기존 성

도가 새 가족일 경우에도 교회 생활에 대해서 가르쳐야 한다. 자신이 기준이 아니라 예수 그리스도가 기준이 된 교회 생활, 예수 그리스도가 교회의 머리임을 가르치고 성도는 그 몸의 지체임을 가르쳐서 개인주의가 아닌 서로 이해하고 돕고 헌신하는 초대 교회의 모범을 교육할 필요가 있다.

  2주 차에서 사용될 수 있는 성경 본문은 사도행전 2:42-47이다. 이를 통해서 교회는 행복한 곳이고 교회는 서로를 돌보는 아름다운 공동체라는 것을 느끼게 해야 한다.

  · 3주 : 신론, 인간론, 기독론 교리 부분을 기초적 수준으로 교육한다. 잉태 단계에서는 이 세 부분이 교육되는 것이 좋다. 교회의 본질에 해당하는 부분이 망라되어 있기 때문이다. 교리 부분 전체를 다루지 않는 이유는 시간에 쫓길 우려가 있고 새 가족이 지루함을 느껴 중도 탈락할 우려가 있기 때문이다. 나머지 교리 부분은 잉태 단계를 마친 후 교회의 형편에 따라 편성된 소그룹에 들어가서 심도 있게 공부하는 것이 좋다. 교리 부분을 다루면서 주의해야 할 점은 새 가족에게 어렵게 느껴질 수가 있다는 것이다. 이단이 많은 현시대를 고려할 때 복음의 진수를 전해 올바른 신학적 기초를 놓고 목사와 교회가 소속된 교단에 대한 정체성을 알려 준다는 면에서 꼭 필요한 단계이지만 지루함 혹은 딱딱함이 없도록 인도하는 목사의 세심한 노력이 요구된다.

  · 4주 : 4주 차에는 목사의 집에 초대한다. 목사와 성도가 개인적으로 가까워지는 데 도움이 된다. 함께 식사를 나누며 교제를 하는 것은 성도 사이에만 이루어지는 것이 아니라 목사와 성도 사이에서도 이루어져야 한다. 따뜻한 분위기 속에서 목사의 개인적인 이야기, 성도의 사생활 등 개인적인 이야기를 함께 나눈다.

  4주의 잉태 단계 과정을 마친 후에 새 가족은 기존하고 있는 소그룹에 편성되어서 소그룹 활동을 하게 된다.

나. 기존 성도들을 위한 성경 공부 교재

효과적 소그룹 사역을 위해 기존의 성도들을 위한 교재 선택이 중요하다. 이것은 교회의 형편과 상황에 따라서 결정하는 것이 좋다. 어느 것이 옳다고 할 수는 없다. 현재 각각의 소그룹에서 사용되는 성경 공부 교재마다 장, 단점이 있기 때문이다. 예를 들면, 통합 모델처럼 목사의 설교를 사용할 수도 있다. 통합 모델을 사용할 때는 교회 주보나, 별도의 페이퍼를 준비해 주일 설교를 대지, 소지로 나누어 정리하고 성도들의 삶과 연결해 적용점을 제시해 주는 것이 필요하다.

필자는 성도들의 영적 성장을 단계적으로 심화시키기 위해서는 다음과 같은 교재 구성이 필요하다고 생각한다.

첫째, 성장 단계다.

잉태 단계를 마친 후 성장 단계를 구성한다. 이 단계에서도 지역과 성도들을 고려한 성육신적 사역이 필수적이다. 목사는 지역적 상황과 성도들이 교회생활과 사회생활 그리고 가정생활을 하는 데 필요로 하는 것이 무엇인지에 관해 민감하게 반응해서 교재를 선택하는 것이 좋다. 이 단계에서 다룰 수 있는 주제들은 그리스도인의 성품, 그리스도인의 인간관계, 그리스도인의 사회생활, 그리스도인의 가정생활, 성경 인물들의 삶, 그리스도 안에서의 부모론, 물질관, 결혼관, 노후생활, 영성과 직업, 고난 대처법 등 성도에게 필요한 것이 무엇인지에 대한 정확한 이해를 바탕으로 교재를 선택 혹은 제작해서 7-10주 정도에 걸쳐서 성도들에게 필요한 부분을 교육한다.

둘째, 성숙 단계다.

이 단계에서는 조직신학 분야를 다룰 수 있고 책별 성경 연구로 들어갈 수도 있다. 리더는 개척 교회인 경우는 목사, 기존 교회인 경우는 목사, 부교역자, 혹은 리더십 훈련을 마친 평신도 리더가 인도해야 한다. 교재는 현재 널리 사용되고 있는 교재 중 하나를 선택해서 사용하는 것도 좋고 자체적으로 제작하는 것도 좋다.

  필자가 사역하는 교회에서는 주중 모이기가 어려운 지역 형편과 성도의 삶을 고려해 주일 오전 예배 후 시간을 정해 전교인이 소그룹으로 모여 성경 공부와 교제를 나누고 있다. 이때 사용되는 교재는 성장 단계로서 교회 생활을 7주에서 10주에 걸쳐 공부하고, 이 단계가 끝나면 웨스트민스터 신앙 고백서를 교재로 교리 부분을 단단히 세워가고 있다. 또한, 교단에 속한 교회로서 교단에서 제공되는 구역 예배 교재를 사용하는 것도 좋다. 기간도 1년 단위로 편성되어 있기에 적당하다. 이때 주의해야 할 점이 두 가지가 있다.

  하나는 교재를 구성하고 가르치는 데 있어서 처음부터가 아닌 중간부터 성경 공부를 시작해도 무리 없이 전달될 수 있도록 교재 구성과 전달력에 있어서 준비되어야 한다는 것이다.

  다른 하나는 교재의 질에 관한 문제가 제기될 수 있다. 예를 들어, 교단의 교재를 사용할 경우, 교단에서는 구역 예배를 위한 성경 공부 교재를 제작할 때 깊이 있고 성도들의 삶과 동떨어진 교재가 아니라 성도들의 삶에 적용할 수 있도록 제작해야 한다. 단순한 지식 전달, 주입식 교육이 되어서는 안 되고, 성도들의 삶에 적용해 변화를 이끌어야 한다.

  이를 위해서 교재를 제작할 때 상당한 목회 경력을 가진 신학대학원 교수들에게 맡겨 교재의 질을 높일 필요가 있다. 그리고 이 단계에서 리더 교육은 필수적이다. 소그룹에서 나눌 성경 공부를 목사는 리더들에게 사전에 교육해야 한다.

  셋째, 재탄생의 단계다.

  소그룹은 탄생, 성장, 재탄생의 생명 주기를 가지고 있다.[95] 잉태 단계, 성장 단계, 성숙 단계를 거치는 동안 구성원들은 서로 간에 친밀해지고 모

---

95 채이석, 이상화, 『건강한 소그룹 사역 어떻게 할 것인가?』, 60-67.

이는 수도 증가하게 된다. 이때 목사의 판단에 따라 또 다른 소그룹을 개척해야 한다. 그러나 주의해야 할 것은 소그룹을 확대하는 것만이 능사가 아니다.

　목사는 소그룹이 진행되는 가운데 미래의 리더를 발견해야 하고 소그룹의 성숙도를 나름대로 측정한 후 또 다른 소그룹을 구성해야 한다는 것이다. 목사나 소그룹 리더는 성숙 단계에서 미래 리더자를 세워서 그를 훈련하며 또 다른 소그룹의 탄생을 미리 준비해야 한다. 그리고 성숙 단계를 거치는 동안 미래 리더자를 위한 별도의 리더 훈련 커리큘럼을 마련해야 한다.

다. 소그룹 구성

　현재 진행되고 있는 한국 교회의 소그룹의 현실을 보면 여성들이 주축을 이루고 있는 것이 보편적이다. 이런 면에서 볼 때 소그룹의 적정 인원은 4명에서 7명이라고 생각한다. 이 숫자가 적당한 이유는 교회를 개척하는 경우인데, 개척 교회가 처음부터 12명으로 시작하기는 어렵다. 따라서 교회의 상황에 따라 목사가 적절하게 소그룹의 인원을 구성할 필요가 있다. 소그룹 구성 형태 역시 교회마다 상황에 따라 결정할 수 있다. 연령별, 지역별, 직업별 등 여러 가지가 기준이 될 수 있다.

　그러나 연령별로 구성하는 것이 좋다고 생각한다. 동질성이 강조되어 구성원들 사이에 대화의 주제, 관심거리가 일치하는 경우가 많기 때문이다. 특히, 주의해야 할 것은 직업별로 소그룹을 구성하는 경우다. 직업이 비슷하기에 구성원들의 일치감, 동질성에 유익을 줄 수도 있지만, 직업에 따라서 열등감을 조성할 수 있다는 약점이 더 크기 때문에 직업별 소그룹 구성은 신중해야 한다.

라. 따뜻한 교제

소그룹은 논쟁의 자리가 아니다. 서로를 세워주고 격려해 주어 따뜻한 분위기를 연출하는 것이 중요하다. 도시인들은 개인주의, 각박한 도시 생활에서 치열한 경쟁을 하면서 맛보는 좌절, 소외감 등의 심리적 문제를 안고 살아간다. 소그룹은 이들의 속마음을 털어놓는 장이 되어야 한다. 그러기 위해서는 서로가 긍정해 주고 수용하는 자세가 필요하다. 이것은 자신의 주장과 생각을 포기하고 상대방을 인정해 주는 동화 사역이고 격려 사역이며 이로 인해서 소그룹은 결속력이 더해질 수 있다.

마. 전도

소그룹의 궁극적인 목적은 전도다. 새로운 그룹이 재탄생되는 것은 소그룹 활동이 전도에 초점이 맞춰져 있을 때 가능하다. 잉태 단계를 거친 후 성장 단계에서부터는 새로운 소그룹 번식에 초점을 두고 전도 사역을 강조해야 한다. 소그룹은 재탄생의 기쁨을 즐기기 위해서 전도 인원 목표를 정하고 전도 대상자를 정해서 그들을 위해 기도하고 그들을 접촉하며 특정한 날을 정해서 그들을 소그룹으로 초청하고 그들만을 위한 소그룹 모임 시간을 마련하는 전략을 펼쳐야 한다.

(4) 전도 사역

도시인들은 다양한 문화의 혜택과 여가생활을 누리며 살고 있다. 그러나 과거와 비교해 볼 때 경제적으로 여유 있는 삶을 살아가는 것이 사실이지만 경제 문제, 자녀 문제, 건강 문제 등으로 적지 않은 스트레스를 안고 살아가고 있다. 이로 인해서 도시인들의 인간 관계는 삭막해지고 자신의 이익에 반하는 행동과 참여는 하지 않으려는 극도의 고립된 개인주의가 체질화되었다. 이런 도시에서 복음을 전하는 것은 쉬운 일이 아니다.

그러나 도시의 각박한 현실이 오히려 복음의 수용성을 더해주는 측면도 있음을 기억하고 교회는 도시인들에게 복음을 전할 수 있는 접근법을 끊임없이 연구하고 실행해야 한다. 따라서 필자는 도시에서 복음을 전해 교회를 성장시키는 성육신적 전도 전략으로 세 가지를 제안한다.

① P.T.M 전략

P.T.M은 세 단어의 머리글자이다. 사역자는 열정(Passion)이 있어야 하고, 시간(Time)과 물질(Money)을 희생해야 한다. 특히, 교회를 개척하는 사역자들에게 이 세 가지의 희생이 요구된다. 이것은 다음과 같은 그림으로 표현할 수 있다.

그림과 같이 이 세 가지는 상호 연결되어 하나를 이룰 때 힘을 발휘할 수 있다.

그림 5-1. P.T.M의 상호 관계

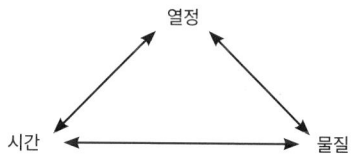

가. 열정

열정의 사전적인 의미는 어떤 일에 열렬한 애정을 가지고 열중하는 마음이다. 성공하는 기업가나 학자나 정치가를 막론하고 그들이 가장 먼저 꼽는 성공의 조건은 열정이다. 도시 사역자들은 부흥에 대한 강렬한 소원이 있어야 한다. 열정이 없다는 것은 복음에 대한 애정, 영혼 구원에 대한 소원이 없음을 나타내는 것과 같다. 그러므로 어떤 전도 사역도 시행하지 않게 된다. 열정을 다른 말로 하면 사명감이라고 할 수 있다. 교회 개척자에게 무엇보다 필요한 것은 사명감이다. 사명감 없이, 아무런 열정도 없이 교회를 세운다는 것은 자신에게나 하나님 나라 확장을 위해서나 전혀 도움이 되지 않는다.

교회 성장연구소에서 2002년 9월을 기준으로 개척한 지 4년 미만 250여 교회의 목회자를 대상으로 교파를 초월해 교회 개척 동기에 관한 설문을 실행했다. 소명에 의한 개인적 결단이 193명, 부교역자 생활에서 오는 한계가 20명, 모교회나 교단의 파송으로 14명, 주위의 권유가 10명 그리고 생활의 방편 1명, 기타 순으로 나타났다.[96] 250명 중 193명이 소명에 의한 결단으로 개척했다는 것은 고무적이라 할 수 있다.

그러나 193명의 목회자가 사명감을 지속적으로 유지할 수 있는지가 또 하나의 문제로 남는다. 개척의 현실이 쉬운 상황이 아니기 때문이다. 그래서 개척자들이나 기존 교회의 목사들이나 청빙 목사가 항상 정력적(energetic) 사역을 하기 위해서는 식지 않는 열정을 가지고 있어야 하고 이 열정은 성령의 도우심을 구하는 데서 유지됨을 기억해야 한다.

나. 시간

전도 사역을 위해서는 시간을 들여야 한다. 이것은 바쁜 현대인들에게 삶의 일부를 드리는 희생을 의미한다. 예를 들면, 필자는 교사 세미나, 교사 부흥회, 교사 헌신 예배, 교사 훈련, 교사 대학 등의 이름으로 교사들에게 설교나 강의를 할 때 P.T.M을 강조한다. 예를 들어, 어린이 전도를 위해서는 시간을 들여야 한다. 어린이들이 하교하는 시간에 맞추어 학교 앞에 찾아가서 자신의 반 어린이들을 만나는 것, 1주 혹은 2주에 한 번 자신의 집으로 반 어린이들을 초대하는 것 등은 자신의 시간을 희생하지 않고는 할 수 없다.

마찬가지로 교회가 전도 사역을 감당할 때는 자신의 시간에 맞춰서 전도 사역에 참여하는 것이 아니다. 교회의 프로그램에 따라서 전도할 때, 그리고 개인적으로 관계 전도를 할 때도 전도 대상자의 시간에 맞추어서 자신

---

96 홍영기, 『Church Planting』 (서울: 교회성장연구소, 2003), 43.

의 시간을 희생해야 한다. 교회 개척자 역시 교회에 전적으로 매달리는 모습이 있어야 한다. 교회를 개척해 놓고 자신의 취미 생활에 빠져서 지낸다면 교회 성장은 이룰 수 없다. 교회가 어느 정도 성장하고 자립할 수 있을 때까지는 외부 활동도 자제하고 오직 교회에만 매달리는 것이 바람직하다. 개인적인 시간을 교회 성장을 위해서 모두 써야 한다. 이런 희생이 상황화된 성육신적 전도 사역이라고 할 수 있다.

다. 물질

이것 역시 시간을 드리는 것처럼 희생을 의미한다. 전도 사역을 함에 있어서 물질은 꼭 필요하다. 어린이 전도를 예로 들면, 어린이는 교회 재정에 도움을 주는 부서가 아니다. 오히려 투자의 부서이다. 그러나 교회의 미래를 바라보았을 때 어린이에게 재정을 투자하는 것은 교회의 뿌리를 든든히 하는 것이 된다. 교사들이 반 어린이들을 담당할 때를 생각해 보면, 어린이들 생일에 맞춰 선물을 준비하는 일, 어린이들과 만나서 회식을 하는 일, 결석한 어린이들에게 전화나 엽서를 보내는 일 등은 물질과 연결이 된다고 볼 수 있다.

교회 차원에서 전도할 때도 마찬가지이다. 전도지를 만드는 것, 전도 현수막을 거는 것, 불신자를 방문하는 것, 어려운 이웃을 방문해 복음을 전하는 것 등 모든 것에 물질이 필요하다. 특별히 교회 개척 측면에서 보았을 때, 개척 교회는 이 부분에서 열악하다. 교회를 개척할 때 소용되는 비용을 보면 모교회가 지교회를 개척하는 유형은 평균 1억 7천만 원으로 나타났다. 그리고 순수 교회 개척을 할 경우는 최소 4천 896만 원이 드는 것으로 나타났다.[97]

이 비용 산출은 2007년 기준이니 지금은 개척 비용이 훨씬 더 든다는 것을 알 수 있다. 교회 개척을 할 때 물질의 준비가 필요함을 보여 준다고 할 수 있다. 인적, 물적 부분에 대한 목사의 개인적 희생, 개척 동지들의 희생

---

97 정용암, "도시 지역 교회 개척을 통한 교회 성장 방안 연구," 100.

이 요구되며 그리고 교단적 차원에서 지원 역시 필요한 부분이다.

② 홍보 전략

홍보는 마케팅과 관련이 있다. 마케팅이 뛰어난 교회가 성장한다. 마케팅은 "소비자의 욕구와 필요 그리고 생산자의 목표와 목적을 충족시킬 수 있도록 상품과 서비스가 생산자에게서 소비자에게 전달되도록 하는 사업 활동의 수행이다"라고 정의할 수 있다.[98] 여기서 어떤 상품과 서비스가 생산자에게서 소비자에게 전달되도록 판촉 활동을 하는 것이 홍보 전략이다. 복음을 전하는 것은 예수 그리스도를 홍보하는 것이다. 교회를 개척한 후 교회를 알리는 것은 다른 어떤 사역보다 중요하며 선행되어야 하는 전략이다.

아무리 좋은 프로그램을 가지고 있다 해도, 아무리 좋은 말씀이 있다 해도 교회에 대한 홍보가 약하면 사람들을 교회로 끌어들이기가 쉽지 않다.

기존의 교회는 교회의 역사가 오래되어 이미 많은 사람이 교회의 위치, 이미지 등에 대한 정보를 가지고 있다. 그리고 자체 홍보팀이 조직되어 있는 교회가 많다. 그러나 개척 교회인 경우는 인적, 물적으로 약하기에 큰 비용을 들여서 홍보한다는 것은 쉬운 일이 아니다. 그러므로 개척 교회가 교회를 홍보하기 위해서는 다음과 같은 것들을 전략적으로 사용하는 것이 필요하다.

첫째, 개척 교회는 먼저 교회의 위치 선정을 전략적으로 고려해야 한다.

교회의 위치를 선택하는 데 있어서 무엇보다도 중요한 것은 가시도다. 지역에 사는 주민들이 교회 건물을 인식하고 식별할 수 있어야 한다.

---

98 George Barna, *Marketing The Church*, 김광점 역 『마케팅이 뛰어난 교회가 더 성장한다』 (서울: 베다니출판사, 1997), 60.

에즈라 얼 존스(Ezra Earl Johns)는 교회 위치 선정에 대해서 "많은 교회가 경비를 절약하기 위해서 부동산 가격이 보다 싼, 대로변에서 좀 떨어진 지역에 교회 건물을 세우고 있지만 그렇게 해서 잃어버리게 된 가시도를 비용으로 따진다면 부동산 가격에서 절약한 비용보다 더 많다"[99]고 말하면서 교회의 위치가 중요함을 강조했다. 교회 개척자가 교회를 세움에 있어서 도로변이나 많은 사람이 왕래하는 지역을 우선 지역으로 선정하는 것이 교회를 홍보하는 전략이다.

즉, 필자가 앞서 지적했듯이 교회 개척자는 인구 밀집 지역, 역(station)과 같이 사람들의 왕래가 빈번한 지역에 교회를 개척하는 것이 효과적이다.

둘째, 교회의 건물을 통한 홍보 전략도 고려해야 한다.

교회 건축에 새로운 변화가 모색되고 있다. 1970년대부터 도입된 초현대식 대형 건물 건축 디자인이 시간이 지나면서 도시 미관을 해치는 것으로 평가받고 있다. 이에 따라 3,000석이 넘는 규모의 대형 예배당보다는 1,000석 이하의 중간 규모에 좀 더 합리적 디자인의 건축을 시도하는 곳이 늘어나고 있다.

현대인들은 보는 것에 익숙해져 있다. 전략적 사고를 가지고 있는 개척자는 교회의 외관을 무시하지 않는다. 교회의 건물은 사람들의 중요한 생활 공간으로서 사람들을 쉽게 접촉하고 만날 수 있는 곳인 동시에 복음이 가르쳐지고 선포되는 곳, 즉 선교가 이루어지는 중심이 되는 곳이다.

그리고 앞으로 주의 백성이 될 사람들을 향한 선교를 위해 항상 개방된 공간이어야 한다.[100] 교회 건물을 귀중한 전통의 예술품 등을 보관하는 박물관이나 고풍스러운 빌딩과 같이 보이게 하는 경우가 있는데 이런 형태의 교회 건물을 가지고 있는 교회의 사역은 대다수 시대에 뒤떨어진 나머지

---

99 Ezra Earl Johns, *Strategies for New Churches* (New York : Harper & Row, Publishers, 1976), 79.
100 정병관, 『복음 혁명을 주도하는 크리스천 커뮤니케이션』, 316.

지역 사회의 구성원들 대다수에 의해 외면될 수 있다.

　건물이 주는 이미지는 막연한 것이 아니다. 건물을 이용하고 사용하는 사람들의 생각과 철학과 문화를 반영하지 않을 수 없다. 그런데 건물이 과거의 생각과 철학과 문화만을 반영한다면 현대인들은 이 건물을 기피하게 될 것이다.[101] 사람을 처음 대할 때에 '첫인상'이 중요하듯이 교회의 외관은 '첫인상'에 해당하는 것이다. 작은 개척 교회를 시작할 때 역시 지역 주민들에게 호감이 가도록 아름답게 꾸밀 필요가 있다. 교회 외관의 웅장함을 중요시하던 시대는 지났다. 아름답고 안락함을 주는 교회의 외관을 사람들은 더 선호한다. 교회 건물의 아름다움, 단정함은 교회를 홍보하는 중요한 요소가 된다.

　셋째, 주보 전도 전략이다.

　주보 전도는 교회를 홍보하고 복음을 전하는 데에 탁월한 효과를 기대할 수 있는 전략이다. 특히, 개척 교회가 교회를 홍보하기 위해서 큰 비용이 드는 것을 감안할 때, 주보는 저렴하게 교회를 홍보할 수 있는 최고의 전략이라 할 수 있다. 그러므로 교회 개척자는 주보를 제작할 때 지역의 다른 교회와 차별화된 '독특성'에 초점을 두어야 한다. 자신의 교회만의 독특성이 강조되어야 한다. 단순히 예배 순서를 알리는 차원을 넘어서서 교회의 비전을 알려야 하고 교회가 독특하다는 인상을 심어주는 주보이어야 한다. 주보의 공백을 남기지 않으면서도 복잡함이 없어야 하고 어휘 선택에 있어서 역시 수신자에게 '편안함과 호기심'이 전달되는 단어를 선택하는 노력이 있어야 한다.

　또한, 주보의 색상도 단순한 색이 아닌 컬러로 인쇄해서 사용하는 것이 시각적 효과를 거둘 수 있다는 것도 유념해야 한다. 필자는 개척 초기에 인적, 물적 자원이 없었기에 혼자 일주일에 1,000장, 많게는 2,000장을 집집

101　정병관, 『복음 혁명을 주도하는 크리스천 커뮤니케이션』, 322-323.

마다 다니면서 꽂아 두는 전략을 사용해 복음을 전하면서 교회를 홍보했다. 현대 도시인들은 낯선 사람에게 문을 열어주지 않는다. 주보 전도는 이런 시대에 도시인들에게 교회를 홍보하고 예수 그리스도를 소개하는 데 탁월한 전도 전략이라고 할 수 있다.

③ 디아코니아(διακονια) 전략

디아코니아 사역은 주보를 통해 알려야 한다. 교회가 지역 봉사 사역으로 무엇을 하고 있는지를 알려야 하고, 이로 인해서 '지역 주민과 함께 하는 교회'라는 이미지를 심어주어야 한다.

디아코니아 사역은 교회의 사명이며 지역 사회에 뿌리를 내리는 전략이다. 디아코니아는 "하나님을 사랑하고 이웃을 사랑하라"는 주님의 계명 속에 나타나며 해도 되고 안 해도 되는 내용이 아닌 교회의 본질에 속하는 사역이다.

먼저 디아코니아의 어원을 살펴보면, 디아코네오(διακονεω)라는 동사는 두 개의 명사를 가지고 있는데 하나는 '봉사' 또는 '섬김'이라는 의미를 가진 디아코니아(διακονια)이고 다른 하나는 '종' 또는 '노예'를 의미하는 디아코노스(διακονος)이다. 이 단어들은 '식탁에서 시중드는 일', '생활을 돌보다'는 뜻으로 사용되었으나 나중에는 일반적으로 '섬김'이라는 의미로 사용되었다.[102]

이와 같이 디아코니아 사역은 성경에서 말하고 있는 교회의 중요한 사역이다. 에드먼드 클라우니(Edmund P. Clowney)는 "복음의 핵심은 교회로 하여금 선교와 자비를 행하게 한다. 이 두 가지는 언제나 기독교 선교의 일부였다"[103]고 말했다. 그러나 현대 교회에서는 복음 전파보다 디아코니아 사

---

102 김한옥, 『기독교 사회 봉사의 역사와 신학』 (부천: 실천신학연구소, 2004), 21.
103 Clowney, 『교회』, 182.

역이 덜 강조되고 있는 것이 현실이다. 그 이유는 두 가지 측면에서 설명될 수 있는데 하나는 교리적 측면이다. 구원은 믿음을 통해서 얻는다는 강조로 인해서 디아코니아 사역이 상대적으로 약화된 것이다.

다른 하나는 실천적 측면인데 남을 돕는 사역에 대한 경제적 부담이 크기 때문이다. 심지어 대형 교회에서도 구색만 갖추는 수준에 머무는 경우가 많다.[104] 더구나 개척 교회가 인적, 물적으로 어려운 중에 디아코니아 사역을 한다는 것은 쉬운 일이 아니다. 그러나 처음에는 어렵다 해도 하나님의 기름 부으심과 교회의 미래를 생각하며 개척 초기부터 디아코니아 사역을 시작해야 한다. 경제적 어려움 중에도 디아코니아 사역을 시작할 때 지역 사회에 긍정적 이미지를 주게 되고 지역 사회에 거부감 없이 함께 하는 공동체라는 인식을 심어주게 되어 지역 사회에 정착하는 데 큰 도움이 된다.

도시의 대형 교회, 중형 교회, 개척 교회 그리고 농촌 교회가 실행할 수 있는 디아코니아 사역은 무엇이 있는지 정리하면 다음과 같다.[105]

도시의 대형 교회는 노숙자 쉼터, 직업 알선, 실직 가정 지원 센터, 급식 프로그램, 어린이집 운영, 장학 사업, 시민 대학, 법률 상담, 열린 음악회, 결식 아동 도시락 보내기, 문화 시설 운영, 호스피스 사역, 김장 보내기, 주차장 개방 등을 통해 지역 사회를 섬기며 복음을 전할 수 있다.

도시의 중형 교회는 노숙자 급식 보조, 직업 알선, 실직자 가정과 자매 결연, 비행 청소년 상담지도, 어린이 공부방, 사회 복지 시설 방문, 무의탁 아동 돌 사진 찍어주기, 독거노인 효도 관광, 무의탁 노인 가정 방문 쌀과 반찬 지원, 미용 지원, 바자회 등을 통해 지역 사회를 섬기며 복음을 전할 수 있다.

---

104 황성욱, 『한국 교회에서의 실천현황과 과제, 선교와 디아코니아』(서울: 한들출판사, 2002), 296.
105 김성철, 『교회사회복지 실천론』(서울: 한국강해설교학교출판부, 2003), 185-186, 정용암, "도시 지역 교회 개척을 통한 교회 성장 방안 연구," 162-163 에서 수정, 보완했다.

도시의 개척 교회는 무의탁 노인에게 안부 전화 걸기와 쌀과 반찬 지원, 분기별 노인정 방문, 명절 때에 환경미화원과 정화조 청소원 그리고 동네 아파트 경비들에게 선물 보내기, 도시의 그늘에 숨겨진 가난한 자들을 찾아서 지속적인 쌀 보내기 운동 등을 통해서 지역 사회에 뿌리를 내릴 수 있다.

농촌 교회는 도시 교회보다 더 많은 디아코니아 사역을 할 수 있다. 귀농 지도 세미나, 도농 직거래를 위한 도시 교회와 연계, 수해 복구 지원, 무료 진료 지원, 마을 잔치 지원, 교회 시설 개방, 불우 청소년 결연, 어린이 무료 학습 지도, 어린이집 운영, 지역 신문 제작, 노인에게 안부 전화 걸기와 쌀과 반찬 지원, 효도 관광, 노인 목욕 지원, 장례 지원 등을 통해 지역 사회와 동화될 수 있으며 이를 통해 교회가 농촌 지역 사회에서 든든한 버팀목과 의지처가 될 수 있다.

디아코니아 사역이야말로 예수님의 긍휼의 정신을 온전히 지역 사회에 전하는 사역이며 가난한 자와 함께 하는 성육신의 온전한 표현이라고 할 수 있다.

제6장
결론 : 요약과 제언

1. 요약

필자는 본서를 6장으로 구성해 연구했다.

1장에서는 도시 선교학의 현황과 필요성에 대해서 언급했고 본서를 읽는 데 도움을 주기 위해서 주요 용어 등을 정리했다. 2장에서 4장까지는 도시에 관한 학문적, 이론적 접근을 심도 있게 전개했다. 2장에서는 도시와 도시화 현상에 대해서 통계청의 자료를 제시하면서 연구했다. 아울러 도시화에 따른 도시인의 특성으로 개인주의를 다루었고, 도시의 미래 전망 등에 관해서도 언급하였다.

필자가 2장을 통해서 주장하고 싶었던 것은 도시와 농촌이 이제 구분이 없어졌다는 관점이다. 도시 목회와 농촌 목회의 구별이 사라지고 있는 것은 전 국토가 인구, 사회, 정치, 문화적으로 도시화되었기 때문이다.

3장에서는 모든 학문 연구의 교과서(Textbook)인 성경을 통해서 도시에 관한 성경적 관점과 성경은 도시 선교에 대해서 무엇이라고 말하는지를 구약과 신약을 통해서 연구했다.

특히, 구약의 선교를 언약 신학적 관점에서 하나님의 구속사적 선교에 초점을 맞추려고 노력했다. 구약 전체에 흐르는 하나님의 언약 사상을 다루면서 이방인까지도 포함시키는 하나님의 선교 사상, 그 위대한 사역을 이루기 위해 이스라엘을 선택하시고 사명을 주신 하나님 그리고 이방의 도시로 하나님의 종들을 파송하시는 하나님의 도시 사랑을 발견하기 위해 시도했다.

신약에서는 예수님과 사도들의 도시 선교에 초점을 맞추어 연구했다. 타락한 도시임에도 도시를 포기하지 않으시는 예수님의 도시 사랑을 복음서를 통해 추적했고, 그 예수님의 도시 사랑을 본받아 복음을 들고 도시로 들어가는 바울의 모습을 고찰했다.

4장에서는 성경 시대를 이어서 초대 교회로부터 현대에 이르기까지 교회 역사에서 나타난 선교, 특별히 전략 부분을 서구와 한국으로 나누어 집중적으로 고찰했다. 하나님의 온 인류에 대한 구원 노력, 특히 도시 사랑이 역사 속에 어떤 모습으로 나타났는지를 연구했다.

5장에서 필자는 도시 유형을 구도시, 신흥 도시, 위성 도시, 전원 도시로 구분했다. 그리고 이 다양한 도시의 특징을 언급하면서 지역 교회가 펼칠 수 있는 전략을 간략하게 소개했다. 그리고 예수님의 사역을 본받아 도시 사역자들이 성육신적 선교를 해야 함을 주장하면서 선교 전략을 제시하였다. 무분별한 모방은 경계해야 한다. 각 교회가 처한 위치와 형편에 상황화된 성육신적 도시 선교 전략이야말로 교회의 성장을 가져올 수 있음을 필자는 주장했다.

죄가 관영한 도시라 할지라도 하나님은 도시를 포기하지 않으신다. 그리고 여전히 도시를 사랑하신다. 도시 사역자로 부름을 받은 주님의 신실한 종들이 사역하는 도시를 하나님은 부흥하게 하시리라 믿는다.

끝으로 필자는 도시 교회 개척자들에게 발전적 제언을 하면서 본서를 마무리하기를 원한다.

2. 제언

도시 교회 개척자에게 가장 필요한 것은 성육신적 자세다. 예수님께서도 하늘의 보좌를 버리셨다. 모든 영광을 다 버리시고 낮아지셨다. 영광의 하나님께서 우리와 같이 되셨다는 이 한 가지만 생각해도 도시 교회 사역자들은 모든 기득권을 포기해야 한다. 앞서 언급했듯이 강남에 살면서 강북의 빈촌에 출퇴근하는 식의 사역은 교회 성장에 저해 요소가 된다.

목사로서 주님의 교회를 섬기기 위해서 성육신적 자세가 필요한데 먼저 자신의 모든 것을 내려놓아야 한다. 즉, 학벌, 물질 그리고 권위주의를 모두 버려야 한다. 도시 사역자들은 성도들의 삶 속에 온전히 성육신해야 한다.

현대 도시 교회의 사역자들에게 꼭 필요한 것은 성도의 삶과 동떨어진 것이 아니라 성도들의 삶 속에 동화되어 그들을 섬기는 종의 자세다. 종의 자세가 있을 때 주님이 맡겨주신 귀한 성도들의 삶에 동화되어 하나가 될 수 있다.

각 교회를 섬기는 목회자들에게서 종의 자세를 찾아보기 어렵다. 디모데전서 3장은 지도자가 갖추어야 할 자격 목록을 열거하고 있다. 바울 사도는 도시 사역자들이 갖추어야 할 중요한 특징들을 열거하면서 무엇보다도 지도자가 먼저 그리스도의 종이 되어야 한다고 말했다.

> 사람이 마땅히 우리를 그리스도의 일꾼이요 하나님의 비밀을 맡은 자로 여길지어다 (고전 4:1).

종은 예수 그리스도의 주권적 권위에 자발적으로 복종하는 사람, 예수님의 유익을 위해 지시받은 대로 그분께 순종하는 사람이다.[1] 도시 교회 사역자들은 그리스도가 지시하신 일을 하는 그분의 종이다. 그들은 겸손히 지시를 기다리면서 예수님의 발치에 앉아 있는 종이 되어야 한다.

도시에서 종으로서의 섬김은 대단히 중요하다. 섬김 또는 사역이란 단어의 개념은 디아카네오(διακανεω)다. 그것은 음식, 물, 쉴 곳, 옷을 주는 것, 병든 자, 고아, 과부, 갇힌 자를 돌아보는 것과 관련이 있다. 도시 교회 사역자들은 이런 연약한 자의 자리로 내려가 그들과 함께하며 그들을 돌보아야 한다. 바울 사도는 자신이 성도들의 아버지[2]라고 말하면서 온유한 마음으로 성도들과 동화되어 함께 고난을 받았다.

또한, 도시 교회 개척자들에게 필요한 것은 개척에 대한 준비를 철저히 해야 한다는 것이다. 개척을 준비하는 과정은 개척자들이 이미 알고 있을 것이다. 필자가 제안하고 싶은 것은 개척 준비를 하면서 교회 탐방을 하라는 것이다. 교회 개척을 시작하기 전에 한국의 성장하는 교회에 관한 책을 읽고 직접 찾아가서 교회 담임목사와 인터뷰 하면서 개척에 대한 어려움, 주의해야 할 점, 성장 비결 등을 듣는 것은 개척자가 어떤 교회를 세울지를 결정하게 하고 교회의 선교 전략을 어떻게 세워야 할지 등에 대한 통찰력을 얻을 수 있는 유익이 있다.

더 나아가서 미국의 성장하는 교회를 탐방하고 담임목사와 인터뷰를 하는 것이 유익하다. 필자는 2001년에 첫 번째로 교회를 개척했다. 신학교에 다니면서 교회 탐방의 필요성을 알고 있었지만 실행하지 못하고 떠밀리듯이 교회를 개척하게 되었다. 많은 시행착오를 겪었으나 하나님의 긍휼하심으로 교회는 성장했다. 그러나 재개발 문제로 교회를 이전하게 되었고 거

---

1 Elliston & Kauffman, *Developing Leaders for Urban Ministries*, 8.
2 고전4:15 "그리스도 안에서 일만 스승이 있으되 아버지는 많지 아니하니 그리스도 예수 안에서 내가 복음으로써 너희를 낳았음이라."

의 아무도 없는 상황에서 다시 교회를 개척하게 되어 오늘에 이르고 있다.

그러나 박사 학위(Ph.D.) 논문을 준비하면서 풀러신학교, 웨스트민스터신학교에서 연구하던 중 미국에서 성공적 목회 사역을 하는 교회와 목사들을 만나게 되었다. 그리고 한국에서 개척해 성장한 많은 교회를 연구하고 탐방하면서 목회에 많은 부분을 수정하게 되었고 교회 운영에 많은 통찰력을 얻을 수 있었다.

"교회 성장에는 기도와 말씀만 있으면 된다"라고 말하는 것은 너무나 무책임한 말이다. 목회자에게 기도와 말씀이 충만해야 한다는 것은 전제 조건이고, 교회 개척과 성장을 위해서 전략을 치밀하게 세워야 한다. 이 전략을 세우기 위해서 교회 개척자들은 선배들의 개척 이야기에 귀를 기울여야 한다.

예수 그리스도를 이 세상에 증거하기 위해 부름 받은 하나님의 종들은 복음을 전하고자 하는 사람들의 삶 가운데 온전히 성육신하는 것이 필요하다.

참고 문헌

한서

구성모. "한국 교회의 이주민 선교 실태와 미래 방향."『다문화 선교』. 서울: CLC, 2015.
권용우. "도시와 도시 발달."『도시의 이해』. 권용우 외 18인. 서울 : 박영사, 2009.
김만형.『SS 혁신 보고서』. 서울: 도서출판 에듀넥스트, 2002.
김성곤.『두 날개로 날아오르는 건강한 교회』. 고양: 도서출판 두 날개.
김성철.『교회 사회 복지 실천론』. 서울: 한국강해설교학교출판부, 2003.
김성태.『세계 선교 전략사』. 서울: 생명의말씀사, 2006.
_____. "교회 성장논문집." 교회 성장학, 총신대학교 일반대학원, 2008년 1학기.
_____. "도시 선교 강의안." 도시 선교, 총신대학교 일반대학원, 2007년 2학기.
_____.『선교와 문화』. 서울: 이레서원, 2000.
_____.『현대 선교학 총론』. 서울 : 이레서원, 2008.
김승호.『선교와 상황화』. 서울: 토라, 2007.
김한옥.『기독교 사회 봉사의 역사와 신학』. 부천: 실천신학연구소, 2004.
노충희.『도시학 개론』. 서울: 형설출판사, 1994.
민경배.『한국 기독교회사』. 서울: 연세대학교출판부, 2007.
박용규.『초대 교회사』. 서울: 총신대학교출판부, 1995.
_____.『평양대부흥 이야기』. 서울: 생명의말씀사, 2006.

박응규. "한국 교회사 소논문 모음." (한국 교회사 세미나, 총신대학교 일반대학원, 2007년 2학기).
배춘섭. "기독교와 조상 숭배." (신약과선교, 총신대학교 일반대학원, 2010년 1학기).
백진석. "선교적 교회 관점에서 본 알파코스에 관한 비평적 연구." 장로회신학대학교 세계선교대학원. 서울: 장로회신학대학교 세계선교대학원 (2006).
서명민, 이승익. 『한국 교회 성장』. 서울: 대한기독교서회, 1966.
신국원. 『신국원의 문화 이야기』. 서울: 한국기독학생회출판부, 2008.
신상록, 구성모. "이주민 집중지역의 이주민 센터를 통한 목회 전략." 『다문화 선교』. 서울: CLC, 2015.
옥한흠. 『다시 쓰는 평신도를 깨운다』. 서울: 국제제자훈련원, 2007.
윤승범. "다문화와 복지." 『다문화 선교』. 서울: CLC, 2015.
이종윤, 전호진, 나일선. 『교회 성장론』. 서울: 정음출판사, 1983.
이현모. 『현대 선교의 이해』. 대전: 침례신학대학교출판부, 2012.
정경호. 『바울의 선교 신학』. 서울: CLC, 2009.
정병관. 『도시 교회 성장학』. 서울: 총신대학교출판부, 2009.
_____. 『복음 혁명을 주도하는 크리스천 커뮤니케이션』. 서울: 총신대학교출판부, 2009.
_____. 『복음 혁명을 주도하는 세계 17대 교회』. 서울: 생명의말씀사, 2005.
정일웅. 『기독교 예배학 개론』. 서울: 도서출판 솔로몬, 1996.
조귀삼. 『복음주의 선교 신학』. 경기: 세계로미디어, 2013.
조태현. 『예배기획, 행사기획』. 서울: 예루살렘, 2000.
채이석, 이상화. 『건강한 소그룹 사역 어떻게 할 것인가?』. 경기: 소그룹하우스, 2009.
채이석. 『소그룹의 역사』. 경기: 소그룹하우스, 2010.
최정만. 『다시 써야 할 세계 선교 역사』. 서울: 쿰란출판사, 2007.
한화룡. 『도시 선교』. 서울: IVP, 1993.
홍영기. 『Church Planting: 한국의 교회 개척에 대한 심층 연구 보고서』. 서울: 교회성장연구소, 2003.
황대우. 『칼빈과 개혁주의』. 서울: 도서출판 깔뱅, 2009.
황성욱. 『한국 교회에서의 실천현황과 과제, 선교와 디아코니아』. 서울: 한들출판사, 2002.

원서

Allen, Roland. *The Spontaneous Expansion of the Church and the Causes Which Hinder It.* Grand Rapids, Mich.: Eerdmans, 1962.

Antonakis, Helen L. *Saint Paul the Apostle and Philippi.* G. Neochoritis, 2003.

Bairoch, Paul. *Cities and Economic Development : From the Dawn of History to the Present.* Chicago: University of Chicago Press, 1988.

Bakke, Ray. *A theology as big as the city.* Ivp, 1997.

_____ . *The Urban Christian.* Downer Grove: InterVarsity Press, 1987.

Bakke, Raymond J. "Urbanization and Evangelism : A Global View." in *The Urban Face of Mission*, edited by Manual Ortiz and Susan S. Baker. P&R Publishing Company, 2002.

_____ . "The urban face of mission : ministering the gospel in a diverce and changing world." edited by Manuel Ortiz and Susan S. Baker. P&R Publishing Company, 2002.

Bavinck, J. H. *An Introduction to the Science of Missions.* Philadelphia: Presbyterian and Reformed Publishing Co., 1960.

Berger, Peter. *The Sacred Canopy:Elements of a Sociological Theory of Religion.* Garden City. NY: Anchor/Doubleday, 1969.

Blauw, Johannes. *The Missionary Nature of the Church.* New York: McGraw-Hill, 1963.

Boice, J. Montgomery. *God and History.* Downers Grove : Intervarsity Press, 1981.

Bosch, David J. *Transforming Mission: Paradigm Shifts in Theology of Mission.* Maryknoll, N.Y.: Orbis, 1991.

Brown, Gerald Arlan. "God's Communication in The City : Pentecostal Churchs in Urban Mission in Latin America." Ph.D. diss., Fuller Theolocal Seminary, 2006.

Buccellati, Giorgio. *Cities and Nations of Ancient Syria.* Rome: Instituto di Studi del Vicino Oriento, University di Roma, 1967.

Calvin, John. *Institutes of the Christian Religion.* tran. by Henry Beveridge. Grand Rapids: Wm, B Eerdmans Co, 1962.

_____ . *Commentary on the Book of Genesis.* Grand Rapids: Baker, 1975.

_____ . *Institutes of the Christian Religion I.* edited by John T. MacNeil. Philadelphia: Westminster Press, 1967.

Conn, Harvie M & Ortiz, Manuel. *Urban ministry.* Ivp, 2001.

Conn, Harvie M. "Genesis as Urban Prologue." in *Discipling the City*. edited by Roger S. Greenway. Baker Book House : Wipe&Stock, 1997.

Dayton, Edward R. & David A. Fraser. *Planning Strategies for World Evangelization*. Grand Rapids : Eerdmans, 1980.

Ellens, J. Harold. The Franciscans: "A Study in Mission." *Missiology: An International Review*, Vol. 3, No. 4, October, (1975).

Elliston, Edgar J. & J. Timothy Kauffman. *Developing Leaders for Urban Ministries*. New York: Peter Lang, 1993.

Fernando, A. Jith. *God's Concern for a City : Jonah's Call to Nineveh*. IVP, 1989.

Fisher, Claude S. "The public and private worlds of city life." *American Sociological Review*, 46, June, (1981), 306-316.

Frick, Frank. "Cities : An Overview." in *the Oxford Encyclopedia of Archaeology in the Near East*, vol 2. edited by Eric M. Meyers. New York : Oxford University Press, 1997.

George, Carl F. *Prepare Your Church for the Future*. New York: Fleming Revell, 1991.

George, Timothy. *Theology of the Reformers*. Nashville: Broadman Press,1988.

Gilkey, Langdon. *Through the Tempest: Theological Voyages in a Pluralistic Culture*. Minneapolis: Fortress, 1991.

Glasser, Arthur F. *Contemporary Theologies of Missions*. Grand Rapids: Baker Book House, 1985.

_____ . *Lectures on Old Testament Theology of Mission*. Pasadena: Fuller Theological Seminary, 1972.

Gmelch, George & Zenner, Walter P. *Urban Life*. Waveland Press, Inc. 2002.

Goldingay, John. *Old Testament Theology : Israel's Life*. Ivp, 2009.

Gonen, Rivka. *Biblical Holy Places*. A Palphot Publication, 1999.

Greenway, Roger S & Monsma, Timothy M. *Cities : Missions' New Frontier*. Baker Books, 2000.

Greenway, Roger S. *Apostles to the City : Biblical Strategies for Urban Missions*. Grand Rapids : Baker Book House, 1978.

Grigg, Viv. "Church of the Poor." In *Discipling the City*, 2nd ed., edited by Roger S. Greenway. Grand Rapids, Mich.: Baker, 1992.

_____ . *Cry of the Urban Poor*. Monrovia : MARC, 1992.

Hedlund, Roger E. *The Mission of the Church in the World: A Biblical Theology*. Grand Rapids: Baker Book House, 1991.

Hughes, Philip. *The Register of the Company of Pastors of Geneva in the Time of Calvin*. Grand Rapids: Eerdmans, 1966.

Johns, Ezra Earl. *Strategies for New Churches*. New York : Harper & Row, Publishers, 1976.

Kaiser, Walter C. "Israel's Missionary Call." in *Perspective on the World Christian Movement*. edited by Ralph D. Winter, Steven C. Hawthorne. Pasadena : William Carey Library, 1981.

Rahner, Karl. *The Theological Investigations*. Baltimore: Helicon, 1969.

Kane, J. Herbert. *Christian Missions in Biblical Perspective*. Grand Rapids: Baker, 1976.

Krupat, Edward. *People in Cities : The Urban Environment and Its Effects*. Cambridge: Cambridge University Press, 1985.

Larkin, William J. "Mission." in *Evangelical Dictionary of Biblical Theology*. edited by Walter A, Edwell. Grand Rapids: Baker, 1996.

Latourette, Kenneth Scott. *A History of Christianity Vol. 1 Beginnings to 1500*. New York: Harper and Row, 1975.

Linthicum, Robert C. *City of God, City of Satan: A Biblical Theology of the Urban Church*. Grand Rapids, Mich.: Zondervan, 1991.

_____ . *Empowering the Poor: Community Organizing Among the City's 'Rag, Tag, and Bobtail.'* Monrovia, Calif.: MARC, 1991.

Luzbetak, Louis J. *The Church and Cultures*. Techny, IL: Divine Word, 1963.

Lyall, Francis. *Citizens, Song: Legal Metaphors in the Epistles*. Grand Rapids, Mich.: Zondervan, 1984.

Meeks, Wayne A. *The Frist Urban Christian : The Social World of the Apostle Paul*. New Haven: Yale University Press, 1983.

Milgram, Stanley. "The Urban Experience A Psychological Analysis." *Urban Life Readings in the Anthropology of City*. edited by George Gmelch and Walter P. Zenner. Waveland Press, Inc, 2002.

Moffett, Samuel A. "Visions of the Foreign Field-Korea." in *Men and the Modern Missionary Enterprise*. edited by Charles Edwin Bradt. Chicago: The Winona Publishing Company, 1907.

Mumford, Lewis. *The City in History.* New York: Harcourt Brace Jovanovich, 1961.

Os Guinness. *The Gravedigger File: Papers on the Subversion of the Modern Church.* Dowers Grove, IL: InterVarsity, 1983.

Overman, Andrew J. "Who Were the First Urban Christians? Urbanization in Galilee in the First Century." in *SBL Seminar Papers.* edited by David Lull. Atlanta : Scholars Press, 1988.

Palen, John J. *The Urban World,* 3rd ed. New York: McGraw-Hill, 1992.

Payne, J. Barton. *A Theology of the Old Testament.* Grand Rapids: Zondervan, 1973.

Pope, Randy. *The Intentional Church.* Moody Publishers, 2006.

Redfield, Robert. *The Little Community: Peasant Society and Culture.* Chicago: University of Chicago Press, 1989.

Schaff, Philip. *The Greeds of Christendom with a History and Critical Notes.* Grand Rapids: Baker Boos, 1983.

Schwartz, Alex. "Corporate Service Linkages in Large Metropolitan Area." *Urban Affairs Quarterly* 28, (1992), (2): 276-296.

Shorter, Aylward. *The Church in the African City.* Maryknoll, N.Y.: Orbis, 1991.

Speer, Robert E. *Princeton on the Mission Field, in The Centennial Celebration of the Theological Seminary of the Presbyterian Church in the United States of America.* Princeton: Princeton Theological Seminary, 1912.

Stycos J. Mayone. "Introduction to Demography as an Interdiscipline." edited by J. Mayone Stycos. New Brunswick, N. J.: Transaction, 1989.

Talbert, Charles. *Reading Luke: A Literary and Theological Commentary on the Third Gospel.* New York: Crossroad, 1982.

Tekin, Mehmet. *Habib Neccar of Antakya.* Esentepe Mah, 1998.

Theissen, Gerd. *The Social Setting of Pauline Christianity.* Philadelphia: Fortress, 1982.

T.H.L Parker. *John Calvin: A Biography.* London: J. M. Dent &Sons. Ltd, 1975.

Torrey, Archer. "The Gregorian Missionary Methods." *Missiology : An International Review*, Vol. 8, No.1, January, (1980).

Verkuyl, Johannes. *Contemporary Missiology.* Grand Rapids: Eerdmans, 1978.

Walls, Andrew F. *The Missionary Movement in Christian History.* Maryknoll: Orbis Books, 2006.

Wesley, John. *The Works,* Vol. XII. Grand Rapids: Zondervan, 1958.
Wirth, Louis. "Urbanism as a Way of Life." In *Urban Place and Process: Readings in the Anthropology of Cities.* edited by Irwin Press and M. Estellie. New York: Macmillan, 1980.
_____. "Urbanism as a Way of Life." *Urban Life Readings in the Anthropology of City.* edited by George Gmelch and Walter P. Zenner. Waveland Press, Inc, 2002.
Wolfhart Pannenberg. *Christianity in Secularized World.* London: SCM Press, 1988.
Young, Edward J. *"Appendix: Extra-Biblical 'Prophecy' in the Ancient World."* in *My Servants the Prophets.* Grand Rapids: Eerdmans, 1952.

번역서

Allen, Roland. *Missionary Methods.* 김남식 역.『바울의 선교 방법론』. 서울: 도서출판 베다니, 1993.
Bainton, Roland H. 이종태 역.『마르틴 루터의 생애』. 서울: 생명의말씀사, 1982.
Barna, George. *Marketing The Church.* 김광점 역.『마케팅이 뛰어난 교회가 더 성장한다』. 서울: 베다니출판사, 1997.
Barton, Bruce B. *Ephesians.* 전광규 역.『에베소서』. 서울: 성서유니온선교회, 2007.
Bosch, David J. *Transforming Mission.* 김병길, 장훈태 역.『변화하고 있는 선교』. 서울: CLC, 2010.
_____. *Transforming Mission.* 전재옥 역.『선교 신학』. 서울: 두란노서원, 1987.
Bruce, F. F. *Paul: Apostle of the Free Spirit.* 박문재 역.『바울』. 서울: 크리스천다이제스트, 2007.
Clowney, Edmund P. *Church.* 황영철 역.『교회』. 서울: IVP, 2006.
Comiskey, Joel. *Groups of Twelve.* 정진우, 홍원팔 역.『G-12 이야기』. 서울: NCD, 2000.
Conn, Harvie M & Ortiz, Manuel. *Urban ministry.* 한화룡 역.『도시 목회와 선교』. 서울: CLC, 2006.
Erdmann, Martin. "요한복음과 요한서신에 나타난 선교." *Mission in the New Testament.* edited by William J. Larkin Jr, Joel F. Williams. 홍용표, 김성욱 역.『성경의 선교 신학』. 서울: 이레서원, 2001.
Glasser, Arthur F. *Announcing the Kingdom.* 임윤택 역.『성경에 나타난 하나님의 선교』.

서울: 생명의말씀사, 2006.

Goldsworthy, Graeme. *According to plan*. 김영철 역.『복음과 하나님의 계획』. 서울: 성서유니온, 1994.

Green, Michael. *Evangelism-Now and Then*. 김경진 역.『초대 교회의 전도』. 서울: 생명의 말씀사, 1984.

Halll, Tim. *Urban Geography*. 유환종 외 7인.『도시 연구』. 서울: 푸른길, 2011.

Harvey, John D. "마태복음에 나타난 선교." *Mission in the New Testament*. edited by William J. Larkin Jr, Joel F. Williams. 홍용표, 김성욱 역.『성경의 선교 신학』. 서울: 이레서원, 2001.

Haward, David H. *Old Testament Historical Books*. 류근상 역.『구약 역사서 개관』. 고양: 크리스챤출판사, 2001.

Hedlund, Roger E. *Biblical Theology of Mission*. 송용조 역.『성경적 선교 신학』. 서울: 고려서원, 2005.

_____ . *Mission to Man in the Bible*. 송용조 역.『성경적 선교 신학』. 서울: 고려서원, 1990.

Hiebert, Paul G. & Eloise Hiebert Meneses. *Incarnational Ministry*. 안영권, 이대헌 역.『성육신적 선교 사역』. 서울: CLC, 2004.

Hiebert, Paul G. *Transforming Worldviews*. 홍병룡 역.『21세기 선교와 세계관의 변화』. 서울: 도서출판 복 있는 사람, 2010.

Kaiser, Walter C. "요나와 다른 예언자들의 증거에 나타난 하나님의 열방 구원 선포." *Mission in the New Testament*. edited by William J. Larkin Jr, Joel F. Williams. 홍용표, 김성욱 역.『성경의 선교 신학』. 서울: 이레서원, 2001.

Kane, J. Herbert. 이정배 역.『선교 신학의 성서적 기초』. 서울: 나단, 1991.

Leiffer, Murray H. *The Effective City Church*. 박근원.『도시 교회 목회론』. 서울: 대한기독교출판사, 1993.

Linthicum, Robert C. *City of God, City of Satan : A Biblical Theology of the Urban Church*. 명성훈 역.『하나님의 도시 사탄의 도시』. 서울: 나단, 1993.

Lohse, Eduard. *Umwelt des Neuen Testaments*. 박창건 역.『신약성서배경사』. 서울: CLC, 1983.

McComiskey, Thomas E. *The Covenants of Promise*. 김의원 역.『계약 신학과 약속』. 서울: CLC, 1996.

McDaniel, Ferris L. "구약에 나타난 파송 중심 선교." *Mission in the New Testament*. edited by William J. Larkin Jr, Joel F. Williams. 홍용표, 김성욱 역. 『성경의 선교 신학』. 서울: 이레서원, 2001.

Nissen, Johannes. *New Testament and Mission*. 최동규 역. 『신약성경과 선교』. 서울: CLC, 2005.

Pamphilus, Eusebius. *The Ecclesiastical History*. 엄성욱 역. 『유세비우스의 교회사』. 서울: 도서출판 은성, 1995.

Peters, George W. *A Biblical Theology of Missions*. 김성욱 역. 『선교 성경 신학』. 경기: 크리스챤출판사, 2004.

Pierson, Paul E. *The Dynamics of Christian Misssion : History through a Missiological Perspective*. 임윤택 역. 『선교학적 관점에서 본 기독교 선교운동사』. 서울: CLC, 2009.

Seemuth, David P. "구약에서 하나님의 개별 이방인 은혜 수여." *Mission in the New Testament*. edited by William J. Larkin Jr, Joel F. Williams. 홍용표, 김성욱 역. 『성경의 선교 신학』. 서울: 이레서원, 2001.

_____ . "이스라엘의 소명인 이방을 위한 빛." *Mission in the New Testament*. edited by William J. Larkin Jr, Joel F. Williams. 홍용표, 김성욱 역. 『성경의 선교 신학』. 서울: 이레서원, 2001.

Towns, Elmer & Douglas Porteer. *Churches that Multiply*. 김재권 편. 『사도행전식 교회 개척』. 서울: 생명의말씀사, 2005.

VanGemeren, Willem A. *Interpreting the Prophetic Word*. 김의원, 이명철 역. 『예언서 연구』. 서울: 도서출판 엠마오, 1996.

White, James Emery. *The Rise of the Nones*. 김일우 역. 『종교없음』. 서울: 도서출판 베가북스, 2014.

Willams, Joel F. "마가복음에 나타난 선교." *Mission in the New Testament*. edited by William J. Larkin Jr, Joel F. Williams. 홍용표, 김성욱 역. 『성경의 선교 신학』. 서울: 이레서원, 2001.

Winter, Ralph D. "The Two Structure of God's Redemptive Mission." in *Missiology : An International Review* (January, 1974). 정옥배 역. 『미션 퍼스펙티브』. 서울: 예수전도단, 1999.

방동섭. "로마서의 선교: 선교 신학적 시각에서 보는 로마서의 새로운 지평." *Mission in the New Testament*. edited by William J. Larkin Jr, Joel F. Williams. 홍용표, 김성욱

역. 『성경의 선교 신학』. 서울: 이레서원, 2001.

이원옥. "성경의 선교 패러다임." *Mission in the New Testament*. edited by William J. Larkin Jr, Joel F. Williams. 홍용표, 김성욱 역. 『성경의 선교 신학』. 서울: 이레서원, 2001.

정기 간행물 및 논문

강란혜. "다문화 가정의 실태와 사회정책 방안 연구." 「총신대 논총: 제28집」. 서울: 총신대학교, 2008.

강장식. "차세대 중심 목회 패러다임으로 전환하라."『총회전도정책 자료집(3)』. 황규철 편. 서울: 대한예수교장로회출판국, 2012.

김길성. "교회의 속성과 표지." 「신학지남」 통권 제300호 (2009).

김남식. "도시 선교의 신학적 이해." 「신학지남」 통권 제265호 (2000년).

김선범. "실천적 도시 계획과 에베네저 하워드." 「국토정보」 11 (1995).

김성욱. "구약 모세오경에 나타난 선교 메시지 연구." 「신학지남」 통권 제289호 (2006년).

김성태. "다원적 종교 사회 안에서 타종교에 대한 개혁주의 선교 신학의 확립과 선교 방법 연구." 「신학지남」 통권 제317호 (2013).

류응렬. "한국 교회 설교의 역사적 흐름과 성경적 설교를 위한 제언." 「신학지남」 통권 제309호 (2011년).

문병호. "알파코스 비판: 개혁주의 성령론의 관점에서." 「신학지남」 통권 제297호 (2008년).

서요한. "청교도 운동의 기원과 발전." 「역사신학 논총 제3집」. 서울: 학술정보자료사, 2003.

신국원. "포스트모던 시대의 교회론과 선교운동에 대한 개혁주의적 고찰." 2013년 정기 학술 심포지엄, 총신대학교 교회선교연구소, 2013.

신현수. "「성전」개념을 중심으로 본 선교적 교회론 연구." 철학 박사 학위 논문. 총신대학교대학원, 2010.

유상섭. "세속 사회에서 보여줄 제자(신자)의 영성." 「신학지남」 통권 제304호 (2010).

임경철. "느헤미야 리더십 연구." 「신학지남」 통권 제293호 (2007년).

정병관. "신흥 도시 지역에서의 선교와 목회." 「신학지남」 통권 제289호 (2006년).

정용암. "도시 지역 교회 개척을 통한 교회 성장 방안 연구." 신학 박사 학위 논문. 총신대학교대학원, 2006.

차명호. "현대 실천 신학에서의 예배 신학적 의의." 『기독교 교육 정보』. 천안: 한국기독교교육정보학회, 2003.

최홍석, "John Murray를 통해 본 기독교 복음 선포." 「신학지남」 통권 제304호 (2010).

황성철, "칼빈 당시 제네바 교회의 정체성에 관한 연구." 「신학지남」 통권 제266호 (2001).

「기독신문」, 2014년 6월 10일자

"출입국 외국인 정책 통계월보." 2021년 12월호.

"2020년 한국 교회의 사회적 신뢰도 여론 조사 결과 발표세미나." 기독교윤리실천운동, 2020년.

인터넷 웹사이트

www.daum.net/encyclopedia

http://m.kostat.go.kr

http://www.pastor21.net

http://blog.naver.com/PostView.nhn?blogId=lkokvse78&logNo=221526615012

cafe.daum.net/youmawon/Bkpi/526

http://blog.naver.com/youngmaijang/221683583548

찾아보기(Index)

[ㄱ]

가치관 37, 38, 42, 63, 68, 179, 180

개인주의 32, 34, 36, 44, 45, 46, 47, 48, 52, 68, 253, 259, 268, 307, 308, 312, 322

개척 교회 8, 15, 247, 249, 255, 256, 259, 262, 285, 286, 309, 311, 315, 316, 318, 320, 321

개척지 탐색 8, 15, 247, 249, 255, 256, 259, 262, 285, 286, 309, 311, 315, 316, 318, 320, 321

개혁교회 70, 76, 205

개혁주의 49, 65, 66, 67, 86, 87, 90, 91, 99, 205, 290, 294, 297, 304, 328, 336

거룩성 71, 72, 73, 77, 301

게마인샤프트 25, 32

게오르그 지멜 33

게젤샤프트 32

계몽주의 45, 46

고독 29, 34, 58

고령화 9, 55, 56, 57

고린도 156, 157, 159, 161, 163, 168, 169, 170, 171, 172

과정으로서의 도시 25

관계 전도 235, 314

교회 개척 1, 2, 8, 16, 19, 220, 240, 244, 245, 246, 248, 249, 250, 251, 252, 254, 255, 256, 257, 258, 260, 262, 267, 272, 273, 274, 281, 282, 283, 284, 285, 286, 313, 314, 315, 317, 318, 320, 323, 324, 325, 326, 328, 335, 336

교회 성장 2, 12, 23, 27, 28, 33, 34, 35, 44, 154, 212, 213, 214, 223, 228, 232, 237, 238, 239, 241, 242, 243,

245, 249, 250, 251, 253, 262, 263, 264, 265, 267, 268, 269, 272, 284, 285, 290, 293, 295, 300, 306, 314, 315, 320, 324, 326, 327, 328, 336
구도시 17, 244, 260, 261, 267, 323
구속 언약 101, 102, 103, 112, 114, 115, 117, 121, 125, 131, 133
구속적 유추 42
구스타브 바넥 176, 198
구심력적 선교 99, 100, 123, 124
권징 73, 75, 76, 77
근대적 세계관 46
기도 합주회 211

[ㄴ]

농경 사회 36, 39, 43, 44, 45, 47
농촌 21, 24, 25, 27, 28, 29, 31, 32, 49, 50, 83, 148, 212, 241, 270, 272, 273, 278, 320, 321, 322
능력대결 192
니느웨 99, 121, 129, 130, 131, 132
니케아 71, 185, 300

[ㄷ]

다문화 사회 9, 82, 83, 84, 85, 86, 87, 91
다원화 59, 62, 64, 65, 67, 69, 73
대위임령 98, 123, 142, 144, 145, 147, 198, 201, 305

대체 종교 250, 251
데이비드 헤셀그레이브 97
도날드 맥가브란 12, 228, 239
도시 빈민 50, 51, 52, 53, 55, 197, 222, 223, 264
도시 선교센터 246, 247
도시 선교 전략 1, 3, 4, 5, 14, 16, 21, 26, 135, 159, 160, 161, 169, 181, 186, 187, 194, 198, 206, 209, 214, 224, 239, 240, 242, 244, 247, 274, 323
도시성 21, 26, 29, 32, 33, 34, 36
도시 성장 11, 29, 31
도시의 역동성 30
도시인의 세계관 21, 36, 48
도시화 2, 8, 11, 13, 14, 15, 16, 18, 19, 20, 21, 25, 26, 27, 28, 30, 31, 32, 36, 49, 50, 53, 125, 141, 142, 187, 197, 212, 216, 223, 225, 239, 240, 241, 246, 247, 250, 260, 271, 278, 322
도시화 곡선 30, 31
도시화율 27, 30, 31
도시화의 단계 30
도시화 현상 2, 11, 16, 19, 50, 216, 225, 239, 241, 250, 322
도촌 분리론 24, 25, 141
도촌 연속론 24, 141
디모디 몬스마 30
디아스포라 97, 124, 162, 180, 187
디킨슨 23

딘 길릴랜드 275

[ㄹ]

라토렛 176, 177, 216, 219
랄프 네이버 295
랄프 윈터 15, 97, 177, 206
레이몬드 룰 194
레이 바키 12
로마 교회 74, 75, 95, 172, 173, 174, 195, 199, 201, 206, 219
로버트 린티컴 51, 128
로이드 콰스트 37
로잔 12, 13, 274
롤란드 알렌 159
루스 터커 139
루이스 멈포드 12
루이스 워스 22, 33
루푸스 앤더슨 223, 224, 230
리더십 136, 173, 295, 302, 306, 309, 336

[ㅁ]

말시온 185
머레이 리이퍼 29, 281
면죄부 193, 201
모교회 164, 245, 246, 248, 267, 314, 315
모달리티 177
모슬렘 193, 194
몬타누스 185

무디 218, 219
문화수용 196
문화의 구성요소 37

[ㅂ]

바울의 선교 전략 161, 171
박탈감 50, 253, 254, 255
백만인 구령운동 234, 241
보니페이스 192
보에티우스 96
보편주의 66, 67, 100, 101, 106
복음의 수용성 42, 188, 196, 214, 221, 235, 251, 313
부익부 빈익빈 249
부족 사회 36, 39, 40, 41, 43, 44, 45, 47
비브 그릭 50
비텐베르크 201
빈곤 9, 34, 50, 51, 83, 197, 222, 281
빌립보 85, 156, 157, 160, 163, 172, 173, 187, 188, 189, 276

[ㅅ]

사경회 230, 232, 233, 235, 250
사도성 71, 73, 301
사도적 교회 71, 73, 95
사랑방 214, 232, 233, 234, 235
사령부식 선교 276
사유화 59, 62, 68, 69, 77, 81, 216

삼투 전도 240
상황화 15, 19, 33, 53, 135, 155, 156, 162, 163, 169, 171, 172, 196, 197, 222, 225, 260, 274, 275, 276, 277, 278, 279, 286, 290, 296, 307, 315, 323, 327
상황화된 성육신적 선교 15, 19, 135, 225, 274, 278
선택적 적응 33, 36
성경 문화 275
성경적 세계관 48
성육신적 도시 선교 285, 323
성육신적 선교 전략 135, 225, 244, 274, 278, 279
성전 110, 112, 114, 115, 116, 128, 134, 135, 146, 147, 149, 158, 162, 184, 298, 299, 336
성취이론 195
세계교회협의회 274
세속화 47, 53, 59, 62, 63, 64, 65, 69, 73, 77, 81
소그룹 234, 242, 274, 294, 295, 296, 297, 298, 299, 301, 302, 303, 304, 305, 306, 307, 308, 309, 310, 311, 312, 328
소달리티 177
소외 34, 50, 128, 213, 285, 312
수도권 인구 14, 55
수도원 53, 95, 190, 191, 192, 195, 197, 201

수용자 문화 275
순수 교회 개척 245, 248, 256, 262, 315
스탠리 밀그램 34
스티븐 닐 176, 177
스펄전 53, 54, 55
신흥 도시 2, 17, 244, 257, 261, 265, 266, 267, 268, 269, 323, 336
심층 전도 240
십자군 전쟁 190, 193, 194

[ㅇ]
아더 글라서 93
아레오바고 155, 162
아파트 257, 261, 263, 268, 276, 283, 321
아펜젤러 218, 227, 228, 229
안디옥 138, 155, 156, 160, 163, 165, 166, 167, 186
알렉산드리아 165, 183, 185, 186, 187, 193, 277
애니미즘 40, 192
언더우드 214, 218, 223, 227, 228, 229, 234, 237
에고이즘 46, 47
에베소 30, 156, 157, 160, 163, 167, 168, 333
에세네파 156
에클레시아 143, 188
엘렝틱스 196
역도시화 31

역동성 30, 288, 289, 290, 300
영지주의 168
예루살렘 97, 126, 127, 133, 135, 136, 138, 145, 146, 147, 148, 149, 150, 153, 154, 156, 157, 158, 161, 163, 164, 165, 166, 179, 183, 185, 186, 193, 200, 240, 277, 286, 328
예배 54, 76, 111, 117, 127, 144, 146, 158, 162, 188, 196, 207, 208, 209, 214, 215, 228, 233, 234, 246, 251, 258, 259, 260, 267, 274, 281, 283, 286, 287, 288, 289, 290, 291, 298, 310, 314, 317, 318, 328, 337
요한네스 버카일 100
우상 숭배 129, 133, 165, 171
원심력적 선교 99, 100, 120, 121, 124, 130, 132, 137, 138, 139, 142
월터 카이저 105
위성 도시 2, 17, 18, 244, 261, 269, 270, 272, 323
이슬람 92, 176, 179, 190, 193, 194
이질성 33, 34, 35

[ㅈ]

자급 224, 230, 265
자전 224, 230
자치 22, 61, 86, 173, 224, 230, 269
장대현교회 233
장소로서의 도시 25

저출산 9, 55, 57
전도의 접촉점 276
전원 도시 2, 17, 18, 244, 269, 271, 272, 323
점성술 40
정보 조사 19, 274, 279, 281, 284, 285, 290
제럴드 알렌 브라운 34
제임스 허드슨 테일러 219, 220
조나단 에드워즈 211, 217
조지 피터스 99, 102, 116, 117, 228, 239, 240
존 스토트 94
존 엘리어트 209, 219
종교개혁 73, 74, 174, 176, 190, 192, 197, 198, 199, 200, 201, 203, 206, 207, 305
종교 다원주의 46, 67, 86
종족 집단 원리 237, 238
중국 내지 선교회 221
지역 교회 70, 80, 88, 89, 134, 153, 201, 207, 246, 249, 250, 258, 259, 306, 315, 320, 323, 336
진리 충돌 42
집중화 14, 18, 27, 28, 29, 30, 54, 261, 271

[ㅊ]

청교도 198, 200, 205, 208, 209, 210,

211, 336
초대 교회 118, 138, 139, 165, 181, 183, 185, 186, 187, 188, 213, 235, 240, 296, 297, 298, 300, 307, 308, 323, 327, 334
촌락 24, 43, 125, 126, 140, 141, 148, 149, 158, 173
총체적 선교 168, 215, 223, 224, 229

[ㅋ]

코이노니아 270
콜롬바 189, 192
클레멘트 172, 199

[ㅌ]

타문화권 15, 38, 82, 88, 95, 96, 124, 130, 155, 192, 237, 275
탈상황화 275
탈종교화 9, 59, 62, 69, 70, 71, 77, 79, 81
토착교회 224
토착화 178, 189, 214, 215, 223, 234
특수주의 100, 101, 106

[ㅍ]

패트릭 189, 191
폴리스 19, 20, 125, 148, 152
폴 피어슨 177

프란시스 53, 55, 191, 197

[ㅎ]

하비 콘 1, 12, 25, 126
헨리 벤 223, 224, 230
헬레니즘 180, 183, 184
혼합주의 42, 65, 129, 196, 275
홍보 전략 316, 317
회당 141, 148, 155, 160, 162, 169, 172, 187, 188, 246
흡입 요소 19
힘의 충돌 41, 189

CLC 도시 선교 시리즈

도시 선교 전략(개정판)
이동현 지음 | 신국판 | 344면

이 책은 각 도시의 교회 개척 사례와 선교 전략을 연구해 어떻게 하면 교회가 지역 사회의 거점이 되어 선교 전략을 효과적으로 펼칠 수 있는지에 대해 논의한다. 또한, 교회를 개척하려는 수많은 목회자뿐만 아니라 어떻게 하면 복음을 잘 전할 수 있는지 고민하는 모든 평신도에게 구체적인 방법을 제시한다.

도시 목회와 선교: 교회 개척을 위한 지침서
하비 칸, 매누엘 오르티즈 지음 | 한화룡 옮김 | 신국판 | 631면

도시화가 점점 가속화되는 상황 속에서 교회 사역은 그 시대적 흐름에 뒤쳐져 있다. 이 책은 교회가 그 문제들을 어떻게 해결해 나가야 할지 방향을 제시하는 지침서로서 도시에 대한 구약, 신약의 관점과 그것이 하나님의 백성에게 의미하는 바가 무엇인지 고찰한다.

다문화 선교
구성모 외 6인 공저 | 신국판 | 344면

최근 한국 사회는 다문화 사회로 진입하고 있으며, 그에 따른 문화 충돌과 갈등이 증폭되고 있다. 이 책은 다문화 선교의 필요성과 성서적, 선교 신학적 근거, 다문화와 관련된 다양한 분야의 이론과 실제를 다룸으로 미래 다문화 선교의 방향을 제시한다.

도시 속의 목회와 선교
송영만 지음 | 신국판 양장 | 312면

이 책은 도시화된 현대 사회 구조 속에서 교회가 어떤 방식으로 도시를 복음화시킬 수 있는지에 대해 논의하면서 도시의 특성들과 그 특성에 대한 맞춤식 선교와 목회 전략을 제시한다.